청년창업,

도전에서 성공까지

청년창업, 도전에서 성공까지

이영선 · 이규은 공저

동 문 사

머리말 Preface

요즘 청년창업이 대세를 이루고 있다. 하지만 창업의 길은 복잡하고 성공으로 가는 길은 험난하기만 하다. 우리 주변에는 지금도 많은 청년창업자들이 성공에 대한 절실함으로 창업을 준비하고 있다. 창업은 자신의 꿈을 실현시키고, 명성과 돈을 벌 수 있으며, 소비자들에게 질 좋고 값싼 제품과 서비스를 제공할 수 있는 기회를 만들어주는 보람된 일이기 때문이다.

우리나라는 전체 노동인구의 약 4분의 1이 자영업으로 생계를 꾸려나가고 있는 창업천국이다. 그러다 보니 주변에는 수많은 창업 서적과 창업 정보가 홍수를 이루고 있다. 그러나 사회초년생인 청년이 주변에서 쉽게 얻을 수 있는 창업 정보만을 믿고 청년창업에 도전했다가는 백전백패를 거두기 십상이다. 그것은 대부분의 창업 서적이나 정보들이 성공한 사람에게만 초점을 맞추어 기술하고 있어 정보를 취득한 청년창업자들이 성공한다는 자신감, 잘될 수밖에 없다는 근거 없는 자신감에 빠지기 때문이다.

창업은 절대로 호락호락하지 않다. 특히 청년창업은 사회에 대한 경험이 부족한 젊은이들이기 때문에 더욱더 철저한 준비와 조심스런 발걸음을 필요로 한다. 한 치의 빈틈도 없이 준비해서 창업에 도전하더라도 치밀한 전략과 마케팅이 따르지 않으면 성공할 수 없다. 이러한 점에서 본서는 다음의 두 가지 관점에서 독자를 대상으로 삼았다.

첫째, 창업에 관심을 가지고 창업에 도전하려는 청년창업자들에게 초점을 두고 엮었다. 청년창업이 무엇이고, 청년창업이 왜 활성화되고 있으며, 청년창업이 어떠한 절차를 밟아서 개업하는지 등 창업의 구체적인 절차와 전략에 대해 기술했다. 그뿐만 아니라 청년창업자들의 마케팅 방법이나 자금조달 방법, 쇼핑몰 운영, 산업재산권 등 청년창업의 시작에서부터 성공전략에 이르기까지 청년들의 신규 창업에 초점을 두고 기술했다.

둘째, 대학생들이 대학에서 창업 관련 강의를 듣는 데 도움을 주기 위한 내용으로 기술했다. 당장 사회에 나가 직업 전선에서 창업을 하는 것도 중요하지만, 현재 대학에 재학 중인 학생들의 경우에는 창업에 대한 마인드를 갖도록 하는 것이 우선이다. 따라서 창업에 대한 강의를 수강하면서 창업에 대한 안목을 키우고 관심을 갖게 되면 안목이 자신도 모르게 시장을 보는 마인드로 전환된다. 이러한 변화는 지금 당장 창업을 하지 않더라도 언젠가는 월급쟁이에서 탈피하여 창업할 수밖에 없는 마인드로 바뀐다는 것을 의미한다. 따라서 미래를 준비하는 청년창업자들의 마인드 변화에 초점을 두고 기술했다.

이 책을 보는 사람들은 자신의 전공분야나 흥미분야를 앞으로 사업화하는 데 관심을 갖는 사람들일 것으로 생각된다. 미래의 청년창업자로서 앞으로 자신이 구상하는 아이디어를 사업화하는 데 이 책이 조금이나마 도움이 된다면, 그리고 창업에 대한 강의를 들으면서 자신의 마인드를 시장 마인드로 전환하는 데 다소나마 보탬이 된다면 무한한 영광으로 생각한다. 이 책을 집필하면서 이론보다는 실무에 중심이 되고, 난해하지 않으면서 창업과 직접적인 연관이 있는 내용으로 구성한다는 기본 생각을 가지고 집필했으나 막상 원고를 정리하고 나니 여러 가지로 미흡한 점에 아쉬움이 남는다. 이 책에 대한 아쉬운 점과 부족한 점은 앞으로 지속적으로 수정하고 보완해나갈 것임을 밝힌다.

끝으로 이 책을 출간함에 있어서 기꺼이 허락해주신 동문사 이중수 사장님과 유재영 상무님, 그리고 편집부 여러분께 깊은 감사를 드린다.

2015년 10월

이영선 · 이규은

차례 Contents

머리말 _ 5

제1장 왜 창업을 하는가? _ 11

1. 창업의 개념, 의미 _ 12
2. 창업교육의 필요성 _ 16
3. 창업자(창업가 정신, 리더십) _ 17
4. 창업자 유형 및 성장단계 _ 28
5. 위기관리 _ 36

제2장 청년창업이란 무엇인가? _ 41

1. 외국의 청년창업 _ 43
2. 청년창업의 유형 _ 46
3. 대학의 창업동아리 _ 55
4. 외국 대학의 칭업동아리 _ 59
5. 대학 창업동아리의 과제 _ 62
6. 청년창업을 위한 지원제도 _ 63

제3장 청년창업의 절차는 어떻게 되는가? _ 71

1. 청년창업의 구상단계 _ 72
2. 청년 창업의 계획단계 _ 78
3. 청년창업의 실행단계 _ 92

제4장 무엇을 가지고 창업을 할 것인가? _ 109

1. 창업 분야를 결정하자 _ 110
2. 창업 아이템 선정 _ 116
3. 아이템 분석 _ 131

제5장 어디서 창업을 할까? _ 135

1. 입지 분석과 상권의 유형 _ 137
2. 상권 구분의 물리적 요소 _ 145
3. 상권의 환경적 요소 _ 150
4. 상권의 분석 _ 158

제6장 청년창업, 어떻게 알리고 판매할 것인가? _ 165

1. 창업 기회와 마케팅 _ 166
2. 마케팅은 어떻게 하는 것인가? _ 168
3. 창업자의 판매 확보 방법 _ 185
4. 고객관리 및 서비스 _ 189
5. 종업원 관리 _ 191

제7장 창업의 자금조달과 관리는 어떻게 해야 하는가? _ 193

1. 창업자금을 계획하자 _ 194
2. 창업투자금 유치 _ 214
3. 재무관리 _ 225

제8장 사업의 타당성은 어떠한가? _ 231

1. 사업의 타당성 분석 _ 232
2. 청년창업자의 사업수행능력 _ 239
3. 시장성 분석 _ 241
4. 기술성 분석 _ 247
5. 수익성 분석 _ 255
6. 자금수지 분석 _ 260
7. 위기요소 분석 _ 261
8. 의사결정 _ 263

제9장 온라인 쇼핑몰은 어떻게 구축하는가? _ 271

1. 전자상거래(온라인 쇼핑몰)의 개념 _ 273
2. 전자상거래 현황과 전망 _ 278
3. 전사상거래 유형 _ 285
4. 인터넷 쇼핑몰 구축 절차 _ 289
5. 온라인 쇼핑몰 관련법 _ 299
6. 광고 및 판촉계획 _ 300
7. 온라인 창업 시 전략 포인트 _ 304

제10장 세무와 회계는 어떻게 해야 하는가? _ 307

1. 재무관리와 재무회계의 개념 _ 308
2. 관리·원가회계 _ 321
3. 세무회계 _ 323
4. 세금을 절약하는 방법 _ 336

제11장 산업재산권에는 무엇이 있는가? _ 339

1. 지식재산권과 산업재산권 _ 340
2. 산업재산권의 유형과 특징 _ 344
3. 특허권 _ 345
4. 실용신안권 _ 351
5. 의장(디자인)권 _ 357
6. 상표 _ 363

제12장 청년창업의 성공전략 _ 373

1. 창업자의 실패요인과 대처 _ 374
2. 창업자의 성공요인과 대처 _ 389
3. 창업자의 성공사례 분석 _ 402

참고문헌 _ 410

Chapter 01

왜 창업을 하는가?

01 Chapter 왜 창업을 하는가?

현대사회에서 "창업은 무엇일까?" 하고 고민하는 것은 매우 중요한 의미가 있다. 일반적으로 성인들은 자신의 일, 즉 직업을 가져야 한다고 생각하며, 직업의 유무가 가치평가의 기준으로 자리 잡아가고 있다. 직업은 취업을 통한 직장생활이 일반적이지만, 자신이 좋아하고 가장 잘하는 일을 직업으로 선택하는 것도 또 하나의 방법이다. 취업시장은 좁고 많은 경쟁자들이 상존하고 있다. 이러한 경쟁을 물리치고 취업에 성공한다 해도 자신의 적성에 맞는 업무를 맡는다는 보장이 없고, 급여도 만족스럽지 못하다. 그리고 그 직장에서 평생 일할 수 있다는 보장을 받지 못하는 실정이다.

이러한 상황에서 창업에 대해 제반의 지식을 쌓는 것은 미래의 보험을 하나 더 들어놓는 것과 같다. 창업은 내가 하고 싶은 일, 내가 자신있는 일을 하면서 수익을 발생시키고 그것을 통해 꿈을 달성할 수 있다는 점에서 매력이 있다. 그러나 다른 이면에는 사업의 실패에 대한 두려움이 공존하고 있는 것도 사실이다. 이러한 두려움은 창업에 대한 이해와 관련 지식의 부재에서 오는 막연한 미지의 두려움이다. 성공적인 창업에 도전하기 위해서는 창업에 대한 기초이론과 사업절차에 대해 제반 사항을 사전에 점검할 필요가 있다. 이 책에서는 이러한 창업과 그 절차에 대해 실질적으로 필요한 내용을 제공하고, 이해를 돕기 위해 이론과 실무적인 부분으로 나누어 중점적으로 살펴보고자 한다.

1 창업의 개념, 의미

직업의 관점에서 본다면 창업은 취업과 크게 다르지 않다. 일을 한다는 점에서, 그리고 수익을 얻고자 한다는 점에서는 공통점을 가지나 업무의 활동 범위에 있어서 차이가 있다. 창업의 사전적 의미는 "사업을 처음으로 이루어 시작하는 것"을 말한다. 중소기업창업 지원법(중소기업창업 지원법 제2조)에서는 창업을 "새로이 중소기업을 설립하고 사업을 개시하는 것"으로 보고 있으며, 기존 사업(사업의 승계, 기업형태의 변경, 폐업 후 사업재개)과 연관이 없어야 하며, 원시적이고 실질적으로 사업을 개시하는 것을 말한다.

학자들도 창업에 대한 정의에 대해 다양하게 주장하고 있는데, Schumpeter (1934)는 창업에 대해 '창조적 파괴'라는 새로운 질서의 의미로 보고 있으며, Longenecker 외(1997)는 "스스로 새로운 사업을 시작하거나 타인의 사업을 인수하여 사업을 시작하는 것"으로, Vesper(1980)는 "자원, 노동, 재료와 자산을 결합시켜 이전보다 가치 있는 조직으로 변환시킴으로써 더 많은 가치를 창출한다는 것"으로, Sandberg(1986)는 "직무에 적응하지 못한 사람들에게 능력발휘의 기회를 제공하여 경제기반을 갖게 하는 자원"으로, Timmons(1985)는 "창업가, 자원욕구, 기회인식의 3가지 요소를 이용하여 무(無)에서 유(有)를 창조하는 활동"으로, 박정기(2001)는 "돈을 버는 것을 목적으로 사람, 기계, 공간, 원료 등을 체계적으로 결합하는 시스템"으로, 이석규(1997)는 "제품 또는 용역을 생산하거나 판매하는 사업을 시작하고자 새로운 조직을 설립하는 행위"로, 그리고 장대성(2000)은 "아이디어를 통해 무에서 유를 창조해 나가는 인간의 가치 창조활동"으로 보는 등 학자마다 다양한 개념을 제기하고 있다. 이러한 개념들을 분석하여 종합적으로 정리해보면, 영리를 목적으로 한다는 점과 새로운 조직을 창조한다는 점에서 공통점을 보이고 있다. 따라서 창업은 "창업자가 영리를 목적으로 사업 아이디어와 자원을 결합하여 기업을 세우고 사업활동을 시작하는 일"이라고 정의할 수 있다.

창업에 필요한 요소는 창업자, 창업 아이템과 자본 그리고 판매할 수 있는 시장(상권)의 4가지를 들 수 있다. 이들 4가지 요소는 서로 유기적인 관계를 가지고 있으며 상관관계도 높다. 즉 창업을 이루기 위해서는 창업자에게 맞는 아이템, 이를 팔 수 있는 시장이나 고객, 그리고 그 상권에 진입할 수 있는 창업자금이 필수적이다. 그중에서도 창업자는 사업을 운영하는 주체이므로 대부분 창업자의 자질에 의해 사업의 승패가 갈리게 된다. 따라서 창업자는 창업을 할

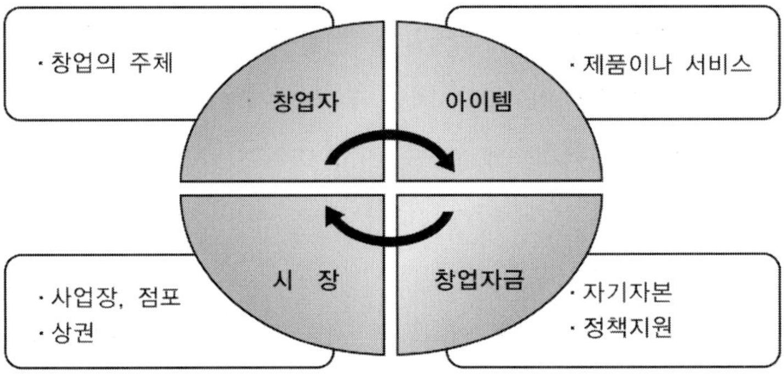

[그림 1-1]_ **창업의 구성요소**

수 있는 준비를 갖추고 있어야 하며, 반드시 성공하겠다는 의지가 있어야 한다.

사업의 아이템은 창업자의 관심이나 전문성 등과 맞아야 한다. 창업의 실태를 살펴보면 창업자가 단순히 시장에서 잘 팔린다거나, 친구 혹은 지인을 따라 뛰어드는 경우가 적지 않다. 그러나 이러한 유행을 타는 사업으로의 진입은 짧은 수명을 유지할 뿐이다. 많은 경쟁자를 상대해야 하는 상황에서 전문성을 갖추지 않고서는 생존이 어렵다. 따라서 창업에서는 자신이 즐겁고 유쾌하게 할 수 있는 업종을 선택해야 하며, 적절한 아이템의 개발을 필요로 한다. 그러할 경우 시장의 개척이나 상품의 개발에 있어서도 장점을 발휘할 수 있다.

시장(상권) 또한, 창업에서 중요한 요소이다. 창업을 위해 준비한 아이템(서비스)이 잘 팔려야 짧은 시간에 사업을 정상화할 수 있다. 매출의 극대화를 통해 사업을 안정시키고, 성장을 추진할 수 있다. 시장은 상권, 홍보와 마케팅, 매장의 위치 등에 중요한 영향을 끼친다. 대부분의 창업자금이 이러한 시장의 확보를 위해서 사용되는 이유가 여기에 있다.

창업을 하기 위해 반드시 필요한 요소는 바로 창업자금이라 할 수 있다. 왜냐하면 창업자금의 규모에 따라 사업의 규모가 결정되기 때문이다. 창업자금은 사업장이나 점포를 갖추는 데 가장 많은 비용(50% 정도)을 지불하게 되고, 나머지를 가지고 사업 준비를 하게 된다. 이러한 사업자금은 자기자본과 차입자금 그리고 투자금으로 이루어지는데, 성공적인 창업을 위해서는 이자 지불이 발생하지 않는 자기자본의 비율을 높여야 한다. 따라서 창업자금을 지원하는 창업지원제도를 적극 활용하는 것이 좋은 방법이다.

창업의 시기를 결정하는 것은 창업의 사전준비가 완벽히 끝났을 시점이다. 창업은 시장조사, 아이템 선정, 창업자의 준비, 창업자금조달 등의 계획이 완료된 후에 이루어져야 한다. 창업을 단순히 "가게의 문을 연다"는 개념으로 생각하고 시작하면 거의 대부분 실패를 경험하게 된다. 창업은 새로운 시작을 의미하므로 완벽한 준비와 대비를 갖추고 시작해야 한다. 그러나 창업을 꿈꾸는 예비 창업자들은 창업에 대한 지식, 경험, 계획 등이 없이 무모한 자신감과 젊음을 무기로 생각하고 도전하곤 한다. "창업하면 누구나 돈을 벌 수 있습니다"라는 말은 광고의 문구나 성공스토리를 각색한 드라마에 불과하다. 준비되지 않은 창업자가 성공하게 되는 일은 매우 드물다.

창업은 내가 하고 싶은 일을 하고자 하는 일의 구체화이며, 내가 가장 잘하는 것을 만들거나 서비스 등으로 사업을 하고자 하는 의지의 표출이다. 이러한 창업에는 준비 단계에서 시장을 분석하고 점검하는 등의 사업계획을 철저히 수립하는 과정이 필요하다. "준비하는 자는 위태롭지 않다"는 『손자병법』의 가르침처럼 준비하는 사람이 성공하는 법이다. 사업의 계획은 사업의 시작에서 정상화까지의 과정을 순차적인 계획으로 수립해야 한다. 홍보나 마케팅은 광고를 어떤 방법으로 할 것인지, 판매는 위탁을 할 것인지 아니면 직판이나 인터넷 쇼핑몰에 올릴 것인지, 그 효용성을 다각도로 검토하여 최선의 방법을 찾아 실행해야 할 것이다. 이렇듯 창업을 위해 창업자는 시장과 경영의 환경변화를 빠르게 읽을 수 있어야 하며, 도전정신과 추진력으로 투자와 희생을 감수할 수 있는 창업자정신을 갖추어야 한다. 창업자는 이러한 정신으로 급격히 변화하는 시장 상황과 경쟁자의 출현을 극복해야 하며, 성장을 위해서는 앞날을 예측할 수 있어야 한다. 항상 새로운 제품과 서비스의 개발에 노력해야 하며, 기업의 성장을 위해 자신을 희생할 수 있는 자세가 빠른 성공으로 이끄는 지름길이다.

2 창업교육의 필요성

창업교육을 받지 않은 사람들은 창업과 경영의 어려움에 대해 알지 못한다. 대부분의 창업자들이 창업교육을 받지 못하거나 아니면 성공한 사례들을 위주로 단기간의 교육만을 받고 창업에 도전하게 된다. 창업에 소요되는 인적·물적 자원 및 금융자본은 규모가 작지 않으며, 창업의 실패 후에는 이러한 손실을 복구하고 다시 창업에 도전하기가 쉽지 않다. 경험을 위해 창업을 한다는 생각은 이미 옛말이 되었다. 차라리 그 비용으로 창업에 대해 체계적으로 배움으로써 착실하게 자신의 계획을 준비하는 것이 더 낫다. 창업교육을 넓은 의미로 해석한다면 “실제로 사업을 준비하거나 운영하지 않더라도 잠재적 창업자로서 사업경영에 관한 내용을 가르치는 교육”이라고 정의할 수 있다(박윤희, 2003). 대기업에서 매장을 개설하려면 상권의 분석, 마케팅, 홍보, 세일즈 및 고객관리에 대해 계획을 세우고 준비하는 등의 만전을 기해서 오픈하게 된다. 이들은 경쟁자들을 철저하게 분석함은 물론 어떤 전략을 세워야 손익분기점을 넘기고, 경쟁자들에게 승리할 수 있는지를 항상 연구한다. 이들의 전략은 규모의 승부일 수도 있고, 홍보와 마케팅의 승부일 수도 있다. 따라서 충분히 성공할 수 있다는 확신이 서지 않으면 그 장소에 영업장은 세워지지 않는다. 이를 위해 사업계획을 점검하고 사업 타당성을 분석하는 것이다.

우리가 배워야 할 것은 남들이 다 잘하니까 나도 잘할 수 있다는 자신감이 아니다. 사업을 시작하기 전에 사업 타당성을 충분히 검토하고, 분석하며, 탐색함으로써 창업 성공의 가능성에 확신을 얻고, 성공할 수 있다는 자신감이 차올랐을 때 창업을 시도해야 한다는 점이다. 이미 성공할 결과를 가지고 시도하는 성공자신감이야말로 창업에 성공할 수 있는 지름길이다. 그야말로 창업과 관련해서 “아는 것이 힘이다”라는 명언은 틀리지 않다고 생각한다. 창업에 대한 이론 및 실무교육이 사업성과에 긍정적 영향을 미친다는 연구 결과들(김춘화, 2013; 최유정, 2013)은 이러한 창업교육이 필요함을 뒷받침해 주고 있다.

이렇듯 창업교육은 사업의 개시에서 당면하게 되는 위험성에 대한 인지와 사업관리 능력 등의 경영관리능력 향상을 통해 창업의 성공률을 높이려는 목적을 가진다. 또한, 창업교육을 통해 시장과 경제를 보는 안목을 키울 수 있으며, 경영이론 및 사업계획에 대한 이해를 도와 취업에 있어서도 도움이 되는 직업능력의 향상과 같은 부가효과도 얻을 수 있다.

3 창업자(창업가 정신, 리더십)

창업의 주체는 창업자이다. 따라서 사업의 주체인 창업자가 가져야 할 자세와 갖추어야 할 역량 등의 기본 자질에 대해 점검해볼 필요가 있다. 이는 사업을 실질적으로 운영하는 창업자의 자세나 역량에 따라 사업의 성패가 좌우되기 때문이다.

1) 창업자의 의미

'창업자(entrepreneur)'에 대해 Schumpeter(1934)는 "기회를 추구하며 자원을 새롭게 결합하는 창조적 파괴를 통해 경제발전을 주도하는 혁신자"라고 정의했으며, 박춘엽과 박영배(1998)는 "창업 아이디어의 확보, 사업성 분석, 사업계획 수립, 계획의 실행 등을 주도하고 책임지는 창업을 주도하는 자"를 창업자로 정의했다. 창업자에 대한 법률적 정의에서는 중소기업창업 지원법 2조 1항에서 "창업자라 함은 중소기업을 창업하는 자 및 중소기업을 창업하여 사업을 개시한 날로부터 7년이 경과되지 아니한 자를 말한다"고 명시하고 있다. 이러한 창업자에 대한 내용을 정리하면, "기업의 우두머리나 높은 위험을 감수하는 사람으로 성취욕구가 강하고, 혁신을 추구하는 능력 또는 정치적인 능력과 지역개발자로서 새로이 기업을 설립하는 사람"이라고 개념화할 수 있다(김종관·이용탁, 2001).

최근 세계에서 가장 성공한 창업자로 유명한 빌 게이츠(마이크로소프트), 스티브 잡스(애플), 마크 주커버그(페이스북 개발자) 등을 누구나 쉽게 떠올릴 수 있다. 이들은 기업을 성공적으로 이끌었으며, 많은 부를 축적했다는 공통점이 있다. 이들이 성공을 위해 실행에 옮겨왔던 행동들은 성공적인 창업을 꿈꾸는 예비 창업인들의 롤 모델이 될 뿐만 아니라 많은 경제학자들에 의해 연구되고 있다. 그리고 이러한 성공한 창업자들이 공통적으로 생각하고 행동하는 특성은 연구자들에 의해 '창업가 정신(entrepreneurship)'이라 정의되고 있다. Covin & Slevin(1989)은 창업가 정신이 기업의 성공을 이루는 중요한 요소라고 했는데, 이는 "새로운 것을 만들고 고성장을 선호하는 사람들에게 공통적으로 나타나는 특성으로서 자신만의 독창적 아이디어를 현실에 구현시키기 위한 행동"을 말한다(Beron, 2012). 즉, 성공한 이들은 독특한 아이디어를 사업의 성공으로 연결시키기 위해 모든 방법을 강구하여 노력한다는 것이다. 이렇듯 성공적인 창업자들은 창업가 정신 혹은 경영 마인드를 가지고 있으며, 이를 구현하기 위해 실행으로 옮긴다는 특성을 가지고 있다.

창업 이후에 창업자는 여러 가지 고비를 겪게 된다. 그리고 이를 능히 극복하는 과정에서 성장하게 되고, 이를 통해 리더십을 발휘하게 된다. 창업자가 겪는 첫 번째 고비는 제품을 개발할 때 나타나는 자금난이며, 이는 구체적인 자금계획을 세우지 못하기 때문에 나타난다. 따라서 창업을 위해 작성되는 사업계획에는 자금의 조달과 이의 집행계획을 구체적으로 세워야 한다. 제품의 개발에 드는 비용은 지속적으로 소모되며, 쉽게 복구되지 않는 특성이 있으므로 이를 감안한 계획이 필요하다. 또한, 자금 경색에 대한 어려움에는 창업지원정책에 대한 정보를 파악하는 것도 도움이 된다. 중소기업청과 소상공인지원센터에서는 창업자들을 도울 수 있는 제도적 지원정책을 다수 운영하고 있다.

두 번째 고비는 제품을 개발하여 판매하려고 할 때 나타난다. 이는 마케팅과 홍보 계획을 제대로 세우지 못했을 때 일어나는 일이다. 그러므로 많은 인적·물적 자원과 자금을 소모한 아이템의 개발이 이루어지면 이를 성공적으로 판매할 판로를 개척하는 것이 중요하다. 이는 사업계획단계에서부터 마케팅과 홍보를 위한 구체적인 계획이 세워져 있어야 한다는 것을 의미한다.

세 번째 고비는 회사가 성장할 때 나타난다. 이는 적정한 성장모델을 세우지 못하고 사업을 확장할 때 드러난다. 계획적이지 못한 성장은 혼란을 부르게 되며, 기업의 움직임을 무겁게 함으로써 성장세를 둔하게 만들 수 있다. 회사의 규모를 확장할 때에는 자금조달계획에 의해 감당할 수 있을 만큼만 부채를 만들어야 하며, 이에는 반드시 이자와 상환에 대한 계획이 세워져야 한다.

네 번째 고비는 외형적 성장을 이룬 후 지속적인 성장을 뒷받침할 후속 아이템을 개발하지 못했을 경우에 찾아온다. 초기에 잘나가던 기업이 다른 경쟁회사들에 밀려 고전하게 되는 이유는 후속 상품(아이디어)의 부재가 원인이 되는 경우가 많다. 또한 회사가 성장할수록 경쟁회사의 견제는 더욱 심해진다. 따라서 적절한 후속 모델의 개발을 위한 짜임새 있는 계획과 이를 통한 지속적인 투자가 있어야 하며, 자금을 효과적으로 운용해야 한다.

다섯 번째 고비는 회사의 성장에 걸맞은 창업자의 리더십 부족으로 초래되는 위기이다. 회사의 규모가 커지게 되면 인사, 재무, 경영 등 업무의 양이 많아지게 마련이며, 아이디어의 부족, 성장의 둔화 그리고 인재 부족 등의 원인으로 인한 정체기를 겪게 된다. 이러한 단계에서 창업자는 리더십의 부족을 느끼게 되며, 경영 문제를 고민하게 된다. 그러므로 창업자는 회사의 성장을 위해 리더십의 향상에 노력을 기울여야 하며, 전문경영인의 영입을 통한 기업혁신의 도모가 필요하다.

이러한 5가지 고비는 대부분의 회사에서 공통적으로 겪게 되는 위기라고 할 수 있다. 창업을 준비하는 예비 창업자들은 창업과정과 사업을 운영하는 과정에서 직면할 수 있는 공통적 위기에 대한 단계별 대처방안을 상정하여 사업계획에 반영해야 하며, 명확한 목표의식에 의한 바람직한 리더십의 개발에 노력해야 한다.

다음 사례는 사업에 실패하는 창업자들의 유형이다. 창업자의 자세를 통해 한번쯤 생각해볼 필요가 있는 내용이다.

〈사례 1〉

창업에 실패하기 쉬운 창업자 유형

대충대충형	창업에 있어서 나태한 유형으로 의욕이 부족함으로써 고객 반응이나 시장의 반응을 읽지 못함.
우유부단형	귀가 엷어 남의 말에 휘둘리는 스타일. 업종과 창업시기 등을 놓칠 수 있으며, 계약에도 시기를 놓칠 수 있다.
조급 형	상황에 지배를 당하는 유형. 마음의 여유가 없어 장기적인 설계를 하는 상황에서 조급한 마음으로 당장의 매출에 연연함. 트렌드나 신상품 개발에 소홀 할 수 있음.
구두쇠 형	비용에 너무 집착하고 투자를 망설이는 경우가 많은 유형. 홍보/마케팅과 재투자를 꺼려하여도 도약의 기회를 날려버리거나 고객을 놓치는 경우가 많음.
다혈질 형	감정을 컨트롤 하는데 익숙하지 않음. 경영방식이나 종업원 관리에 문제가 생길 수 있으며, 결정적 순간에 감정에 의해 지배당하여 손해를 볼 수 있음

– 출처 : 중소기업청·창업진흥원

2) 창업자의 리더십

창업가의 정신 혹은 마인드에서 중요한 요건은 리더십이라 할 수 있다. 리더십의 원론적 의미는 '다른 사람에게 영향을 미쳐서 목표성취를 향해 나아가게 하는 능력'이라는 뜻을 가지고 있다. 미국 프린스턴대학에서 리더십을 강의하는 데릭 리도(Derek Lidow) 교수는 최근『스타트업 리더십 : 영리한 창업자들은 어떻게 아이디어를 기업의 성공으로 연결시키나?(Startup Leadership : How Savvy Entrepreneurs Turn Thier Idear Into Successful Enterprise)』라는 책을 펴내고 "사업 아이디어보다 창업자의 리더십이 더 중요하다"고 주장했다. 그는 "아이디어와 창업의 성공은 아무런 상관관계가 없으며(no correlation), 그러한 아이디어가 좋은 리더십과 결합해야 성공할 수 있다"고 했다. 그는 기업을 성공으로 이끄는 것은 창업자 리더십을 가진 리더가 기업을 성공시키는 것이지 아이디어가 기업을 성공시키는 것은 아니라고 했다. 즉 그에게 있어 창업자의 리더십은 아이디어나 한 사람의 천재에 기대지 않고도 기업을 영속적으로 살아남을 수 있도록 하는 역량인 것이다. 그는 기업의 성장을 위해서는 프로세스가 중요한 것이지 프로젝트가 중요하지 않다고 보았으며, 이는 프로젝트와 프로세스 인력 간의 조화와 적절한 배분이 창업자에게는 더욱 중요하다는 것이다. 데릭 리도 교수는 창업자의 리더십에 대해 5단계를 제시했는데 첫째, 자기 스스로에 대한 명확한 인식(self-awareness) 둘째, 주변과의 관계형성(relationship building) 셋째, 타인에 대한 동기부여(motivating others) 넷째, 아이디어에서 더 나아가 더 많은 변화를 이끌고(leading change) 다섯째, 최종적으로 기업이 어떻게 성장하고 성숙할 수 있는지 이해(understanding how enterprises grow and mature)할 필요가 있으며, 이 5가지를 만족시키면 '스스로 설 수 있는 기업'으로서 안정적인 단계에 진입한다고 보았다. 그는 훌륭한 리더에 대해 "목표를 반드시 이루겠다는 이기심과 직원을 성공적으로 이끄는 이타심의 두 가지를 모두 가진 리더"라고 정의하고, 그러한 리더에 의해 평범한 아이디어도 성공으로 이끄는 리더십이 발휘된다고 보았다.

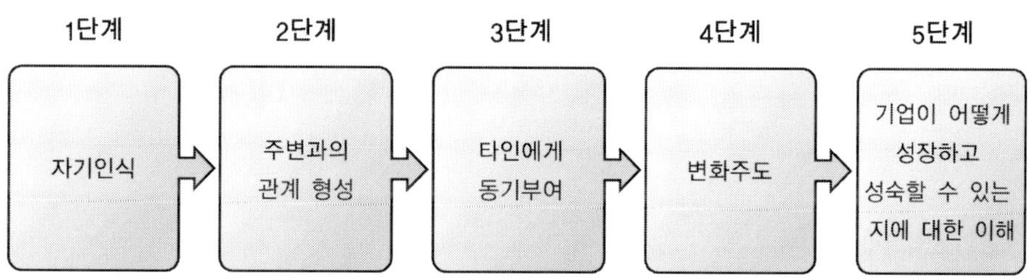

[그림 1-2]_ **창업자 리더십의 5단계**

데릭 리도 교수는 "좋은 아이템이 있으면 창업 초반에는 성공할 수 있으나 회사가 성장하면서 한계에 도달하게 되며, 이때 이러한 한계를 넘어서게 하는 힘이 창업자의 리더십"이라고 설명한다. 그가 말하는 리더십의 5단계는 창업자가 이러한 리더십을 발휘하도록 하는 단계를 나타낸 것이다. [그림 1-2]를 보면 먼저 창업자가 자신에 대해 명확히 인식해야 한다는 것을 알 수 있다. 이러한 자기인식이 명확해질 때, 주변과의 관계형성과 판단에서 오류를 범하지 않는 것이다. 이는 창업가에게는 창업자 마인드가 바로 서야 함을 의미한다. 창업자는 올바른 창업자 마인드를 기준으로 리더십을 발휘하여 팀의 구성원에게 동기(비전)를 부여하고, 이를 통해 처음의 아이디어에서 더 나아가 더 많은 변화를 주도하는 위치에 설 수 있다. 이러한 단계들이 성숙했을 때, 비로소 이를 기반으로 기업이 더욱 성장하고 한계를 넘을 수 있게 된다고 데릭 리도 교수는 말한다.

즉, 창업자에게는 독특한 아이디어보다 그 아이디어를 현실화할 수 있는 능력과 리더십이 더욱 중요하다는 것이다. 이는 아이템이 새로운 시장을 형성할 수 있을 정도로 뛰어나서 초반에 성공할 수 있다 하더라도 이를 지속적으로 성장시킬 수 있는 지도자의 리더십이 부족하다면 더 이상 성장하지 못하고 경쟁자와의 전투에서 패배할 수도 있다는 것을 의미한다. 기업의 세계에서는 과거의 일인자가 계속해서 그 독자적이고 우월한 지위를 확보하는 경우가 매우 드물다. 계속해서 승승장구하는 기업은 방심하지 않고 항상 노력하는 경영자가 있기 마련이다. 이러한 점을 볼 때, 창업자는 자신의 창업정신을 더욱 성숙시키고, 리더십 능력을 배양해야 하며, 노력을 게을리 하면 안 된다는 교훈을 얻을 수 있다. 창업자의 리더십 부재로 인해 기업이 어려움에 빠지고 결국 좌초하게 되는 경우는 많은 곳에서 쉽게 그 사례들을 찾아볼 수 있다.

3) 리더십이론

창업가가 능력이 뛰어나다고 할지라도 지식과 기능 및 창의성 등의 모든 능력을 다 발휘하며 모든 해답을 제시하거나 모든 행동을 제어할 수는 없다. 따라서 일방적으로 어떤 리더십이 좋은 리더십이라고 단정 지어서 말할 수는 없다. 리더의 유형에 따라 행동하는 양식에도 차이가 있고, 그 역량 또한 다르다. 다니엘손(Danielson, 2006)은 강력한 촉진자의 역할을 강조하는 전통적 리더십과는 달리 공동체적 리더십을 갖춘 리더의 필요성을 강조하고 있다. 창업자가 팀을 이룰 때, 이들과의 소통을 통해 동료들에게 동기를 부여해주며, 능력을 최대한 발휘할 수 있도록 이끄는 조정자의 역할을 하는 능력이 공동체적 리더십이다. 이는 팀의 구성원이 효과적으로 문제 상황을 해결하도록 방향을 조절하고, 서로의 의견을 조율함으로써 더 나은 결과를 도출하게 하는 리더십이라고 할 수 있다. 현대의 리더십은 이렇듯 협력적 리더십을 요구하고 있다.

또한, 더 와이즈먼 그룹(The Wiseman Group)의 회장 리즈 와이즈먼(Liz Wiseman)은 최근 『멀티플레이어 이펙트』라는 리더십을 설명하는 책을 내고 모두가 멀티플레이어 리더가 될 수 있다고 했는데, 여기서 '멀티플레이어 리더'란 조직의 구성원에 대해 가지고 있는 능력을 모두 끌어내어 배로 향상시켜주는 리더십을 말한다. 리즈 라이즈먼은 멀티플레이어의 특성을 5가지로 제시하고 있다.

첫째, 멀티플레이어는 재능 자석의 역할을 한다. 이는 재능 있는 사람을 모으고 잘 활용해 최대한의 기여를 이끌어내는 능력이다.

둘째, 멀티플레이어는 해방자다. 이는 팀 구성원에 대해 최고의 생각과 작업을 하게 하는 자유로운 환경을 조성할 수 있는 능력이다.

셋째, 멀티플레이어는 도전자다. 좋은 리더는 팀 구성원의 재능을 마음껏 발휘할 수 있도록 기회와 동기를 부여하는 능력이 있음을 의미한다.

넷째, 멀티플레이어는 토론의 주최자다. 이는 리더가 팀의 말에 귀를 기울이며, 토론을 통해 최선의 선택을 하도록 하는 능력을 의미한다.

다섯째, 멀티플레이어는 투자자다. 리더는 팀 구성원들에게 결과를 만들어낼 주인의식을 심어주고 성공하도록 투자한다는 것을 의미한다.

그는 멀티플레이어(multiplier)에 반대되는 개념으로 '디미니셔(diminisher)'를 들었는데, 이는 직접 사람을 통제하고 억압함으로써 더 생산적이 된다는 믿음을 행동으로 옮기는 사람을 일컫는데, 오히려 팀 구성원들의 개성과 의욕을 꺾어 업무능력을 하향평준화시키는 형태의 리더라고 정의하고 있다. 이들의 구분은 팀 구성원으로 같이 프로젝트를 진행할 때 업무진행을 어렵게 만드는 리더를 디미니셔, 업무성과를 향상시키는 리더를 멀티플레이어로 구분된다.

리더십이론은 특성이론, 행동이론, 상황이론 등의 전통적인 3대 이론과 현대적으로 해석하고자 시도되고 있는 변혁적 리더십이론, 카리스마 리더십이론, 감성적 리더십이론 등이 있다. 이렇듯 리더십에 관련한 이론은 다양하게 제시되고 있으며, 급격하게 빨라지는 사회적 현상에 즉각적으로 대응할 수 있는 리더십을 요구하고 있다.

전통적 리더십은 태어날 때 이미 리더의 자질을 가지고 태어난다고 생각했으나, 점차 교육을 통해 리더십을 형성할 수 있는 것으로 인식의 변화가 일어나고 있으며, 최근에는 리더십의 성격을 다양한 시각으로 규명하고자 시도되고 있다. 바람직한 리더십이 무엇인지 가까운 주변에서 볼 수 있는 리더들의 행동을 살펴봄으로써 어떠한 특성을 가지고 있는 리더인지 생각해보는 것도 좋은 리더십 행동을 배울 수 있는 기회가 될 것이다.

(1) 특성이론

특성이론은 성공적인 리더들에게는 공통적인 특성이 있을 것이라는 전제로 그 특성을 찾아내고자 하는 이론이다. 즉 특성이론은 리더의 개인적 자질에 리더십을 의존하는 형태인 것이다. 이 이론에서는 특정한 특성을 지닌 사람이 리더가 되면 부하들이 그의 영향력을 잘 수용한다는 기대에서 출발한다. 즉, 리더는 리더의 자질을 가지고 태어난다고 생각하고 그 특성을 규명하려는 이론이다. 사회적으로 훌륭한 업적을 이룬 위인들을 중심으로 선천적 자질을 탐구했다는 것에서 이를 '위인이론' 혹은 '자연적 리더십이론'으로 부르기도 한다. 리더십 특성이론에서 공통적으로 들고 있는 특성은 신체적 특성, 사회적 배경, 지적 능력, 성격, 업무관련 특성, 사회적 특성 등이다. 특성이론은 리디들의 성격특싱을 손쉽게 설명함으로써 리더의 특성과 발견에 있어서 성과를 보이고 있다. 그러나 상황적 변수에 따른 차이에는 방법론과 개념상에서 제한을 가지고 있다. 조조형 리더, 유비형 리더, 장비형 리더, 책사형 리더 등으로 리더의 성향이 표현된다.

(2) 행동이론

행동이론은 유능한 리더와 그렇지 않은 리더 간에는 행동 유형에서 차이가 존재한다고 보는 이론이다. 행동이론에서는 과학적 접근이 가능한 직접적 관찰이나 측정 등의 외적 행동만 연구의 대상으로 설정한다. 즉 행동이론에서는 리더의 행동과 이를 통한 효과에 초점을 두고, 리더 개인의 특성이 아닌 리더와 추종자 간의 반응을 중시한다. 이러한 연구기조는 리더의 기질이 타고나는 것이 아닌 교육훈련을 통해 개발될 수 있다는 후천적 특성으로 생각하는 것이다. 행동이론에서의 리더는 업무 성과를 우선으로 하는 과업중심적인 성향을 가진 리더와 팀원 간의 인간관계를 중시하는 관계지향적 성향을 가진 리더로 분류된다.

(3) 상황이론

상황이론은 리더와 상황 간의 구조에 중점을 둔 이론으로서 상황적합이론, 목표-경로이론, 성숙도이론, 리더십 대체이론 등으로 리더십을 설명하고 있다.

Fiedler의 상황적합이론은 리더의 스타일을 관계중심적 스타일과 과업중심적 스타일로 설정하고 상황특성을 리더 구성원 관계, 과업구조, 그리고 직위권한이라는 3가지로 구체화하여 각각의 상황특성에 적합한 리더십 스타일을 제시하고 있는 것이 특징이다. 이 이론에서는 상황변수를 기대, 수단성, 유의성으로 설정하고 있다.

House(1971)의 목표-경로이론은 리더의 역할을 추종자들이 개인이나 조직의 목표를 달성하는 데 보상을 제시함으로써 동기를 부여한다는 점이 특징이다. 이 이론에서는 리더의 스타일을 지시적 스타일, 후원적 스타일, 참여적 스타일 그리고 성취지향적 스타일이라는 4가지를 제시하고 있다. House가 제시한 상황변수들은 집단구성원들의 개인 특성에 관련된 변수들과 작업환경 변수들이다.

Hersey & Blanchard(1977)의 성숙도이론은 하급자가 성숙한 정도에 따라 리더십 스타일을 달리해야 한다고 주장하는 이론이다. 이 이론에서는 상황변수에 대해 하급자의 성숙도만 적용하고 있으며, 지시적 스타일, 판매적 스타일, 참여적 스타일, 위임형 스타일의 4가지 리더십으로 구분하여 설명하고 있다.

Kerr & Jermier(1978)의 리더십 대체이론은 조직에서 리더십의 효과를 좌우하는 조직, 과업 그리고 추종자들의 특성에 초점을 맞추고 있다. 이 이론은 리더십이 조직현상과 분리되어 일어나지 않으므로 다양한 현상변수들과의 상호작용을 상정함으로써 현상변수들을 체계화하고 있다.

이들 전통적 리더십 이론들은 현대의 복잡하고 다양해진 경영 상황에서 외부로부터 오는 영향에 신속하게 대처하기에는 부적절하다는 비판을 받고 있다. 그 이유는 전통적 리더십이론은 폐쇄적인 구조적 관점에서 기존의 조직구조의 일상적인 문제에 관심을 두고 기능을 수행하므로써 사회의 급격한 변화와 더불어 다양한 상황적 요구에 부응하지 못한다는 점에서 한계가 있다(Gronn, 1995). 이는 21세기 지식기반 사회에서 지도자가 조직구성원을 통제하는 것이 아니라 구성원들을 조직에 몰입하도록 유도하는 리더십이 요구되기 때문이다(전용환, 2010). 따라서 이런 요구에 부응하여 다른 관점에서 바라보는 리더십 이론들이 부각되고 있는데, 이들 이론들을 살펴보면 변혁적 리더십, 카리스마적 리더십, 감성적 리더십 등이 있다.

(4) 변혁적 리더십

Burns(1978)는 전통적 리더십을 "지도자와 추종자 간의 타협과 교환적 활동"으로 보았으며, 이에 대조되는 개념으로 변혁적 리더십이론을 제안하였다. Burns는 새로운 리더십을 "부하의 동기유발과 만족을 주기 위해 재원을 유용하거나 동기화 할 수 있는 사람이 그러한 능력을 발휘하는 것"이라고 정의했다. 그리고 그러한 변혁적 리더십은 부하들의 신념, 가치, 욕구의 변화를 통해 조직이나 집단의 성과를 향상시킨다는 것이다(Tichy, 1986). Burns의 이론은 Bass (1985)에 의해 그 개념이 조작적으로 정의되었는데, 그의 변혁적 리더십을 카리스마, 개인적 배려, 지적 자극 등의 3가지로, 그리고 거래적 리더십의 하위 행동요소로는 상황적 보상, 예외적 관리의 두 가지로 각각 범주화했다. 변혁적 리더십은 조직 내 추종자들의 개인적 성장을 자극함으로써 더욱 큰 욕구를 가지도록 자각시키는 데 주안점을 두고 있다. 따라서 변혁적 지도자는 조직 변화의 위한 비전과 자신감 등의 내적 능력을 갖추고 변화를 이끌어 내는 일에 중점을 두어야 한다(박선형, 2003).

(5) 카리스마적 리더십

리더십에 대한 연구는 21세기 글로벌 시대에 접어들면서 연구의 중요성이 크게 대두되었다. 이러한 가운데 카리스마적 리더십은 성과와 높은 상관관계를 가지며, 비전과 혁신이라는 시대적 욕구를 다룬다는 점에서 각광을 받고 있다. 특히 카리스마적 리더십은 비전을 제시하고 혁신의 바람을 일으킴으로써 추종자들의 개인적인 성과뿐만 아니라 조직의 성과에도 큰 영향을 준다. 카리스마적 리더십은 조직에서 구성원들이 리더에 대해 초인적인 능력을 가진 사람으로 지각하도록 유도함으로써 그 영향력을 무조건적으로 받아들이게 된다는 개념이다. 이러한 카리스마적 리더들은 대체로 권력욕구, 자신감 그리고 신념과 이상에 대해 강한 확신을 가진다. 자신이 유능하고 성공적이라는 인상을 구성원들에게 심어주기 위해 자기희생과 모험을 감수하며 부단한 노력을 기울인다. 또한, 이들은 목표달성을 위해 구성원들의 감정에 호소하며, 구성원들의 동기를 촉발시킴으로써 위기, 격동, 변화의 상황을 극복하는 데 지도력을 발휘한다. 이러한 특성으로 인해 카리스마적 리더십은 혁신과 변화를 요구하는 현대적 리더십으로 인정받고 있으며, 정치와 경제의 양대 축으로부터 많은 지지를 얻고 있다.

(6) 감성적 리더십

감성적 리더십은 지도자에게 기존에 요구하던 역량적 리더십에 대응하는 감성능력을 중시하는 개념이다. 이러한 개념은 최근에 들어 조직 내에서 이루어지는 구성원 간의 상호작용이 이성적 요인보다는 감성적 요소에 의해 더 큰 영향을 받는다는 것에서 출발한다. 감성적 리더십은 카리스마적 리더가 일반적인 리더들과 다른 점으로 자신의 감정을 조직 구성원들에게 전이할 수 있는 능력이 있다는 Goleman(1998)의 주장이 바탕이 된다. 감성적 리더십을 가장 쉽게 설명할 수 있는 모델은 SNS(Social Network System)를 이용한 감정의 과도한 몰입 상태를 통해 이해할 수 있다. 이러한 감성 리더십 또는 감성지능은 조직성과, 조직학습, 조직감성, 조직 몰입감 등 조직의 여러 요인에 영향을 미친다(Wall,

2006). 감성적 리더십은 구성원에 대해 의견과 감정을 공유함으로써 공감을 불러일으켜 사회적 참여를 유도할 수 있다는 점에서 주목할 가치가 있다. 감성적 리더십은 정보통신의 발달로 인해 이슈화 또는 쟁점화되는 사안에 대해 급격하게 관심이 높아지는 현상과 떼어놓을 수 없는 관계가 있다. 수많은 청소년들이 유명 연예인들의 감성적 리더십에 열광하는 것은 이러한 감성적 리더십과 관련된다고 볼 수 있다.

4 창업자 유형 및 성장단계

1) 창업 유형

창업을 할 때에는 목표가 뚜렷해야 한다. 이것저것 모두 해보겠다고 여러 가지를 동시에 추구해서는 성공하기 어렵다. 여러 가지를 취급하고자 하면 슈퍼마켓이나 대형 마트 등의 유통업을 하는 것이 오히려 나을 수 있다. 전문성을 가지려면 한 가지 목표에 집중하도록 하여 인지도를 높이고, 신뢰를 키우는 것이 중요하다.

창업의 유형은 어떠한 관점으로 보느냐에 따라 다르게 분류할 수 있다. 눈으로 확인할 수 있는 가장 큰 분류는 점포의 유무이다. 이는 사업장이 있는 지, 없는 지에 대한 구분이다. 대부분의 사업은 매장이 있는 오프라인 사업을 기준으로 하고 있으나, 점포가 없는 형태의 사업도 있다. 점포가 없는 사업에도 전자상거래, 온라인 쇼핑몰 등의 온라인과 붕어빵, 방문판매 등의 오프라인 사업이 있다. 점포형의 경우에는 소규모형, 벤처형, 기업형으로 형태나 규모에 따라 구분할 수 있다. 그러나 이러한 점포의 유무에 의한 구분은 온-오프라인(on-off line)의 양대 측면에서 매장을 동시에 점유하는 기업들이 늘어나면서 경계가 모호해지고 있다.

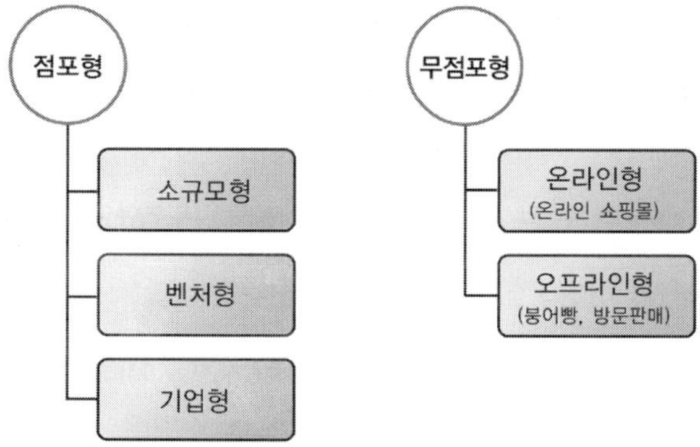

[그림 1-3]_ **규모와 점포 유무에 따른 사업의 유형**

처음 창업을 하게 되면 중소기업에 해당하는 걸까? 이러한 기업의 규모에 대한 기준은 상시 근로자의 수로 간단하게 판별할 수 있다. 「중소기업기본법」에서는 소기업과 중소기업을 구분하여 규정하고 있으며, 「중소기업기본법 시행령 2조」에는 상시 종업원 수와 자산 총액을 중심으로 대기업과 중소기업을 구분하고 있다. 중소기업기본법 시행령에는 이러한 기준을 <표 1-1>과 같이 제시하고 있다.

표 1-1_ **중소기업 범위 기준**

구 분	중소기업 범위 기준			
	상시 근로자 기준			비고
	소상공인	소기업	중기업	
광업	10인 미만	50인 미만	50인 ~ 300인	
제조업	10인 미만	50인 미만	50인 ~ 300인	
운송업	10인 미만	50인 미만	50인 ~ 300인	
건설업	10인 미만	50인 미만	50인 ~ 300인	
숙박/음식업	5인 미만	10인 미만	50인 ~ 300인	
도·소매업 기타 서비스업	5인 미만	10인 미만	10인 ~ 2인	

– 출처 : 중소기업기본법 시행령(일부개정 2009.11.19)

창업의 초기상태는 대부분 소상공인의 형태를 벗어나기 어렵다. 이러한 소상공인은 중소기업과 소기업으로 구분되며, 개인사업체 및 비법인단체의 기업형태를 가지고 영세적인 규모로 재화와 서비스를 사회에 제공하는 조직으로 정의된다(박동수, 2000). 이러한 작은 규모의 창업은 흔히 '자영업'이라고 불리는 형태라 할 수 있는데, 이는 가장 오래된 창업의 특성으로 어디를 가더라도 점포를 창업하여 운영하는 것을 볼 수 있다. 이러한 소상공인의 경우 창업할 때, 문에 '신장개업'이라는 글귀를 붙이고 개업축하 화분을 받는 전통을 가지고 있다. 이들은 상업의 중심지역에서부터 골목의 상권까지 두루 분포하고 있으며, 생활과 직접적인 관련을 맺는 사업이 가장 번성하고 있다.

또 다른 창업의 형태는 벤처창업을 들 수 있다. 이는 일반적으로 위험성은 크나 성공할 경우 높은 기대수익이 예상되는 신생기업의 의미를 담고 있으며, 신기술이나 기존에 있던 기술 등을 통해 새로운 시장을 개척하여 고부가가치를 창조할 수 있는 기업으로 정의하고 있다. OECD국가들은 벤처기업에 대해 R&D(인적자원) 집중도가 높은 기업 또는 기술혁신이나 기술적 우월성이 성공의 주요 원인인 기업으로 규정하고 있다(김영배·하성욱, 2003).

이러한 벤처기업이 국내에서 법적으로 인정받기 위해서는 「벤처기업 육성에 관한 특별조치법 제2조 2항」의 규정을 준수해야 한다. 이 규정은 "기술 및 경영혁신에 관한 능력이 우수한 중소기업 중 벤처 확인 유형별 요건을 갖춘 기업"으로 명시되어 있다. 벤처 확인 유형별 요건은 기술보증기금, 중소기업진흥공단, 한국벤처캐피탈협회 등으로부터 소정의 평가절차를 거쳐야 하는 것으로, 이를 통해 벤처기업 확인서를 발급받아야 벤처기업으로 인정받을 수 있다. 즉, 벤처기업의 특성상 위험성이 높으나 성공 시 고부가가치를 창출할 수 있으므로 벤처기업 확인서를 발급받을 수 있다면 창업 과정에서 벤처기업 육성을 위한 정책지원과 자금의 도움을 받을 수 있다.

(1) 창업의 동기별 분류

개인이 창업하는 경우를 동기별로 구분하면 생계형 창업, 재테크형 창업, 취미형 창업으로 나눌 수 있다.

첫째는 생계형 창업이다. 대부분의 사람들이 창업을 계획할 때 좋아하는 일보다는 돈 버는 것을 우선으로 하며, 창업인 동시에 직업인 경우이다. 소자본으로 시작하는 경우가 많으며, 유동인구가 많은 곳에서 경쟁을 피하는 종목으로 승부를 거는 형태이다. 성공해서 성장시키려는 의지보다는 꾸준한 수입을 얻기 위한 목적으로 창업하게 된다. 이들은 모험이나 도전보다는 오랫동안 운영할 수 있는 안전한 아이템을 찾는다. 대체로 적은 자본을 가지고 창업을 하게 되며, 사업성보다는 안정성을 우선시 하는 특성을 가진다. 이들은 창업주이자 직원이므로 직업인의 자세를 가지게 된다.

둘째는 재테크형 창업이다. 이는 직업을 가지고 있는 사람이 동시에 더 큰 수입을 목적으로 투자하는 형태이다. 직장에 근무하거나 기존의 사업장이 있는데, 다른 장소에 사업장을 늘려 동시에 운영함으로써 수입을 증대하려는 의도로 창업하는 경우이다. 이는 기존의 사업이 성공하여 여유가 생기는 경우 프랜차이즈를 더욱 늘리거나 매장을 늘려 관리하는 형태를 가진다. 이들은 새로운 지역으로 영업을 확대하고, 사업장이 정상화되면 매매함으로써 권리금 수입을 얻는 형태의 사업을 즐겨한다.

셋째는 취미형 창업이다. 이는 운용할 수 있는 자본이 많은 사람이 여유를 가지고 창업하는 경우로서, 투자 액수가 큰 만큼 수익도 많이 보는 형태의 창업이다. 대형 레스토랑이나 대형 테마카페의 프랜차이즈 등을 운영하는 경우가 이에 해당한다. 창업의 성공률이 상당히 높고, 안정적인 수입을 얻을 수 있으며, 혹시 실패하는 경우에도 큰 타격을 입지 않는다. 이들은 직접 경영에 참여하는 것보다는 전문 경영인을 고용하는 등 위탁경영을 즐겨한다.

(2) 창업의 운영방식에 따른 분류

운영방식에 따라 창업을 분류하면 독립창업, 전수창업, 프랜차이즈 창업 등으로 나누어진다.

첫째, 독립창업은 창업과 운영에 대해 본인의 노하우가 있는 경우에 오픈하게 되는 창업형태이다. 직·간접적인 풍부한 경험이 있는 경우나 오랜 경력을 쌓다가 창업을 하는 경우가 이에 해당된다. 이들은 동종업계에서의 경험이 많으므로 성공 확률이 높다. 장점으로는 차별화된 전략과 독자적인 경영이나 홍보전략이 가능하며 창업비용이 비교적 저렴하고, 시장변화에 유연하게 대응할 수 있다는 점이다. 반면에 단점으로는 실패의 위험성이 크다는 것과 인지도를 올리는데 많은 시간이 걸린다는 점을 들 수 있다.

두 번째인 전수창업은 경력형 창업이라고도 하는데, 이 창업형태는 기술이나 노하우를 전수받는 방법으로 기초 레시피와 재료를 공급받아 매뉴얼대로 운영하는 형태의 창업과 오랜 기간 일정 분야에 종사함으로써 기술과 경험이 풍부한 경력자에 의한 창업 모두를 말한다. 이러한 형태의 창업은 주 거래처에서 생산량을 구매하기로 약정을 한 경우, 납품을 약속받고 창업을 하는 경우 등이 있으며, 계약에 의해 거래기업의 기술과 자본을 투자받기도 한다. 이들은 경험과 기술 그리고 시장상황에 대해 축적된 데이터를 가지고 있으며, 판매보다는 제품의 생산에 노력을 집중하는 경향을 가진다. 그러나 매출에 대한 안정성의 장점이 있는 대신 주 거래처의 상황에 종속될 수 있다는 위험성도 내포하고 있다. 학교 내 기업도 이 범주 안에 포함할 수 있다.

세 번째 창업의 형태는 프랜차이즈 창업이다. 이는 검증된 시스템을 본사에서 원하는 형태로 도입하여 운영함으로써 고정적인 영업수익을 얻는 형태이나, 매출의 일정 부분을 본사에 보내야 한다는 단점을 가지고 있다. 주로 주유소, 편의점, 레스토랑, 카페, 치킨점 등 생활 주변에서 흔히 볼 수 있는 형태의 창업이다. 장점으로는 실패의 위험성이 상대적으로 적고, 경영상의 경험이나 지원을 받을 수 있으며, 높은 브랜드 인지도와 신뢰도를 얻을 수 있다는 점이다. 단점으로는 많은 창업비용, 경영상의 자율성 부족, 일률적인 인테리어, 계약상의 제약 등이 있다. 주로 창업 경험이 없는 초보 창업자들에게 알맞다. 특히 주의할 점으로는 프랜차이즈의 본사가 믿을 수 있는 곳이어야 한다는 점이다. 본사가 부득이하게 폐업하는 경우 가맹점들은 그 피해를 감수하게 되며 이로 인해 고사되는 경우도 있다는 점에 유의해야 한다.

2) 창업기업의 성장단계

기업의 성장단계에 관한 연구들의 공통점은 모든 기업이 성장단계를 거쳐 변화하고, 각 단계에는 그에 적합한 전략, 구조 및 각종 경영활동이 있다는 것이다. 학자들이 조직의 성장 모형을 설명하는 데 있어 각기 몇 단계로 구분할 것이냐 하는 것에는 다소 차이가 있지만, 그 구분에 의해 기업의 성장 발전단계와 패턴을 알 수 있고, 그것이 조직에 어떤 영향을 미치는지에 대한 이해를 돕는다(Kazanjian, 1988). 기업의 성장단계에 대한 단계적 구분에 대해서는 학자들마다 다르게 구분하고 있다. Lippit & Schmidt(1967)는 조직의 성장단계를 탄생기, 유년기, 성숙기의 3단계로 구분하고 각 단계의 진입에 따른 핵심과제의 해결을 강조하고 있다. Hosmer et al.(1977)은 4단계로, 그리고 Van de Ven(1984)과 Kazanjian(1988)은 5단계로 구분하고 있다. 그러나 이러한 구분은 외형적으로 보는 기업의 성장을 모델화하는 데는 무리가 없으나, 그 구분에 대한 명확한 기준이 모호하고, 내부의 핵심 경영문제에 대한 공통적 요소를 밝히는 데는 한계를 지니고 있다.

최근에 창업기업의 성장을 설명하기 위해 인용되고 있는 기업의 성장단계를 보면 창업기, 초기 성장기, 정체기, 고도성장기, 성숙기의 5단계로 설정하고 있는데, 이를 구체적으로 살펴보면 다음과 같다.

(1) 창업기

창업기는 사업의 개념화와 개발단계를 말한다. 이는 창업하기 이전의 준비단계와 창업계획의 단계로, 제품에 대한 아이디어의 개발과 기술적 문제 해결에 집중한다. 절차는 간소하지만 공식화되어 있지 않으며, 창업자는 모든 기능과 의사소통에 있어서 중심이 된다. 즉, 이때의 역량은 사업계획의 구체화와 제품개발에 집중되어 있음을 뜻한다. 그리고 이 단계에서는 제품이나 서비스의 개발과 출시를 통한 수익의 창출을 목적으로 한다.

창업기에는 시간적 압박과 제한된 자원으로 인해 경영의 기본이 무시되기 쉽다. 이 시기에는 경영이 창업자의 역량에 의지하는 바가 크며, 창업자의 판단에 의해 기업의 운명이 좌우될 수 있는 위험성을 가지고 있다. 따라서 창업기의 사업계획은 창업 초기에 겪을 수 있는 상황들을 미리 상정해 놓고 그 사업계획에 따라 자금과 자원을 적절히 분배해야 한다. 제품의 개발과 관련해서는 특허나 실용신안권 등의 지적재산권의 획득이나 기술개발에 힘써야 하고, 원재료의 안정적인 수급라인을 확보해야 할 필요가 있다. 더불어 회계 및 세무와 관련하여 원칙을 세우고 그 체계를 확립해두어야 한다.

(2) 초기 성장기

이 시기는 사업화 단계라고 할 수 있다. 기업은 시장에서의 수요를 충족시키고 좋은 제품을 생산하거나 판매하는 능력은 있으나, 아직 시장 내에서 기업의 안정화를 달성하지는 못한 상태이다. 초기 성장기는 창업 후 최초의 대표 제품이나 서비스를 출시하여 매출이 발생하는 기간을 말한다. 이 단계에서는 생산성의 향상과 마케팅을 통한 매출의 확대가 주된 관심사가 된다. 이 시기의 관건은 손익분기점에 빨리 도달하기 위한 노력이라 할 수 있다. 손익분기점을 넘어서서 빠른 상승세를 이어나가게 된다면 이 시기가 바로 초기 성장기의 상태라고 볼 수 있다.

(3) 정체기

정체기는 첫 제품 출시 이후부터 후속 제품의 출시 이전에 찾아오는 시기로 기업활동이 위축되는 기간이다. 이 시기에는 창업 초기에 비해 경쟁자들과의 경쟁이 심화된다. 따라서 성장기의 구조적 틀에서 변화하려는 노력과 움직임이 시작되는 시기라고 볼 수 있다. 이 시기에는 생산과 관리, 경영 등의 전반에 걸쳐 조정이 필요하고, 창업자에게는 더 큰 리더십이 요구된다. 정체기는 창업기업이 맞이하는 기로라고 할 수 있는데, 이는 정체기를 넘기는 방법에 따라 기업의 미래를 결정지을 수도 있기 때문이다.

(4) 성장기

이 시기의 기업은 판매 및 종업원의 증가에서 뚜렷하게 높아지는 성장률의 특징을 보인다. 이 단계에서는 충분한 수익성을 얻으면서 후속 제품의 출시, 생산라인의 확대, 판매의 증가, 이익의 분배 등이 주요 관심사가 된다. 이 시기에는 내부의 구조와 의사소통이 체계화되거나 성숙하게 되며, 조직의 구성원은 더욱 전문적인 역할을 해야 한다.

(5) 성숙 단계

기업이 안정상태에 도달하게 되면 성장률이 둔화되고 새로운 제품개발과 시장의 확대에 대한 필요성이 증대된다. 기업 내부에서는 제2, 제3의 제품개발이나 새로운 개념의 제품도입, 확장자금의 확보, 시장점유율의 확대, 그리고 외부로의 진출 등에 대해 고민하게 된다. 또한 생산성의 향상을 위해 인적·물적 자원과 자금의 동원이 이루어진다. 그러나 이러한 가운데 기업의 조직과 관리면에 있어서 확장이 이루어지는 시기이므로 관리체계를 확립할 필요가 있다. 기업의 관리면에 대한 문제를 방치하게 되면 문제가 확산될 우려가 있다. 따라서 기업의 조직구조와 의사결정은 조직화되고 공식화되어야 하며, 경영의 혁신을 시도해야 한다. 이 시기에는 창업자와 경영자를 분리하거나 전문경영인의 영입을 시도하게 된다.

이러한 성장단계 모델은 창업기업의 동태적인 발전과정을 도식화함으로써 경영적·정책적 합의를 도출하는 데 도움이 되고, 경영의사결정의 측면에서는 조직 성장에 따른 인적·물적 자원의 충원계획을 수립하는 데도 도움을 줄 수 있다. 그러나 이러한 성장단계의 경계에서 다음 단계로 성장하기 위한 핵심 경영문제에 대해서는 각 기업마다 당면한 문제가 복잡하고 다양한 양상을 보이므로 명확한 설명을 하기는 어렵다. 기업의 성장모델의 연구에서 새로운 개념이 창출되는 창업기업들에 대한 더 많은 연구가 필요하다.

5 위기관리

창업자에게 리더십만큼 중요한 것은 위기관리라고 할 수 있다. 창업을 시작하면 위기는 계속해서 다가오게 되며, 위기관리 능력은 갈수록 중요성이 증대된다. 최근들어, 정보의 전파 속도가 가늠할 수 없을 정도로 빨라지고 있기 때문에 위기대응을 제대로 하지 못한다면 그 반작용도 빨리 돌아오게 된다. 우리가 위기에 재빠르게 대응해야 하는 이유가 여기에 있다. 뉴스를 보면 그룹 총수가 구속되고, 고객 정보가 유출되고, 멀쩡하던 리조트가 붕괴하는 등 여기저기에서 기업의 위기상황이 속출하고 있다. 이러한 위기상황을 어떻게 해결하는가는 위기를 재도약하는 기회로 바꾸거나 더 큰 위기를 초래하는 선택의 기로가 된다.

위기에 대해 Hermann(1963)은 목표에 대한 잠재적 장애(potential hinderance)를 인식하고 위기로 판단할 때 일어난다고 했으며, Cameron & Zammuto(1983)는 기업에서 급격한 매출의 하락 등의 즉각적이고 급속한 위협을 주는 상황을 위기로 판단했다. 또, Weitzel & Ellen(1989)은 조직의 위기는 경영문제와 경영활동의 상호관계에서 발생한다고 주장했으며, Fearn-Banks(1996)는 조직, 회사, 산업 및 이들과 관련된 공중, 제품, 서비스 그리고 명성에 부정적 영향을 미칠 가능성 높은 주요 사건들로 위기를 정의했다. 이를 알기 쉽게 정리해본다면, 위기란 목표를 달성하는 데 장애가 될 수 있는 상황, 매출의 하락, 경영상의 문제 등이라고 할 수 있다. 창업기업은 창업주가 경영의 책임자이며, 매출의 상승과 수익 창출의 목표를 가진다. 그러나 이러한 목표의 달성에 대해 위기상황이 큰 장애로 다가오게 된다. 위기는 불씨와도 같아서 방관하게 되면 그 세를 점차 키워 감당하기 어려운 시련으로 다가온다. 따라서 창업자는 위기가 감지되면 빠른 해결책을 찾도록 노력을 경주해야 한다. 매출 수익을 올리는 일도 물론 중요하지만 위기로 인한 손실을 차단하거나 최소화시키는 것도 경영자의 책무이다.

(1) 위기는 초기에 어떻게 대처하는가에 따라 결과가 달라진다

법정에서는 '무죄추정의 원칙'이 있다. 이는 피고인에 대해 유죄판결이 확정되기 전까지는 죄가 없는 것으로 간주된다는 원리이다. 그러나 다수의 대중은 특정 기업에 대한 사건을 접하게 되면, 바로 자신에게 투영하여 동일시한다. 대중은 '아니 땐 굴뚝에 연기 나랴?'라고 생각하며 그 사정이 어떤지에 대한 판단보다는 도의적인 잣대를 먼저 들이대곤 한다. 자신보다 우월적 지위를 가진 자를 성토할 수 있는 기회라고 생각하기 때문에 보통의 시민에게는 심리적으로 커다란 이슈가 된다. 대중과 여론에 의해 기업의 신뢰도가 영향을 받게 되면 이를 회복하는 데 많은 시간과 비용 그리고 노력이 소모된다. 다시 말해, 법정에서 무죄판결을 받아도 세상 사람들의 마음속에 있는 불신을 털어내지 못하면 기업은 위태롭게 된다. 이러한 예는 이슈의 대상이 된 기업이 주가가 떨어지거나 심각한 매출의 감소를 보이는 것에서 나타난다. 이러한 결과는 결국 사건의 대상인 대기업의 최고 경영주가 인터뷰에서 고개를 숙이며, 사과하는 모습으로 나타나게 된다. 대기업 총수가 사과하며 사태를 수습하는 행위는 잘못을 진심으로 사과함을 보여준다는 제스처이며, 여론에 잘못을 뉘우치는 뉘앙스를 보여 기업 이미지의 하락을 막고, 대중의 마음을 달래려는 모습이다. 이러한 정치적 제스처는 사건에 대한 법정에서의 판결이 당장 여론의 질타를 받는 일에 비해서는 작은 일에 불과하다는 것을 말해주는 것이다. 특히, 대중의 여론이 악화되는 것을 간과한다면 정치적인 개입까지 초래하는 사건으로 비화될 수도 있으며, 이는 더 큰 손해를 가져오게 된다는 것을 알아야 한다.

다음의 사례는 위기상황에 대처하는 방법에 따라 어떠한 결과를 가져올 수 있는지를 보여주는 단적인 예라고 할 수 있다. 그리고 초기대응이 왜 중요한지에 대해서도 명쾌한 답을 보여주고 있다.

〈사례 2〉

도요타와 마텔의 위기대응 차이

2009년 8월 미국에서는 렉서스 자동차의 급발진 사고로 일가족 4명이 사망한 사고가 발생했다. 사건 초기 사고의 원인으로 렉서스 차량의 결함이 제기되었으나, 도요타자동차 측에서는 "렉서스에는 문제가 없다"며 결함을 인정하지 않았으며, 리콜에 대해 거부하였다. 계속된 여론의 악화에도 불구하고 6개월이 넘도록 도요타의 CEO는 침묵을 고수했다. 결국 수백만 대의 대규모 리콜 사태가 터졌고, 미 법무부에 의해 천문학적 금액의 벌금이 청구되었다. 이후, 다급해진 도요타의 CEO는 세 번이나 전면에 나서 사과를 했으나, 이미 신뢰를 잃게 된 도요타는 보름 만에 시가 총액으로 2조원의 손실을 보게 되었다. 현재 미국인은 도요타 하면 기계결함, 브레이크 멈춤, 교통사고, 리콜, CEO 사과 등이 떠오른다고 한다.

2007년 세계 최대 규모의 장난감 회사인 마텔(Mattel)은 창업 60년 만에 큰 위기에 직면하게 되었다. 중국에서 생산된 자사 제품에서 납 성분이 검출된 것이다. 이 사실이 알려지면서 대대적인 리콜 명령 및 판매 금지와 각종 여론의 질타를 받게 되었다. 마텔의 CEO인 로버트 어케트는 고객들에게 신뢰를 깨뜨렸음을 솔직히 인정하는 진심어린 사과를 하였으며, 대대적 리콜 및 대대적인 광고를 통한 안내 등의 적극적인 대처를 즉각 시행하였다. 사건 발생후 마텔은 문제가 된 중국의 해당 업체와의 계약을 즉각 해제하고, 제품공정애 대한 검사를 더욱 철저히 하였다. 마텔은 위기에 대한 적극적인 대처에 힘입어, 사건 다음 분기 순이익이 무려 15% 이상 증가하는 성과를 보였다. 이러한 마텔의 신속한 대응은 114페이지 분FIDDML 위기대응 매뉴얼을 통해 가능했던 것으로 알려졌다.

IGM 세계경영연구원 전진호의 블로그에서 발췌

(2) 위기관리 커뮤니케이션을 잘 이용하라

예전에는 사건이 나면 집단이나 조직들은 정보를 통제하기 위해 축소하거나 은폐하기 위해 노력했는데, 정보화 사회인 현대는 나쁜 뉴스를 숨기고 싶어도 숨길 수 없게 되었다. 스마트폰의 급속한 확산으로 SNS의 사용자가 급속도록 증가한 가운데, 정보를 퍼 나르고 돌려보며 다시 재생산되는 과정은 시간이 지날수록 더욱 광범위하게 확산되기 때문이다. 특히 기업이나 정치 그리고 연예계에 관련된 사건은 순식간에 이슈화되어 정보의 바다에서 확산되는 경향이 매우 크다. 따라서 이에 대한 초동대응은 무엇보다 우선되어야 할 중요한 일이다.

이와 같이 기업의 위기관리는 조직이 직면할 수 있는 위기적 상황에서 손실의 규모를 최소화하기 위한 관리활동이자 전략적인 계획이라 할 수 있다. 따라서 위기적 상황을 상정하고, 이의 해결에 대한 구체적 단계를 미리 논의하는 위기대응전략이 필요하다.

대체로 위기관리의 사례들을 살펴보면 위기관리에 성공한 사례와 실패한 사례에서 공통적으로 찾아볼 수 있는 상황대처의 요건은 첫째, 대표이사의 조기관여 여부 둘째, 사건에 대한 정보의 조기공개 여부 셋째, 회사의 진실성 넷째, 사회적 책임을 감수하려는 의지표현 등에서 차이가 나타났다. 이는 사건발생 후 빠른 대처로 가장 높은 책임자가 잘못을 인정하고, 보상과 재발방지의 약속을 함으로써 사회적 책임을 다하겠다는 의사 표현이 이를 바라보는 대중에게 신뢰를 주기 때문이다.

Chapter 02

청년창업이란 무엇인가?

02 Chapter 청년창업이란 무엇인가?

청년창업은 '청년'이라는 말과 '창업'이라는 말의 결합이다. 따라서 청년창업은 청년이 하는 창업이라고 볼 수 있다. 그렇다면 청년은 어느 연령대를 말하는 것일까? 중소기업청의 청년전용창업자금지원의 경우, 39세까지만 지원금을 신청할 수 있도록 명시하고 있어, 청년은 법적으로 성년이 되는 만 19세부터 39세까지의 연령대라고 할 수 있다.

우리나라는 뛰어난 기술과 창조적 아이디어를 가지고 있어도 적절한 자금의 공급원과 기술개발에 전력을 기울일 수 있는 창업지원 시스템이 부족하고, 창업 절차가 복잡하여, 창업을 시작함에 있어 많은 애로점이 있다. 그러나 최근 들어 청년창업에 대해 뜨거운 관심이 다시 집중되고 있다. 정부는 침체된 경기와 높은 실업률을 해결하기 위한 정책의 일환으로 '창조경제'를 외치며 창업지원을 중대한 국정과제로 내세웠으며, 부처별로 창업 인프라의 구축과 창업지원책을 앞 다투어 발표하는 등 창업의욕을 불러일으키고 있다. 창조경제는 톡톡 튀는 상상력과 참신한 아이디어를 기반으로 우리 경제에 활력을 불어 넣게 되는 신 성장 동력 창출 패러다임으로 '01년 존 홉킨스가 『창조경제』를 출간함으로써 더욱 유명해진 개념이다(유재필 외, 2013). 이러한 창업지원정책에서 청년창업을 지원하기 위한 레이아웃은 대학 창업기지 건설, 청년창업가 및 융합인재 양성에 관한 정책이며, 정부에서 창업지원을 위해 지원하는 자금 규모는 한 해 수조 원을 넘어서고 있다. 이렇듯 정부 창업지원정책은 청년창업의 기반 조성과 육성을 위한 창업환경의 개선과 창업자금의 지원을 중심으로 시행되고 있으며, 이 같은 정책을 통해 창업의욕을 북돋아 '창조경제'로서 기틀을 마련하고자 노력하고 있다.

1 외국의 청년창업

1) 미국의 실리콘밸리

청년창업이 중요하게 여겨지는 것은 젊음과 도전정신에 기대하는 마음이다. 세계 경제가 오일쇼크의 여파로 인해 불황으로 신음하던 1975년, 도전정신으로 무장한 20대의 빌 게이츠는 마이크로소프트(MS)사를 창업했고, 스티브 잡스는 애플을 세웠다. 이들은 불황에 허덕이던 미국에 정보화 사회를 다지는 초석을 세움으로써 오늘날 세계의 산업체제를 변혁시켰다. 이들이 세운 마이크로소프트사와 애플은 거대 기업으로 성장했으며, 미국의 컴퓨터 산업을 상징하는 대표주자로 자리 잡았다. 또한, 이들의 성공을 롤 모델로 삼아 많은 젊은 세대 청년들이 실리콘밸리에 둥지를 틀고 청년창업의 붐을 일으켰다. 그리고 얼마 지나지 않아 실리콘밸리는 IT산업을 주도하는 벤처기업의 요람이자 대명사가 되어 미국 경제를 주도하고 있다.

이러한 실리콘밸리는 스탠퍼드 및 버클리대학이 인근에 자리하고 있으며, 이들 대학에서 배출한 우수한 인적자원이 실리콘밸리에서 창업을 하거나 지역 벤처기업에 입사함으로써 실리콘밸리의 성장에 동력원으로 작용하고 있다. 또한, 스탠퍼드대학 졸업생들은 대학의 인근에서 창업을 하고 있으며, 학교와의 지속적인 네트워크 구축을 통해 협업의 시너지를 창출하고 있다. 스탠퍼드대학에서는 투자자와 교수들을 학생들과 졸업생들에게 연결해주며, 이들의 아이디어나 기술이 직접 창업으로 연결될 수 있도록 물심양면의 지원을 아끼지 않고 있다. 스탠퍼드대학에서는 창업에 관련한 연구기관과 기술벤처 프로그램 그리고 학생비즈니스협회 등의 다양한 창업관련 활동에 대해 교수들과 학생들이 자발적으로 참여할 수 있도록 독려하고 있다. 이처럼 대학과 연계된 창업문화는 청년의 창업에서 중요한 의미를 가지고 있다.

2) 독일의 창업정책

독일은 통일 문제로 인한 경제위기가 심화되자, 이를 타파하기 위해 2003년 게르하르트 슈뢰더 총리의 주제로 국가개혁안인 아젠다 2010 프로그램을 발표했으며, 하르츠 위원회에서는 노동시장 개혁을 담은 하르츠4 개혁안을 제시했다. 경제 활성화 대책의 골자는 수공업법을 개정하여 1인 자영업자의 창업절차를 간소화하고, 수공업 부문의 진입장벽을 낮추는 데 있었는데, 그 내용으로 규제의 철폐와 시장 자유화를 통한 전통적 성장기반인 중소기업을 활성화하고 경쟁을 통해 기술혁신을 할 것을 제안하는 것이었다. 이 제도의 핵심은 정부에서 벤처창업자의 생활 안정을 보장하는 '최소소득 보장제'와 창업지원 프로그램인 Ich-AG 프로그램이다. 이 프로그램의 내용을 살펴보면, 65세 이하의 창업자는 3년간 일정소득을 지원받고, 연간 소득이 2만 5천 유로가 안 되는 기업에 대해 첫해에는 매달 600유로, 둘째 해에는 360유로, 마지막 해에는 매달 240유로를 지원하는 기업안정 프로그램이다. 독일은 이 프로그램으로 1인 기업의 창업 활성화와 창업교육에 대한 동기부여, 경기 활성화 등의 다양한 효과를 보았다. 비록 이 개혁의 결과에 대한 수혜는 다음 정권의 앙겔라 메르켈 총리가 보게 되었으나, 그는 독일이 유럽국가들의 경제적 리더로 성장한 것은 슈뢰더의 개혁 덕분이라는 말로 극찬했다. 현재 독일의 경제구조는 어느 나라보다 중소기업이 활발하게 활동하고 있어 대기업 중심의 경제시스템과 대조되고 있다.

3) 창업대국 이스라엘

새 정부가 제안한 '창조경제'의 모토는 창업국가로 성공한 이스라엘의 창업정책을 롤 모델로 삼고 있다. 이에 따라 이스라엘이 창업대국을 이루게 된 이유와 그 과정을 살펴보고 시사점을 모색해볼 필요가 있다. 이스라엘은 인구가 약 780만 명으로 영토가 좁고, 자원이 빈약하며, 주변국가들과 긴장상태를 유지하고 있는 등 우리나라의 상황과 상당히 유사한 특징을 가지고 있다. 그러나 이스라엘은 현재 창업대국으로 불릴 정도로 창업문화가 발달해 있다. 이스라엘 창업문화 바탕에는 요즈마 프로그램과 후츠파정신(Chutzpah)이 있다. 1993년 이스라엘 수석과학관실에서 출발한 요즈마 프로그램은 '새로운 벤처캐피탈 시장의 육성'이라는 목표를 가지고 정부가 1억 달러를 출자하여 5년 동안 한시적으로 운영하였던 프로그램이다. 히브리어로 '창의, 독창, 창업, 개시, 창시, 선도, 솔선, 주도'와 같은 의미를 가진 요즈마 프로그램은 벤처마인드를 자극할 수 있도록 간접투자 방식과 직접투자 방식으로 실행되었다. 8천만 달러는 민간 요즈마 벤처펀드에 간접투자방식으로 출자하였고, 2천만 달러는 직접투자 방식으로 요즈마펀드를 운용하였다(이성복, 2013). 요즈마펀드는 정부의 출자지분을 참여민간 벤처캐피탈이 5년 안에 매입할 수 있도록 하는 콜옵션을 제공함으로써 벤처투자 시장을 활성화하는 데 성공하였다. 이는 이스라엘의 인큐베이팅 정책과 시기적으로 맞물리며, 벤처기업들의 창업을 주도적으로 이끌게 되었다.

'주제 넘은', '뻔뻔한', '놀라운 용기'라는 의미를 가진 후츠파 정신은 실패를 두려워하지 않는 이스라엘의 창업정신을 일컫는다. 이는 이스라엘의 청년들이 창업에 도전하는 것을 꺼려하지 않는다는 의미를 가지고 있으며, 실제로 이스라엘은 대학에서 교수나 학생이 참신한 아이디어를 찾아내게 되면 곧상 창업으로 연결하는 풍토가 있다. 특히 장업자에 대해 대학에서 언구소를 지원하는 것은 물론 창업지원센터에서는 특허등록, 법인설립 등의 절차를 안내하고 투자자를 연결해주는 일도 마다하지 않고 있다. 이들의 벤처 창업에서 창업자와 대학, 그리고 투자자가 지분을 각기 3분의 1씩 균등하게 투자하는 제도를 이용함으로써 창업자의 부담을 크게 덜어주고 있다. 창업을 할 수 있는 이러한 환경 조성은 많은 젊은이들로 하여금 창업을 시도하게 만들고 있다. 이러한 많은 청년창업이 이루어지는 이유는 이스라엘의 인큐베이팅 등 창업기반 조성에 있어서 자금을 지원하는 벤처캐피탈이 '대출'이 아닌 '투자'로서 인식함에 따라 혁신적·모험적 기업에 대한 투자가 활성화될 뿐만 아니라, 실패를 용인하고 교훈으로 받아들이는 문화가 정착되어 있기 때문이다(유재필 외, 2013).

한 가지 더 부연하자면, 유태인들의 성인식 문화를 들 수 있다. 이스라엘의 성인식 제도인 '미츠바(Bar Mizba)'라는 전통은 유태인의 창업정신을 설명할 수 있는 또 다른 창업교육이라 할 수 있다. 널리 알려져 있는 유태인의 성인식은 성인식 때 친척들이 돈을 모아 창업자금을 마련해 주고 20세가 될 때까지 주도적으로 관리하도록 하여 자본에 대한 이해를 돕는 전통의 교육방식이다. 이러한 전통은 유태인들이 태생적으로 상업에서 능력을 키울 수 있도록 하며, 창업에의 도전을 주저하지 않게 만들어왔다.

이스라엘의 창업형 인력양성 시스템을 살펴보면, 이스라엘의 모든 대학은 대학 내 기술연구소(OTT : Office of Technology Transfer)를 통해 지식재산권 관리, 라이선싱, 벤처창업, 글로벌 마케팅 등의 업무를 추진하고 있으며, OTT를 통한 수익을 연구비에 투자함으로써 전 세계 대학 R&D 투입 상위를 차지하고 있다. 또한, 군 복무기간에 영재교육을 통해 창업을 유도하는 '탈피오트(Talpiot)'라는 제도가 있다. 이는 하이테크 인재를 통해 군을 현대화하는 제도였는데, 영재인 탈피온(Talpion)을 선발하여 히브리대학에서 3년 동안 이공계 수업을 수료하고, 첨단 군사기술부대에 6년을 장교로 근무하면서 다양한 기술적 난제를 해결하는 것이다. 이들은 제대 후에 벤처기업가로서 활발하게 기업활동을 하고 있다(유재필 외, 2013). 이렇듯 이스라엘은 창업국가를 모토로 기술입국을 지향하고 있는 나라로 볼 수 있으며, 벤처 창업과 청년창업의 지원제도들이 우리에게 시사하는 바가 크다.

2 청년창업의 유형

청년창업은 의외성에 있다고 할 수 있다. 어느 날 갑자기 어떤 기업이 생뚱맞게 나타나 화제가 되거나 구설수에 오르게 되면, 이 기업은 틀림없이 청년창업에 의한 기업이라 할 수 있다. 또한, 청년창업은 그 창의성에서 다른 여타의 기업과는 차별성을 갖는다. 몇 해 전 저자의 아들이 어버이날이라고 선물로 쿠폰북을 가져왔다. 손으로 그린 그 쿠폰북에는 몇 개의 쿠폰이 들어 있었는데, 안마권 1매, 심부름권 1매, 청소권 1매 등 자신이 들어줄 수 있는 것들을 쿠폰으로 만든 것이었다. 초등학생이었던 아들은 선물을 사는 대신 이 쿠폰북으로 선물을 대신한 것인데, 이 선물은 나에게 다른 어떤 선물보다 큰 감동을 주었다. 이렇듯 청년기업은 의외성과 창의성을 가진 기업이라고 할 수 있다. 대표적인 예가 소셜커머스의 대표적 회사인 티켓몬스터를 들 수 있다. 다섯 명의 젊은이들이 500만 원의 자본금을 가지고 2010년 5월에 서비스를 시작한 이래, 경이적인 속도로 성장한 티켓몬스터는 현재 쿠팡과 더불어 우리나라 티켓구매대행의 대부분을 장악하고 있다. 싼값에 쿠폰을 살 수 있는 소비자들과 많은 고객을 유치할 수 있는 공급자들을 만족시키는 이러한 소셜커머스에서의 성공은 현재 많은 젊은이들에게 꿈과 희망을 주는 성공기업으로 인식되고 있다. 여기서 말하고 싶은 것은 단순히 성공한 벤처기업을 소개하고자 하는 것이 아니다. 바로 이들을 성공하게 만든 벤처정신이다. 티몬을 만든 그들은 벤처정신에 대해 "벤처는 가진 게 없으니까 잃을 게 없다. 그러니 우리는 절대 기죽지 않는다"고 말한다. 청년기업을 그 특성에 따라 한마디로 정리해본다면 '청년의 사고방식을 가진 톡톡 튀는 창조기업'으로 규정할 수 있다.

청년창업에 알맞은 창업은 일반창업과는 차이가 있다. 아르바이트를 하면서 경험한 일을 가지고 창업하고자 하는 사람은 별로 없을 것이다. 내가 잘할 수 있으며, 정말 하고 싶은 것을 할 수 있다는 점이 청년창업의 본질이라고 할 수 있다. 그런데 현재 창업시장을 분석해보면, 잘 나가는 사업 혹은 누구나 쉽게 생각하고 창업에 뛰어드는 사업이 있는데, 이는 편의점, 치킨집, 호프집, 커피점, 분식집, 음식업, 주점, 피자집, 삼겹살집, 빵집, 포장마차, 돼지고기집, 미용실, 곱창집 등이며, 프랜차이즈 사업도 이러한 범주에서 크게 벗어나지 않는다. 진입장벽이 낮아 누구나 쉽게 창업할 수 있는 업종일수록 경쟁이 치열하다는 것은 상식이다. 이는 경쟁이 치열한 사업에 뛰어들면 그만큼 고생은 많이 하되 수익을 얻기가 어렵다는 것을 의미한다. 청년창업을 위한 업종이나 아이템 선정에서는 창업에 대한 컨설팅을 받거나 더 많은 창업정보를 취득하고, 철저한 사업계획을 세워 성공할 수 있는 사업을 선정해야 할 것이다.

1) 학교 내 기업

청년이 창업을 경험하기 위한 가장 좋은 방법은 대학 내 창업활동에 참여하는 일이다. 최근 중소기업청과 창업진흥원이 실시한 대학의 창업인프라 실태조사의 결과에 의하면, 창업동아리 및 재학생 창업이 크게 증가하고 있으며, 창업을 대학 차원에서 적극적으로 지원해주는 대학들이 늘어나는 등 창업에 대한 관심과 열기가 고조되고 있음을 나타내고 있다. 창업동아리의 수는 '13년에 1,833개에 회원 수 22,465명 그리고 보유 대학은 190개로 집계되었는데, 이는 전년도 대비 50%나 증가한 수치이다. 또한, 재학 중 창업한 대학생도 점차 늘어나고 있는 추세에 있다. 뿐만 아니라, 동아리에서 실제 창업으로 연결되는 사례도 점차 늘어나고 있는 추세이다. '12년에 학생의 창업은 407명이 참여했으며, 그 결과는 377개의 기업으로 나타났다(중소기업청, 2013).

대학에서는 창업에 특화된 학과를 점차 늘려가고 있으며, 기존의 학과에서도 창업과 연계된 수업을 교과편성에서 추가하고 있다. 특히 실전 창업강좌에서 '13년도에 135개 대학에서 1,051개 창업강좌를 개설하여 운영하고 있으며, 수강인원도 48,747명에 이르는 것으로 집계되었다. 또한, 정부가 시행하는 창업지원사업에 참여하는 학교가 238개에 이르고 있어(중소기업청, 2013), 대학들이 창업에 대해 그 발전 가능성을 중요하게 생각하고 있음을 알 수 있다.

또한 중소기업청은 창조경제 핵심인 벤처, 창업 투자와 창업기업에 대한 규제완화 및 대학을 통한 청년창업 촉진을 위해 「중소기업창업 지원법」의 후속조치로 「중소기업창업 지원법 시행령」을 개정했는데, 대학 내 '창업지원 전담조직'을 설치할 수 있도록 허용하는 내용을 담고 있어 대학 내의 청년창업이 활성화되도록 제도적 기반을 마련하고 있다. 이러한 사실은 대학 내의 창업에 대해 점차 더 많은 지원이 있을 것임을 시사하는 것이라 할 수 있다. 즉, 사회에서 창업을 하는 것보다는 대학 내의 창업활동지원 프로그램을 이용하는 것이 더욱 안정되고, 대학 측과 정부의 지원을 받기 쉬워지며, 멘토의 사업성 검토와 조언을 받을 수 있어 창업으로의 연결이 그만큼 쉬워진다는 장점을 가진다. 대학교가 창업과 연계한 강좌를 늘리고, 창업을 지원하게 되는 것은 미국의 스탠퍼드대학의 예에서 볼 수 있듯이 학교와 지역사회의 발전에 도움이 되고, 창업을 하는 학생(청년)들도 같이 수혜를 볼 수 있는 유익한 제도로서 자리 잡을 수 있을 것으로 보인다.

창업에 대해서는 누구도 쉽게 생각할 수 없다. 이는 창업컨설팅 회사의 대표나 창업을 지도하는 교수도 마찬가지이다. 왜냐하면 창업에 성공하는 일이 그만큼 어렵고 힘든 일이기 때문이다. 특히, 경험이 없는 학생이 창업에 성공하도록 지도하는 일은 멘토가 창업을 하는 것보다 몇 배는 더 어렵다고 할 수 있다. 따라서 창업에 대한 강좌뿐만 아니라, 창업동아리의 창업프로젝트에 참여해봄으로써 창업에 필요한 제반 지식과 절차 그리고 아이템 선정과 사업성 검토 등의 실전경험을 얻는 것이 성공창업에 더욱 가까워질 수 있다. 특히, 창업교육은 마켓의 트렌드를 읽고, 성공할 수 있는 아이템을 찾는 과정을 실전처럼 경험할 수 있다는 점에서 직업능력의 상승에도 도움이 된다.

학교 내 기업이라는 방법으로 창업에 참가하게 되면 얻을 수 있는 이점으로 다음과 같은 점을 들 수 있다.

첫째, 실제로 먼저 창업하는 창업선배가 어떠한 방법으로 창업에 이르게 되는지를 지켜보며, 직접적 또는 간접적인 창업경험을 얻게 된다. 특히, 같은 전공의 선배 혹은 동료가 창업과정을 통해 꿈과 아이디어를 구체화하는 과정을 같이 지켜봄으로써 자신의 부족한 점과 아이디어를 더욱 실체화시킬 수 있다는 이점이 있다.

둘째, 창업에 필요한 프로세스를 익힐 수 있다. 아이템 선정, 개발과정, 시장분석, 마케팅이나 홍보에 관한 노하우를 경험하며, 경험부족에서 오는 손실비용을 줄일 수 있다.

셋째, 선배나 동료들의 창업을 돕거나 지켜보며 창출되는 취업자리를 선점할 수 있다. 당장 창업을 하지 않더라도 창업을 준비하는 동안 일자리와 급여를 챙길 수 있다.

넷째, 혼자서 창업컨설팅을 받는 것보다 다양한 실전경험을 쌓을 수 있다. 창업컨설팅의 경우 많은 비용과 시간을 들여야 하며, 혹시 자신의 마음에는 들지 않을 수도 있다. 이에 반해 학교 내의 창업과정(창업교육, 창업동아리 및 인큐베이팅)에 참가하게 되면, 대학 내의 능력 있는 교수 혹은 선배의 멘토링을 통해 더 나은 사업계획을 구체화할 수 있는 기회를 얻을 수 있다.

다섯째, 인적 네트워크 및 학교 내의 기자재 사용이 가능하다. 창업 준비에서 아이템 개발은 많은 시간과 비용을 소모해야 하는데, 학교의 실습실, 동아리실 등에 있는 실습기자재 및 데이터베이스는 창업 준비에 많은 도움이 된다.

여섯째, 대학 내의 산학협력 프로젝트에 참여할 수 있는 기회와 경험을 얻을 수 있다. 학교의 수업만으로 얻을 수 없는 실제적 프로젝트의 프로세스를 미리 경험해봄으로써 창업의 역량과 직업능력의 상승을 가져올 수 있다.

일곱째, 창업 준비에 있어 비용을 많이 아낄 수 있다. 제품의 개발, 인프라의 구축, 임대료, 기자재 대여와 구입에 드는 비용 등의 부담을 줄일 수 있으며, 팀원이나 동료를 쉽게 구할 수 있다는 점에서 이득을 얻을 수 있다.

여덟째, 창업이나 창업 아이템 공모, 창업지원금의 획득에 대한 기회가 많아진다. 청년창업에 대한 정보는 대학에서 가장 빠르게 얻을 수 있다. 학교 내에서는 학교 외의 기업에서 얻을 수 있는 정보보다 빠르고 더 정확한 내용을 알 수 있다. 더불어 학교 측과 산학협력관계를 맺을 경우에는 더 큰 이득으로 학교와 기업 모두가 윈-윈하는 성과를 얻을 수 있다.

2) 무자본 창업

창업을 하려고 마음먹었을 때, 가장 고민하는 문제는 자본에 대한 문제일 것이다. 이는 대부분 창업에는 돈이 많이 든다는 인식을 가지고 있기 때문이다. 대부분 창업을 안내하는 서적에서는 자본의 규모에 맞도록 창업하는 방법을 제안하고 있다. 그리고 대부분의 창업자들은 자본의 규모에 따른 입지의 선정에서 임대료가 싼 곳을 찾아 중심상권에서 멀어지게 되는데, 이는 성공에서도 멀어진다는 것을 의미한다.

조금만 노력하면 공간(shop)을 필요로 하지 않는 사업을 얼마든지 찾아낼 수 있다. 최근의 마케팅 트렌드에서는 콘텐츠가 곧 돈이 되는 개념이 점차 자리를 잡아 가는 추세이다. 벤처의 붐을 일으켰던 1990년대 말부터 우리나라는 IT 산업이 빠른 속도로 발전했으며, 이를 바탕으로 디지털 콘텐츠 산업이 사회 전반적으로 확산되었다. 특히, 90년대 후반의 성공한 청년창업자들은 기발한 아이디어와 콘텐츠를 바탕으로 창투사나 엔젤투자가로부터 투자, 제휴, 동업을 받아 성공에 이른 경우도 많이 볼 수 있다. 최근에는 SNS를 이용한 사업으로 성공한 청년창업가들이 이슈가 되기도 한다. 이처럼 우수한 비즈니스 모델을 창조하게 되면 이를 지원할 수 있는 정책자금들을 적절하게 이용해 사업에 성공하는 방법을 찾을 수 있다. 따라서 자신의 아이템에 대한 신뢰와 성공에 대한 열정이 더욱 중요한 요소가 된다.

무자본 창업을 하기 위해서는 많은 더 노력이 필요하다. 이는 충분한 준비가 되어있어야 기회를 잡을 수 있다는 의미이다. 성공창업은 남이 기회를 가져다주는 것이 아니라 자신이 그 기회를 찾고, 또 잡아야 하는 것이다. 창업에 대한 의지로 충분히 준비가 진행되었다는 생각이 든다면, 정부와 여러 단체에서 운영하는 창업지원센터나 창업보육센터에 입주하는 것도 좋은 방법이다.

무자본 창업이라는 기회를 잡기 위해서는 다음의 조건을 구비하고 있는 것이 유리하다. 기회는 준비된 자에게 그 문을 열어주기 마련이다.

첫째, 창업 인맥을 만들어라. 인맥은 창업뿐만 아니라 사회생활의 모든 부분에서 유용하게 사용할 수 있는 사회적 자본이다.

둘째, 창업동아리에 가입하라. 가장 최신의 정보는 창업동아리에 있을 가능성이 크고, 서로 간에 필요한 정보의 공유를 가능하게 한다.

셋째, 경진대회에 참가하라. 경진대회에 참가하는 것은 창업능력의 향상에 큰 도움이 되며, 창업자금 마련의 기회가 될 수도 있다. 특히, 사업계획에서 성공 가능성이 높다고 인정을 받게 되면, 투자를 받는 일에도 도움이 된다.

넷째, 기능과 능력으로 동업하라. 최근의 창업은 1인 기업 혹은 2인 이상의 동업에 의한 창업이 대세를 이루고 있으며, 각기 장단점이 있다. 창업을 위해 창업팀을 구성하는 것도 많은 도움이 된다.

다섯째, 인큐베이팅 센터를 활용하라. 창업보육센터는 처음 창업하는 스타트업(start-up)에 활용성이 높다.

여섯째, 공개 솔루션을 최대한 이용하라. 공개 솔루션을 이용하면 초기비용을 아낄 수 있다는 장점이 있다.

일곱째, 기능적인 일은 아웃소싱을 이용하라. 창업기업의 초기 또는 예비 창업자는 중요한 일은 직접 하되, 중요도가 떨어지는 일은 아웃소싱을 이용하는 것이 유리하다. 이러한 아웃소싱은 나중에 협력관계로 이어지는 계기가 된다.

3) 1인 창조기업

1인 창조기업은 "정규직으로 어떠한 인력도 고용하지 않고 한 개인이 운영하는 회사"를 의미하며, 창조산업에서는 '1인 기업'을 '1인 창조기업'으로 정의하고 있다(강익희, 2009). 이에 대해 부르스 저드슨(2005)은 자신이 보유한 기술을 적극 활용하여 핵심역량을 갖춘 전문화된 영역에 집중하면서 아웃소싱을 통해 고부가가치를 확대할 수 있다고 했다. 또한, 정부에서도 1인 창조기업 육성에 관한 법률 제2조를 개정하여 1인 창조기업의 지원대상 업종을 확대하려 하고 있다(중소기업청, 2014). 즉, 1인 창조기업은 창업자 1인이 창의적인 아이디어를 기반으로 기업의 가치와 이념을 추구하면서 아웃소싱을 통해 수익을 창출하는 기업을 말한다. 이는 곧 1인이 기업의 브랜드와 상품의 가치를 형성한다는 의미와 다르지 않다. 1인 기업의 오너는 다양한 인맥을 활용한 인적 네트워크를 형성할 필요가 있으며, 기업을 원만하게 유지하기 위해 다른 기업들과의 협업도 필수적이다.

1인 창조기업이 단순한 지식이나 경험을 제공하고, 이를 재화로 환산하는 개념으로 본다면 그 활용 분야가 매우 다양하다. 우리나라에서 사회통념상 지식을 이용한 부가가치 창출이 가능한 분야는 교육, 의료, 회계, 법률, 출판 등 일부 전문분야에 불과하다. 일반적으로 자격증이나 면허의 권위를 빌리지 않은 지식은 단순지식이라 생각하고 무시하는 경향이 있다. 이는 1인 창조기업의 성장을 저해하는 요소이며, 우리나라의 1인 창조기업의 성장여건이 선진국에 비해 부족한 이유 중에 하나이기도 하다.

1인 창조기업의 활동분야는 판매, 광고, 통신, 소프트웨어, 디자인, 마케팅이나 콘텐츠 쪽으로의 진출이 두드러진 경향을 보이고 있다. 이들 중 한 개 또는 두 개 정도의 전문적인 포지셔닝을 갖출 수 있다면, 다른 분야에 강점을 가진 1인 기업들과의 협업과 네트워킹을 형성함으로써 시너지 효과를 이끌 수 있다. 즉, 여러 개의 1인 창조기업이 팀을 이루어 공동의 프로젝트를 능히 감당할 수 있다.

통계청의 2007년 사업체통계조사에서 1인 기업은 전체 사업체 중 38.8%의 비중을 차지하고 있는데, 이 중 창조산업에서 차지하고 있는 비중은 21%로 낮은 상태이다. 특히 1인 창조기업은 전체 1인 기업 중에서 차지하는 비중이 겨우 0.9%에 불과하여 미미한 수준이다(강익희, 2013). 이는 1인 창업의 대부분이 생계형 창업 위주로 이루어져 있으며, 전문기술이나 창업정보가 부족하고, 창업지원제도가 취약하다는 점 등을 그 원인으로 들 수 있다. 그러나 최근들어 정부의 창업에 대한 지원 의지가 높고, 각종 창업지원제도를 정비하는 등 창업환경의 개선과 정책지원금이 확대되는 추세로 보아 1인 창조기업은 지속적 성장 잠재력을 가진다고 볼 수 있다.

중소기업진흥공단은 창업지원자금의 지원에서 1인 창조기업을 포함하고 있으며, 이러한 창업지원자금은 1조 3천억 원에 이르고 있다(중소기업청, 2014). 이를 근거로 판단해보면, 어느 때보다도 정부는 창업활성화를 위한 강한 의지를 보이고 있다. 이에 더불어 중소기업청, 창업진흥원 및 벤처기업협회에서도 벤처·창업박람회를 공동 개최함으로써 신규창업자의 육성 및 시장개척을 독려하고 있어 창업을 할 수 있는 기반이 점차 나아지고 있다. 창업진흥원에서 운영하고 있는 창업넷(www.changupnet.go.kr)에서도 1인 창조기업에 대한 홍보, 마케팅 등을 지원하고 있다.

(1) 1인 창조기업 지원정책의 해외 사례

① 영국

영국에서는 1인 창조기업을 창조경제 발전과 일자리 창출의 원천으로 보고 NESTA(National Endowment for Science, Technology and the Arts)에 의해 지원이 주도되고 있다. NESTA는 영국사회의 혁신을 선도하는 독립기구로서 신생기업에 대한 투자, 정책 수립과 홍보, 그리고 영국 사회의 문제해결을 위한 실천적 프로그램을 운영하고 있다. NESTA에서 1인 창조기업의 지원을 위한 프로그램을 살펴보면 다음과 같다.

'Starter for 6'은 창업훈련, 멘토링, 자금지원 등의 내용으로 구성되어 있으며, 스코틀랜드의 창의, 과학, 기술 분야의 혁신을 지원하기 위한 목적을 가졌다.

그리고 'Insight Out'은 스코틀랜드 이외 지역에서의 창업에 대한 지원사업으로, 창업훈련과 자금지원을 내용으로 재능 있는 개인의 창조적인 아이디어를 창업으로 연결하도록 지원하는 프로그램이다.

또한, 'Creative Enterprise ToolKit'은 자신만의 성공적인 비즈니스를 위한 프로그램으로, 비즈니스 아이디어를 탐구하고 개발하며 비즈니스의 스토리를 만들어가는 학습방법이다.

이들 프로그램은 창업훈련, 멘토링, 자금 지원 등의 역할을 한다. 이 프로그램을 통해 영국은 소프트웨어, 컴퓨터게임, 전자출판, 디자인, 패션디자이너 부문에서 성과를 거두었는데, 영국 정부는 고실업 문제를 해결하기 위해 다양한 창업지원정책을 펴고 있다.

② 독일

독일에서는 2003년부터 창업지원책을 마련하여 1인 자영업자의 창업절차를 간소화하고, 수공업 부문의 진입장벽을 낮추어 창업을 독려하고 있다. 이 제도의 핵심은 정부가 벤처창업자의 생활 안정을 보장하는 '최소소득 보장제'와 창업지원 프로그램인 'Ich-AG(자기 회사)'이다. 이는 1인 창업 후 연소득이 2만 5천 유로를 올리지 못하면 3년간 차등을 두어 일정 금액을 매월 보상해주는 창업지원수당제도이다. 이 제도로 독일은 첫해에는 매월 600유로, 둘째 해에는 매월 360유로, 셋째 해에는 매월 240유로의 최소소득보장 수당을 1인 창업자에게 제공했다. 이 프로그램도 영국과 마찬가지로 실업자들의 창업을 촉진하는 정책의 일환으로 실행되었다.

③ 미국

미국은 1인 창업지원에 대한 별도의 정책적인 지원사업은 없으나, 중소기업청과 자영업협회에서 창업지원을 하고 있다. 중소기업청은 중소기업의 창업지원을 위한 주관기업이며, 창업에 필요한 준비, 창업 후 지원, 경영 및 관리, 창업 실패 시의 청산과정 등에 관해 지원을 제공하고 있으며, 연방자영업자협회는 1인 창조기업과 소규모 기업들을 지원하고 있는 비정치 기관으로서 첫째, 교육, 경영자료 제공 및 자문 둘째, 부가가치 세공 셋째, 창업지원 장학제도 지원 넷째, 입법활동을 통한 권익 옹호활동, 마지막으로 회원들을 위한 정보를 제공하는 등의 지원사업을 벌이고 있다.

3 대학의 창업동아리

창업동아리란 대학생들에게 창업마인드를 확산시키고, 기업가정신을 고취시켜 창의성과 개척정신을 갖춘 미래기업가를 양성하고자 전국 각 대학총장(학장)

이 승인한 대학 내의 창업활동을 목적으로 하는 동아리를 말한다(박선영, 2012). 이러한 창업동아리는 벤처 창업 붐이 일어났을 당시에도 정부에 의해 창설이 시도된 바 있었는데, 성과는 크지 않았다. 창업동아리는 취업동아리와 함께 대학생들의 진로의 결정을 위한 정보의 제공과 함께 인적 네트워크를 형성할 수 있는 기능을 제공한다.

현재 대학의 창업동아리가 중요하게 여겨지는 이유는 정부가 청년창업을 활성화하기 위해서는 자금의 지원뿐만 아니라 컨설팅 및 멘토링이 중요하다는 것을 인식하면서부터이다. 창업선진국인 미국 실리콘밸리의 청년들이 지식창업에서 큰 성과를 거두게 된 배경에는 인근에 위치한 스탠퍼드대학과 버클리대학의 창업동아리와 동아리의 선·후배 그리고 교수들의 지원이 있었다는 것은 익히 알려진 사실이다. 특히, 창업 선진국들에서는 창업동아리를 중심으로 학생 창업자들을 위한 지속적이고 체계적인 멘토링 지원이 이루어지고 있다(박동·김수진·이종선, 2013). 이 사실에 주목해 본다면, 대학 창업동아리의 중요성은 크게 부각된다. 그러나 우리나라 대학들의 창업동아리 활동은 이제 걸음마 단계에 머물러 있으며, 이에 대한 지원 방안도 미진한 상태이다. 따라서 대학뿐만 아니라 정책당국에서도 창업동아리의 활성화를 우선 과제로 선정하고, 지원을 아끼지 말아야 할 것이다.

현재 대학에 개설된 창업 강좌의 대부분이 이론 중심으로 운영되고 있으므로 학생들의 창업에 대한 궁금증을 해소시키기에는 실제적 경험이나 역량이 부족하다. 이러한 이론교육만으로 학생들의 창업을 이끌기에는 어려움이 많다. 창업동아리는 학생들에게 창업에 대한 생소함과 어려움을 선·후배 및 동료 학생들과 함께 지식과 경험을 공유하고, 지도교수 또는 이미 창업을 경험한 선배들의 다양한 멘토링을 통해 건전한 창업 열기로 이어질 수 있도록 해야 한다. 이러한 점은 창업보육센터의 인큐베이팅 역할과도 비교할 수 있다는 점에서 주목의 대상이 된다. 특히, 학교 내 기업에 대한 관심이 고조되고 있고, 산학협력에 대한 분위기도 점차 성숙되고 있다는 점에서 창업동아리가 성장하여 창업기업에 대한 인큐베이팅 기능을 수행할 수 있을 것이라는 기대를 갖게 한다.

1) 창업동아리와 집단적 창조성

미국에서 성공한 창업자들인 빌 게이츠(마이크로소프트), 스티브 잡스(애플), 마크 주커버그(페이스북) 및 래리 페이지(구글) 등이 모두 20대에 창업을 했으며, 성공적으로 기업을 일구어 오늘날 수백조 원에 이르는 재산을 축적했는데, 최근에는 이들의 성공에는 동료들과의 공동창업을 통한 집단적 창조성의 작용이 관련되었다는 점을 들어 학자들의 관심이 집중되고 있다.

창업동아리가 동료들과의 수평적 협력을 통해 집단적 창조 관련 특성을 보유하고 있다는 주장이 학자들에 의해 제기되고 있다. 이러한 집단적 창조성은 "다양한 특성을 가진 2명 이상의 사람들이 새로운 혁신을 위해 상호 소통하고 협력하는 과정에서 새로운 창조적 아이디어나 상품, 서비스 등을 창출하는 과정"으로 정의되고 있다(Parjanen, 2012). 집단적 창조성은 개인의 창조적 능력과 팀의 역동성, 그리고 조직적 해결책들이 상호작용을 통해 집합적 창조성과를 산출한다는 것이다(Bissola & Imperatori, 2011).

창업동아리의 조직활동이 초기 창업에서 어떻게 작용하는가는 다음과 같이 정리해볼 수 있다.

첫째, 창업동아리의 조직활동은 초기 창업과정에서 직면하는 다양한 문제상황의 해결에 동료, 선·후배들과의 협력과 상호작용을 통해 도움이나 조언을 얻을 수 있다.

둘째, 창업동아리 조직 내의 다양한 전공적 특성이 창업 아이디어에 상호보완적인 효과를 발휘한다. 이는 서로 다른 관점에서 아이디어를 분석함으로써 부족한 점을 보완하여 아이디어의 완성도를 높일 수 있다는 의미이다.

셋째, 창업동아리 활동은 창업과 관련하여 다양한 네트워크 구축이 용이하다는 점이다. 특히, 창업에 구축된 인적 네트워크는 활동 전반에 걸쳐 중요한 역할을 해주고 있다.

넷째, 창업동아리의 활동에서는 자유로운 발상과 실험적 체험을 상호 간에 자유롭게 공유하고 토론함으로써 집단적 창조성의 발현에 유리하다는 점이다.

이는 기업의 조직에서 나타나는 경직성과는 대조적으로 동아리 활동에서 청년들의 자유로운 사고, 의외성, 창의적 행동 등에서 나타나는 상호작용의 결과라고 할 수 있다.

이와 관련하여 레오나드(Leonard, 1995)는 서로 다른 관점을 가진 사람들 사이의 공개적 대화와 토론을 통해 다양한 지식기반이 도출되는 과정을 '창조적 연마'라고 정의하고 있다.

2) 창업동아리와 창업 아이템

창업 아이템은 학생들이 동아리 활동을 통해 얻고자 하는 가장 중요한 요소라 할 수 있다. 핀란드에서는 노키아가 학생들에게 활용되지 않은 특허를 개방함으로써 창업 아이템을 제공하고 있고, 미국 실리콘밸리에서는 산업체 인사들과의 공식·비공식 모임과 각종 경진대회 등을 통해 학생들이 창업 아이템을 갖추도록 유도하고 있다(박동·김수진·이동선, 2013). 또한, 핀란드의 경우에는 글로벌 기업인 노키아에서 '노키아 테크노폴리스 혁신제작소'라는 프로그램을 통해 청소년이나 중소기업들에게 일정 기간 사용하지 않은 특허나 각종 연구개발 콘셉트를 공유하고 있다(박동 외, 2010). 이렇듯 외국의 경우에는 대학과 산학협력 연구소 등의 연구결과들을 창업동아리의 학생들이 활용할 수 있도록 개방하거나 연구 활동에 참여시키는 방향으로 창업지원 프로그램을 운영한다. 그리고 이를 통해 창업 의지를 가진 학생들이 아이디어를 구체화할 수 있도록 지원하고 있다. 또한, 이들은 집단적 토론이나 강연 프로그램을 운영하여 집단적 창의성을 형성할 수 있는 풍토를 조성하고 있다. 특히, 대학이나 성공한 창업가들이 대학의 동아리활동에 동참하여 멘토링과 지원을 아끼지 않고 있으며, 창업동아리에서는 창업 프로그램에 참여하는 학생들의 성장단계에 맞춘 다양한 프로그램을 적용하고, 창업기업에서 인턴십을 경험할 수 있도록 기회를 제공한다.

이러한 창업동아리는 예비 창업자들에게 창업의 단계에 맞는 멘토링과 인큐베이팅의 역할을 제공함으로써 청년의 창업을 돕게 된다. 특히, 정부의 대학 및 청년들을 대상으로 한 창업지원 프로그램들이 다양하게 시행되고 있는 현재, 대학의 창업동아리는 이들과 연계한 활동과 산학협력 등의 협업에 참가하도록 하는 방안도 필요하며, 각종 창업경진대회에 참여하여 창업에 대한 실전 경험과 트렌드에 대한 정보를 취득하는 것도 좋은 방법이다.

4 외국 대학의 창업동아리

1) 미국의 스탠퍼드대학과 MIT대학의 창업동아리

스탠퍼드대학은 실리콘밸리와 인접해 있는 대학으로서, 실리콘밸리에서 청년창업을 통해 성공하고자 하는 청년 인재들이 전 세계에서 모여드는 대학이다. 스탠퍼드대학은 성공한 벤처 창업자들과의 만남을 통해 창업과정에서 그들이 겪은 성공과 실패의 경험을 듣고 토론할 수 있는 기회가 항상 열려 있어 젊은 인재들의 창업 열기를 발산할 수 있는 풍토를 만들어주고 있다.

스탠퍼드대학의 가장 내표적인 창업동아리는 스텐퍼드 창업학생 비즈니스협회(Business Association of Stanford Entrepreneurial Students, BASES)인데, 이 동아리는 스탠퍼드대학 학생들을 대상으로 유능한 미래 창업가를 양성하는 목적을 가지고 있다. 이 동아리는 실리콘밸리와의 산학협력과 청년창업 파트너십을 강화하기 위해 ‘창업사상 지도자 강연 시리즈’를 진행하며, 매년 사업계획서 경진대회와 발명품 공개품평회 대회를 개최한다. 그리고 이를 통해 학생들이 자연스럽게 창업능력을 키울 수 있도록 하는 역할을 담당하고 있다.

스탠퍼드대학의 재학생들을 중심으로 운영되는 창업동아리는 스탠퍼드 벤처캐피탈 동아리(Stanford Venture Capital Clrub, SVCC)로서 벤처캐피탈사의 입장에서 신규투자기업을 분석하거나 창업기업에 대한 투자 패턴을 연구하는 활동을 한다. 이 동아리는 대학과 실리콘밸리 최대의 밴처캐피탈사의 재정적 후원을 받고 있으며, 재학생들은 창업 아이디어만 좋으면 언제든지 창업을 현실화할 수 있도록 하는 창업지원 프로그램을 운용하고 있어 예비 청년창업자들이 많은 혜택을 받고 있다.

또한, 스탠퍼드대학 졸업생 중 많은 수가 스탠퍼드대학 주변에서 창업하고, 기업을 운영하고 있으며, 대학 연구소와의 산학협력과 재학생들과의 멘토링 및 토론에 참여한다. 이를 통해 인적 네트워크와 사업 아이템을 검증받을 수 있는 다양한 기회도 얻을 수 있다.

미국의 또 다른 창업 명문 대학인 MIT대학은 동부에 위치하고 있는데, 이 대학에서도 창업을 위한 동아리와 창업센터 그리고 창업을 위한 다양한 지원 프로그램을 운영하고 있다. 이 대학에서는 창업가 동아리와 혁신 동아리가 활발한 활동을 보이고 있는데, 이외에도 활발하게 활동하는 창업동아리의 수가 수십 개에 이르고 있다. 창업가 동아리는 MIT대학의 재학생, 교직원 및 창업 전문가들이 함께 참여하는 강의와 토론을 통해 학생들의 창업가 정신을 고취하고, 회원 학생들의 창업을 지원하는 역할을 하고 있다.

혁신 동아리는 기업환경 속의 새로운 기술이 적용되는 과정의 탐구를 통해 기업의 혁신원리를 연구하는 재학생 창업동아리로, 브레인스토밍, 혁신 랩(연구), 토론 시리즈 등의 교육 프로그램과 네트워킹의 상호교류를 즐겨한다.

MIT대학은 창업 생태계의 지원을 위한 다양한 프로그램과 지원제도를 운영하고 있는데, 마틴 트러스트 MIT 창업센터, 창업관련 경진대회, 사업계획서 경진대회, 빠른 자기소개 경진대회, 사업개요 경진대회 등 기업 경영과 창업의 다양한 측면에 대해 활발한 경연을 벌이고 있다. 그리고 이러한 창업관련 프로그램을 운영하는 과정을 통해 많은 신규 창업 아이템을 생산하고 있다.

2) 핀란드의 알토대학 창업동아리

핀란드의 알토대학은 정부 주도로 헬싱키공과대학, 헬싱키예술디자인대학,

헬싱키경제학대학의 3개 국립대학을 통합하여 2010년에 설립된 국립대학이다. 이 대학의 창업동아리인 알토창업동아리(Aalto Entrepreneurship Society, Aalto)는 그 결성 과정에서 짧은 시간 안에 크게 성장하게 된 유럽의 가장 유명한 창업동아리인데, 학생들의 창업 경험을 위한 다양한 창업 공간을 운영하고 있다. 또한, 알토대학에서 파생된 Aaltoes의 역할도 중요한 위치를 차지하고 있는데, 이 조직에서는 알토 디자인팩토리(design factory)와 벤처개리지(venture garage)로서 창업을 위한 다양한 프로그램을 제공하고 있다. 디자인팩토리에서는 팀 구성을 위한 예비단계로서 강의와 실습을 중심으로 아이디어의 발굴을 담당하고, 벤처개리지에서는 성공한 창업가와 투자자들과의 연계를 통해 창업동아리의 진화수준에 맞는 인턴지원 프로그램을 운영하는 등 인큐베이팅 역할을 한다.

핀란드의 경제를 이끌어나가던 거대기업 노키아는 휴대폰 사업에서 스마트폰 시장으로 전환하는 시점에서 시기를 놓쳐 어려움에 처하게 되었다. 노키아는 곧 대규모의 감원계획을 발표해 핀란드를 충격으로 몰아넣었다. 이는 핀란드의 경제적 위기를 불러오는 신호탄이었다. 그러나 이러한 사태는 로비오와 슈퍼셀이라는 신규 창업기업에 의해 복구될 수 있었다. 알토대학 출신의 젊은 창업가들은 스마트폰의 발전으로 몰락하는 노키아를 대신하여 애플의 스마트폰의 발전과 더불어 콘텐츠 창업을 통해 성공하게 된다.

로비오는 스마트폰의 앱스토어를 이용한 게임인 '앵그리버드'를 개발했으며, 슈퍼셀은 '클래시 오브 클랜'과 '헤이데이'라는 게임 콘텐츠를 개발하여 앱스토어 매출순위를 갱신하고 있다. 이 두 기업의 창업자들은 알토대학과 알토창업동아리 출신이다. 이처럼 핀란드의 알토대학은 청년들에게 창업교육을 통해 창업가 정신과 창조적 재능을 일깨우고, 창업을 지원함으로써 성과를 보이고 있다.

외국의 사례에서 보듯이 창업 선진국의 대학에서는 창업교육에 대해 "기업가는 탄생하는 것이 아니라 교육을 통해 양성된다"는 이념에 기초하여 창업교육을 정규과정으로 운영함과 동시에 대학의 창업동아리의 활동을 지원하고, 청년창업이 활성화되도록 기반 여건을 조성하고 있다. 이러한 대학의 창업교육에 대한 관심과 지원이 청년들의 창업 열풍을 지원하게 되고, 실리콘밸리의 성공 신화에 밑거름이 되었음은 부정할 수 없는 사실이다.

5 대학 창업동아리의 과제

정부의 창업동아리에 대한 지원에서 교육부의 LINC 사업의 창업지원과 중소기업청의 창업선도대학 창업사업화 지원은 중복되는 부분이 있다. 또한 전국 창업동아리 연합인 SSN과 중소기업청에서도 비슷한 성격의 NEST의 조직이 중복 지원되고 있어 부처 간의 협력과 조정이 필요하다. 더구나 창업지원정책에서 이들 창업동아리 육성에 대한 지원은 비중이 낮게 다루어지고 있으며, 창업동아리에 대한 대학이나 교수들의 지원 문제도 해결되지 않고 있다. 특히, 창업동아리에 참여하게 된 대학생들은 창업과 관련한 경험이 거의 전무한 상태이며, 이를 지원할 데이터베이스조차 구축되어 있지 않다. 더구나 창업동아리를 위한 공간의 배정과 관련해서도 아직 자리를 잡지 못하고 있는 실정이다.

따라서 창업동아리의 설치 및 운영에 대해서는 정부의 지원에 기대는 것보다 대학 차원에서 설립과 운영을 지원해야 할 필요가 있으며, 교수나 산업체 경력자의 멘토링이 우선되어야 할 것이다. 대학생들은 대부분 창업보다 취업을 우선적으로 생각하고 있으며, 이러한 원인은 창업에 대한 미지의 두려움과 실패에 대한 두려움으로 나타나고 있다. 따라서 대학생들은 졸업 후의 취업에 대한 걱정을 하면서도 창업에 대한 의지를 가지고 있는 비율은 현저히 낮게 나타나고 있다. 특히, 아직도 대학이 창업을 지원한다는 사실조차 모르는 경우도 있어 대학생들이 대학에서 이루어지고 있는 창업교육에 대해 만족하고 있지 못함을 알려준다.

더구나 창업동아리가 설치되지 않은 대학들도 다수 있으며, 학생들의 아이디어를 체계화하여 산업체와 연계시킬 수 있는 시스템도 전혀 구축되어 있지 않다. 정부의 창업생태계 조성을 위한 창업동아리 지원정책이 실효를 거두기 위해서는 더 많은 투자와 시간이 필요하다.

대학의 창업동아리가 창업생태계를 이루기 위해서는 창업 선진국 대학의 창업지원체계를 벤치마킹해야 한다. 그리고 이를 통해 창업 아이디어의 단계에서부터 창업동아리 구축단계, 창업보육 단계, 창업보육 이후 단계 등 창업 단계 전반에 걸친 다양한 지원책이 마련되어야 할 것이다.

6 청년창업을 위한 지원제도

우리 주변은 주택과 아파트들을 제외하면 대부분 점포들이 있는 상가건물이 들어서 있고, 이들 상가에는 소위 말하는 자영업자들의 생계형 사업장이 들어서 있다. 제법 큰 건물은 전문업체 혹은 규모가 큰 사업체들이 입주해 있어 생태계를 이루고 있다. 그리고 더 큰 빌딩에는 경제를 이끌어가는 기업들이 자리를 잡고 있는데, 이는 대학을 졸업한 인재들이 선호하는 직장이다. 이러한 생태계를 차분히 분석해보면 대학의 졸업자들은 직장에 취업하거나, 아니면 창업을 할 수밖에 없는 구조라는 것을 알 수 있다. 또한, 이런 생태계에 들이가기를 앞두고 있는 청년들은 대학에서 단지 취업을 위해서만 학업에 열중해왔다. 그러나 청년들의 진로는 취업으로만 방향을 잡기에는 그 시장이 매우 협소한 상태에 있다. 그럼에도 불구하고 창업에 대한 교육이나 지원에 대해 그동안 너무 소홀히 했다는 것은 부정할 수 없는 사실이다.

최근 정부가 제시하고 있는 국정목표인 '창조경제'에서 청년창업을 위한 모티프는 첫째, 창업교육의 강화와 창업선도대학의 확대 등을 통한 대학의 창업기지화의 추진 둘째, 청년창업펀드의 신설을 통한 이스라엘 식의 투자시스템 구축 셋째, 창업환경을 조성한 간이회생제도의 도입 넷째, 지역 대학별 산·학·연 시스템의 구축이다. 이를 다시 정리해보면, 청년창업을 위해 창업교육, 투자펀드,

산·학·연 연계 등이 필요하다는 정도로 요약할 수 있다.

청년창업을 지원하는 정부 기관은 중소기업청, 문화체육관광부, 고용노동부, 지식경제부 등의 중앙 정부와 서울특별시, 대전광역시 등의 지방 정부에서 다양하게 실시되고 있다. 이러한 청년창업 지원제도는 크게 3가지로 유형화할 수 있는데, 그 첫 번째는 창업교육, 두 번째는 예비 창업자 발굴을 위한 경진대회, 세 번째는 창업 사업화 지원이다.

1) 창업교육

정부에서 지원하는 창업교육으로는 대학창업교육 패키지사업, 창조캠퍼스, 중소 벤처창업대학원, 기술창업 아카데미, 하이서울 창업스쿨, 창업선도대학 등의 사업을 진행하고 있다. 그러나 모든 대학에서 이러한 프로그램을 실시하고 있는 것은 아니어서 한정된 대상만이 이 프로그램을 이용하고 있다. 이들에 대한 내용을 간략하게 소개하면 다음과 같다.

(1) 대학창업교육 패키지사업은 중소기업청에서 청년창업 활성화를 위해 창업 강좌를 정규과목으로 개설하고자 하는 대학을 지원하는 사업이다. 이를 위해 학점이 인정되는 대학 창업 강좌, 창업동아리 등에 실적을 고려하여 차등 지원하고 있다.

(2) 창조캠퍼스는 고용노동부에서 지원하는 사업으로 스스로 일자리를 찾을 수 있는 제반 인프라와 운영 프로그램의 구축에 대해 지원하는 사업이다.

(3) 중소 벤처창업대학원은 2004년부터 서울(호서대), 경기(중앙대), 충청(한밭대), 전라(예원예대), 경상(진주산업대) 등의 5개 시·도에 창업대학원을 설치하고 지원하는 사업으로 지역과 연계된 전략 산업의 창업을 유도하기 위해 시행되고 있다.

(4) 기술창업 아카데미는 예비 기술창업자를 발굴하여 체계적인 교육을 실

시하여 고부가가치를 창출하기 위한 지원사업으로 16개 기관에 대해 지원하고 있다.

(5) 하이서울 창업스쿨은 서울특별시와 서울산업통상진흥원이 지원하는 선진형 창업교육 프로그램이다. 이 프로그램은 창업을 희망하는 사람들에게 창업 정보를 쉽게 이용할 수 있는 서비스를 제공하고 있으며, 예비창업자에게 분야별 창업에 필요한 기본지식, 창업 시뮬레이션 게임, 사업계획서 작성, 세부업종별 현장탐방과 지도 그리고 창업실습교육을 하고 있으며, 교육 후에도 창업을 위한 지원 프로그램을 가동하여 창업 성공률을 높이고자 하는 사업이다.

(6) 창업선도대학은 중소기업청이 대학의 창업지원을 위해 창업선도대학을 지역마다 선정하여 육성함으로써 창업선도대학을 중심으로 예비 창업자의 발굴·육성과 창업 준비, 창업 후 성장단계에까지 창업 전반에 걸쳐 지원하는 사업이다.

2) 창업 경진대회

청년창업은 꿈과 열정과 도전이 있으면 창업의 기회를 잡을 수 있다. 매년 창업경진대회가 기관별로 개최되고 있고, 권위 있는 경진대회에서 우승을 하게 되면 우승상금과 함께 창업과정에서 지속적인 지원을 받을 수 있는 혜택이 주어진다. 대한민국 창업리그의 '12년 왕중왕 수상자 (주)힐세리온의 류정원 대표는 “창업을 하고 나서 아이템의 검증과 인정을 받아야 할 때 창업리그가 저에겐 인생의 큰 기회였습니다. 창업리그에 지원하는 누구든 이 기회를 잡을 수 있습니다”라고 하였으며, '13년 왕중왕 수상자 (주)엔픽스 김인호 대표는 “기술에 대한 확신은 있었지만 전문적인 멘토링과 사업화 자금이 필요했는데 창업리그에서 우승하여 그 부분에 대해 집중지원을 받음으로써 많은 부분을 해결할 수 있었다”고 소감을 밝혔다.

창업경진대회의 우승자인 왕중왕은 1억 원의 우승상금과 해외연수, 중기청의 창업 지원사업 및 R&D 연계지원 등의 다양한 혜택을 받을 수 있다. 이렇듯 청년 예비창업가에게 독자적이고 창의적인 아이디어가 있다면 대한민국 창업리그에 출전해 보는 것도 좋을 것이다.

(1) 대한민국 창업리그

대한민국의 기술창업 미래를 가늠할 수 있는 창업리그는 2007년 창업을 테마로 한 대학생 창업경진대회를 시작으로 개최되었으며, 2008년에는 중소·벤처 창업경진대회로 이름을 변경하여 일반부와 학생부로 확장되었다. 2009년에는 IT 벤처 창업경진대회를 통합하여 전 산업분야를 모두 포함하는 기술창업을 테마로 정통부가 개최한 이후로 가장 권위 있는 창업경진대회로서 자리 잡았다. 2011년에는 대한민국 실전 창업리그로 이름이 변경되어 추진되었는데, 참가규모에서 크게 늘어 전년인 2010년에 비해 3.2배 늘어난 1,777팀이 참여하였다.

이 대회는 최근 중소기업청과 창업진흥원이 주최가 되어 2014 대한민국 창업리그를 2014년 4월에 공지했는데, 전국에서 제각각 열리던 창업경진대회를 중소기업청에서 통합관리하여 기관별 창업경진대회 수상자들이 참여하는 본선 및 왕중왕전을 치름으로써 각종 경진대회에서의 중복수상을 미연에 차단했다.

대한민국 창업리그는 매년 4월에 신청접수를 시작하여 11월 말경의 최종 결승전인 왕중왕전까지 6개월 정도 진행된다. 이 대회에 참가하게 되면 창업 아이템과 사업화 계획에 대한 검증과 평가를 받을 수 있으며, 이를 가지고 경쟁에 참여함으로써 다양한 경험을 취득할 수 있다. 창업리그에 대한 자세한 정보는 창업진흥원의 창업넷(http://www.changupnet.go.kr)에서 확인할 수 있다.

(2) 전국 전문대학 창업경진대회

이 대회는 전국 전문대학 학생들의 창업 관심을 제고하고, 학생들의 창업역량 강화를 통해 청년창업가를 발굴·육성하며, 창업동아리 간 네트워크 형성을 통한 정보공유의 기회를 마련하기 위한 목적으로 창업진흥원이 주관하여 시행된다. 총 상금규모는 1,350만 원으로 혁신상 200만 원, 창의상 200만 원, 열정상 200만 원, 도전상 200만 원, 희망상 50만 원이 수여되며, 혁신상 수상자는 2014년 창업리그 본선에 출전할 자격이 부여된다.

이 대회는 전국 전문대학 재학생은 누구나 참가 가능하며, 제조업 및 서비스의 전 분야에 대해 차별 없이 참가 가능하다. 영남이공대학교 창업지원단(www.ync.ac.kr)에서 신청이 가능하다.

3) 창업 사업화 지원

청년창업을 지원하고 있는 프로그램은 생각보다 많다. 이는 창업지원 프로그램들이 점차 강화되고 있고, 지원 범위도 넓어지고 있기 때문이다. 아이디어와 열정을 가지고 있다면, 그리고 창업에 대한 의지를 가지고 있다면 누구나 창업 사업화지원 프로그램들을 찾아서 이용할 수 있다.

(1) 창업보육센터(Business Incubator)

정부는 참신한 아이디어와 뛰어난 기술을 가지고 있으나 사업화 능력이 취약한 예비 창업자 및 창업 초기의 기업에게 사업 공간 및 전문인력 지원을 통한 보육지원으로 성공적인 창업을 유도하기 위해 창업보육사업(Business Incubating)을 실시하고 있다(박선영, 2013).

창업보육센터에 대해서는 「중소기업창업 지원법」 제2조 7항의 "창업의 성공 가능성을 높이기 위해 창업자에게 시설·장소를 제공하고 경영·기술 분야에 대해 지원하는 것을 목적으로 하는 사업장"으로 명시되어 있다. 즉 창업보육센터는 사업화가 가능한 기술과 아이디어는 있으나, 창업 여건과 환경이 취약하여 창업에 어려움을 겪고 있는 초기 창업자 및 예비 창업자를 대상으로 일정기간 기관에 입주시켜 창업단계부터 사업화단계까지의 지원사업을 하는 기관이다. 이 기관은 기술개발에 필요한 범용기기, 작업장, 기술 및 경영지도, 자금지원 그리고 멘토링 등의 창업에 필요한 체계적인 지원을 통해 온전한 기업으로 성장할 수 있도록 인큐베이팅 지원과 멘토 역할을 한다.

(2) 청년창업사관학교

청년창업사관학교는 만 39세 이하 또는 창업 3년 이내 창업기업의 대표를 대상으로 창업계획부터 사업화까지 창업의 전 과정을 지원하는 프로그램을 말한다. 이는 2011년부터 혁신적인 기술창업자를 집중 육성하기 위해 중소기업청에서 주관하여 시행하는 프로그램이다. 청년창업사관학교는 중소기업진흥공단의 기술센터를 개편한 것으로 창업 초기의 기업이 Death Valley를 극복하여 원활히 성장할 수 있도록 R&D, 자금 등을 지원하는 목적으로 설립되었다(중소기업청, 2010).

청년창업사관학교의 지원 내용은 창업 공간, 창업 코칭(전담교수 일대일 배치), 창업교육, 기술지원(기술 및 장비), 사업비 지원(창업활동비, 시제품제작비 등), 연계지원(투·융자) 등 창업 전 과정을 지원하고 있다. 그러나 이러한 지원은 총 1억 원 이내, 사업비의 70% 이내 한도에서 지원된다(중소기업청, 2011). 청년창업사관학교는 중소기업진흥공단에서 주관하고 있으며, 과정 참여는 창업지원온라인관리시스템(startbiz.changupnet.go.kr)에 접수하면 된다.

(3) 청년창업 1000 창업 프로젝트

서울특별시에서 운영하는 창업지원 프로그램(http://economy.seoul.go.kr/archives/345)으로 창업 아이템을 가지고 있는 예비 창업자를 선발하여 창업공간, 창업활동비(1년간 월 최대 100만 원), 창업교육, 홍보 마케팅 등을 지원하는 프로그램이다. 지원자격은 우수한 창업 아이템을 보유하고 창업 의지가 강한 자, 1인 창조기업을 희망하는 자로 창의적 아이디어, 기술, 전문지식을 가진 자, SOHO 창업 희망자 등이다.

신청 대상은 20~39세의 서울시 거주자에 한하고 있다. 또한, 접수마감일 기준으로 창업 준비 중이거나 창업개시 1년 이내인 자를 대상으로 한다. 사업의 주관부서는 서울산업진흥원이며, 강북청년창업센터에서 담당하고 있다.

(4) 청년 CEO500 프로젝트

대전광역시에서 운영하는 청년창업지원 프로그램이다. 2011년 '대학창업300 프로젝트'를 확대한 것으로, 다른 여타의 창업지원 프로그램에 비해 규모가 큰 지원금이 장점이다. 이 사업은 구직에서 창직으로의 일자리 창출 패러다임 변화를 통해 청년실업률을 감소시키고 지식서비스산업 육성기반 확충을 목적으로 하고 있다. 신청대상은 공고일을 기준으로 충청남도에 주소를 두고 있거나 도내 소재 학교 재학 중인 만 18~39세의 예비창업 희망자와 충청남도 내에 거주하면서 사업장 소재지가 충청남도인 창업한 지 1년 이내의 만 18~39세의 창업자로 제한하고 있다.

지원 내용은 창업교육 지원, 창업에 필요한 창업지원실 제공 및 입주(3~6㎡) 지원, 창업활동비(월 25~60만 원 10개월), 창업지원비 지원(1인당 최대 500만 원), 창업 선 난세 지원으로 진시회·박람회 참가를 지원하며, 시제품 제작 지원 및 창업컨설팅 등을 지원한다.

Chapter 03

청년창업의 절차는 어떻게 되는가?

03 Chapter 청년창업의 절차는 어떻게 되는가?

창업 구상에서 '무엇을 어떻게 시작해야 하는가?' 하는 고민은 예비 창업자에게 있어 매우 중요한 부분이다. 창업을 하기 위해 구상하고 있다면 우선 내가 창업을 할 것인지, 아닌 지를 결정해야 한다. 이를 위해 어떤 사업을 할 것인지, 업종은 무엇으로 할 것인지, 아이템은 무엇인지를 모색하고, 사업의 규모와 사업형태, 그리고 창업팀의 구성 등 사업의 핵심요소를 결정해야 한다. 또한, 사업의 핵심요소에 대응하는 사업계획을 세우고, 사업 타당성을 검토해해야 한다.

1 청년창업의 구상단계

창업은 "새로이 사업을 시작한다"는 사전적 의미가 있다. 그렇다면 어떤 업종을 어떻게 시작해야 하는가? 창업의 과정은 창업팀이 모여서 창업을 구상하고, 사업계획을 세우며, 창업을 실행하는 일련의 과정으로 이루어진다.

즉, 창업을 하기 위해서는 창업을 구상하여 이를 구체화할 필요가 있음을 보여준다. 어떤 창업을 할 것인가 하는 고민도 해보지 않고 창업을 하는 경우는 거의 없을 것이다. 일반적으로 청년창업의 프로세스는 창업 구상단계, 창업 계획단계, 창업 실행단계로 이루어진다.

[그림 3-1]_ **창업 프로세스**

1) 어떤 창업을 할 것인가?

창업 업종을 선택하기 위해서는 그 업종이 인기가 좋은지를 고민하기보다는 내가 그 업종을 잘할 수 있는가를 판단하는 일이 무엇보다 중요하다. 직업을 구할 때에는 내가 좋아하는 분야와 직업으로 선택한 분야는 다를 수 있다. 그래서 대부분의 사람들은 원하는 일을 하기 위해 많은 노력을 한다. 그러나 창업을 구상할 때 모르는 분야나 싫어하는 분야로 창업을 구상하는 것은 바람직하지 않다. 모르는 분야의 창업은 실패할 가능성이 높기 때문이다.

(1) 창업의도

창업의 구상단계는 창업자가 사업계획을 구체화하기 바로 전 단계를 말한다. 창업자가 어떤 창업을 생각하고 있는지를 가늠하는 창업의도는 새로 설립될 기업의 초기 특성을 결정짓는 핵심 역할을 하며, 사업의 목표와 규모 그리고 방향을 결정하게 한다. 따라서 창업자의 창업의도를 이해하는 것은 창업과 관련된 전반적 현상을 설명하는 데 필수적인 역할을 한다(Bird, 1988). 즉, 창업자가 사업을 구상하고 결정하게 되는 동기는 계획적이고 의도적인 행동을 통해 이루어지며, 이에 따라 사업구상이 이루어진다.

또한, 창업자들이 창업을 하고자 결정하는 동기에서도 경제적 요인보다는 비경제적 요인이 더 크게 나타나고 있다. 그 원인으로는 소득수준의 향상과 고학력 현상, 자아실현, 독립성과 자유로운 직장생활 등 사회 전반에 걸쳐 개인가치를 중시하는 현상이 반영되고 있다(강희선, 2013).

창업자의 창업의도에 따라 분류해보면, 자의적 창업의도와 타의적 창업의도로 분류할 수 있다. 자의적 창업의도는 본인의 주관에 따라 사업의 방향과 목표를 설정하는 것을 말하는데, 보통은 자신이 전공한 분야나 관심분야 그리고 직장생활 등을 통해 익숙해진 아이템을 가지고 창업하는 유형이다. 대체로 신기술이나 새로운 아이디어에 의한 창업의도를 가진다.

타의적 창업의도는 주변에서 권하는 업종이나 최근에 유행하고 있는 업종을 선택하는 유형이다. 본인의 창업의도 방향에서 벗어나게 되는 경우인데, 의도치 않은 창업기회에 의한 결정 동기를 가지게 된다. 이러한 유형의 창업은 기업을 승계받거나 팀 구성원들의 필요에 의해 사업의 확장을 꾀할 때 주로 발생하게 된다.

2) 창업 아이템

창업의 기본은 창업 아이템을 결정하는 데서부터 시작된다. 창업 아이템은 처음 창업을 시작하게 되는 창업자가 가장 신중하게 선택해야 하는 것이기도 하다. Koller(1988)는 창업할 의도가 있는 사람은 축적된 경험과 기술을 중심으로 아이템을 찾는 노력을 해야 한다고 했으며, Longenecher & Moore(1987)는 창업자가 무엇을 생산할 것인가 하는 의도는 기업의 가장 큰 관심사이며, 사업 아이디어는 창업을 결정하는 가장 큰 변수라고 했다. 이는 창업자가 결정한 창업 아이템이 곧 기업이 생산해야 할 상품이 되며, 이를 찾는 데 항상 노력해야 함을 의미한다.

창업 아이템은 기업의 활동에 있어서 중심적인 역할을 하게 되므로 지속적인 수익을 발생시킬 수 있어야 한다. 이러한 아이템을 얻을 수 있는 원천은 다양한데, 연구실에서 연구 결과물로 얻을 수도 있고, 직장생활 중에 힌트를 얻을 수도 있다. 또한, 출판물이나 영상에서 얻을 수도 있으며, 생활 주변에서 불편한 점을 고치려고 하다가 얻는 경우도 있다. 또한, 생활편의를 위한 아이템이 창업 아이템이 되는 사례도 있다. 이러한 아이템은 생산라인에서 제조하는 제품, 인력에 의한 서비스, 정보통신 관련 아이디어나 구매대행을 해주는 소셜커머스일 수도 있다. 이러한 아이템들은 무수히 생겨나고 사업화되기도 한다. 아이템의 발굴은 세상에 없는 물건을 만들어내고자 하는 노력이 아니다. 기존에 있는 아이템에 다른 특성이나 기능을 결합하여 필요성이나 구매욕구를 자극할 수 있는 아이템들이 많이 개발되고 있다. 좋은 아이템이란 이른바 더 편리하고, 성능이 좋거나, 한 개의 아이템이 필요한 기능을 동시에 충족시키고자 하는 필요에 의해 탄생할 수 있다.

그러나 중요한 점은 좋은 아이템이 있어도 항상 사업화되는 것은 아니며, 창업자에 의해 사업성과 성장 가능성에서 충분한 이익을 발생할 수 있다고 판단되었을 때, 창업자로 하여금 사업 의지를 일으켜 기업을 창조하도록 하는 것이다.

3) 창업팀의 구성

창업을 생각하고 창업 아이템이 결정되면, 창업을 위한 팀 구성이 계획되어야 한다. 이는 아직 창업의 준비단계이기 때문에 창업준비와 관련된 인원만 필요하므로 당장의 업무가 없는 직원 등은 고용하지 않는 것이 좋다. 나중을 생각해서 미리 직원을 고용하면 직원관리에도 신경을 써야 하지만, 사무집기와 인건비를 지불해야 하며, 사업을 구체화하는 과정에서 필요 없는 잉여직원을 만들 수도 있기 때문이다. 사업 초기에는 필요할 경우 아웃소싱을 이용하는 것도 좋은 방법이다.

가까운 가족이나 친한 친구와 함께 일하는 것은 양날의 도끼가 될 수도 있다. 그들의 업무능력을 잘 알 수 있으나, 업무상 필요한 지시나 명령에는 애로사항이 있을 수 있다. 창업팀의 구성은 기업경영에 꼭 필요한 능력이 균형을 이루어 조직의 효율성을 극대화할 수 있어야 한다. 그러나 창업팀에 필요한 뛰어난 인재는 벌써 다른 곳에서 역할에 충실히 하고 있을 가능성이 높다. 따라서 핵심 인력을 찾고 고용하는 데는 3개월 이상의 시간을 잡고 신중을 기해야 한다. 프로젝트의 수행에서 '집단적 창의성'의 효과를 생각한다면, 서로 다른 전공의 구성으로 팀을 조직하는 것도 좋을 것이다. 서로 다른 시각으로 접근하는 프로젝트는 의외로 좋은 아이디어를 도출할 수도 있다. 또한, 전혀 생각지도 못하던 장점이나 단점을 찾는 일에도 도움이 된다.

창업팀의 구성에 있어 자신의 포지션이 어디에 적합한가 하는 문제는 자신이 가진 능력과 역량을 정확하게 인식해야 한다. 즉, 자신이 잘하는 부분과 서투른 부분을 인식하고, 부족한 부분은 보강해주어야 한다. 그래야 기업이 성장함에 따라 필요해지는 역량의 격차를 대비할 수 있다. 기업을 경영함에 있어 창업자가 모든 부분에 대해 역량을 발휘하기는 어렵다. 기업이 추구하는 방향에 따라 변화하는 상황은 그 대처에 대응할 수 있는 행동양식을 원하게 된다. 상황 변화에 따른 역량의 부족은 팀 구성원의 백업을 받음으로써 적합한 대응을 할 수 있으므로 팀 구성의 충원 계획은 기업의 성장단계별로 필요에 부응하는 방향으로 대비해야 한다. 회사의 형태, 성장단계, 시장의 상황 등은 항상 변화할 수 있는 여지를 가지고 있으므로 창업자는 적절한 인력의 충원요구에 대응하는 계획을 세워야 한다.

"지도자는 태어나는 것이다"라는 운명론적 리더의 모형은 "인재는 태어나는 것이 아니라 교육에 의해 만들어지는 것이다"라는 현대의 창업가 이론으로 전환되었다. '부족하면 채우면 된다'는 생각이 기업의 형태에 맞는 리더를 얻을 수 있는 것이다. 성공한 창업가들도 창업 초기에 어려움에 부딪히고 극복해냄으로써 대기업을 일구었음을 알아야 한다. 삼성과 현대의 출발도 처음에는 평범한 점포에서 출발한 것이다.

4) 사업 타당성 검토

창업 아이템을 구체화하여 상품을 개발하면, 이를 판매하기에 앞서 상품의 가치에 대한 분석이 이루어져야 한다. 이는 상품이 현행 및 미래에 어느 정도의 시장을 장악할 것인지를 예측하는 데 도움이 된다. 상품성 평가의 결과는 상품의 가치를 결정하는 데 기준으로 작용할 수 있으며, 홍보와 마케팅 활동의 방향을 세우는 데도 도움을 준다. 이러한 점은 창업 아이템에 대한 투자가치가 어느 정도인지 정하는 데에도 결정적인 역할을 한다.

상품의 시장성은 어떤 상품이 구매자들에게 구매욕구를 자극하여 어느 정도의 가격 범위 안에서 판매할 수 있는지에 대한 가치라 할 수 있다. 상품의 시장성은 다음과 같은 요소들에 의해 결정 된다. 첫 번째 안정성의 요소, 두 번째 적법성의 요소, 세 번째 상품의 파급력, 네 번째 디자인적 요소, 다섯 번째 성능, 여섯 번째 문제발생 요소, 일곱 번째 구매욕구, 여덟 번째 라이선싱 가능성, 아홉 번째 신 시장 확대, 열 번째 독창성, 열한 번째 출시 시기, 열두 번째 지적재산권 등이다. 상품의 시장성 평가는 합리적인 가격과 독창성, 품질 등에서 차별화되어야 하며 여기에는 홍보와 마케팅, 디스플레이, 생산능력 등을 포함한다.

창업 아이템의 상품성을 검토해야 하는 필요성은 사업의 승패를 미리 예측하는 데 있어 기준이 될 수 있다. 획기적인 아이디어나 아이템은 언제, 어디서든지 간에 생겨나고, 또 사라진다. 기업이나 시장의 규모에 따라 투자가치가 형성되면 그 가치에 따라 투자 규모를 형성하게 된다. 즉, 대규모의 투자에 맞는 아이템이 있고, 소규모의 투자에 어울리는 아이템이 있다. 투자에 대비하여 수익성을 검토했을 때 기대수준에 미치지 못하여 보류되거나 백지화되는 아이템들이 수없이 많다. 큰 기업에서는 사용하지 못하는 아이템이 창업을 준비하는 예비 창업자나 소규모 자영업자에게는 대박을 만드는 중요한 아이템이 되기도 한다. 반대로 투자규모가 너무 커서 폐기하는 아이템이 대기업에서 필요한 경우도 있다.

이렇듯 사업 타당성 분석은 신규사업의 문제점과 제약요소를 사전에 점검함으로써 사업의 시행오차를 줄여 사업의 진행에 소요되는 기간과 비용을 절감할 수 있다는 장점이 있다. 이러한 타당성 분석은 기초자료 조사, 사업수행능력 및 적합성 분석, 시장 분석, 기술성 분석, 수익성 및 경제성 분석, 자금수지 및 성장성 분석 그리고 사업 의사결정의 순으로 분석한다. 이 분석에서 가장 중요한 점은 사업 진행에 따른 수익전망과 채산성이라고 할 수 있다.

창업 아이템의 사업성은 사업을 실행했을 때 발생되는 매출액과 이를 통해 손익분기점에 다다르게 되는 시간을 계산해보는 과정이다. 손익분기점까지 너무 시간이 걸린다고 가정한다면, 그 아이템은 사업성이 없다고 결론을 내릴 수 있다.

2 청년 창업의 계획단계

창업의 계획단계는 사업의 구상을 구체화하는 단계이다. 창업의 구상에서 창업을 결정하고, 창업 아이템을 선정하게 되면, 창업기업을 구상하게 된다. 그러나 이런 창업의도가 구체적인 계획 없이 창업으로 이어진다면 기업활동에서 무수한 시행착오를 거치게 되며, 이로 인해 원활한 성장단계를 밟을 수 없게 된다. 사업계획서의 작성은 구상단계에서 점검을 마친 사업성에 대해 꼼꼼하게 다시 구체적으로 분석하게 됨으로써 사업계획의 강점과 약점을 재인식하고, 보완할 수 있는 기회를 갖게 되는 단계이다. 특히, 판매전략, 홍보, 고객지원과 같은 전략에 대해 질문하고, 답을 준비하는 과정에서 사업은 더욱 구체화될 수 있다.

창업의 계획단계는 창업을 준비하기 위한 구체적인 설계라 할 수 있다. 중소기업청의 창업넷(www.changupnet.go.kr)에서는 창업의 계획단계에서 반드시 해두어야 할 일에 대해 다음과 같이 제시하고 있다.

창업의 계획단계에서 해 두어야 할 일

① 개업예정일 : 개업 예정일을 설정한다.
② 자금계획 : 목표를 세우고 창업자금을 마련한다.
자기자금은 얼마나 만들 수 있는가?
차입금, 출자금은 얼마나 모을 수 있는가?
③ 보증인 : 보증인의 확보를 위한 준비를 한다.
④ 판매전략 : 누구에게 무엇을 팔 것인가?
어떤 방법으로 팔 것인가?
점포, 사무실을 어떻게 마련할 것인가?
어디에 개업하는 것이 좋은가?
어떤 가격과 조건으로 팔 것인가?
⑤ 제조 : 무엇을 제조하고 무엇을 외주로 줄 것인가?
어떤 공장이나 설비로 제조할 것인가?
누가 얼마나 제조할 것인가?
⑥ 종업원 : 종업원 예상인원 수 및 모집방법을 결정한다.
임시직으로 쓰는 법을 배운다.
⑦ 사업형태 : 개인사업인가? 아니면 법인사업인가?
유한회사인가? 아니면 주식회사인가?
⑧ 은행거래 : 은행거래, 수표, 어음 등에 대한 공부를 한다.
⑨ 세금 : 세금에 대해 공부한다.

중소기업청, 창업넷(http://www.changupnet.go.kr)

1) 사업계획서란?

사업계획서는 신규사업과 관련하여 작성되며, 사업의 목적, 투자, 생산, 판매, 재무 등 사업운영의 추진계획을 논리정연하게 정리한 사업추진계획서로 신규사업을 전개하기 위한 기본 계획서를 말한다. Meloy(1998)는 사업계획을 "전략적 의사결정이 체계적이고 합리적으로 분석될 수 있는 조직적인 프로세스"라고 정의했다. 이는 사업계획을 통해 전략적 의사결정의 잠재적 영향을 파악할 수 있다는 측면을 강조한 것이다(현근종, 2008). 사업계획서의 작성은 구상 단계에서 조사 또는 분석한 내용을 하나로 정리하는 과정으로, 창업자의 창업의도를 명확하게 해준다. 즉, 사업계획서의 작성은 창업자의 의도, 상권입지, 인력충원계획, 상품분석, 생산계획, 홍보/마케팅계획, 재무계획 등의 전반적인 부분을 명확히 정리하는 과정이라고 할 수 있다. 또, 사업계획서에는 창업기업의 목표, 사업의 추진방향, 사업의 단계별 방향제시 그리고 판매전략을 설정함으로써 사업의 수행과정에서 회사의 구성원으로 하여금 사업활동 지침으로 활용되게 할 수 있다. 더불어 기업의 외부 협력관계자들에게도 상호문제 해결과 전략의 의사결정에 참고할 수 있는 기능을 수행한다.

대다수의 금융기관 투자자 대출이나 투자를 검토하기 위해 요구하는 첫 번째 자료가 사업계획서이며, 이 점에서 사업계획서가 자금조달을 위한 첫걸음이라는 사실을 이해하는 것이 매우 중요하다(중소기업 지식나눔터, http:www.digitalsme.com).

2) 사업계획서 작성의 단계와 원칙

사업계획서는 용도에 따라 내부적 사업계획서와 외부기관 제출용 사업계획서로 나눌 수 있다. 물론 하나로 작성하여 두 가지 목적을 포괄하는 경우도 있으나, 외부 제출용 사업계획서는 그 구성 내용에서 타당성, 현실성, 철저성 그리고 정보의 공개를 요구받는다. 즉, 사업의 투자나 사업을 위한 대출, 정부의 창업지원을 받기 위해서는 그만큼 사업계획서를 잘 만들어야 한다.

이러한 점은 정부의 창업지원 사업의 도움을 받아 창업의 자본을 확충하려는 목적을 지닐 때 더욱 중요해진다. 사업계획서를 제출했다고 그냥 지원금을 주지는 않는다. 사업계획서는 은행, 창업투자회사, 창업자금 지원기관 등에서 자금 지원을 받기 위한 목적도 있으므로 투자를 제안 받을 수 있도록 충실하게 작성해야 한다. 예비 청년창업자의 경우에는 톡톡 튀는 창의적인 아이디어의 사업화에서 멘토를 물색함으로써 적절한 조언과 자문을 구한 뒤 사업계획서를 단계적으로 구체화하는 것이 좋다.

사업계획서의 작성 단계에 대해 중소기업 지식나눔터와 서울시 소상공인진흥센터는 다음과 같이 7단계로 제시하고 있다.

1단계 : 사업계획서 작성의 목적에 따라 기본방향을 설정

▼

2단계 : 사업계획서 작성 목적 및 제출기관에 따른 소정양식 사용

▼

3단계 : 사업계획서 작성 계획 수립

▼

4단계 : 사업계획서 작성에 필요한 자료와 첨부서류

▼

5단계 : 작성할 사업계획서의 양식 결정

▼

6단계 : 실제 사업계획서 작성

▼

7단계 : 편집 및 제출

– 출처 : 중소기업 지식나눔터(http://www.digitalsme.com),
서울시 소상공인진흥센터(http://www.seoulsbdc.or.kr)

[그림 3-2]_ **사업계획서 작성단계**

1단계, 사업계획서 작성은 목적에 따라 기본 목표와 방향을 정해야 한다. 사업계획서의 작성 목적은 첫째, 창업자 자신의 사업 타당성 여부 검증과 창업계획을 구체화하기 위해 작성하는 경우 둘째, 자금조달을 목적으로 작성하는 경우 셋째, 공장설립 및 인·허가 등을 위해 작성하는 경우로 구분할 수 있다. 사업계획서는 이러한 목적에 맞게 작성해야 한다.

2단계, 사업계획서를 제출할 기관에 따라 어떤 양식을 요구하는지를 확인하고, 요구하는 양식에 맞도록 작성해야 한다. 이는 사업계획서를 요구하는 기관마다 특색이 다르기 때문에 반드시 확인해야 한다.

3단계, 사업계획서의 작성과 제출은 작성기한을 정하고 그 시간 안에 제출할 수 있도록 계획을 세워서 빠른 시간 내에 작성해야 한다. 특히, 사업계획서의 작성 목적이 인·허가나 자금조달을 위한 경우에는 보다 빠르게 작성해서 제출해야 한다.

4단계, 사업계획서의 타당성을 입증하기 위한 관련 자료를 수집해야 하며, 기관에서 요구하는 첨부서류를 갖추는 단계이다.

5단계, 특정기관에서 소정양식을 요구하는 경우에는 그에 맞게 작성하면 되는데, 특정양식이 없는 경우에는 사업계획서를 짜임새 있게 구성해야 한다.

6단계, 사업계획서 작성에 있어서는 작성요령의 숙지와 기교도 필요하다. 사업계획서에서 나타내는 각 부분의 수치와 재정 계획은 추정재무제표와 일치해야 신뢰를 잃지 않을 수 있다. 여기서는 작성순서와 상관없이 추정재무제표를 먼저 작성하도록 권유하고 있다.

7단계, 사업계획서를 제출하기 전에 그 내용이 한눈에 들어오도록 다시 조정할 필요가 있다. 그리고 창업자는 사전에 내용을 충분히 숙지하고 제출기관에서의 질문과 응답에 무리가 없는 프레젠테이션을 해야 한다. 사업계획서를 이용해 투자자의 마음을 움직이고, 자금을 조달할 수 있다는 마음가짐 또한 창업자의 책무라 할 수 있다. 따라서 사업계획서는 체계적이고, 내용의 파악이 용이하도록 작성해야 하며, 제시된 자료는 출처를 정확히 하여 신뢰를 얻을 수 있도록 해야 할 것이다.

창업을 시작하기 전인 예비 창업자에게는 아직 실적으로 보여줄 성과가 없다. 따라서 사업계획서는 성공할 수 있음을 보여줄 수 있는 유일하고도 유익한 설득자료라고 할 수 있다. 그러므로 대규모의 자금이 필요한 사업계획의 경우에는 전문 컨설턴트나 회계사 등의 조언을 얻거나 협력을 얻어 사업계획서를 만들 필요가 있다. 사업계획서는 완성도가 높을수록 투자자를 설득하기에 유리하다. 일반적인 사업계획서 작성의 프로세스는 다음과 같다.

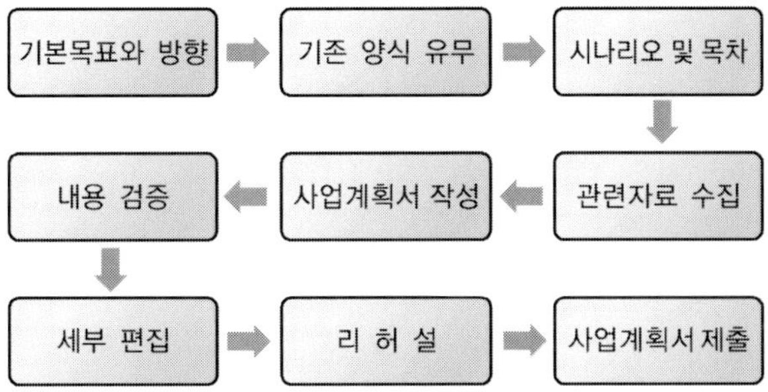

[그림 3-3]_**사업계획서 작성 프로세스**

(1) 사업계획서 작성의 원칙

사업계획서는 누가 보더라도 그 안에 담긴 비즈니스 아이디어를 쉽게 이해하고 수긍할 수 있도록 타당성을 확보해야 한다. 이는 자신의 주장이 독창적이라고 주장하기보다는 객관적인 지표와 전문가의 의견을 제시하여 읽는 사람의 입장에서 내용을 쉽게 이해할 수 있어야 함을 의미한다. 그리고 사업계획서에서 제시하는 제안은 실제로 구현이 가능해야 한다. 투자자들은 아이디어의 독창성과 완성도에도 관심을 가지지만, 그 아이디어가 실현되어 가져올 투자이익에 대해 더 큰 관심을 갖는다.

서울특별시 소상공인진흥센터에서는 사업계획서를 작성하는 데 있어 적용해야 할 원칙으로 신뢰성, 일관성, 이해 가능성, 독창성, 낙관성의 5가지를 제시하고 있다.

① 신뢰성

사업계획서는 외부 투자 및 융자의 관련자를 설득할 수 있도록 신뢰성이 있어야 하며, 이를 위해 객관적인 자료에 근거하고, 전문가적 분석과정을 통해 작성되어야 한다. 신뢰성을 위해서는 사업 아이템과 관련된 다양하고 객관적 자료의 수집과 이를 과학적으로 해석하여 실현 가능성을 밝혀야 한다.

② 일관성

사업계획서의 각 부분 계획은 서로 일관성을 유지해야 한다. 내용 중 논리적 불일치가 존재할 경우, 전체 사업계획에 대한 불신감이 커지게 되므로 전반적인 내용 간에 일관성을 유지해야 한다.

③ 이해 가능성

사업계획서는 외부의 투자가나 금융기관에 투자를 요청하기 위한 자료로서 이를 읽는 사람이 해당 분야의 비전문가일 경우에도 쉽게 이해할 수 있도록 작성해야 한다.

④ 독창성

독창성은 곧 차별화 전략을 의미한다. 이는 기존사업이나 경쟁업체와의 경쟁에서 우위를 점할 수 있는 특별함을 말하며, 남들이 쉽게 따라 할 수 없는 나만의 특징을 어필해야 투자자들의 관심을 끌 수 있다. 따라서 이러한 독창성이 사업계획서 전반에서 강조되어야 한다.

⑤ 낙관성

창업을 계획하는 사람은 무의식중에 '잘될 거야'라고 낙관적인 생각을 발현하는 경향이 있다. 이러한 관점이 사업계획서에서 잠재적인 문제점을 간과하게 만들 수 있다. 잠재적 문제점을 지적당할 경우 사업계획서는 신뢰성에서 낮은 평가를 받을 수 있다. 따라서 잠재적 문제점을 지적하고, 이의 대응책을 제시함으로써 신뢰성에 힘을 실어주는 것이 좋다.

이 밖에도 중소기업청과 창업진흥원에서는 사업계획의 수립을 위해 준수해야 할 내용으로 다음과 같은 여섯 가지 원칙을 제시하고 있다.

첫째, 목표 중심적인 접근이 되어야 한다.

둘째, 자신에 대한 진실성이 담겨 있어야 한다.

셋째, 형식이나 구조 및 내용에 있어서 업종에 따른 차별적인 접근이 이루어져야 한다.

넷째, 주요 일정별 실행계획이 포함되어야 한다.

다섯째, 기간별 목표를 설정하고 실행과정이 측정 가능해야 한다.

여섯째, 위험요인 분석, 평가 및 대응방안이 반드시 수립되어야 한다(중소기업청·창업진흥원, 2014).

사업계획서를 작성하는 데 필요하다고 생각하여 한 가지 첨언을 한다면, 공공의 이익성을 들 수 있다. 사업계획을 실행할 경우 지역사회에 미치는 영향에서 긍정적인 효과와 더불어 지역사회 발전에 기여할 수 있음을 어필한다면 더욱 좋은 평가를 얻을 수 있을 것이다.

3) 사업계획서 작성

청년창업을 지원하는 창업보육센터에 제출하는 사업계획서의 사례를 통해 사업계획서 작성법을 알아보면 다음과 같다.

창업보육센터는 창업의 성공 가능성을 높이기 위해 창업자에게 시설 및 장소를 제공하고 경영·기술 분야에 대해 지원하는 것을 목적으로 하는 사업상이나.

(1) 사업계획서 항목별 작성요령

일반 사업계획서와 기관 제출용 사업계획서는 그 작성 방식에서 차이가 있다. 하지만 사업계획서로 창업자의 자질과 포부를 평가받는다는 것은 공통된 과정이다.

① 창업자와 창업팀

보통의 사업계획서와 마찬가지로 창업자와 창업팀의 현황을 먼저 작성해야 한다. 창업자의 주요 이력에 대한 정보를 제시하고, 지적재산권 보유현황(특허, 실용신안 등)을 꼼꼼히 기재해야 한다. 특히, 창업자와 팀원들의 최근 3년간의 기술개발 실적은 창업주와 팀의 사업 수행능력(경력)을 보여줄 수 있는 지표라는 점에서 중요하게 다루어져야 한다.

② 창업 동기 및 목표

사업 개요에서는 창업하고자 하는 사업이 어떠한 사업인지에 대한 구체적인 내용을 요구한다. 그러나 창업의 동기 및 목표에서는 창업자의 마음가짐과 열정을 보여줄 것을 요구한다. 따라서 창업동기와 목표에서는 창업자가 사업자로서 성심을 다하고 있다는 것을 표출해야 한다. 특히, 창업 동기와 목표에 대한 내용은 창업자의 자질을 평가하기 위한 목적이 있으므로 이를 감안하여 작성해야 한다. 많은 사업계획서를 심사하는 심사위원들은 일차적으로 창업동기와 목표를 살펴보고 일차분류를 마치는 경향이 있다. 이는 그만큼 창업자의 의지와 그의 목표를 중요하게 여긴다는 것을 의미하며, 아이템보다는 창업자의 자질 부분이 창업 성공에 미치는 영향에서 더 크게 작용한다는 것을 말해준다. 즉, 창업 아이템은 무수한 아이템 중 하나일 뿐이지만 이를 가지고 성공으로 이끄는 것은 창업자라는 것이다. 따라서 창업자의 창업동기와 목표, 그리고 포부 등은 사업계획서의 가장 중요한 부분이라는 것을 알아야 한다. 이 부분은 사업계획서의 다른 부분이 완료된 다음에 작성하는 것이 좋다.

③ 창업 아이템

창업 아이템을 심사하는 것은 기술성과 사업성이다. 여기서는 창업 아이템의 구체적인 내용(용도, 특성)을 상세히 설명해야 하는데, 설명 내용은 읽는 사람이 한눈에 어떤 아이템인지 파악할 수 있도록 그림, 사진, 도면, 도표 등을 이용해 작성하는 것이 좋다. 특히, 창업 아이템을 왜 개발해야 하는지, 사용된 핵심 개념은 무엇인지를 설명할 수 있어야 한다. 이를 통해 이 사업이 가진 특별함이나 차별적인 특성이 무엇인지가 명료하게 나타나야 설득력을 가질 수 있다.

아이템의 기술성에서는 경쟁기술 또는 아이템들에 대한 차별성, 독창성, 우월성 등을 상세히 기술해야 한다. 이러한 점은 고객의 입장에서 경쟁사의 다른 제품 또는 서비스와 비교하여 어떤 점이 나은지, 어떤 경쟁력을 갖는지를 납득할 수 있도록 기술해야 한다. 특히, 상품을 개발하기 위해 어떤 기술을 적용하여 기존 제품의 문제를 해결하게 되었는지를 기술하는 것이 좋다.

자사의 기술경쟁력의 경우에는 국내·외의 경쟁관계에 있는 제품 또는 서비스의 기술, 품질, 기능, 가격 등을 비교분석하여 어떠한 점에서 경쟁력을 가지고 있는지 상세히 기술해야 한다. 이는 아이템의 가치를 판단하는 데 중요한 기준이 된다.

④ 창업 아이템의 사업성

창업 아이템에 대한 사업성의 분석은 시장성, 고객 분석, 경쟁자 분석, 가격경쟁력 부문으로 홍보와 마케팅을 위한 기본적인 내용이다. 따라서 이를 바탕으로 수익성을 검토해 사업의 성공 가능성을 판단하는 것이 일반적이다. 사업성의 분석에서는 아이템을 구매할 고객이 어느 정도이며, 어떤 사람들이 주 구매층이 될 것인가에 대한 분석이 필요하다. 특히 시장에서 경쟁해야 할 곳들은 어디이며, 어느 정도 가격을 책정해야 충분한 이득을 얻으면서도 매출을 올릴 수 있는지를 판가름하는 기준(가치)을 마련해야 한다. 그렇다면 먼저 아이템이 어느 정도의 시장성을 가지고 있는지 분석할 필요가 있다. 일반적으로 창업 아이템의 분석은 다음과 같은 과정으로 이루어진다.

첫째, 국내외 시장규모 및 특성 : 시장 진입의 가치와 가능성을 판단하기 위해 인구통계적 특성, 문화적 환경, 경제적 환경, 정부의 환경, 기술환경 등을 분석해야 한다. 이는 상품이나 서비스를 유통하여 어느 정도의 매출을 기대할 수 있는 지에 대한 척도가 된다. 이 부분에서는 모든 시장의 구성요소를 다각도로 분석하고, 시장 연구사례를 인용하여, 신뢰성을 높여야 한다.

둘째, 국내의 주요 수요처 현황 : 아이템의 특성상 어떤 필요에 의해 구매하게 되는지 분석해야 한다. 고객의 특징과 이들이 선호하는 제품은 어떠한 것들이 있는지, 주로 여성이 필요한지 아니면 남성이 필요한 것인지, 라이프스타일은 어떠한지, 선호하는 나이는 어떤지, 접근성은 어떠한지에 대해 자료를 종합적으로 분석해야 한다. 이는 시장세분화를 통한 표적시장과 시장 점유율에 대한 기준을 확립할 필요가 있음을 의미한다.

셋째, 국내외 경쟁업체 현황 : 경쟁자는 현재 기존의 시장을 점유하고 있는 아이템이나 경쟁회사, 앞으로 나타나게 될 경쟁자, 발 빠르게 대체 아이템이 생길 것에 대한 예측 등을 분석한다. 여기서는 경쟁자 및 잠재적 경쟁자들을 평가하고, 왜 아이템이 경쟁력을 가지는지에 대해 설명할 수 있어야 한다.

넷째, 가격경쟁력에 대한 분석 : 제품의 가격은 수익분기점이나 성장을 예측할 수 있는 기본적인 척도가 되기 때문에 적정한 가격을 제시하는 것은 매우 중요하다. 가격조차 제시하지 못하는 사업계획은 좋은 평가를 받을 수 없다. 왜냐하면 가격이야말로 손익분기점을 예측하는 기준이 되기 때문이다. 따라서 경쟁 상대가 되는 상품들을 비교분석하여 어느 정도가 적정한 가격인지 제시해주어야 한다. 무조건적인 저가정책이 좋은 것은 아니며, 시장점유율을 유지하는 선에서 적정선을 유지하는 것이 좋다.

사업성 분석에 따른 CHECK LIST (1)

1. 사업분야의 시장규모는 어떠하고, 어떻게 분포하고 있는가?
2. 당신의 생산품을 구매할 사람은 어떤 사람인가?
3. 사업분야의 경쟁 기업이 하나 더 생겨도 될 만큼 고객이 충분한가?
4. 창업아이템에 대해 자신과 다른 분야나 견해를 가진 유능한 조언자와 의논해 보았는가?
5. 상품출시와 가격의 책정에 대한 경쟁기업의 반응은 어떠한가?
6. 손익분기 생산량은 얼마인가?

사업성 검토에서는 분석 자료만 제시하기보다는 어떻게 접근해야 한다는 의견을 넣어주는 것이 좋다. 또한, 분석 자료는 프레젠테이션용 화면을 보듯 깔끔하고 가독성 있도록 지도, 그림, 표 등을 적절하게 이용하는 것이 바람직하다.

상품을 어떠한 방식으로 홍보하고 판매하겠다는 마케팅 계획을 설득력 있게 도식화해서 한눈에 알아볼 수 있도록 제시해야 설득력을 가질 수 있기 때문이다. 설득력을 높이기 위해서는 매출을 최대로 달성할 수 있는 판촉전략도 함께 마련하면 더욱 좋다.

창업자가 사업계획서를 통해 사업에 필요한 자금을 조달하려는 계획을 가지고 있다면, 사업 타당성을 검토하여 자신의 창업 아이템이 차별적 경쟁력을 지니고, 높은 수익성을 가져올 수 있는 투자성공률이 높은 사업이라는 점을 투자자에게 어필할 수 있어야 한다.

⑤ 개발 및 생산계획

사업계획서에는 상품 개발 진행현황과 앞으로의 개발일정이 명확해야 제시되어야 한다. 즉, 아이템을 어느 정도까지 개발했는지, 아니면 개발이 완료된 상태인지 설명하고, 개발하는 도중이라면 얼마의 기간을 더 필요로 하는지, 개발하는 데 필요한 자원들은 무엇인지 제시해주어야 한다. 상품 개발이 어느 정도 완료되면 샘플링을 마련해야 하고, 이러한 샘플화된 제품에 대한 평가를 실시해야 한다. 아이디어가 어느 정도 적용되었는지, 제품의 장·단점은 무엇이고, 보완해야 할 점은 없는지, 그에 따른 소요기간과 비용은 얼마나 소요되는 지를 검토하여 도표 혹은 그래프를 이용해 표시한다.

주요 일정계획은 기술 및 신제품 개발을 위해 시설 및 인력 확보, 생산일정을 일괄적으로 보여줄 수 있는 형태로 기술하는 것이 좋다. 이는 순서도나 프로세스 과정으로 제시하는 것을 말하며, 개발 일정에 대하나 사례를 제시하면 다음과 같다.

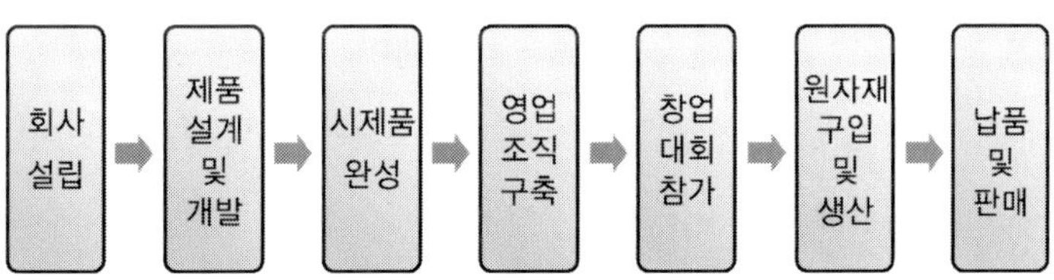

[그림 3-4]_ **개발 일정**

아이템의 샘플링이 완료되면, 생산 계획을 세워야 한다. 생산라인을 설치하여 직접 생산해야 하는지, 외주나 아웃소싱을 이용할 지를 결정하고, 월별로 생산규모를 정해야 한다. 즉, 공급원을 명확히 해줄 필요가 있으며, 이를 담당할 팀 구성원은 누구인지를 정확하게 지정해줄 필요가 있다.

⑥ 사업화 계획

사업계획에 있어 자금조달은 생명수와도 같다. 창업자가 좋은 아이템을 가지고 있고 이를 소화할 수 있는 시장이 있다고 해도 그 아이디어를 현실화하기 위해서는 자금을 확보해야 한다. 최근에는 창업지원의 열풍이 불어온다고 할 정도로 창업지원이 많기 때문에 이를 확인하고 자금의 조달 계획을 구체적으로 세워야 할 것이다. 창업을 하기 위한 자금조달에 있어 자기자금과 정부의 지원자금을 포함하여 기간별 소요될 자금계획을 세워서 재무계획을 수립해야 한다. 그리고 향후의 매출과 지출, 현금부족에 대비한 자금의 조달계획을 월별·분기별로 작성하여 자금의 집행에서 무리가 없도록 계획되어야 한다. 이러한 계획은 1년 혹은 2년 정도의 기간을 염두에 두고 세워야 한다.

사업화 계획은 어느 정도 매출수입을 상정하여 실시된다. 초기 투자비와 창업지원금에 대한 원리금 상환과 제품의 생산을 위한 제조원가, 일반관리비 등에 대한 계획을 세워 수립한다. 자금의 수요에 대해서는 막연한 추정치가 아닌 실제로 측정된 값을 적용해 산정할 필요가 있다. 이는 투자자들이 평가하기 위해 예산서를 분석하기 때문이다.

매출을 위한 영업부문에서는 팀 구성원 중에서 담당자를 정해야 하며, 입지의 장점과 홍보·마케팅 전략을 통해 어느 정도 시장점유를 달성할 것인지, 매출은 얼마나 되는지 등을 제시해야 한다. 또한, 홍보·마케팅 방법은 어떻게 할 것이며, 소요 비용은 얼마를 들일 것인지, 비용 대비 효과는 어느 정도인지를 산정하여 제시할 필요가 있다. 이러한 자금수지 계획은 어떻게 될 것이라는 예측에 불과할 수도 있다. 그러나 이러한 손익계산서는 창업 후 정상화에 이르는 시간을 예측하게 만들 뿐만 아니라 초기 생산물량과 이를 생산하기 위한 원가, 관리비 등 비용의 규모를 짐작할 수 있게 한다.

한편, 사업화에서 위기관리를 위한 대응방법의 설정도 중요한 부분이라 할 수 있다. 투자자는 창업자의 사업계획을 판단할 때 잘 될 것이라는 낙관적인 판단만 하지 않으며, 사업에 잠재되어 있는 위험에 대해 더욱 집중한다. 따라서 창업자는 위험요소에 대해 미리 조사하고, 투자자의 질문이 나오기 전에 이를 거론하여, 해결책을 제시해주어야 한다. 투자자가 찾아낸 위험요소는 사업계획에서 치명적인 약점으로 작용할 수 있다. 창업자가 이러한 약점에 대한 대응방안을 제시하지 못하게 된다면, 투자를 유치하는 일은 더욱 어려워진다. 따라서 위험요소를 정리하여 어떻게 대처할 것인가에 대해 미리 생각하고, 대안을 마련해놓을 필요가 있다.

사업계획서를 검토한 투자가, 이러한 잠재적 위험을 지적한다.

첫째, 경쟁자의 가격 인하에는 어떻게 대처할 것인가?
둘째, 잠재적인 적대적 시장 환경으로 변화가 일어난다면?
셋째, 설계 및 제조비용이 예상을 초과한다면?
넷째, 판매 예측이 먹히지 않는다면?
다섯째, 제품 개발 일정을 맞추지 못한다면?
여섯째, 원자재를 얻기 어려워지거나 조달기간이 길어진다면?
일곱째, 경쟁력을 유지하기 위한 혁신·개발 비용이 지나치게 커진다면?

– 출처 : 중소기업청·창업진흥원(2014)

위와 같은 질문에 어떻게 대답할 것인가? 이러한 위기상황에 대한 대처는 창업자의 자질과 능력을 평가하는 지표로서 작용한다. 사업계획서를 제출하기 전에 꼭 한 번 짚어보고 대안을 만들어 놓아야 한다. 이러한 대안이 있다면 실제로 사업을 운영하면서 겪는 어려움을 해결하는 데 있어서도 큰 도움이 된다.

한편, 창업보육센터를 활용하면 창업자의 창업기업이 보육과정에서 어떤 것들을 경험하고 학습할 수 있는 지를 알아볼 수 있다.

처음 사업계획서를 작성할 때, 잘 작성하기 위한 팁

1. 좋은 사업계획서를 구해서 모방한다.
2. 기술이나 아이템 보다는 사업성에 중점을 둔다.
3. 비전과 전략을 제시한다.
4. 객관성 있는 시장조사 자료를 제시한다.
5. 적절한 비주얼과 도식화를 사용한다.
6. 경쟁상품에 대한 경쟁력을 어필한다.

모방은 창조의 어머니이다. 사업계획서를 작성하는데 있어서도 마찬가지이다. 잘 작성된 사업계획서를 찾아 분석하면서 어떻게 하면 상대방을 설득할 수 있는 사업계획서를 작성할 수 있는지를 고민해 보면 많은 도움이 된다. 이를 위해 적절한 조언을 해줄 수 있는 멘토를 구한다면 더욱 바람직한 일이다. 대부분의 멘토들은 사업의 성패가 창업 아이템 자체의 성능이나 경쟁력보다 사업성이 더욱 중요하다는 것을 강조한다.

월등한 기술력을 갖고도 사업성의 부족으로 인해 성공하지 못한 사업가들이 무수히 많다. 성공하는 창업을 위해서는 시장조사가 철저하게 이루어져야 하며, 경쟁력을 키우기 위한 비전과 사업전략의 수립에 만전을 기해야 한다. 그리고 사업계획서의 완성도가 높다면 성공할 가능성은 더욱 높아진다.

3 청년창업의 실행단계

최근의 청년창업은 IT 정보·통신 분야나 전기·전자, 기계·재료, 디자인 계열 등의 기술창업이 많은 비율을 차지하고 있다. 또한, 청년의 특성상 작은 규모의 창업을 선택하게 된다. 그러면 이러한 창업은 어떤 절차로 이루어질까? 작은 규모의 창업은 2000년 12월 제정된 '소기업 및 소상공인 지원을 위한 특별 조치법(법률 6314호)'의 범주에 속해, 이 법률에 의한 지원을 받을 수 있다.

1) 회사의 설립

회사의 설립을 간단하게 표현한다면, 사업자등록을 하고 사업자등록증을 발급받는 일이라고 할 수 있다. 개개인의 사람이 홀로서기를 할 수 있는 성인이 되면 주민등록증을 발급하듯이 사업을 시작할 때는 사업자등록증을 발급받기 때문이다.

(1) 사업자등록

개인사업자등록증은 관할 세무서에 비치되어 있는 사업자등록신청서와 임대차계약서(사본)가 필요하며, 인·허가가 필요한 업종의 경우 주무관청이나 지방자치단체에서 인·허가를 취득해야 한다. 관할 세무서에 사업자등록 신청서, 주민등록등본, 임대차계약서, 인·허가 사본을 제출하면 사업자등록증을 발급받을 수 있다(부가가치세법 제5조, 소득세법 제168조). 공동사업자가 있는 경우에는 동업계약서를 제출해야 한다. 사업자등록증은 사업 개시일 이후 20일 이내에 신청해야 하며, 사업의 개시 때에는 근로자의 명부, 임금대장의 작성, 취업규칙 작성, 국민연금과 건강보험, 산재보험, 고용보험 등의 신고절차를 밟아야 한다(송이재, 2013). 한 가지 알아야 할 점은 사업자등록일로부터 역산하여 20일 이내에 상품이나 시설자재 등을 구입하고 구입자의 주민등록번호를 적은 세금계산서를 발급받은 경우 예외적으로 매입세액을 공제받을 수 있다. 사업자등록증은 신청일로부터 3일 이내에 교부받을 수 있다.

개인사업자등록증 신청 시 필요한 서류

① 사업자등록 신청서 1부
② 신분증
③ 임대차계약서 사본 1부(사업장을 임차한 경우에 한함)
 -단, 전대차계약인 경우는 '전대차계약서 사본'(계약서 사본에 건물주의 동의 또는 승낙 표시)
④ 허가(등록, 신고)증 사본(해당 사업자)
 -허가(등록, 신고) 전에 등록하는 경우 허가(등록) 신청서 등 사본 또는 사업계획서
⑤ 동업계약서(공동사업자인 경우)
 -여권 사본 또는 외국인등록증 사본
 -국내에 통상적으로 주재하지 않는 경우 : 납세관리인 설정 신고서

- 출처 : 국세청(2014)

사업자등록증은 간이과세자와 일반과세자의 구분이 있다. 간이과세자는 연간 공급대가 예상액이 4,800만 원 미만인 개인사업을 말한다. 간이과세를 적용받을 수 없는 사업자로는 광업, 제조업, 도매업, 부동산매매업, 전문직종사자(변호사, 신판변론인, 변리사, 법무사, 공인회계사, 세무사, 경영지도사, 기술지도자, 감정평가사, 손해사정인업, 출판업, 기술사, 건축사, 도선사, 측량사업, 공인노무사업, 약사업, 한약사업, 수의사업)와 국세청장이 정한 간이과세 배제 기준에 해당되는 사업자 등이 있다. 간이과세 적용신고는 사업자등록신청서의 해당란에 표시하면 된다. 일반과세자는 10%의 세율이 적용되는 반면, 매입세금계산서 상의 부가가치세액을 전액 공제받거나 세금계산서를 발급할 수 있다. 간이과세자는 0.5~3%의 낮은 세율이 적용되지만 매입세액의 5~30%만 공제받을 수 있으며, 세금계산서를 발급할 수 없다(국세청, 2014).

영리법인 사업자등록증 신청 시 필요한 서류

① 법인설립신고 및 사업자등록신청서 1부
② 정관 사본 1부
③ 법인등기부 등본 1부
   - 담당공무원의 확인에 동의하지 아니한 경우 신청인이 직접 제출해야 하는 서류
④ (법인명의) 임대차계약서 사본(사업장을 임차한 경우에 한함) 1부
⑤ 주주 또는 출자자명세서 1부
⑥ 사업허가 등록 신고필증(해당법인에 한함) 1부
   -허가(등록, 신고)전에 등록하는 경우 : 허가(등록)신청서 등 사본 또는 사업계획서
⑦ 현물지출명세서(현물출자법인의 경우에 한함) 1부

창업을 할 때, 사업 형태를 개인으로 할지, 법인으로 할지 고민하는 경우가 있다. 개인기업과 법인기업의 설립에는 설립비용의 차이가 있다. 이는 개인기업은 설립절차가 쉽고 간편하며, 설립비용이 적게 들므로 작은 규모의 창업에 어울린다. 법인기업은 설립 시 법원에 설립등기를 해야 하고, 자본금과 등록면허세·채권매입비용 등의 설립비용이 들기 때문에 큰 규모의 창업회사에 적합하다.

청년창업은 시작할 때 일반적으로 큰 규모의 자금보다는 소규모 자금으로 창업을 진행하게 된다. 따라서 개인기업 형태로서의 창업이 바람직하다. 법인 형태의 창업은 기업의 이름을 짓는 것도 쉽지 않지만, 등록비용에서 법무비용과 채권 등의 비용으로 수백만 원 이상 소요되므로 나중에 기업의 규모가 커지고 필요성이 제기될 때 전환하여도 늦지 않는다.

표 3-1 _ **개인기업과 법인기업의 차이**

구분	개인기업	법인기업
설립비용	• 절차가 간단하고 비용이 적게 듦	• 법원에 설립등기를 해야 하며, 절차가 까다롭고 자본금, 등록면허세, 채권매입비용 등의 설립비용 발생
자금조달과 이익분배	• 사업에서 발생한 이익 분배에 제약이 없음	• 주주를 통해 자금을 조달하므로 대자본 형성이 가능하나, 기업경영에서 발생한 이익은 적법한 절차를 통해서만 인출 가능
책임과 신인도	• 경영상 발생하는 문제와 부채, 손실에 대한 위험을 사업주가 혼자 책임 짐 • 신인도 낮음	• 주주는 출자한 지분의 한도 내에서만 책임을 지며, 도산할 경우 피해가 적음 • 대외 신인도 높음
세율	• 종합소득세율은 6~38% 초과누진세율 적용(과세표준이 2,160만 원 이하에서 유리)	• 법인기업의 각 사업연도 소득에 대한 법인세율은 10%(과세표준이 2억 원 초과 20%, 200억 원 초과 22%)
과세체계	• 종합소득세 • 사업주의 급여는 비용인정 안 됨 • 고정자산, 유가증권 처분이익 비과세	• 법인세 • 대표이사 급여를 비용처리 가능 • 고정자산, 유가증권 처분이익에 법인세 과세

– 출처 : 국세청(2014)

사업자등록은 사업개시일 이후 20일 이내에 등록절차를 마무리해야 한다. 사업자 등록을 너무 늦게 하면 가산세 부담과 매입세액 불공제의 불이익을 당할 수 있다(부가가치세법 제8조 제1항, 제39조 제1항, 제60조 제1항). 사업자등록은 사업개시 이전에도 발급받을 수 있다. 사전에 사업자등록을 마무리하면 창업에 드는 여러 가지 비용에 대해서도 세금계산서를 발행 받았을 경우 세금 공제를 받을 수 있다는 장점이 있다. 이는 즉, 사업자등록증을 교부받은 후에 창업하는 경우가 비용의 절감 면에서 더 유리할 수 있다는 것을 말한다. 기업의 본점이나 점포의 창업에 드는 인테리어 비용과 각종 집기와 설비의 구입 시 세금계산서를 받아놓으면 세액공제를 받을 수 있을 뿐만 아니라 부가가치세를 환급받을 수도 있다. 이는 창업에서의 초기 투자비용을 더욱 효과적으로 활용할 수 있다는 점에서 고려해볼만 하다. 특히, 세금계산서는 나중에 받는다는 생각을 하지 말고 비용을 지불하는 당시에 발급받아서 세무신고 때 활용하는 것이 좋다. 이러한 세무정보는 국세청의 홈페이지(http://www.nts.go.kr)나 콜센터(국세청 126번, 세미래 콜센터)에서 찾아볼 수 있다.

2) 개인기업에서 법인기업으로의 전환

기업의 규모가 커지게 되면 경영의 효율성을 높이고 세금부담을 줄일 수 있는 방안에 대해 검토하게 된다. 이때 개인기업을 법인기업으로 전환하는 방안이 고려될 수 있다. 법인 전환 시 개인기업의 사업용 고정자산은 법인에 현물출자하는 방법과 사업을 양도양수 하는 방법으로 출자할 수 있다.

(1) 현물출자 방법

개인기업의 부동산, 채권, 유가증권 등을 법인에 출자하는 것을 말하며, 이때에는 법원이 선임한 검사인 또는 공인 감정평가기관의 평가를 받아야 한다. 이는 절차가 복잡하고 비용도 많이 든다.

(2) 양도양수 방법

개인기업의 모든 자산과 부채를 법인에 포괄적으로 양도하는 것을 말하며, 적정한 가격이 형성되면 용이하게 전환할 수 있다. 실무적으로 주로 이용되는 방법이다.

(3) 법인 전환 시 세금문제

개인기업에서 법인기업으로 양도양수 방법으로 출자하는 경우 부가가치세와 양도소득세는 부과되지 않으며, 이월과세를 적용한다. 이월과세는 개인기업을 법인기업으로 전환하면서 사업용 고정자산을 법인 명의로 이전하는 경우, 이전 시점에서는 양도소득세를 과세하지 않고, 이를 양수한 법인이 이를 처분할 때 양도소득세 산출세액 상당액을 법인세로 납부하는 것을 말한다.

3) 중소기업 창업에서의 세금우대

창업중소기업은 창업 후 5년간 매년 납부세액의 50%를 감면받을 수 있다(국세청, 2014). 이를 꼼꼼히 체크하여 활용하면 기업운영에 많은 도움이 된다.

표 3-2_**창업에 대한 세금지원내용 요약**

구 분	지원내용
법인세(소득세) 감면	수도권 과밀억제권역 외의 지역에서 창업한 중소기업 등에 대해 창업 후 소득 발생년도부터 5년간 매년 납부할 법인세(소득세)의 50%를 감면
등록면허세 면제	• 창업중소기업의 법인설립등기에 대한 등록면허세 면제(창업일로부터 4년 이내에 자본 또는 출자액을 증가하는 경우와 창업 중에 벤처기업으로 확인 받은 경우 1년 내 행하는 법인설립등기 포함) • 창업일로부터 4년 이내에 법인의 주소 또는 대표이사의 주소 변경으로 인한 등기에 대한 등록면허세 면제
취득세 면제	창업 후 4년 내 취득한 사업용 자산에 대한 취득세
인지세 면제	창업 후 2년 내 금융회사의 융자관련문서에 대해 인지세 면제
재산세	창업 후 5년간 재산세 50% 감면

– 출처 : 국세청, 2014 세금절약 가이드 I

이외에도 중소기업에 한해 적용되는 조세특례제한법에 의한 지원제도들이 있는데, 이는 중소기업 경영안정을 위한 지원과 중소기업의 설비투자 지원이 대표적이다. 중소기업 경영안정을 위한 지원은 위에서 언급한 세액감면 외에도 제조업 등으로 업종 진환 시 4년간 50% 세액 감면, 공장 지방이전에 대해 100% 감면혜택이 있다. 중소기업 설비투자 지원에서는 투자금액의 3%를 납부할 세금에서 공제해주거나 정보화사업지원금에 대한 손금으로 산입해 주는 등의 혜택이 있다. 세금을 합법적으로 절세하는 방법은 탈세와는 전혀 다른 정당한 방법이다.

3-1 창업탐구

※ 다음 페이지에서 제시하고 있는 양식은 ○○대학교에서 운영 중인 창업 보육센터의 입주신청서 및 사업계획서 양식이다. 이 양식을 활용하여 작성 방법을 익혀두자.

○○대학교 창업지원센터 입주신청서

<table>
<tr><td>업체명</td><td colspan="3"></td><td>설립
(예정)일</td><td colspan="3"></td></tr>
<tr><td>사업자
등록
번호</td><td colspan="3"></td><td>법인등록
번호</td><td colspan="3"></td></tr>
<tr><td>업종</td><td colspan="3"></td><td>산업구분</td><td colspan="3">□ 녹색산업 □ 비녹색산업</td></tr>
<tr><td>주
생산품</td><td colspan="7"></td></tr>
<tr><td>주소</td><td colspan="7">㊍</td></tr>
<tr><td rowspan="5">연락처</td><td rowspan="3">대표자</td><td rowspan="2">성명</td><td rowspan="2"></td><td>자택
전화</td><td></td><td>휴대전화</td><td></td></tr>
<tr><td>전자
우편</td><td colspan="3"></td></tr>
<tr><td>자택주소</td><td colspan="5">㊍</td></tr>
<tr><td rowspan="2">실무자</td><td>성명</td><td></td><td>사무실</td><td></td><td>휴대전화</td><td></td></tr>
<tr><td>직위</td><td></td><td>전자
우편</td><td colspan="3"></td></tr>
<tr><td>신청
사항</td><td>희망면적
(실평수)</td><td colspan="2"></td><td>입주
희망일</td><td></td><td>입주
예정인원</td><td></td></tr>
</table>

○○대학교 창업지원센터에 입주하고자 본 신청서를 제출하오니 승인해주시기 바랍니다.

20 년 월 일

신청인 (대표) (인)

○○대학교 산학협력단장 귀하

첨부서류		
	1. 사업계획서(소정양식)	5부(원본 1부 포함)
	2. 지도교수 추천서(소정양식)	1부(해당자에 한함)
	3. 사업자등록증 사본	1부(해당자에 한함)
	4. 벤처기업확인서, 특허등록서 등 사본	각 1부(해당자에 한함)

○○대학교 창업지원센터 입주신청
사 업 계 획 서

○○대학교 창업지원센터 입주 신청을 위한 사업계획서를 다음과 같이 제출하오니 승인하여 주시기 바랍니다.

20 년 월 일

신청인 (대표) (인)

○○대학교 산학협력단장 귀하

업체명	
창업 아이템	
대표자	

■ 일반현황

[대표(창업)자 인적사항]

<table>
<tr><td rowspan="2">성 명</td><td>(한글)</td><td></td><td>주 민 등 록 번 호</td><td>연 령</td></tr>
<tr><td>(한자)</td><td></td><td>–</td><td>만 세</td></tr>
</table>

<table>
<tr><td rowspan="3">주 소</td><td rowspan="3">(우편번호 –)</td><td rowspan="3">연락처</td><td>자택전화 :</td></tr>
<tr><td>휴대전화 :</td></tr>
<tr><td>전자우편 :</td></tr>
</table>

<table>
<tr><td rowspan="5">학 력</td><td colspan="2">기 간</td><td rowspan="2">학 교 명</td><td rowspan="2">전 공</td><td rowspan="2">학 위</td><td rowspan="2">수학상태</td></tr>
<tr><td>부 터</td><td>까 지</td></tr>
<tr><td></td><td></td><td></td><td></td><td></td><td>졸업·수료·중퇴</td></tr>
<tr><td></td><td></td><td></td><td></td><td></td><td>졸업·수료·중퇴</td></tr>
<tr><td></td><td></td><td></td><td></td><td></td><td>졸업·수료·중퇴</td></tr>
</table>

<table>
<tr><td rowspan="7">경 력</td><td colspan="2">기 간</td><td rowspan="2">근 무 처</td><td rowspan="2">담당업무
(직 위)</td></tr>
<tr><td>부 터</td><td>까 지</td></tr>
<tr><td></td><td></td><td></td><td></td></tr>
<tr><td></td><td></td><td></td><td></td></tr>
<tr><td></td><td></td><td></td><td></td></tr>
<tr><td></td><td></td><td></td><td></td></tr>
<tr><td></td><td></td><td></td><td></td></tr>
</table>

<table>
<tr><td rowspan="4">자격증</td><td>자 격 명</td><td>시행기관</td><td>취 득 일</td></tr>
<tr><td></td><td></td><td></td></tr>
<tr><td></td><td></td><td></td></tr>
<tr><td></td><td></td><td></td></tr>
</table>

<table>
<tr><td rowspan="5">금융거래</td><td>대출기관</td><td>운전/시설</td><td>차입일자</td><td>금액(백만 원)</td><td>대출기한</td></tr>
<tr><td></td><td></td><td></td><td></td><td></td></tr>
<tr><td></td><td></td><td></td><td></td><td></td></tr>
<tr><td></td><td></td><td></td><td></td><td></td></tr>
<tr><td>신용불량 여부</td><td colspan="4">(해당 시 회복예정일 :)</td></tr>
</table>

■참여인력

성 명	직위	연령(만)	대표자와 관계	최종학력 (전 공)	주요경력	역 할 (개발, 영업 등)	비 고

■기술개발 현황

[정책과제 활용 실적(대표자 및 참여인력)]

성 명	과 제 명	총 사업비	수행기간	지원기관

■지식재산권 보유현황

구 분 (특허, 실용신안 등)	명 칭	출 원		등 록		보유자
		출원일	출원번호	등록일	등록번호	

■사업개요

[창업동기 및 목표]

창업동기

최종목표

입주목적

■창업 아이템

[기술성]

제품 개요	
국내외 관련기 술현황	
자사 기술경 쟁력	

[사업성]

국내외 시장규모 및 특성	
국내외 주요 수요처 현황	
국내외 경쟁업체 현황	
가격 경쟁력	

■추진계획

[개발 및 생산계획]

개발현황	
개발일정	
양산계획 및 향후 계획	

[사업화계획]

소요자금조달계획

매출(영업계획 포함)

BI센터 졸업계획

Chapter 04

무엇을 가지고 창업을 할 것인가?

04 Chapter 무엇을 가지고 창업을 할 것인가?

새로운 창업을 추진하기 위한 적절한 기회의 확인 및 포착은 기업가에게 있어서 매우 중요한 능력 중의 하나이다. 이는 성공 창업을 위한 기회의 포착이 그 만큼 쉽지 않다는 것을 말해주는 것이라 할 수 있다.

창업을 꿈꾸는 예비 창업자들은 성공한 창업가들의 신화처럼 대박의 꿈을 가지고 있으며, 무엇을 가지고 창업을 할 것인가는 예비 창업자들에게 있어 가장 큰 고민거리이다. 특히, 어떤 업종이 돈을 많이 벌 수 있으며, 전망이 좋을 것인가 하는 것은 모든 창업자들의 관심거리이다. 그러나 이러한 대부분의 업종들은 벌써 수많은 경쟁자들이 난립함으로 인해 경쟁이 심화되고, 수익성은 악화되는 과정에 있다. 따라서 창업 아이템을 구상할 때에는 눈앞에 보이는 유행을 따라가기보다는 좀 더 사회의 여건 변화를 살펴봄으로써 시장의 규모를 기본적으로 갖추고 있고, 꾸준한 수요를 만들어 낼 수 있는 성장 가능성이 높은 업종을 찾는 일이 중요하다.

1 창업 분야를 결정하자

창업 아이템은 곧 업종을 결정하는 것과 다르지 않다. 그렇다면 창업 아이템을 선정하기 전에 어떤 업종이 좋고 어떤 업종이 나쁜지에 대해 먼저 분석해 보아야 한다. 즉, 창업 아이템이 성공할 수 있는지 아니면 그렇지 못할지를 먼저 파악해야 한다.

청년창업에서 창업 아이템은 자신이 항상 관심을 가지고 있으며, 좋아하고, 잘 할 수 있는 선택하는 것이 창업을 성공으로 이끄는 데 매우 유리하다. 물론 자신이 좋아하는 것과 고객이 좋아하는 것이 항상 같을 수는 없다. 혹자는 이렇게 말하기도 한다. 자신이 좋아하는 것은 고객이 좋아하는 것과 다르기 때문에 항상 고객의 입장에 서야 한다고 말한다. 그렇지 않으면 그 업종은 실패할 수밖에 없다는 것이다.

어떠한 분야에서도 그렇지만 공감대를 형성할 수만 있으면 마니아층을 만들어갈 수 있는 여지가 있다. 즉, 트렌드를 만들어간다는 의미이다. 시장은 넓고 광대하기 때문에 새롭게 나타나는 개념이나 창조 아이템이 불쑥 나타난다고 하더라도 기존의 어떤 상품과 전혀 다르지는 않다. 이는 화성인이 가져온 생뚱맞은 물건이 아닌 한, 거의 대부분이 수용 가능하다는 것이다. 단지 이를 어떻게 접목시키고 친숙하게 조화시키느냐의 문제이다. 즉, 너무 튀는 새로운 개념이라도 기존에 있는 상품 개념에 접목시킨다면 그것은 상품의 성능을 개선하는 것이 된다. 따라서 시장에 없는 새로운 상품을 만들려고 너무 고민하지 말고, 기존의 시장과 상품을 분석하고, 장점과 단점을 파악하여 개선하려는 노력으로도 참신한 아이템을 얻을 수 있다.

한편, 사업 아이템을 찾기 위해서는 먼저 자신에 대해 탐구하는 것이 우선되어야 한다. 그래서 어떤 분야에서 강점이 있고, 어떤 분야에서 약점이 있는지를 파악하여 이를 업종 선택시 참고하여야 한다. 예를 들어, 사람을 만나고 대화하는 것을 즐긴다면 영업, 교육, 마케팅 및 서비스업에 새능이 있으므로 업종을 이러한 쪽에서 선택할 수 있다. 또, 유통업, 도·소매업 등으로도 확장할 수 있을 것이다. 기술개발이나 연구, 새로운 것에 대한 탐구를 좋아하는 타입이면 기술개발과 제조/생산, 컨설팅사업 쪽에 재능이 있을 수 있다. 이는 기술창업이나 제조업에도 어울리는 성격이다. 이렇듯 좋아하는 분야의 사업으로 방향을 정리한다면, 업종을 선택하는 경우에 너무 막연하게 인터넷 사이트만 뒤지지 않고도 관심분야에서 업종이나 아이템을 찾을 수 있을 것이며, 창업에서도 유리한 위치에 설 수 있다.

예를 들어, 어릴 적부터 로봇을 조립하는 일을 좋아하고 동아리활동도 로봇동호회에서 오랫동안 활동한 사람에게 창업을 할 때 유통업에 뛰어들게 했다면 어떤 결과를 가져올까? 아마 유통업계에서 잘할 수는 있어도 즐겁게 일할 수는 없을 것이다. 이와는 달리 인공지능 개발에 참여하거나 로봇에 관련된 기술창업을 하게 했다면 어떠한 결과를 가져올까? 아마, 자신의 능력을 마음껏 발휘할 수 있는 기회가 될 것이다. 요리를 좋아하고 즐겨하는 사람의 경우, 요리와 관련된 업종을 선택했을 때와 전혀 요리와는 담쌓고 지내던 사람이 외식업에 진출했을 때 어떤 차이가 나타날지 생각해보면 그 해답은 간단하게 정리될 수 있다.

창업을 구상하는 단계에서는 '내가 제일 잘할 수 있는 것은 무엇인가? 또, 같이 일하는 사람과 어떤 분야에서 얼마나 소통을 할 수 있을까? 실패는 이겨낼 수 있는가? 어떤 고객층에게 나의 아이템을 팔 수 있을 것인가?' 하고 자신에게 계속 질문해보는 것이 앞으로 다가올 문제를 줄여나가는데 도움이 된다.

1) 성격에 따른 창업

창업 전문가들은 업종마다 어울리는 성격이 있으며, 자신의 성격에 맞는 업종을 선택할 경우 창업 성공률이 높아진다고 말한다. 컨설팅 전문가들은 성격의 유형에 따라 어울리는 창업 유형이 따로 있다고 한다. 이는 중소기업청에서 창업자의 자질을 점검하기 위해 제시하는 체크리스트와는 전혀 다른 의견이다.

성격에 따른 창업과 관련하여 일본인 학자 스즈키 히데코가 밝힌 9가지 성격유형에 따른 관련 업종은 다음과 같다.

첫째, 완벽을 추구하는 사람. 정의감이 강하고 성실하지만 분노를 참기 어려운 성격 탓에 사람을 대면하는 업종보다는 전문직종이 어울린다.
둘째, 타인에게 도움을 주려는 사람. 타인을 만족시키기 위해 습관적으로 변신하는 스타일로 장사, 단골 중심의 지역밀착형 업종에 어울린다.
셋째, 성공을 추구하는 사람. 성공만이 애정을 획득할 수 있다고 믿고 자기 암시로 유능함을 연출한다. 자부심이 강하지만 꺾이기도 쉽다. 영업력이 필요한 서비스 업종에 어울린다.

넷째, 특별한 존재를 지향하는 사람. 현실에 만족하지 못하고 끝없이 새로운 것을 찾는다. 의류 판매업에 어울린다.
다섯째, 지식을 얻고 관찰하는 사람. 지적이고 냉철한 관찰자로, 컨설팅 업종에서 두각을 나타낼 수 있다.
여섯째, 안전을 추구하고 신중한 사람. 타인을 의식하고 행동을 미루려는 경향이 있다. 예리한 통찰력을 가지고 있으므로 서비스 업종에 어울린다.
일곱째, 즐거움을 추구하고 계획하는 사람. 집중하지 못하고 수많은 계획을 하므로 오락 관련업종, 인터넷 비즈니스가 어울린다.
여덟째, 강함을 추구하고 자기를 주장하는 사람. 지배욕구가 강하며 정의에 집착한다. 창사에는 어울리지 않으나 매장관리 및 감독에는 적성을 살릴 수 있다.
아홉째, 조화와 평화를 바라는 사람. 타인의 생각에 자신을 맞춘다. 한 번 결정한 일을 고집하고 타성을 좋아한다. 우유부단한 편이지만 매장 판매에는 강하다.

– 출처 : Life.Luxcozy blog(http://Luxcozy.tistory.com)

2) 업종 선택을 위해 고려해야 할 것

창업전문가들은 성공적인 업종 선정을 위해서는 시간을 가지고 심사숙고해야 한다고 말한다. 취업하듯이 일단 창업을 하고 보자는 생각은 돌이킬 수 없는 실패를 경험하게 되는 가장 큰 요인이다. 따라서 최근의 창업 동향을 살피고 파악하여 유망업종의 흐름을 냉철하게 분석할 필요가 있다. 특히 자신에게 어울리는 업종에는 어떤 것들이 있는지 알아보고, 사업성을 충분히 분석한 다음에야 자신의 여건에 맞는 업종을 선정할 수 있다. 업종 선택을 위해 고려할 사항은 다음과 같다.

첫째, 시대의 흐름에 맞는 업종을 선정한다. 사업환경은 계속적인 변화에 민감하고, 유망업종의 라이프사이클은 짧다. 또한, 소비자의 욕구나 소비의 패턴도 계속 변하고 있다. 따라서 사회적 흐름과 소비자의 성향을 살피는 일이 중요하다.

둘째, 수익성 높은 업종을 선정해야 한다. 이는 투자대비 수익률을 검토하여 수익률이 3%를 넘어야 수익성이 있다고 할 수 있으며, 5~8%가 되면 유망업종이라고 할 수 있다. 보통 수익성이 높은 업종에는 진입 장벽이 높게 형성되어 있다.

셋째, 지속적 성장 가능성이 있는 업종을 선정한다. 이는 유망한 업종들도 라이프사이클이 있으며, 그 주기도 매우 짧아지는 현상과 무관하지 않다. 일반적으로 업종들은 도입기, 성장기 그리고 성숙기를 거쳐 쇠퇴기의 사이클을 갖는다. 창업은 도입기 후기와 성장기 초기에 진입하는 것은 좋지만 성숙기에 진입하게 되면 어려움을 겪을 수 있다.

넷째, 안정성 높은 업종을 선정해야 한다. 안정적인 업종은 경기의 변화나 계절 변화에 상관없이 꾸준한 매출을 발생시킨다. 보통 생활과 밀접한 관련을 가지는 업종들이 이에 포함된다.

다섯째, 경험이나 지식을 활용할 수 있는 업종을 선정한다. 자신이 잘 알지 못하는 분야에 진출하려는 모험은 삼가는 것이 좋다. 어쩔 수 없이 경험이 없는 분야에 진출하게 될 때는 철저하게 정보를 파악하고 사전준비를 해야 한다. 특히, 관련된 분야의 정보와 지식을 취득하는 것은 물론이고 실전경험을 해보는 것도 좋다. 관련분야에 대해 경험이 많은 사람을 만나 조언을 구해보는 것도 실패를 줄일 수 있는 한 방법이다.

여섯째, 자신의 성격에 맞는 업종을 선정해야 한다. 선정한 업종이 자신의 성격과 맞지 않는다면 의욕을 잃기 쉽다. 자신이 좋아서 하는 일은 과정이 재미있을 뿐만 아니라 결과에 대한 만족감도 크게 얻게 된다. 또한, 어려운 상황에서도 이를 극복할 자신감이 충만하다.

일곱째, 자금조달 범위 안에 있는 업종을 선정해야 한다. 자기자본 비율이 높을수록 위기상황에서 대처능력을 발휘할 수 있다. 안정적인 자기자본 비율은 60% 정도이며, 부채비율은 적을수록 좋다. 무리하게 많은 자금이 들어가는 업종이나 입지는 그만큼 큰 리스크를 가지게 되며, 이러한 리스크는 항상 어깨를 무겁게 할 것이다.

모든 사업의 구상은 기본적으로 자본의 투입으로 인해 실체화된다. 모든 사업의 규모는 자본의 크기에 따라 결정된다고 할 수 있다. 자본은 자기자본과 조달 가능한 자본(부채)을 포함하고 있는데, 안정성을 고려한다면 무리한 부채는 삼가는 것이 바람직하다.

3) 피해야 할 업종

창업에 있어 수익성이 좋은 업종이라 할지라도 선택을 피해야 할 업종이 있다. 최근 사회적 분위기에 반하거나 종업원의 구인 등에서 어려움이 있는 3D업종, 많이 팔아도 이윤이 얼마 남지 않는 업종, 라이프사이클이 짧은 업종, 대기업의 진출이 많은 업종, 투자비가 대규모로 들지만 투자비 회수가 너무 오래 걸리는 업종 등은 업종 선정에서 신중해야 한다. 경쟁이 치열하거나, 경영상의 어려움을 겪게 되거나 아니면 자금 운용에서 어려움을 겪을 수 있기 때문이다. 피해야 할 업종을 구체적으로 제시하면 다음과 같다.

첫째, 검증받지 않은 도입기의 업종은 피해야 한다. 도입기의 업종이 유망업종이 된다는 보증은 없다. 도입기를 지켜보고 성숙기에 들어서야 어느 정도 사업성을 확인할 수 있다.

둘째, 국민 정서나 문화적인 환경에 맞지 않는 업종은 피해야 한다. 외국에서 잘나가는 업종이나 아이템이라도 정서에 맞지 않는 경우에는 성공하기가 쉽지 않다. 이를 도입하기 위해서는 먼저 문화적으로 친근한 이미지가 조성되어야 한다.

셋째, 계절업종이나 방학을 타는 업종은 심사숙고해야 한다. 이는 수요에 대한 유동성이 크기 때문에 꾸준한 수요가 있는 업종을 선택하는 것이 바람직하다.

넷째, 새로운 상품의 개발이 어려운 업종은 피해야 한다. 이러한 타입의 업종은 더 이상 성장할 수 있는 여지가 없다. 현상유지수준이거나 아니면 쇠퇴할 수밖에 없는 조건이다.

다섯째, 시장은 크나 정형화되기 쉬운 업종은 가급적 피하는 것이 좋다. 이러한 경우에는 창업에 성공하더라도 대기업의 판매력에 현저하게 밀릴 수 있다.

이외에도 경상비용이나 지출이 많은 업종, 국내 법규에 저촉되는 업종, 간식 같은 간단한 외식업종은 피하는 것이 좋다.

2 창업 아이템 선정

1) 구체화하기

가장 잘하는 일, 관심 있는 일, 그리고 무엇을 할 수 있는가를 구체화하기 위해서는 얼마나 알고 있는지를 점검해야 한다. 이를 바탕으로 그 분야의 시장이 어느 정도 형성되어 있고, 어떤 상품들이 개발되어 있는지 살펴보는 일은 매우 중요하다. 이러한 일들을 즐겁게 하는 사람들이 블로거들이다. 블로거들은 관심분야에 대한 정보를 모아 취합하고, 분석하고, 자신만의 견해를 정리해서 사람들에게 알리기를 좋아한다. 더 적극적인 블로거라면 직접 발품을 팔아가며 전시회, 박람회, 신제품 발표회 등도 찾아가서 궁금증을 해소한다. 정보를 모으고 포스팅을 하다 보면 공통된 관심을 가지고 있는 사람들과 만나게 되고, 많은 정보를 모을 수 있게 된다. 이렇듯 관심을 가지는 분야를 정했으면, 그 분야의 블로그를 운영해보는 것을 추천한다. 즉, 블로그의 운영을 통해 관심 분야의 시장을 조사하고, 소비층을 분석하며, 시장이 안정적인지, 성장 가능성은 어떠한지 등 산업 전반에 걸친 이해관계를 파악할 수 있다. 블로그의 운영은 이러한 일들을 즐겁게 할 수 있는 방법을 가르쳐준다. 블로그 활동을 통해 경쟁사들 간의 줄다리기, 상품 개발의 동향, 가격대 성능, 고객이 선호하는 상품의 유형들을 파악할 수 있을 때 창업 아이템을 구상하는 것이 좋다.

또 다른 방법은 창업동아리에 가입하여 활동하는 것이다. 창업동아리의 활동은 창업 아이템이나 창업 자료를 손쉽게 구할 수 있는 또 하나의 창구이다. 아이템의 실체화에서 혼자서는 엄두도 나지 않는 일들이 여기서는 생각지도 않게 이루어질 수 있다. 선배와 동료, 그리고 교수들의 조언을 듣다보면 복잡한 머릿속의 개념이 점차 실체화되어가는 것을 느낄 수 있다. 혼자만의 고민으로 오랫동안 작업하고, 설계하고, 샘플링을 해야 하는 일들은 약간의 도움만으로도 손쉽게 해결될 수도 있다.

창업을 위한 자금에 여유가 있다면, 창업 컨설팅을 통해 업종과 아이템을 구체화하는 것도 추천할 만하다. 창업 설계사는 사업계획의 시장조사, 자료의 분석, 사업계획서의 작성과 창업의 절차 그리고 창업자금의 조달방법과 그 실무에 친절하게 안내해줄 것이다.

CHECK LIST

1. 사업분야의 시장규모는 어떠하고, 어떻게 분포하고 있는가?
2. 당신의 생산품을 구매할 사람은 어떤 사람인가?
3. 사업분야의 경쟁 기업이 하나 더 생겨도 될 만큼 고객이 충분한가?
4. 창업아이템에 대해 다른 분야나 다른 견해를 가진 유능한 조언자와 의논해 보았는가?
5. 상품출시와 가격의 책정에 대한 경쟁기업의 반응은 어떠한가?
6. 손익분기 생산량은 얼마인가?

창업 아이템을 선정함에 있어서 고려해야 할 사항은 다음과 같다.

첫째, 창업자의 적성과 능력이다. 내가 관심을 가지고, 성격에도 잘 맞으며, 잘할 수 있는 것에서부터 아이템을 찾는 일을 시작해야 한다. 적성과 능력에 적합해야 해당 분야에 대한 이해가 깊고, 전문성을 갖추게 되며, 경쟁상대가 누구인지, 누가 고객이 될지, 그리고 그 분야의 산업에 대한 특징이 무엇인지에 대해 잘 알 수 있기 때문이다.

둘째, 시장과 고객을 고려해야 한다. 고객이 원하는 것은 어떠한 것인지, 고객이 무엇을 불편해하는지, 어떠한 소비패턴을 가지고 있는지를 고려해야 한다.

가장 중요한 점은 고객이 원하는 가격과 고객의 마음을 사로잡을 수 있는 특성이다. 이는 시장의 흐름을 살펴봄으로써 고객의 요구사항을 파악하고, 적용성을 검토할 수 있기 때문이다.

셋째, 창업 아이템에 대한 수익성과 경제성을 고려해야 한다. 이는 투자 대비 수익성을 검증하는 일이다. 가장 좋은 방법은 직접 발로 뛰며, 기존의 시장을 분석하고, 경험자들을 만나보며, 수익성을 가늠하는 방법이다.

넷째, 자신이 창업하려는 분야는 현 시대의 흐름과 부합하는 게 좋다. 이는 기술적 또는 환경적 변화를 능히 감당할 수 있는 업종이 좋다는 의미이다. 너무 급속하게 변화하는 기술계통에서 따라가기가 벅차다면 좋은 아이템일지라도 재고해야 한다.

다섯째, 사업의 위험요소에 대해 점검해야 한다. 창업 아이템이 좋다고 하더라도 항상 위험요소는 존재한다. 따라서 어떠한 위험요소가 존재하고 있는지, 그리고 그 위험에 어떻게 대처해야 할지를 항상 생각해야 한다.

창업 아이템을 구체화하기 위한 프로세스는 다음과 같다.

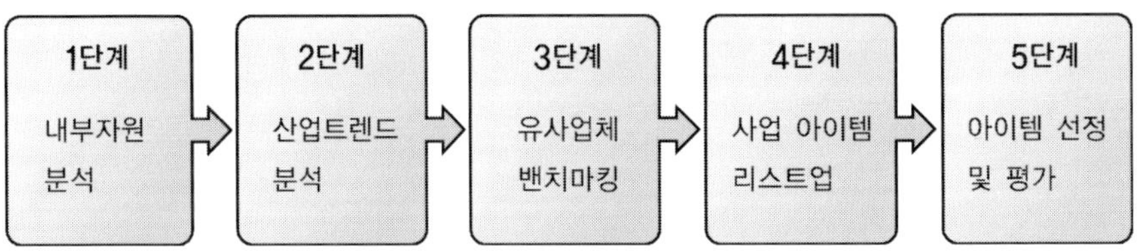

[그림 4-1]_ **아이템 선정 프로세스**

2) 창업 아이템 발상기법

창업 아이디어를 얻는 방법은 여러 가지가 있을 수 있다. 1948년 미국의 벨 전화연구소에서 세 명의 물리학자(W. Shockley, J. Bardeen, W. Brattain)가 트랜지스터를 발명하여 노벨상을 수상했다. 이는 획기적인 발명으로 전자산업과 컴퓨터산업 발달의 기초가 되었으며, 현대의 모든 전기·전자 분야의 발전을 촉발했다고 할 수 있다. 윌리엄 쇼클리는 트랜지스터를 창업 아이템으로 생각하고 연구소를 떠나 창업을 했으나, 창업자의 자질과 경영능력의 부족으로 사업에 실패했다. 한편, 모리타 아키오 전 소니사의 회장은 이 트랜지스터를 이용해 걸어다니면서 음악을 들을 수 있는 오디오인 워크맨을 개발하고 출시하여 수억 개의 워크맨을 판매하는 성과를 거두었고, 소니사를 세계 최고의 전자회사로 만들었다. 이렇듯 발상을 달리한 창업 아이템의 구상은 기술을 실생활에 접목할 수 있도록 아이디어를 내는 것이라고 할 수 있다. 소니는 더 작게 만든다는 개념을 모토로 성공을 거두었다고 해도 과언이 아니다. 아이템을 소형화 또는 슬림화하는 것을 모토로 개발되는 모델들은 노트북, 핸드폰, 카메라, 랜턴 등이 있으며, 이들은 손쉽게 휴대가 가능하다는 편리성을 내세워 대체적으로 성공을 이룬 사례들이다. 이에 반해 대형화를 꾀함으로써 성공하는 사례도 있는데, TV 화면, 냉장고 등 생활 편리성에 기대하는 상품들을 들 수 있다. 그렇다면 최근에는 어떤 상품들이 주류를 이루고 있을까? 하나의 상품이 여러 가지 기능을 갖추고 있는 다기능성이라고 할 수 있다. 대표적으로는 스마트폰을 들 수 있는데, 휴대용 전화기에 다양한 기능을 넣어서 들고 다니는 미니컴퓨터라고 할 수 있을 정도로 다양한 기능을 사용할 수 있게 되었다. 스마트폰뿐만 아니라 최근에 아이디어 상품으로 개발되는 많은 상품들을 살펴보면, 하나의 물건에 다른 기능을 넣어서 개발되는 것이 유행하고 있는 것을 발견할 수 있다. 이들의 특징은 작은 아이디어를 이용해서 기존의 상품에 기능성을 추가했나는 것이다. 이렇듯 창의적 발상기법은 기존에 있는 시장 또는 상품의 기능을 개선시킴으로써 성공에 다가가게 하는 힘을 준다.

창업 아이디어의 개발을 위한 발상기법으로는 브레인스토밍, SCAMPER, 마인드맵, 강제연결법 등의 기법이 있다.

(1) 브레인스토밍 기법

Alex F. Osborne(1938)에 의해 개발된 브레인스토밍은 개인이 아닌 집단의 능력으로 문제를 해결하기 위한 토론방식의 아이디어 회의 방법이다. 브레인스토밍은 아이디어에 대한 평가를 아이디어의 창출과 분리시킴으로써 자유로운 아이디어를 얻을 수 있도록 하였다. 넓은 범위에 대한 대안이 필요하거나 창조적이고 독창적 아이디어가 필요할 때, 그리고 혼자가 아닌 여러 사람이 문제해결에 참여할 때 주로 사용한다. 이러한 브레인스토밍의 기법이 효과를 보려면 4가지 기본규칙을 준수해야 한다. 즉 자유분방함, 비판 금지, 수량 추구, 결합개선의 규칙이다.

첫째, 자유분방함(free-wheeling is welcome)은 브레인스토밍의 가장 기본적인 토대가 되는 원리로서, 참여자의 어떠한 자유로운 발언도 용인되는 원리이다. 아이디어를 도출하는 과정에서는 전혀 다른 시각에서의 접근도 필요하다. 여기에서 틀에 얽혀 있는 경직된 사고방식은 새로운 아이디어를 찾는 데 오히려 걸림돌이 될 가능성이 높다. 오히려 엉뚱하거나 뜬금없는 이야기가 아이디어를 찾는 데 도움이 될 수 있다. 즉, 남성을 상대로 잘 팔릴 것 같은 상품을 찾는 회의에서 여성의 취향을 이야기하다가 좋은 아이디어를 얻을 수도 있다는 것이다. 이는 남성에게 선물하기 위해 물건을 구매하는 주 구매층이 여성이 될 수도 있다는 것이며, 물건의 수요자와 구매자가 다를 수 있음은 브레인스토밍에서는 당연한 것이다.

둘째, 비판 금지(criticism is not permitted)의 원리이다. 브레인스토밍은 어떠한 엉뚱한 아이디어라도 평가를 보류함으로써 자유로운 발상과 제안을 활성화한다. 즉, 회의는 자유분방해야 하며, 엉뚱한 발상이 점차 구체화될 수도 있는 과정에서 비판이 가해지는 경우 발상뿐만 아니라 나오던 아이디어들이 뚝 그치게 된다. 우스갯소리도 아이디어로 받아들이는 자세가 필요하다.

셋째, 수량 추구(quantity is required)의 원리이다. 브레인스토밍은 다양한 아이디어를 추구하는 과정이라 할 수 있다. 자기주장이 강한 몇몇 사람만 발언하는 발표와는 달리 화기애애하고 자유로운 분위기 속에서 잡담하듯이 자연스럽게 발의하는 것이다. 여기서는 거론된 모든 아이디어를 수집한다.

넷째는 결합 개선(combinations and improvements should be tried out)의 원리이다. 참가자는 자신의 아이디어를 제시하는 것뿐만 아니라 다른 사람의 아이디어에 대해 자신의 생각을 덧붙이는 식의 아이디어를 제시할 수 있다. 즉, 몇 가지 아이디어를 조합하여 자신의 자유로운 생각을 말하는 것으로, 비약을 통해 다른 개념을 도출할 수 있다는 것이다. 좋은 아이디어를 접했을 때, 머릿속에 떠오르는 이미지를 도출하여 더욱 발전된 형태나 엉뚱한 아이디어를 제의하는 것을 말한다. 예를 들면, 어떤 상품을 개발하고자 의견을 나누다가 좋은 상품 아이디어가 나오면, 그것에 어떤 기능을 추가하자는 식으로 발언할 수 있다. 또는 기능을 단순하게 하고 디자인을 심플하게 하자거나, 옛날의 추억을 떠올리게 할 수 있는 복고풍으로 가자는 의견을 제시할 수 있다. 즉, 여성에게는 남성용 면도기가 필요 없다. 그러나 제모용으로는 사용한다. 이러한 발상이 여성의 제모용 면도기가 개발되면 잘 팔릴 것이라는 식으로 결합될 수 있다.

브레인스토밍은 다음과 같은 절차로 진행된다.

첫째, 리더와 기록원을 선발한다.

둘째, 리더는 참가자들이 해결할 문제를 제시하고 범위를 정해 브레인스토밍을 시작한다.

셋째, 기록원은 브레인스토밍에서 제안되는 모든 아이디어를 모두가 볼 수 있는 화이트보드 등에 기록한다.

리더는 참가자들이 자연스럽게 의견을 제시할 수 있도록 분위기를 이끌어야 하며, 다툼이 일지 않도록 배려해야 한다. 브레인스토밍은 서로 눈치를 보지 않아야 하기 때문에 사장과 임원들은 브레인스토밍 과정이 시작될 때 자리를 벗어나는 게 좋다.

브레인스토밍 기법의 단점을 보완하거나 응용하기 위해 여러 가지 기법이 개발되었는데, 고든법, 역브레인스토밍, Wildest Idea, Stop and Go 브레인스토밍, Round-robin 브레인스토밍 등이 여기에 속한다.

(2) SCAMPER 기법

스캠퍼 기법은 미국의 알렉스 오스본(A. Osbon, 1950)이 개발한 체크리스트[1] 기법을 밥 에버럴(Bob Eberle, 1971)이 개량하여 발전시킨 인위적 발상법으로, 이미 존재하는 것에 내용을 덧붙이거나 수정하여 새로운 것을 창조할 수 있다는 주장에 근거한 발상기법이다. 스캠퍼는 복잡한 문제의 해결보다는 품질 혁신이나 원가절감 등의 생산성 제고를 위해 주로 시도되는 기법이다.

SCAMPER는 발상 기법의 질문유형인 Substitute(대체하기), Combine(결합하기), Adept(적용하기), Modify(변경하기), Magnify(확대하기), Minify(축소하기), Put to other use(다른 용도로 사용하기), Eliminate(삭제하기), Rearrange(재배열하기), Reverse(반대로 하기)에 대한 약자를 조합한 것이며, 문제해결의 착안점을 미리 정해놓고 그에 따라 사고를 전개함으로써 능률적인 아이디어를 얻는 기법(백연경, 2005)으로, 더 이상 아이디어가 진행되지 않을 때 유용하게 사용할 수 있다. 즉, 스캠퍼 기법은 완성되어 더 이상 개선할 여지가 없는 문제를 해결하기 위해 보편적 논리에서 벗어나 다각적인 사고를 할 수 있도록 단계별로 체크리스트를 이용해 아이디어의 방향을 제시해줌으로써 해당 사안에 깊은 집중을 유도하여 더 나은 결과를 도출할 수 있도록 하는 강제적인 발상기법이다.

스캠퍼의 체크리스트는 문제해결 과정의 창조적 사고를 위한 도구로서 상황에 따라 순서를 바꾸기도 하고 건너뛰기도 하는 등의 융통성이 허용되며, 흥미의 유발, 개입의 자극, 창조적인 청취와 상상력 개발을 위한 전략으로 사용된다. 이는 스캠퍼의 활용에서 꼭 순서를 지키거나 모든 항목을 지킬 필요는 없다는 것이다. 경직된 사고과정을 창의적으로 사고하도록 계기를 마련해주거나, 활로를 열어주기 위한 매개로서 유용하다는 의미이다.

---

1) 체크리스트 : 주제를 파악하고 해결할 때, 이에 대한 질문 항목을 정리하여 하나씩 점검하면서 아이디어를 뽑아내는 방법이다.

(3) 마인드맵(mind map)

마인드맵은 영국의 심리학자인 부전(Tony Buzan)에 의해 고안된 기법이다. 마인드맵은 핵심개념들 간의 상호 관련성과 통합성을 한눈에 파악할 수 있도록 도식으로 표현함으로써 창의적인 사고를 유도한다. 이는 그림낙서와 같이 상황판에 아이디어 개념도를 그리고 선으로 연결하여 상호관련성을 표시하거나, 계통도를 포도알처럼 확장시켜나가는 방법이며, 중심으로부터 방사선 형태로 확장된다. 마인드맵은 그림, 기호, 색, 키워드 등의 결합으로 시각적인 효과와 함께 많은 정보를 빠르게 확장시킬 수 있으며, 좌우 뇌의 기능을 최대한 발휘하도록 한다는 장점을 가진다.

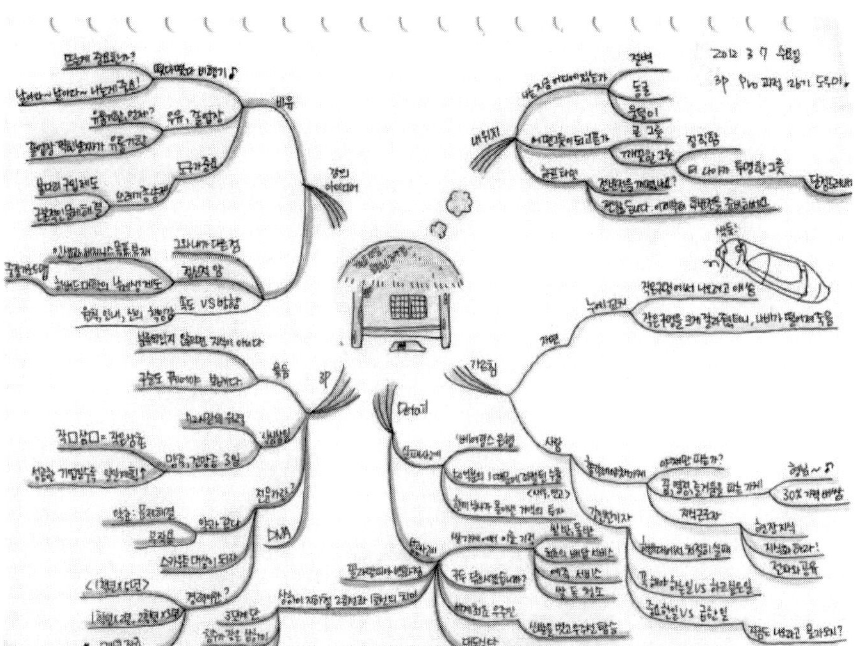

[그림 4-2]_**마인드맵 기법**

– 출처 : TMD 인재개발원 블로그(2014. 10. 13.)
http://blog.naver.com/PostView.nhn?blogId=cong0277&logNo=150147020047

① 마인드맵의 진행과정

첫째, 문제를 선정한다. 큰 종이의 중심에 원을 그리고 그 안에 나타내고자 하는 주제를 나타낸다. 주제는 함축적인 단어, 상징화한 그림이나 기호, 일러스트, 만화, 사진 등으로 나타내고 채색 등을 사용하여 시각화하는 등 상상력을 자극할 수 있도록 한다.

둘째, 주가지를 뻗어낸다. 중심의 이미지로부터 굵은 나무의 형태로 뻗어 나온 가지의 형태로서 중심 이미지 쪽을 굵게 표현한다. 주가지에는 핵심단어를 적어 개념을 명료화시킨다.

셋째, 부가지(잔가지)를 뻗어낸다. 주가지로부터 잔가지들을 연결시키며 핵심단어, 그림, 기호, 약화 등을 표시하는데 하나의 가지에는 한 개의 개념을 적는다. 생각이 이어나가면 부가지로 계속 이어 그리며, 연관된 개념을 적어나간다.

② 마인드맵의 장점과 활용법

마인드맵의 장점을 열거하면 다음과 같다. 첫째, 머릿속의 잠재된 내용들을 쉽게 이끌어낼 수 있다. 둘째, 짧은 시간에 많은 아이디어를 낸다. 셋째, 좌뇌와 우뇌를 모두 활성화시킨다. 넷째, 작은 공간에 많은 양의 정보를 시각적으로 표현할 수 있다. 다섯째, 상세도와 전체도를 동시에 제공한다. 여섯째, 누구나 쉽게 이해할 수 있다. 일곱째, 다른 사람과 아이디어를 공유할 수 있다.

마인드맵의 활용은 발표를 준비할 때, 프로그램의 알고리즘을 구상할 때, 정보와 아이디어를 정리하여 보고서를 작성할 때, 소설이나 시나리오를 계획할 때, 마케팅 전략을 입안할 때, 논문이나 책의 목차와 윤곽을 정할 때, 사고력을 증강시키고 집중이 필요할 때, 의사전달, 정보정리, 조직화 작업을 할 때, 암기, 학습 및 시험 준비 등에서 유용하게 사용할 수 있다.

(4) 강제연결법

강제연결법은 소프트뱅크의 손정의 회장이 애용한 아이디어 발상법으로 알려져 있는 기법으로, 2~3개의 서로 다른 개념을 강제적으로 연결하여 새로운 개념을 도출하는 기법이다. 이 기법에서는 문제점과 직접 관계가 없는 대상을 강제결합시킴으로써 새로운 관점을 도출하는 기법이다. 손정의 회장은 강제연결법의 아이디어 발상법을 이용해 수많은 아이디어를 창출해냈으며, 대표적인 사례는 음성 신디사이저, 사전, LCD를 강제로 결합시켜 '음성부착 전자 번역기'를 만들어냈는데, 샤프사에 이 아이템을 1억 엔에 팔았다. 즉, 서로 목적과 사용이 다른 상품 또는 아이디어를 강제로 연결하는 과정에서 나타나는 여러 가지 사고 과정을 통해 가능성을 탐색하는 방법이라고 볼 수 있다. 이는 지우개와 연필을 결합하여 지우개연필을 연상하거나 모자와 랜턴, 안경 등을 결합시켜 광산용 헬멧에 전등을 부착하는 등의 새로운 개념을 도출해내는 발상법이다. 주로 실생활에서 많이 사용되는 아이디어성 물품들이 이러한 개념으로 많이 탄생하고 있다.

강제연결법의 특징은 그룹과 개인에게 모두 가능한 방법이라는 것이며, 별개의 것들을 결합함으로써 새로운 가능성을 열 수 있는 데 있다. 또한, 아이디어를 내는데 어려움을 느끼는 초보자들도 재미를 느껴 쉽게 시도할 수 있다는 점과 열린 사고를 하는 습관을 키울 수 있다는 장점이 있다. 이는 사고력을 키우기 위한 게임이나 두뇌를 개발하기 위한 학습법으로도 종종 사용된다.

아이디어를 도출하기 위한 발상기법은 이외에도 많은 방법이 연구되고, 시도되고 있다. 발상기법은 한 가지 방법만 사용하는 경우도 있지만, 서로 다른 발상법을 복합적으로 시도함으로써 상품의 기능이나 질을 개선하는 노력들이 이루어지고 있다. 우연한 발상으로 인해 탄생한 아이디어나 물건들이 가끔 이슈를 만들어내기도 하는데, 대부분 발상에 그치는 경우도 많이 있다. 그러나 최근에는 이러한 아이디어를 활용할 수 있는 프로그램이 생겨나고 있다. 직접창업이 아닌 간접창업으로 아이디어를 투자하고 수익을 얻을 수 있는 프로그램으로서 창업을 두려워하는 경우에 시도해볼만 한다.

최근 중소기업청 창업진흥원에서 운영하는 '무한상상 국민 창업' 프로젝트는 창업 과정을 간접창업의 형식으로 지원해주는 창업지원 프로그램이다. '아이디어 오디션(www.idearaudition.com)' 홈페이지에 아이디어를 등록하면 전문가들의 평가를 거친 후 실현 가능성이 있는 아이디어는 상품화로 이어진다. 소비자 평가에서도 700점을 넘으면 생산·제조·유통업체와 연결하여 실제 생산과정으로 연결하고, 아이디어의 제공자는 제품의 매출액 대비 약 5~15% 정도의 수익을 얻게 되는 프로그램이다. 이 프로그램은 직접창업이 아닌 간접창업으로서 창업자가 창업의 직접적인 과정에 참여하지 않으면서 아이디어로 수입을 얻을 수 있는 프로그램이라는 데 의미가 있다. 즉 창업의 어려움, 실패의 두려움, 자금조달을 위한 스트레스를 받지 않고도 수익을 창출할 수 있다.

3) 트렌드를 읽어라

최근 채소가게를 둘러보면 예전에 시장에서 묶음으로 팔던 채소나 과일 등을 낱개의 소포장으로 손님들을 유치하여 성황리에 장사를 하는 것을 볼 수 있다. 이는 사회 구성원인 가족의 단위가 점차 1인이나 2인 등으로 작아짐에 따라 소비의 패턴이 달라지는 것을 보고 착안한 아이디어이다. 시장에서 채소를 싸게 많이 사서 냉장고에 넣어두고 사용하다 보면 절반도 사용하지 못하고 음식물 쓰레기와 함께 버려야 하는 경험은 누구나 한 번 쯤 했을 것이다. 이처럼 소비의 패턴에 대한 변화를 읽는 것은 창업을 성공으로 이끄는 또 하나의 비결이다.

좋은 창업 아이템은 인터넷에서는 찾을 수 없다

인터넷의 발달은 어떠한 정보라도 검색하면 찾을 수 있다는 인식을 가져왔다. 창업 아이템을 검색하면 수만 개에 달하는 정보가 검색된다. 이 정보들을 살펴보면 대부분은 프랜차이즈 사업과 관련된 광고성 내용을 담고 있으며, 창업을 생각하는 사람들을 현혹하기 위한 그럴싸한 아이템으로 포장하고 있다. 프랜차이즈 사업이 꼭 나쁘다는 말은 아니다. 몇몇 성공한 프랜차이즈 아이템은 시장에서도 호평을 받으며, 승승장구하고 있는 것도 사실이다. 그러나 이러한 정보를 보고 섣불리 창업을 결정하는 우(愚)를 범해서는 안 된다. 쉽게 찾을 수 있는 정보는 그만큼 보는 사람도 많으며, 포화상태를 이룰 정도로 시장이 성숙해 있다. 즉, 경쟁이 치열해서 고생은 많이 하고, 수익은 적은 유행사업으로 뛰어들게 될 가능성이 크다.

많은 전문가들이 창업 아이템의 정보를 얻을 때 정보서적, 매스컴, 인터넷 자료들을 찾아보라고 한다. 그러나 이러한 정보를 검색할 때에는 주의할 점이 있다. 첫째, 인터넷에 광범위하게 퍼져 있는 창업 정보들은 광고를 위해 흥미를 자극시키는 글들이 많다. 따라서 인터넷 정보를 확인할 때는 광고를 위한 글이 아닌지 확인할 필요가 있다. 둘째, 공신력 있는 자료를 참고하고 있는지 확인해야 한다. 인터넷 블로그 글뿐만 아니라 뉴스 검색에서도 이슈가 되는 글을 소개하다가 느닷없이 프랜차이즈를 광고하는 자료들이 공신력 있는 매스컴의 이름으로 올라오는 경우를 종종 보게 된다. 셋째, 창업을 위한 좋은 제안도 참고로만 활용해야 한다. 즉, 창업에 대한 정보를 얻어서 창업을 시작하게 되면, 그 결과에 대한 책임은 창업자가 져야 한다는 의미이다. 이는 사업에 실패하게 되면 그 원인은 잘못된 정보에 의해 실패한 것이 아니라, 사업을 잘못 운영한 창업자에게 있다는 것이다. 따라서 창업의 준비단계에서는 충분한 사전조사가 필요하며, 사업경험자나 전문가로부터 다양한 조언을 듣는 것도 매우 중요하다.

트렌드는 사람들의 보편적인 생각이자 행동이며 욕구에서 비롯된다. 즉, 사람들이 대체로 이런 행동양상을 보인다고 하면, 우리는 흔히 트렌드라고 말한다. 트렌드를 연구하는 일은 이러한 사회적 현상에서 수많은 단서를 찾아 앞으로의 변화를 예측하는 일이다. 이는 새로운 트렌드를 따라가기보다 그 트렌드가 어떤 이유로 만들어지는지, 어떻게 진화하게 될지, 어떤 것들에 영향을 미치는지 그리고 이를 통해 어떤 비즈니스 기회를 만들어낼 수 있는지를 미리 예측하는 것이다. 트렌드의 변화를 계속해서 분석해 보면 어떠한 상품이 잘 팔릴 것이며, 어떤 비즈니스가 더욱 효과적일지 소비패턴을 판단하여 마케팅 전략에 적용할 수 있다. 이러한 트렌드 마케팅 전략은 비즈니스 계획과 투자 방향을 트렌드에 맞추어 설정할 수 있으며, 이를 통해 소비자의 입맛에 맞는 상품을 개발하고, 판매전략을 세울 수 있게 한다.

신세계 미래정책연구소의 「2014년 유통업 전망 보고서」에 의하면, 최근의 소비패턴인 트렌드는 스마트 소비, 소량, 다품종, 근린형, 온라인, 글로벌, 몰링

(malling), 주부 중심 등의 서비스로 변화가 일고 있다고 한다. 이는 장기적인 경제 저성장과 1~2인 가족의 증가, 해외여행의 증가, 주부들의 사회진출 증가를 불러 오는 것으로 분석되고 있다. 뿐만 아니라, 주말에는 쇼핑몰에서 생활하는 가족들이 증가하는 사회적 현상으로 인해 이들을 중심으로 소비 트렌드가 변화하게 된다고 보고 있다. 즉, 앞으로의 소비는 온라인 주문을 통해 다품종 소량의 소비가 주를 이룰 것이며, 주말을 이용하여 복합쇼핑몰에서 문화생활을 즐기는 가구들이 늘어날 것이라는 전망이다. 따라서 이에 따른 마케팅의 변화도 이러한 범주에서 벗어나지 않을 것이다. 미래의 소비 트렌드 변화 내용을 요약하면 다음과 같다.

첫째, 대형마트, 백화점 등에서 온라인 주문을 대비한 쇼핑몰의 구축이 시도될 것이다. 또한, 이를 위한 스마트 결제 시스템 구축 사업과 배송사업에서 지속적인 호황이 유지될 것이다.

둘째, 로컬푸드 등의 유통에서도 재구조화 및 온라인 판매가 활성화될 것이다. 특히, 근거리 소량 구매 패턴의 경우 그 수명이 길어질 것으로 예측된다.

셋째, 모바일 쇼핑은 지속적으로 성장할 것을 예측된다. 이에 따라 소셜커머스 분야의 약진이 예상된다. 대형 소셜커머스 이용자들은 더욱 늘어날 것으로 예상되는 가운데 이를 이용한 다양한 파생상품의 증가를 예상할 수 있다.

넷째, 주부 중심의 소비문화의 확산은 주 소비층을 여성 중심으로 잡아야 함을 말해준다. 즉, 여성이 주로 지갑을 열게 된다는 것은 상품의 디자인에서 감성적 요소가 중요해진다는 것을 의미한다. 여성들의 성향을 '종잡을 수 없음'에서 '감성에 민감함'으로 설정해야 할 것이다.

이렇듯 트렌드의 변화를 읽을 수 있다는 것은 시장구조와 소비패턴이 어느 방향으로 움직일 것인지를 예측하여 미리 대비할 수 있다는 점에서 그 필요성이 더욱 증대된다.

트렌드를 읽는 가장 좋은 방법은 본인이 발로 뛰면서 조사하는 것이다. 즉, 상업의 중심지구와 대학가, 재래시장, 백화점, 전자상가 등을 직접 찾아가서 요즘의 트렌드가 어떠한지 확인하고, 찾을 수 있는 정보를 서적, 인터넷, 전문가와의 상담 등을 통해 직접 확인하는 것이다. 이는 신상품정보와 시장의 흐름을 파악하는 데 용이하며, 차분히 생각을 정리하는 데에도 도움이 된다. 특히, 창업을 위해 컨설팅 과정을 진행하고 있어도 창업자는 그 모든 진행상황과 정보를 알고 있어야 한다. 사업을 하는 주체는 컨설턴트가 아니고 창업자이기 때문이다.

또 한 가지 중요한 점은 창업자는 항상 소비자의 입장에서 생각해야 한다는 점이다. 즉, 역지사지(易地思之)로, 한 번 소비자의 입장이 되어 나의 창업 아이템을 분석하고 판단해보는 것이다. 이는 개발자와 판매자 그리고 소비자의 입장에서 보는 시각이 모두 다르며, 대부분 사람들은 자신이 보고 싶은 것만 보기 때문에 나타나는 현상이다. 개발자의 입장에서는 '이 정도면 충분하겠지'라고 생각하지만, 판매자는 '잘 포장하면 꽤 괜찮아'라고 생각하고 반면, 소비자는 '별 차이 없잖아?'라고 생각한다는 점이다.

4) 창업 아이템의 성격 구분

창업 아이템의 개발에서는 모방, 개선, 획기적인 아이템의 3가지 성격으로 범주화할 수 있다. 3가지 아이템의 성격을 구체적으로 제시하면 다음과 같다.

첫째, 아이템의 모방이다. 이것은 현재 시장을 형성하고 있는 대체적인 아이템들의 인기를 빌려 비슷한 아이템을 생산하고자 하는 것인데, 디자인만 약간 변경해서 경쟁상품과의 경쟁력에서 우위를 차지하려는 것은 불충분한 방법이다.

둘째, 아이템의 개선이다. 이는 기존에 있는 아이템들의 디자인적 요소, 기능적 요소, 편리성 등을 개선하는 방식으로 비교적 경쟁력의 우위를 가질 수 있다. 이것은 저가 전략, 고급화 전략 혹은 차별화 전략을 주로 사용하며, 성공하게 되면 좋은 성과를 기대할 수 있다.

셋째, 획기적인 아이템이다. 이는 기술개발을 통해 창조된 혁신제품에 이르게 하는 것으로 보통 새로운 시장을 형성할 수 있는 경쟁력을 가진다. 그러나 홍보와 마케팅에 추가로 비용을 지불해야 하며, 시장의 형성까지 시간과 비용을 소모해야 한다는 단점을 가지고 있다. 다시 말해 성공하면 대박이고, 실패하면 쪽박을 차게 된다는 것이다. 이러한 위험성에도 불구하고 크게 성공한 사업가들은 대체로 기술개발에 노력을 기울이는 성향을 가지고 있다.

5) 산업 및 창업 정보의 활용

산업 및 창업 정보는 관련 정부기관과 관련 연구기관으로부터 얻을 수 있다. 뿐만 아니라 창업 관련 통계자료도 활용할 수 있다. 산업 및 창업 정보를 얻는 방법에는 크게 다음과 같은 방법이 3가지가 있다.

첫째, 산업연구원, 중소기업협동조합, 창업진흥원, 소상공인진흥원, 창업상담회사, 창업 전문 컨설턴트 등을 통해 얻는 방법이 있다. 이들 기관은 각 산업의 부분별로 그 흐름, 통계, 경제 전망 및 업종별 성장 전략 등의 자료를 많이 보유하고 있으며, 이를 공개하고 있다. 특히, 소상공인진흥원 등에서는 상권분석 서비스와 창업 가이드 등 다양한 자료들을 제공하고 있다.

둘째, 통계청 및 고용노동부 그리고 중소기업청 등에서는 산업에 관한 종합적인 발간자료들을 제공하고 있다. 우리나라의 산업에 대한 자료와 분석을 제공하므로 이들 자료를 근거로 사업이나 제품 개발에 아이디어를 찾아낼 수 있다.

셋째, 인구통계자료, 산업통계자료, 고용통계자료, 사업체통계자료 등의 부분별 자료들을 직접 수집하고 정리함으로써 원하는 정보로 가공하는 방법이 있다. 이러한 자료들은 시장의 동향과 미래 시장환경의 예측을 가능하게 함으로써 아이템의 개발 방향과 마케팅 전략에 도움이 된다.

3 아이템 분석

아이템을 선정했으면 그 아이템이 어떤 경쟁력을 가지고 있으며, 사업에서의 승패는 어떠할지 검토하는 과정을 거칠 필요가 있다. 이를 통해 사업의 수익성, 안정성, 그리고 성장 가능성을 점검해볼 수 있으며, 아이템의 장단점을 파악하여 개선점을 찾을 수 있다. 아래 내용은 중소기업청과 소상공인진흥원에서 제시하고 있는 아이템 분석을 위한 가이드이다.

■ 고객은 왜 이 상품을 살까?

- 상품 또는 서비스가 고객에게 어떤 이익을 주고 있는가?
- 우리 상품이나 서비스는 어떤 가치를 제공하는가?

■ 디자인과 형태는 어떠한가?

- 간단한 그림이 고객에게 오히려 호감을 준다.
- 실제로 어떻게 생겼는지 그려본다.

■ 언제 출시하는가?

- 철저한 시장조사, 최종 디자인 완성, 제품 완성, 시장테스트
- 시장테스트에서 발견한 문제점 개선, 제품 출시, 소매점 진열평가

■ 경쟁사 상품과 무엇이 다른가?

- 다른 경쟁사가 이미 그 일을 하고 있다고 가정한다.
- 상품의 성공에 영향을 미칠 수 있는 주요 특성 분석
- 경쟁사의 제품과 비교한 자사의 제품 평가

■ 상품명은 무엇인가?

- 가능한 모든 유형의 이름을 포함시켜 검토하며, 최소한 3개월 전에 제품의 이름을 짓는다.
- 브랜드 이미지를 나타내도록 한다(중소기업청, 소상공인진흥원, 2014).

1) 고객 분석

고객 분석은 제품의 기획과 개발 그리고 개선 단계에서도 중요한 항목이다. 특히 어떤 고객층을 대상으로 할 것인가에 대한 시장세분화와 대상소비층의 타기팅(Targeting), 그리고 이를 위한 포지셔닝(Positioning) 등은 고객을 분석함으로써 계획할 수 있다. 따라서 고객 분석은 사업계획을 입안할 때부터 시작하여 제품을 생산하고 최종으로 출시한 이후의 마케팅에서도 필요하다.

■ 고객의 의견을 듣고 있는가?

- 상품개발의 시작단계에서 고객과 이야기를 나누어본다.
- 이 상품을 구매할 의향이 있다면 얼마를 지불하겠는가?

■ 누가 진짜 고객인지를 정확히 파악한다.

- 목표고객을 명확히 정의하라!
- 고객의 구매습관을 분석하라!

■ 고객의 비밀은 무엇인가?

- 잠재고객과의 인터뷰를 통해 공통점 파악
- 고객에 대해 얼마나 알고 있는지 점수로 매겨본다.

■ 소비자 모임을 활용하는가?

- 신제품 구상안, 경쟁사 제품 포장 광고 등에 대한 솔직한 평가

- 소비자의 제품 사용 패턴, 특정 상품에 대한 소비자의 반응

▩ 고객은 내 상품가치에 대해 얼마를 지불할까?
- 잠재고객에게 직접 물어라!
- 제품 기술개발자, 판매담당자, 유통종사자들에게도 물어라!(중소기업청, 소상공인진흥원, 2014)

2) 창업 아이템 최종 선정

창업 아이템 선정은 창업 준비에서 가장 중요하고, 어려우며, 신중해야 하기 때문에 많은 시간을 요구한다. 그리고 아이템을 선정했다고 해도 이 아이템이 성공할 수 있는지에 대해 재차 검토해봐야 한다. 이를 위해 동종업계에 경험이 많은 사람들을 만나서 그 경험을 청취하고, 의견을 구할 필요가 있다. 또한, 인터넷 검색 등을 통해 관련 분야의 흐름은 어떠한지, 시장규모는 어떠한 변화가 있는지, 경쟁해야 할 아이템들은 무엇이 있는지에 대해서도 충분히 검토해야 한다.

창업 아이디어의 발굴과 기술(R&D 기반 제조) 창업의 경우, 자신의 권리를 지키기 위한 노력은 중요하고 기본이 되는 것이다. 가능한 한 자신의 지적재산권과 특허를 지키는 일을 소홀히 해서는 안 된다. 반면에 창업 아이디어가 다른 지적재산권을 침해하지 않았는지 분석하는 것도 필요하다. 이러한 정보들은 특허정보검색서비스(http://kipris.or.kr)의 관련된 특허들을 검색하여 쉽게 점검할 수 있다.

Chapter 05

어디서 창업을 할까?

05 Chapter 어디서 창업을 할까?

창업에 필요한 요소는 창업자, 창업 아이템과 자본 그리고 판매할 수 있는 시장(상권)이다. 전문가들은 창업의 성공요인으로 창업자의 자질과 창업 아이템을 꼽고 있지만, 시장 또한 그에 못지않은 중요한 역할을 한다.

상권은 "상업상의 세력이 미치는 범위"라는 사전적 의미를 기지고 있는데, Lalonde(1962)는 상권을 소비자 선호공간의 범위로 보았으며, Applebaum과 Cohen(1981)은 한 점포가 어떤 기간 동안 거래를 획득하는 지역이라고 정의하고 있다(권영호, 2009; 서나경, 2007). 또한, 일정한 지역의 도시 상업기능에 영향을 미치는 범위에서 시장과 소비자 간에 상호작용하는 공간과 그 범위를 상권의 개념으로 보기도 한다. 즉, 상품이나 서비스를 공급하는 생산자 및 판매자와 그것을 사는 소비자의 생태구조가 일어나는 지역적 범위를 상권이라고 할 수 있다. 이러한 상권은 판매하는 자와 소비하는 자 간의 상호작용과 그 강도에 따라 도매상권과 소매상권으로 형성되는데, 일반적으로는 소매상권을 지칭하며, 이는 소비자 중심적인 성격을 가진다.

창업과 관련하여 어떠한 상권으로 편입하느냐는 아이템 못지않게 사업의 성패에서 중요한 영향력을 행사한다. 이는 상권에서 목이 좋은 위치에 자리를 잡게 되면 사업이 잘될 가능성이 그만큼 높아진다는 것을 의미한다. 그러나 한정된 자금 여력으로서는 좋은 상권만을 고집할 만큼 넉넉하지 않다. 물론 업송과 아이템에 따라 진입하려는 시장의 크기나 종류를 가리기도 하나, 어느 상권이라도 꼭 좋거나 나쁘다고 할 수는 없다. 충분한 조사와 탐색은 사업의 목적과 종류에 따라 부담이 적은 최적의 장소를 찾을 수 있게 한다. 사업의 규모, 성격, 목적, 형태에 가장 알맞은 입지를 구하기 위해서는 그에 맞는 상권 분석과 입지 선정이 필요하다.

1 입지 분석과 상권의 유형

창업을 할 때, 어느 곳에 자리를 잡느냐는 문제는 가장 큰 고민거리라 할 수 있다. 입지를 선정할 때의 첫 번째 원칙은 거주지에서 너무 멀지 않은 곳으로 선정해야 한다. 두 번째는 사업의 목적과 배치되지 않는 곳이어야 하며, 세 번째는 충분히 시장성이 있는 곳을 선정해야 한다. 즉, 창업에서의 상권 조사는 사업의 목적에 맞게 해야 하며, 사업의 목적과 업종의 선택은 입지보다 우선되어야 한다.

1) 상권의 지리적 분류

상권이 어디에 위치해 있느냐에 따라 성격과 유동인구에 차이가 있을 수 있다. 대도시의 경우에는 여러 곳에 상권이 나뉘어서 분포하고 교통, 학교, 주거단지, 인구 밀집도 등에서 차이가 난다. 이러한 지리적 특성에 따라 시내 중심가 상권, 역세권 상권, 아파트단지 상권, 대학가 상권, 오피스 상권, 일반주택가 상권, 학원가 상권 등으로 나뉘어진다.

(1) 시내 중심가 상권

시내 중심가 상권은 대체적으로 대중교통과 주요 간선도로가 잘 발달되어 있다. 이로 인해 시내 중심가 상권은 주변 지역으로부터 인구 집중도가 높으며, 긴 시간 동안 체류하는 행동특성을 가지고 있다. 따라서 시내 중심가 상권은 대규모 인구의 유동을 소화해낼 수 있는 백화점, 극장, 패션쇼핑센터, 대규모 복합상가 등이 주류를 이루고 있고, 이들 대형 상가와 연계하여 다양한 골목상권까지 밀집되어 조성된다.

시내 중심가 상권은 점포들의 밀집도가 높고, 이들 간에 경쟁구도의 형성과 판촉활동이 활성화되어 있다. 이곳에서는 비슷한 업종만이 아니라, 서로 다른 업종 간에도 경쟁을 하게 된다. 그럼에도 불구하고 외부에서 유입되는 인구수가 월등히 많기 때문에 매출의 규모가 큰 편이다. 점포들은 안쪽의 골목에까지 들어서 있으며, 점포를 임대하는 비용이 높게 책정된다. 이러한 상권에서는 패션관련 사업이 가장 잘 발달되어 있다. 시내 중심가 상권에서는 브랜드 이미지가 강한 상품이 경쟁력의 확보에 유리하며, 이를 위해 젊은이들의 스타일에 맞는 인테리어와 쇼윈도를 이용한 디스플레이에 많은 신경을 써야 한다.

(2) 역세권 상권

역세권 상권은 최근 들어 지하철 역사나 철도역으로 인구의 유동이 늘어나면서 상권의 가치가 급격히 상승한 상권이다. 보통 역에서 500미터 안쪽을 역세권 상권으로 설정하는데, 유입되는 인구수에 비해 체류하는 시간이 짧다는 특성을 가지고 있다. 이에 따라 짧은 시간 동안 차와 식사, 간편한 쇼핑이 가능한 점포가 주를 이룬다. 역세권 상권은 중저가 위주의 상품을 주로 취급하는 점포들이 대부분을 차지하고 있으며, 캐주얼, 보세의류, 신발, 액세서리, 분식 등의 점포를 많이 발견할 수 있다.

역세권은 주변에 다른 특성을 지닌 상권과 결합하게 되면 유동 인구를 증가시키는 특성을 가지고 있기 때문에 상권이 더 크게 확장된다. 예를 들면, 잠실역과 롯데월드, 강변역과 동서울터미널, 이대역과 이화여대, 건대입구역과 건대 등으로 이들은 주변상권과 연계하여 유동인구를 증가시키고 있다. 이들 확장된 상권의 경우는 카페, 패션상가, 유흥주점과 음식점들이 주류를 이루고 배후에는 모텔, 여관 및 대형마트 등이 자리를 잡는다.

(3) 아파트단지 상권

아파트단지 상권은 아파트의 주거환경을 대상으로 형성된 상권으로, 단지 내의 수요 안에서 필요한 다양한 생활관련 업종들이 주로 입점한다. 급격한 성장은 기대할 수 없으나 꾸준하고 안정적이며, 장기적으로 생존할 수 있는 상권의 특성을 가지고 있기 때문에 이 상권에는 생계형 점포가 주를 이룬다. 여기에는 마트, 부동산, 세탁소, 배달음식점, 떡집, 약국, 학원 등이 대체로 입점하게 되며, 큰 평수의 아파트를 배후에 둔 상권보다는 중소형 아파트 단지 내 상권이 더욱 활성화된다.

(4) 대학가 상권

대학가 상권은 주로 대학생들을 상대로 형성되며, 대학의 성격이나 문화에 따라 영향을 받는다. 대학생들은 생활주기가 자유롭다는 특성이 있으므로 낮과 밤을 구별하지 않고 상권이 활성화된다. 최근의 대학가는 외국의 유학생들이 늘고, 대학생들의 소비 트렌드가 빠르게 변화하고 있다. 예전의 주점 및 서점 등의 복고 문화들은 거의 사라져가고 있으며, 카페, 패스트 패션, 편의점, 패스트푸드, 호프집 등의 화려한 조명이 거의 점령해가는 추세에 있다. 특히 대형 프랜차이즈 카페들의 입점이 늘어나고 있어 상권의 재구조화가 더욱 빨라지고 있다.

시내 중심가 상권이나 큰 주택가를 배후에 가지고 있거나 지하철 역세권과 결합한 대학가는 상권에서 최고의 메카로 평가받고 있다. 이들은 대규모의 인구 유입으로 젊은 20대뿐만 아니라 30~40대의 다양한 연령층이 모여들기 때문에 다양한 상점이 고루 발달되는 특성을 가진다. 대표적인 예로는 건대입구 상권을 들 수 있다.

(5) 오피스 상권

오피스 상권은 20대 후반부터 30~40대 직장인을 대상으로 하는 요식업 및 유흥업종이 크게 발달하는 특징이 있다. 특히, 점심시간과 저녁시간대에 유동인구가 급작스럽게 증가하며, 식당가를 중심으로 활성화된다. 테이크아웃과 단체 회식을 위한 대형 음식점과 유흥업소가 상대적으로 많으며, 주 5일 근무로 인해

주말에는 유동인구가 적어지는 특성이 있다. 상권의 분포는 점심과 저녁을 제공하는 외식업이 60% 이상이고 나머지를 커피숍, 당구장, 편의점, 문구, 토스트 전문점 등이 차지하고 있다.

오피스 상권은 점심의 짧은 시간 내의 매출이 하루의 70% 이상을 차지하는 경우가 많기 때문에 이를 소화할 수 있는 넓은 매장이 필요하며, 테이블 회전이 빠른 아이템이 인기가 있다.

대표적인 오피스 상권인 여의도는 금융과 대기업 본사가 몰려 있는 상권으로, 30~40대의 직장인을 대상으로 하는 업종이 주류를 이루고 있다. 오피스 상권은 점심시간에 대부분의 매출을 올리기 때문에 짧은 시간의 효율적인 운영을 위해 조리가 간단한 세트 위주로 식단을 구성하여 영업한다. 이외에도 오피스 상권은 종로 상권, 구로·가산디지털단지, 강남 오피스 단지 등이 대표적이다.

(6) 일반주택가 상권

일반주택가 상권은 일상에서 가장 많이 접하는 상권이지만 유동인구가 적고, 소득수준과 연령층에 따라 다소 차이가 있지만 상권이 가지는 특성은 거의 없는 편이다. 주민들이 주로 이용하는 길과 지형을 중심으로 상권이 형성되며, 인근의 대로, 버스정류장, 재래시장 입구 등에 따라 상권의 규모가 달라진다.

주택가의 상권은 주로 출근길과 퇴근길의 방향이 다르게 형성되며, 주로 퇴근길 방향의 상권이 비교적 좋은 편이다. 버스정류장이나 건널목 근처에 편의점과 상점들이 밀집되며, 골목 안에 생활과 밀접한 점포들이 자리한다.

(7) 학원가 상권

학원이 밀집된 지역의 상권은 주 대상이 청소년기의 학생이나 재수생, 자격증을 취득하기 위한 학생들이다. 이들은 지출에 대한 여력이 적으며, 짧은 시간 동안의 먹을거리 위주로 소비하게 된다. 이에 따라 상권도 학생복 매장, 문방구, 분식집, 책 대여점, 슈퍼, 편의점 등이 차지하고, 술집과 고기집은 찾아보기 어렵다. 배후에 학교나 주거지를 두고 있지 않으면 상권이 크게 형성되지 않는다.

2) 상권의 소비 특성별 분류

소비 특성별 상권은 소비자가 구매 목적을 가지고 있느냐 없느냐에 따라 상권에 방문하는 목적형 상권과 비목적형 상권으로 구분된다. 목적형 상권은 소비자들이 특정한 상품을 구입할 목적이 있을 때 방문하게 되는 성격의 상권으로, 취급 품목의 구매빈도는 그리 높지 않지만 방문 시 구매비율은 상당히 높다는 특징을 가진다. 이 상권은 원거리의 고객을 유입할 여력이 있는 상권으로 전자상가, 화훼단지, 농수산시장 등과 같은 전문분야의 업체가 집합되어 있는 대단위 상권이다. 특히, 컴퓨터, 카메라, 수입품, 수산물 등의 상품을 구매하기 위해 방문하게 되며, 소비자의 개별 방문은 A/S와 관련하지 않으면 자주 일어나지 않는다는 특성이 있다.

비목적형 상권은 우연하게 구매가 일어나는 상권을 말한다. 주로 터미널, 역세권, 공항 등 인구 유동이 많은 지역을 말하는데, 노점이나 길거리 상점에 잠깐 들러 충동구매를 하는 상권을 말한다. 이는 큰 상권이 형성되지 않으나, 인구의 유동이 많은 지역에 길게 분포되는 특성을 가진다.

3) 도시구조와 접근에 의한 분류

도시구조에 대한 접근성은 도시 공간 구조를 이해하려는 시도로 도시의 발생, 성장, 팽창 그리고 쇠퇴하는 일련의 과정을 생태학적 개념을 도입하여 이론화한 개념이다. 이와 관련한 이론으로는 중심지이론, 동심원이론, 선형이론, 다차원이론 등이 있다.

(1) 중심지이론

중심지이론은 크리스탈러(Christaller, 1933)가 도시의 계층구조를 육각형 모델로서 설명한 이론에 기초한 상권을 말한다. 이는 넓은 지역에서 수요자가 시장을 방문하는 최단거리의 중심에 지역상권의 중심이 형성되며, 지역상권에 대해 도시의 중심상권이 핵심적 역할을 한다는 개념이다. 크리스탈러의 중심지이론의 핵심은 첫째, 자유 유입 둘째, 균일한 평면에서 동일한 밀도 셋째, 모든 방향에서의 동일한 접근성이라 할 수 있는데, 이 이론에서의 중심지 개념은 도시의 중심상권에 금융시설, 쇼핑시설, 공공시설이 밀집되는 것을 말한다.

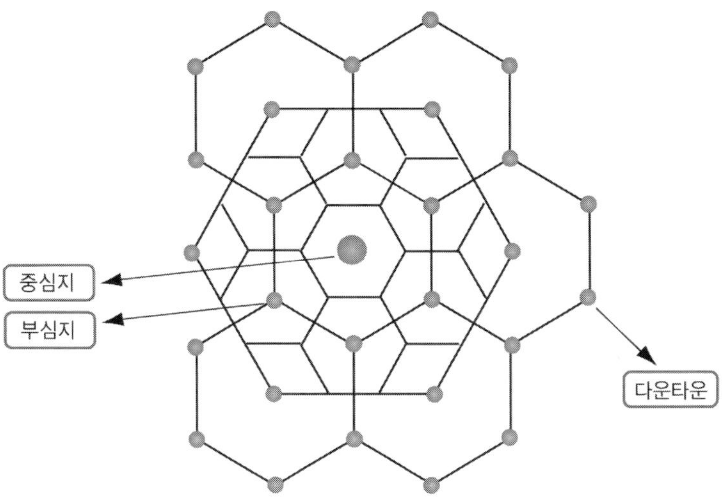

[그림 5-1]_**크리스탈러의 중심지이론 모형도**

즉, 중심지이론은 상권 간의 위계와 계층을 설명하기 위한 이론이다. 각 상권의 중심지는 수평적인 위치에 존재하며 이는 중심 도시의 핵심시설인 시청, 학교, 금융기관 등 핵심기관이 집중되어 있는 중심지의 지배를 받는 구조라는 것이다.

(2) 동심원이론

동심원이론은 버제스(Burgess, 1923)에 의해 정립된 이론으로, 도시의 구조를 설명하기 위한 이론이다. 시카고 시를 사례로 연구한 「도시의 성장」이라는 논문에서 발표된 이 이론은 도시의 확장과정을 동심원의 형태로 설명한 이론이다. 그는 사회계층의 분화과정에 의해 도시성장이 이루어진다고 보았는데, 도시의 성장이 침입과 전이 과정에서 동심원 모양으로 공간이 확대된다고 설명한다. 즉, 도시 내부는 매우 복잡하므로 도시의 규모가 확장되면 중심에 있던 다원적 기능의 요소가 중심에서 바깥쪽으로 분화와 확장을 시작하게 되며, 이는 중심업무지구를 중심으로 동심원이 생기듯이 나란히 형성된다는 것이다.

버제스의 동심원 모형에서는 도시가 확대됨에 따라 그 공간구조도 5지대로 분화된다고 보았다. 5지대는 중심업무지구, 점이지대, 노동자 주택지대, 고급 주택지역, 통근자지대로서 중심업무지구를 [그림 5-2]와 같은 형태로 둘러싸고 있다.

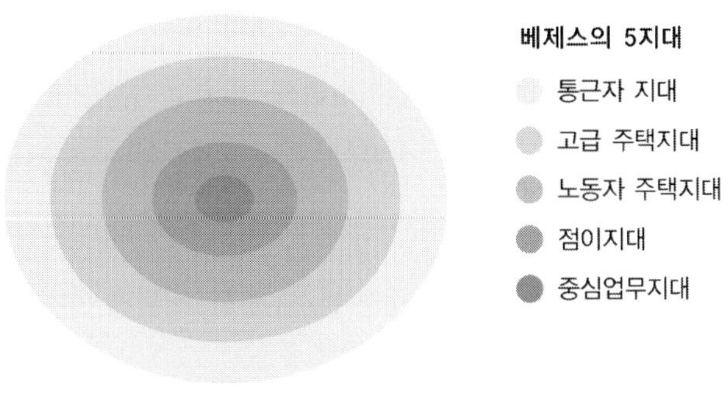

[그림 5-2]_ **동심원이론 모형도**

중심업무지구는 원형이 아닌 불규칙한 형태로서 도시의 중심에 위치하고 관청, 백화점, 금융기관, 호텔, 상가 등이 밀집되어 있다.

점이지대는 중심업무지구를 둘러싸고 있으며, 중심지에 있던 업무시설이나 경공업이 밀려 들어와 주거환경을 악화시킴으로써 슬럼화되는 지역이다.

노동자 주택지대는 점이지대로부터 이주해온 노동자들의 주거지역으로서 공장에 출퇴근하는 노동자나 이민 2세들이 주로 거주하는 지역이다.

고급 주택지역은 중류 이상의 단독주택 또는 아파트가 형성되어 있으며, 교육여건이 양호하여 이곳에 위성도시나 부도심이 형성된다.

통근자지대는 도시의 경계선 너머 bed-town 등의 다른 도시에서 자동차로 출퇴근하는 범위이다.

(3) 선형이론

호이트(Hoyt, 1939)는 도시 내에서 주거지역을 중심으로 조사한 결과 주거지역의 입지형태는 부채꼴 모양의 공간구조로 파악할 수 있다는 선형이론을 제시했다. 이는 시가지 개발은 간선도로(교통)를 축으로 하는 선형의 형태로 파악해야 하며, 접근성에 따라 토지와 임대가격이 달라진다는 것이다. 특히, 고급주택지는 간선도로를 따라 부채꼴로 도시의 외곽을 향해 확대되어가는 성향이 있으며, 이를 중심으로 저소득층이 따라가는 형태를 보인다는 것이다. 이는 도시의 성장이 도로를 따라 성장하는 현대의 도시성장 모델과 닮아 있다. 땅에 투자할 때는 고속도로를 따라가며 투자해야 한다는 부동산 투자가들의 말과 이론적으로 합치되는데, 신도시들이 큰 도로의 주변에 생기고 있는 현상도 이 이론으로 설명할 수 있다. 선형이론은 업무지구와 주거지구의 상관관계를 설명한 동심원 구조론에 비해 도시의 동태적인 성장과정을 설명하는 데 있어서 보다 더 정밀한 방법을 채택하고 있으며, 토지이용이론에 대한 개념을 정립했다는 점에서 공헌했다.

(4) 해리스(Harris)와 울만(Ulman)의 다핵심이론

다핵심이론은 허드(Hurd)와 매켄지(Mackenzie)에 의해 처음 제시된 이후에 Harris와 Ulman(1945)이 발전시킨 이론이다. 다핵심이론은 도시가 단핵으로 이루어지기보다는 도시에 따라 몇 개의 핵으로 형성되고, 공간적으로 독립되어 있다는 것을 설명하는 이론이다. 그 핵들은 나름대로 독특한 기능을 가지며 여러 가지 요인에 따라 발생하는데, 도시의 규모가 클수록 많아지고 전문화된다.

이 이론을 적용해보면, 도시의 중심업무지구들은 대체로 교통의 요지나 중심지역에 자리하고, 각 업무지구와 공업지구는 도심지에서 벗어나 교통의 요지 인근에 자리를 잡는다는 것이다. 즉, 도심 근처보다는 교통의 소통이 편리한 곳이 입지에서 더욱 중요하게 여겨지며, 고급 주택가는 도심과는 떨어진 곳에 위치한다는 것이다. 중심업무지구와는 떨어져 있는 대학교, 터미널, 기차역 같은 곳이 핵의 기능과 역할을 대신할 수 있다고 본다.

(5) 다차원이론

다차원이론은 사이먼(Simmons, 1965)이 미국과 캐나다의 도시를 대상으로 조사 분석한 결과로서, 도시개발의 형태는 도시 내부에서의 사회적 변수나 사회적 활동 등의 복합적인 요인에 의해 여러 가지 구조론이 형성된다고 하는 이론이다. 즉, 사회계층 차원에서는 선형구조론이, 도시화 차원에서는 동심원 구조론이, 거주지역의 인종적 분리 차원에서는 다핵구조론이 적합하다는 것이다.

이들 도시구조화 이론들은 도시의 성장에 대해 설명하는 이론들이나 상권을 분석할 때 방법론적으로 차용하여 사용하고 있다. 상권을 분석하는 도식에서 이러한 이론들이 어떻게 사용되고 있는지를 살펴볼 수 있으며, 상권의 해석이나 의미부여에 있어서도 도시구조화 이론들이 활용된다.

2 상권 구분의 물리적 요소

창업 입지에서 상권은 그 범위에서 창업자의 경영능력과 영업·마케팅 전략에 따라 크게 확장되기도 하고, 축소되기도 한다. 즉, 상권의 범위는 창업자와 기업의 역량에 따라 달리 적용될 수 있다. 이는 상권의 범위가 창업 아이템, 창업자의 의도, 창업의 유형 등에 따라 적용을 받는 상권 입지와 대상고객에 있어 차이가 난다는 것을 의미한다.

상권은 물리적으로는 교통, 유동인구 및 상권 환경 등의 영향을 직접적으로 받는다. 이를 관찰하는 것은 상권을 1차적으로 판단하기 위한 직관적인 방법이다. 이 방법은 입지 선정을 하기 위해 간단하게 현장 확인을 하려고 마음먹었을 때, 직접 그 장소에 가서 확인하기 위해 사용한다. 좋은 상권은 잠재적 고객으로서의 인구유동이 많은 곳과 중심상업지역과 같은 소비자들이 몰리는 지역이다. 창업의 입지(立地)를 대략적으로 선정했다면 다음과 같은 주변 환경을 관찰해볼 필요가 있다.

1) 교통

교통 상황은 상권을 분석하는 가장 기본적인 요소이다. 교통의 소통이 원활하게 되면 상권 형성에 도움이 된다. 특히, 도심과 부도심을 연결하는 중심축에 있는 지역은 교통량이 상권에 도움이 될 수도 있으나, 교통 정체가 심한 곳은 상권의 후퇴를 가져올 수 있는 요인이 된다.

상권에 인접한 도로는 4차선 이내의 도로가 좋다. 그보다 넓은 도로에 인접하게 되면 도로의 건너편과 상권 분리가 일어나며, 이면도로 상권으로 분산되어 이동한다. 이는 큰 도로에 접한 곳이 오히려 이면도로에 위치한 상권보다 그 가치가 적어진다는 것을 의미한다. 교통이 서로 교차하는 교차로는 특히 교통량이 많으며, 횡단보도 등으로 인해 인구의 유동도 많은 지역이다. 이러한 교차로의 첫 번째 이면도로는 좋은 상권을 형성하기 쉽다. 특히, 코너를 끼고 있는 위치는 유동인구의 통로 역할을 하기 때문에 비교적 가치가 높게 평가된다. 이러한 자리는 대체로 슈퍼나 편의점 등이 차지하게 된다. 교차로의 횡단보도 근처는 대체로 핸드폰 대리점과 은행의 무인점포 그리고 간단한 패스트 음식점이 들어올 확률이 높다.

2) 유동인구

상권은 교통적 요인 외에도 배후지의 인구가 중요하다. 즉, 주택단지를 배후에 두고 있으면 그 인구를 바탕으로 상권을 유지하게 된다. 출퇴근 길에 주택단지로 나가고 들어오는 인구는 고정고객이 될 확률이 높다. 이처럼 상권은 유동인구 중심으로 재편되는 속성을 가지고 있다.

그러나 마을버스, 지하철 개통, 무료셔틀 등 유동인구 요인의 변화가 발생한다면 상권의 중심축이 다른 곳으로 이동하는 결과를 가져온다. 즉, 점포의 앞을 지나다니던 사람들이 다른 길로 가거나 그 수가 급격히 줄어들게 되는 것이다. 이러한 현상은 상권을 크게 위축시킨다. 예를 들어, 상권의 배후에 대학교를 두고 있는 좋은 상권이라도 대학교에서 셔틀버스 운행을 시작하게 되면 대학교 정문까지의 상권에서 유동인구가 적어지기 때문에 상권이 위축되는 현상이 일어난다. 골목상권에서도 막다른 골목의 위치는 유동인구가 거의 없어 입지로는 적당하지 않다.

3) 입지에서 고려해야 할 것

겉으로 좋아 보이는 상권이라도 현장에 서서 관찰하다 보면 좋지 않은 점들을 발견할 수 있다. 입지의 이면도로에 개천이 있거나 전면도로에 중앙분리대 혹은 버스 전용차로가 있다면, 이런 곳은 상권 형성에 오히려 부정적 영향을 끼칠 수 있다. 또한, 오르막길과 내리막길 그리고 구릉지역은 상권으로서 좋지 않은 지역이다. 이러한 지형은 상권이 그냥 흘러가는 지역으로, 오히려 내리막길이 끝나는 지점이 더 좋은 입지일 수 있다. 분지 같은 지형은 상권이 모이는 지역이다. 비가 많이 오게 되면 흐르는 물 때문에 불편할 수 있지만, 이런 곳이 사람들을 더 많이 모이게 한다.

굽은 도로의 경우에는 바깥쪽보다는 안쪽이 심리적으로 더 선호되는 경향이 있다. 이는 그만큼 동선의 거리가 짧아지게 되어 사람을 모이게 하는 효과가 있기 때문이다. 즉 굽은 도로에서는 안쪽으로 더 많은 사람들이 다닌다는 것이다. 그러나 대형매장의 경우에는 바깥쪽이 더 잘되는 경우도 있는데, 이는 사람이 많이 모이는 쪽의 반대편이 디스플레이에서 유리하기 때문이다.

상권의 범위 내에 극장이나 백화점 혹은 종합병원 등의 시설이 존재한다면, 이는 상권에서 외부의 원거리 인구를 유인하는 효과가 있기 때문에 상권의 범위를 확장하는 효과를 얻을 수 있다. 특히 이러한 시설이 새롭게 들어오는 경우에는 그 이면의 도로들도 상권이 확장되어 동선의 범위에 들어서게 된다. 이는 상권이 그만큼 커진다는 것을 의미한다.

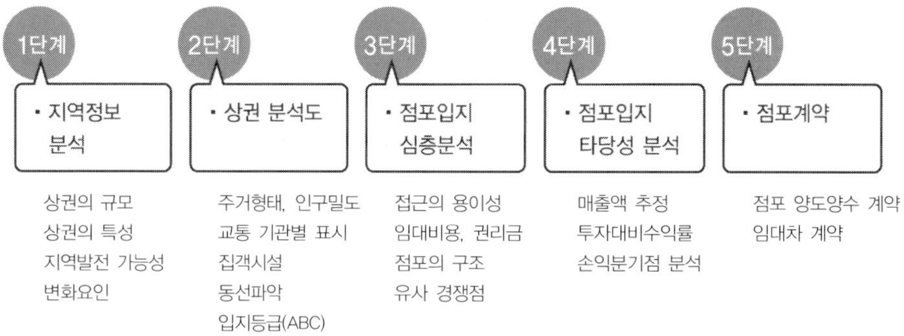

[그림 5-3]_ **상권 입지를 위한 단계**

전문적인 상권 조사를 통하지 않고, 1차 현장방문에서 찾을 수 있는 좋은 입지는 다음과 같은 요소를 가지고 있다. 이런 요소들이 많이 중첩될수록 좋은 입지라고 할 수 있다.

(1) 통행인구가 많고 오래 머무는 지역
(2) 접근하기가 용이해서 약속장소로 이용하기 편한 곳
(3) 대형 사무실 밀집지역보다는 중소형 사무실이 많은 곳
(4) 영화관, 오락시설 등 주변에 편의 시설이 많은 곳
(5) 주차가 용이한 곳

(6) 지하철역 주변이나 버스정류장 주변

(7) 출근길 통행량보다는 퇴근길의 주 통행로 동선 상에 위치한 곳

(8) 이면도로 입구 건물의 코너

(9) 대규모 아파트단지의 중심 상권

(10) 3천 세대 이상의 중소형 아파트 상가

(11) 지형적으로 낮은 지대(분지)의 중심지역

(12) 주변에 노점상들이 많은 지역

(13) 주변의 점포들이 비어 있지 않고 성업 중인 지역

(14) 도로 양쪽에 점포들이 형성된 지역

(15) 아파트 진입로에 위치한 곳

(16) 점포 앞의 보도 폭이 넓은 곳

(17) 상권(시장)으로 진입하는 주 진입로 주변

(18) 학교 주변 상권인 경우 학생들의 주 동선상의 도로변

반면에 피해야 할 입지요건도 있다. 이러한 요소가 많으면 많을수록 나쁜 입지로 판단할 수 있다. 이러한 입지에는 자금 흐름이 원활하지 않게 될 가능성이 크다.

(1) 요란한 광고와 분양을 하는 대형 빌딩, 특수목적의 상가

(2) 업종이나 주인이 자주 바뀌는 점포

(3) 주변에 식당이 없는 경우

(4) 언덕이나 경사진 곳의 입지

(5) 같은 업종의 대형 점포가 있는 곳

(6) 점포 맞은편에 건물이나 점포가 없는 곳

(7) 상권이 필요 이상으로 확대되는 지역

(8) 왕복 4차선 이상의 도로가 상권을 양분하는 곳

(9) 보도가 좁아서 머물지 못하고 그냥 지나가는 자리

(10) 주변에 빈 점포가 많은 지역

(11) 건물 전면이 너무 좁거나 간판 설치가 불편한 곳

(12) 주변 도로에 물건이 많이 쌓여 있거나 더러운 곳

(13) 막다른 골목에 위치한 곳

(14) 주변 가게의 간판들이 낡고 변색된 채 사용하는 업소가 많은 지역

(15) 배후지(주택가, 학교, 업무지구)가 없는 곳

(16) 계단을 올라가야 하는 매장

(17) 2, 3층을 올라가는데 엘리베이터가 없는 상가

— 출처: 중소기업청·소상공인진흥공단(2014). 창업다이어리

3 상권의 환경적 요소

상권 분석은 사업성 검토와 입점을 결정하는 준거로 작용한다. 좋은 입지의 조건은 물리적 범위뿐만 아니라 상권의 환경적 요소를 포함하는 개념이다. 환경적 요소에는 인구 유동성 요소, 라이프스타일(고객의 유형), 비즈니스 환경, 경쟁자 등이 포함된다. 상권의 환경적 요소는 시장의 형성구도를 이해하는 데 도움을 줄 뿐만 아니라 앞으로의 시장 변화를 예측할 수 있도록 정보를 제공하는 기능이 있다. 또한 사업추진계획의 방향과 세부목표의 설정에도 도움이 된다.

1) 상권의 유동인구

상권에 대한 유동인구의 조사는 일정 범위를 오가는 사람들의 빈도수를 조사하는 것을 말하는데, 사람들이 많이 움직이는 길은 상권의 성장요인이 된다. 예전에는 사람들이 직접 조사를 했으나 현재는 몇몇 기관에서 지역의 유동인구 현황을 서비스해주기도 한다.

무료로 상권을 분석할 수 있는 사이트로는 소상공인진흥공단에서 운영하고 있는 상권정보시스템(http://sg.kmdc.or.kr)이 있다. 여기서는 상권 분석, 자가진단, 상권 지도, 상권통계 서비스를 무료로 제공하고, 각종 창업에 도움이 되는 자료도 제공하고 있어 예비 창업자들의 사업계획 수립에 큰 도움이 된다. 상권을 분석하는 데 있어 반드시 체크해야 할 것이 무엇인지, 어떤 점을 보강해야 하는지는 이러한 기초자료 조사에서 미리 체크해 두면 방향성을 설정하는 데 많은 도움이 된다.

← 유동인구 많음　　　　　　　　유동인구 적음 →

[그림 5-4]_**유동인구와 상권 분석(신촌 역세권)**

그림은 신촌 역세권의 유동인구를 표현하고 있다. 스카이 뷰 형식으로 표시되어 있어 어떤 상권이 형성되어 있는지 한눈에 알아볼 수 있는 이 지도는 소상공인진흥공단(www.seda.or.kr)의 상권분석 서비스를 이용하여 유동인구를 조사해본 것이다. 이 서비스에서는 유동인구의 밀도가 높은 순으로 붉은색, 주황색, 노란색, 초록색, 파랑색으로 표시된다. 이 지도를 보면 어디가 상권이 좋고 어디가 나쁜지 한눈에 알아볼 수 있다. 붉은색의 원 안은 중심 상업지역을 표시한 것이다.

이처럼 유동성 지도는 한눈에 파악하기 쉽다는 장점은 있으나, 시간대별 유동인구와 그 구성원의 세부적인 사항을 파악하기가 어렵다는 단점이 있다. 따라서 기존의 점포를 인수하거나 새로이 창업하고자 하는 경우에는 직접 유동인구를 조사할 필요가 있다.

유동인구 조사는 주 동선에 서서 오가는 사람들을 계측하는 것이다. 이러한 방식은 오전/오후로 나누어 1시간씩 유동인구를 조사하거나, 30분을 조사한 후 2배수를 곱하여 시간당 유동인구를 조사하기도 한다. 상권에서의 움직임은 점심 혹은 저녁시간에 가장 활성화되는 특성이 있으므로 이 시간대의 인구유동성을 조사한다.

표 5-1 _ **유동인구 조사표**

						20 년 월 일( ) 날씨					
구분	연령	10대		20대		30대		40대 이후		계	
	성별	남	여	남	여	남	여	남	여	남	여
12:00~13:00											
18:00~19:00											
19:00~20:00											
계											

조사 시에는 인원을 체크할 수 있는 카운터기를 사용하며, 동행 인구의 수와 연령대, 남과 여를 구분한다. 통행인구의 걸음 속도를 유심히 관찰하여 단순히 통과를 목적으로 하는지 아니면 상권 영업활동과 관련이 있는 지를 관찰해야 하며, 유동의 흐름 방향이 상권으로 들어오는 곳인지 아니면 빠져나가는 곳인지도 꼼꼼히 살펴야 한다.

2) 라이프스타일

라이프스타일은 사전적 의미로는 '생활양식'으로 정의되어 있는데, 최근에는 현대의 생활문화 트렌드와 비슷한 개념으로 사용되고 있다. 이는 '여유 있는 삶을 즐기는' 또는 '자신만의 개성을 추구하는', '생활에 스타일을 더하는' 등의 의미이다. 그리고 기업의 입장에서 보면 '고객 가치', '고객과의 공감', '고객의 생활에 파고드는' 정도의 개념으로 설명할 수 있다. 즉, 라이프스타일 상품 및 서비스는 철저하게 고객의 입장에서 그들의 생활 일부를 감성으로 파고드는 것을 뜻한다.

라이프스타일은 많은 상품들에 영향을 미치는데, 대부분의 소비자들이 그들의 라이프스타일에 따라 소비를 결정하기 때문이다. 이에 따라 많은 기업들은 구매자들의 소비패턴을 연구하여 라이프스타일에 따른 시장세분화를 꾀하고 있다. 라이프스타일에 의한 시장세분화는 심리분석적 세분화 기법의 대표적인 방법인데, 이는 사람들이 공통적으로 보이는 생활양식에서 활동(Activity), 관심(Interest), 의견(Opinion)을 기준으로 세분화하여 그 잠재된 욕망과 선호도를 소비패턴으로 정립하는 것이다. 이 방식은 머리글자를 따서 'AIO분석'이라고 한다.

이렇듯 최근의 소비동향은 소비자의 라이프스타일 변화와 밀접한 관련을 맺는다. 새로운 소비자들은 지극히 개인적이고, 즐기려고 하며, 가치를 추구한다. 동시에 SNS의 참여를 즐기며, 언제나 새로운 정보를 갱신하고, 자신만의 취향대로 상품을 찾는다. 즉, 이들은 변화나 유행에 점차로 더 민감하게 반응한다. 이러한 새로운 소비자들도 다음과 같이 몇 가지 유형으로 구분한다.

첫째, 조기(적극적) 수용층이다. 이들은 트렌드의 변화에 민감하게 대응하고, 적극적으로 다가서는 유형이라 할 수 있다. 젊은 층이 주로 이 유형에 해당하며, 성별은 남성보다 여성이 많다. 이들은 라이프스타일에서 화려하고, 당돌하며, 소비조차 문화로 여긴다. 가격보다는 브랜드와 디자인에 더 큰 가치를 부여하는 특성이 있다.

둘째, 후기(수동적) 수용층이다. 이들은 트렌드를 받아들이는 데는 이견이 없으나, 유행을 이끌기보다는 따라가는 스타일을 좋아한다. 화려함보다는 차분함을 좋아하고, 제품 구매 시에는 다른 이들의 생각이나 시각에 따라 민감하게 반응한다.

셋째, 지연계층이다. 이들은 변화에 대해 둔감하며, 새로 나오는 제품이나 유행에 관심이 적다. 이들은 제품 구매에 대해 필요성을 느끼지 않으면 쇼핑을 고려하지 않으며, 무난한 것, 심플한 것 등을 선호하고, 쇼핑을 할 때에도 가격과 성능 그리고 기능을 고려하여 제품을 구매하는 성향을 지니고 있다.

기업에서는 이처럼 라이프스타일에 따라 제품의 용도, 디자인, 홍보와 마케팅을 맞추어가는 라이프스타일 마케팅이 자리를 잡아가고 있다.

3) 비즈니스 환경과 상권

비즈니스 환경은 시대의 변화속도, 고객의 욕구와 니즈(needs) 그리고 시장의 환경변화와 관련이 깊다. 비즈니스 환경은 이러한 원인으로 계속해서 변화하는 속성이 있으므로 변화 원인을 지속적으로 관찰할 필요가 있다.

(1) 비즈니스 환경의 변화

정보와 지식사회로 접어들면서 비즈니스의 환경은 라이프스타일, 인터넷, 산업가치 등의 변화와 이의 영향으로 인해 변화를 요구받고 있다. 그리고 이러한 변화의 요구에 따라 산업 구조는 재편되는 과정을 밟고 있으며, 가속화되고 있다.

최근의 소비자들은 시장이나 쇼핑센터 등을 찾는 것보다 인터넷을 이용해 원하는 물건을 구매하는 것을 선호하는 경향을 보이고 있으며, 이러한 영향을 받아 사이버 가상공간 안에서의 상권과 택배사업은 크게 확장하고 있다. 이러한 현상은 상권의 범위를 점차 벗어나 그 경계를 무색하게 만들고 있다. 즉, 소비자들에게 이제 거리와 시간의 한계는 인터넷이나 스마트폰의 모바일 세상에서 정말 짧은 거리와 잠깐의 시간이 되는 것이다.

특히, 우리나라는 IT산업이 빠르게 발전하고 있어 그 속도에 적응할 시간적 여유조차 부족하게 느끼고 있다. 홈쇼핑과 인터넷 쇼핑몰 시장이 자리를 잡으면서 주문과 결제에서 거리와 시간의 한계에서 벗어나도록 하고 있고, 현장에 방문하지 않고도 로컬 푸드를 주문할 수 있는 환경이 조성되고 있다. 이에 따라 기업들도 온라인 시장으로 진입하고 있으며, 오프라인 시장도 점차 온라인 시장으로 진입하거나 결합을 위해 움직이는 모습을 보이고 있다.

(2) 인터넷의 영향

경영의 핵심은 변화와 이에 대한 대처방법이라고 할 수 있다. 변화에서 뒤처지면 성공하기 어려운 세상이다. 그리고 변화는 비즈니스에서 혁신을 요구하고 있다. 노준석(2013)은 상상력이 콘텐츠가 되고 문화가 국력이 되는 창조경제의 패러다임이 도래하고 있으며, 새로운 상품과 서비스를 만드는 혁신 기술보다 경험과 감성, 상상력과 이야기가 담겨진 문화를 만드는 창조기술이 더욱 중요하다고 했다. 즉, 소셜 네트워크의 발전은 기업이 소비자의 마음을 얻기 위해서는 소비사의 라이프스타일과 문화를 공유해야 할 필요가 있다. 이는 기업이 제품 중심적인 사고가 아닌 서비스 중심적 사고로의 전환이 필요하며, 기업 성공의 측정 기준은 제품에 있는 것이 아니라 고객의 만족, 기쁨 혹은 불만족에 달려 있다는 의미이다(데이브 그레이 & 토머스 밴더 월, 2013).

지금의 비즈니스 환경은 인터넷 문화의 영향 아래에 있다고 할 수 있다. 비즈니스는 점차 전자상거래와 콘텐츠 그리고 소셜네트워크 속으로 옮겨가고 있으며, 이들의 경제적 효과는 지속적으로 성장하고 있다.

장기간 지속되는 경기침체는 소비자에게 경제적 압박을 받게 했으며, 쇼핑에서 실속 구매를 선호하게 만들었다. 이렇듯 소비자들이 소비 형태가 실속구매의 성향으로 변화를 보임에 따라 온라인 쇼핑몰 시장은 크게 확대되고 있다. 이미 온라인 쇼핑몰의 총 매출은 20조 원을 넘어섰으며, 앞으로도 지속적인 성장이 예상된다.

온라인 쇼핑몰의 성장과 더불어 소셜커머스 분야도 급성장하고 있는데, 티켓몬스터, 쿠팡, 위메프, 오클락 등의 업체들이 중심이 되어 저가전략을 통한 매출증대와 고성장이 이루어지고 있다. 최근 국내의 스마트폰 인구는 대략 3천만 명에 이르고 있으며, 이들을 기반으로 한 모바일 쇼핑 시장규모는 2013년 기준으로 대략 3.9조 원의 시장을 형성하고 있는 것으로 추정되고 있다.

온라인 쇼핑몰은 현재 다양한 이종 간의 결합이 시도되고 있는데, 종합쇼핑몰과 오픈마켓, 오픈마켓과 소셜커머스, 대형마트와 소셜커머스 간의 결합이다. 이들은 브랜드 집객력과 고품질 상품의 장점을 결합하여 매출의 신장을 꾀함으로써 서로 win-win 하는 전략을 쓰고 있다. 최근에는 온라인 시장에서 시간과 거리의 제한뿐만 아니라 국경의 제한까지 넘어서서 해외 브랜드 상품을 직접 구매하는 소비자가 늘어나고 있으며, 이를 대행해 주는 국내의 구매대행업체도 늘어나고 있다. 이렇듯 인터넷의 발달은 비즈니스의 환경과 상권을 크게 변화시키고 있다.

4) 경쟁자

창업에서 자신과 같거나 비슷한 업종을 상대하는 업체를 흔히 경쟁자로 본다. 하지만 반드시 그런 것 만은 아니다. 경우에 따라서는 자신이 취급하지 않는 아이템을 판매하는 업체도 경쟁자가 될 수 있다. 따라서 자신이 운영하는 업종과 관련하여 실적을 높이는데 방해 역할을 하고 있는 진정한 경쟁자가 누구인지를 명확하게 파악하는 일이 중요하다.

일반적으로 경쟁자는 상권에서 자신의 경쟁력에 장애 요인으로 작용하는 업체를 말한다. 이는 상권에서 자신과 차별성을 측정하는 준거로 사용하며, 예상점포를 중심으로 반경 500m 또는 1km 이내의 지역에 있는 유사한 경쟁업종으로 점포의 수, 점포의 위치, 제품가격, 서비스 수준, 매출상태 및 취급 상품 등이 모두 경쟁 대상이 된다. 따라서 이들과의 대결에서 이길 수 있는 자신만의 전략을 지녀야 한다. 경쟁자들과의 경쟁력은 어느 정도이고, 경쟁에서 유리한 고지를 차지하기 위한 차별화 전략은 무엇인지에 대해 숙고해야 한다.

최근에는 같은 업종뿐만 아니라 서로 다른 업종 간에도 경쟁구도가 생겨나고 있다. 이는 선택의 문제로 하나를 선택하면, 다른 하나는 버리게 되는 상황에 놓이는 구도를 말한다. 예를 들면 스포츠가 활성화 되면, 영화나 연극 쪽에 관객이 줄어들고, 쇼핑센터에서 이벤트와 세일을 하면, 재래시장이나 일반 상권의 고객들이 그 쪽으로 몰려가는 등의 상황을 예로 들 수 있다.

경쟁자라고 해서 적으로만 생각할 필요는 없다. 잘만하면 경쟁자로부터 자신의 업체를 강하게 키울 수 있는 원동력을 얻을 수 있다. 경쟁자도 좋은 관계를 맺으면 동반자가 될 수도 있다. 경쟁자를 찾아냈다면 먼저 경쟁업체에 대한 정보를 취득하는 일이 우선되어야 한다. 주변의 업소는 물론이고 경쟁업체의 제품관리나 판매 수준, 고객이나 소비자의 평가 등을 수집하여 종합적으로 판단하는 근거를 자료로 삼아야 한다. 경쟁자를 무조건적으로 피하는 것보다 그들의 네트워킹에 대해 관심을 가질 필요가 있다. 필요하다면 경쟁자와도 손을 잡아야 한다. 고객으로부터 감당할 수 없을 만큼의 주문을 받았을 때 무조건적으로 인력을 충원하여 생산량을 증대시키는 일에 집중하기 보다는 경쟁자의 도움을 받아 생산하는 것도 하나의 방법이 될 수 있다. 품질이 우수하고 성실하게 도와주는 경쟁자가 있다면 주문의 일부분을 경쟁자로부터 납품을 받아 운영하는 방법도 고려해 볼 수 있다. 또 경쟁자가 어려운 상황에 놓이게 되면 경쟁업소에서 가지고 있는 거래처를 불려받을 수도 있다.

경쟁자가 도전적으로 나오면 피하지 말고 맞서 이겨야 한다. 경쟁자가 생산해 내는 제품보다 더 나은 상품과 서비스로 나서면 승리할 수 있다. 경쟁자와의 선의의 경쟁은 좋지만 불공정한 경쟁으로 도전해 온다면 즉시 반격에 나서야 한다. 즉각적인 대응을 통해서 경쟁자가 다시는 부당한 방법으로 공격하지 않도록 경고를 할 필요가 있다. 특히 불공정한 마케팅은 오프라인보다는 온라인상에서 많이 발생한다는 점에 유념하여 수시로 모니터해 나가야 한다.

자본주의 경제에서 경쟁은 항상 존재하기 마련이고 경쟁자는 어디에서든 반드시 만나게 되어 있다. 이를 무조건적으로 피하기보다는 선의의 경쟁을 통해 승리할 수 있는 자신만의 전략과 능력을 키워나가야 한다.

4 상권의 분석

1) 상권 분석의 이론적 모델

상권 분석을 설명할 수 있는 이론적 토대로는 점포선택 모델과 소매 기구의 소매 입지모델로 분류할 수 있는데, 점포선택 모델에서는 소매 인력 법칙, 수정 소매 인력 법칙(convers 이론), 확률적 인력 이론 등이 있다.

(1) 소매 인력 법칙(Law of retail gravitation)과 수정 소매 인력 법칙

소매 인력 법칙은 소비자로부터 점포까지의 거리가 소비자의 구매 패턴에서 영향을 주지만, 더 먼 거리에 있는 점포에서 상품을 더 저렴하게 살 수 있다면 소비자는 기꺼이 그곳으로 향하게 된다는 것을 설명하는 이론이다. 이 법칙의 핵심은 점포들 간의 밀집이 상가의 매력도를 증가시키는 경향이 있다는 것이다. 즉, 두 경쟁 도시가 중간에 위치한 소도시로부터 소비자를 끌어들일 수 있는 인력은 인구와 상가가 더욱 밀집된 도시가 더 강하게 작용한다는 것이며, 거리가 멀수록 인력은 거리의 제곱으로 약해진다고 보는 것이다. 이는 소비자가 상권이 더 큰 곳으로 찾아간다는 의미이다. 이러한 소매 인력 법칙은 개별 상권보다는 이웃 도시 간의 상권 경계를 결정하는 데 주로 이용된다.

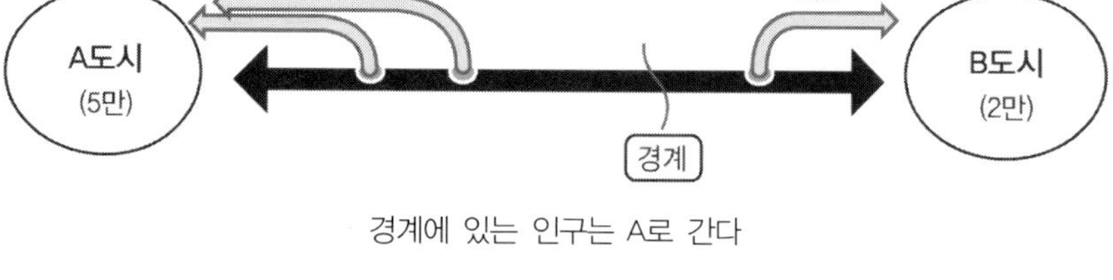

[그림 5-5]_ **소매 인력 법칙의 개념도**

수정 소매 인력 법칙은 두 도시 간의 거리가 분기되는 지점의 정확한 위치를 결정하기 위해 소매 인력 법칙을 수정한 것을 말한다. 이는 거리가 멀어짐에 따라 구매 이동이 줄어드는 현상을 거리-감소 함수로 파악하고자 한 것이다. 이 법칙은 첫째, 두 경쟁 도시 간에 소비자가 어디로 갈 것인가에 대한 분기점을 찾아내고자 했는데, 선매품과 전문품 유통의 상권분석에 적용되는 모델이다. 둘째, 중소 도시의 소비자가 선매품과 전문품을 구입하는 데 지출하는 금액이 경쟁도시 중 어디로 얼마나 흘러 들어가는지를 설명하기 위한 것이다.

(2) 확률적 인력 이론(Huff의 확률 모형)

허프의 확률적 인력 이론은 도시 내 소비자의 소비형태(행동태도)를 미시적으로 분석하기 위한 확률론적 접근 방법이다. 이 이론에 의하면 소비자의 행동에서 선택의 기준은 확정적인 것이 아니라 확률적인 것이며, 경쟁 상점의 마케팅 같은 요소에 따라 다른 점포로 이동할 수 있다는 것을 의미한다. 즉, 같은 규모의 상점을 방문할 확률은 거리가 가까울수록 높아지며, 거리가 비슷할 경우에는 더 큰 상점으로 이동할 확률이 더 크게 작용한다는 것이다. 이는 자주 방문하는 상점이 가까이 있더라도 경쟁 점포의 규모가 더욱 크거나 마케팅 전략 등의 요인으로 인해 소비자에 대한 유인력에서 변화가 발생한다는 것이다.

이 모델은 소비자가 특정 지역에서 보이는 지출패턴과 쇼핑패턴 등의 행동특성을 분석하는 데 자주 이용되며, 고객의 방문확률을 계산하여 특정 점포의 매출액과 상권규모를 예측할 수 있다. 고객이 쇼핑센터를 방문할 확률은 규모에 비례하고, 거리의 제곱에 반비례하며, 경쟁 쇼핑센터의 유인력에 반비례한다. 허프 모델은 동시에 여러 개의 상업시설 고객흡인율을 계산할 수 있으므로 실용성이 크다고 할 수 있는데, 기존 상가 근처에 대규모 상업시설을 계획할 때 유용하게 이용된다.

2) 상권 분석기법

(1) 체크리스트법(Check List Model)

체크리스트법은 상권의 가능 후보지들 중 서로의 상대적 가치를 평가·비교하여 순위를 매기는 방법에 이용된다. 이 기법은 입지분석을 간단하면서도 체계적으로 평가하는 방법으로 볼 수 있는데, 상호경제적, 인구통계적, 구성과 경제수준, 소비자 지출 형태에 대한 정보 등을 평가기준에 포함시켜 평가한다. 체크리스트에 의한 정보는 다소 주관적이므로 상점의 성공을 보장하는 것은 아니다. 이 방법은 체크리스트를 통해 영업실적과 영업규모를 자세히 분석하고 성장 가능성을 예측해봄으로써 부지 선택을 가능하도록 하며, 추후 전략수립의 기초자료로도 활용된다.

체크리스트의 사용 목적은 각 점포의 입지에 대한 긍정적·부정적 요소들을 종합적으로 파악하기 위함이며, 가치가 떨어지는 입지에 대한 분석을 대상에서 제외하기 위한 것이다.

표 5-2_**상권의 영향요인 체크 포인트**

입지요인 체크	행정구역과 인구통계 특성 상권 내 자연경계 특성 상권 내 도로 및 교통 특성 상권 내 상점가나 대형매점의 영업상태 주변의 토지이용 상황
경쟁관계 체크	위계별 경쟁구조 분석 업태별 경쟁구조 분석 잠재 경쟁구조 분석 경쟁 및 보완관계 분석
점포조건 체크	점포의 형태와 규모 주변 업종과의 궁합 도로 인접 여부 주차 편의시설 전면의 폭과 간판 자리
고객특성 체크	배후지 상권고객 경쟁점포와의 가격경쟁력 유동고객 직장인(학생) 고객

체크리스트 방법에 의한 상권 분석에서는 상권 내의 제반 입지 특성, 고객에 대한 특성, 상권 경쟁구조에 대한 분석 등이 필요하다. 이를 정리해보면 다음과 같다.

첫째, 상권 내의 제반 입지 특성에 대한 평가는 상권 내의 행정구역 상황 및 인구통계 특성, 자연경계 특성, 도로 및 교통 특성, 상권 내 상점가나 대형매장의 영업상태, 상권 주변의 토지이용 상황 등이 포함되어야 한다.

둘째, 상권 내 대상 고객의 특성에 대한 분석도 이루어져야 한다. 이들은 배후지 상권고객(목표상권 내에 거주), 경쟁점포와의 가격경쟁력에 대한 주고객들의 반응, 유동고객과 직장인(학생) 등이다. 시내중심권일수록 직장인 고객과 유동고객의 매출 발생이 많고, 외곽지역 상권일수록 배후지 상권고객의 비율이 높다.

셋째, 점포 운영자는 상권 경쟁구조에 대한 분석도 해야 한다. 이는 위계별 경쟁구조 분석, 업태별 경쟁구조 분석, 잠재 경쟁구조 분석, 경쟁 보완관계 분석 등 다양한 측면에서 경쟁구조에 대한 분석이 이루어져야 한다.

그 외에 자리 잡고자 하는 점포의 위치에 대한 분석도 이루어져야 한다. 이는 점포의 규모와 형태, 도로와의 인접 여부, 주차시설, 전면의 넓이, 간판은 식별하기 좋은 위치에 있는지 등을 분석함으로써 점포경영전략 수립의 기초자료를 확보할 수 있게 된다.

(2) 유추법

유추법은 자신의 점포와 특성이 비슷한 유사 점포를 선정하여 상권 규모를 측정함으로써 창업 점포의 매출(상권)의 규모를 추론하는 방법이다. 유추법은 CST(Customer Spotting Technique) map 기법을 이용하여 상권 규모를 측정하는 데, 이는 자사 점포를 이용하는 고객에게 스티커를 나누어주고 거주지를 지도에 붙여 표시한 후 점포를 중심으로 일정 거리의 동심원을 그려내어 자사 점포의 상권 규모를 시각적으로 표현하는 방법이다. 이러한 CST map은 점포의 상권 규모, 고객 특성 및 경쟁 정도를 나타낼 수 있으며, 이렇게 얻어진 정보는 광고 및 판촉전략의 수립과 점포의 확장 계획에 유용하게 활용될 수 있다. 이 유추법은 신규점포뿐만 아니라 기존 점포의 상권 분석에도 적용할 수 있어 활용도가 비교적 높은 편이다.

3) 경쟁점포와의 경쟁력 비교

상권에서 경쟁관계를 분석하는 것은 향후의 전략을 세우는 데 있어 선결되어야 할 과정이다. 경쟁점포의 고객 유동성과 매출에 대한 자료는 창업 후의 예상 매출을 설정하는 것과 경쟁 점포와의 경쟁력을 비교하는 데 있어서 매우 유용한 자료가 된다.

(1) 소매점의 경쟁점포 비교방식

내점객 수×영업일 수×객단가×우위(열세) 비율

경쟁업체와의 경쟁력을 측정하기 위해서는 먼저 대상업체의 매출액을 산정하여야 한다. 경쟁업체의 매출액을 계산하는 방법은 경쟁점포의 내점객 수, 영업일수 및 객단가를 조사한 후 경쟁점포의 우열비율을 곱하여 경쟁업체의 매출을 파악할 수 있다.

여기서 우위(열세) 비율은 점포의 규모, 시설, 입지조건 및 서비스 등의 경쟁력에 대한 상대평가를 통해 대략 10~20% 범위 내에서 우위에 설 수 있을 것인지 아니면 열세인지를 판단해 산정한다.

(2) 목표매출 산정방식

테이블 단가(객 단가×점유율)×회전율×테이블 수×영업일 수

목표매출 산정방식은 외식업체에서 주로 사용한다. 점포의 매출은 점포의 규모나 업종에 따라 크게 영향을 받을 수 있으며 점포에 놓여있는 테이블 수, 테이블 당 평균 매출단가, 1일 회전률, 영업일 수 등을 곱하여 산정한다. 이렇게 산출하여 얻어진 목표매출을 통해 경쟁점포와의 경쟁력을 비교하는 방식이 목표매출 산정방식이다.

이와 같은 잠정적인 매출산정은 경쟁점포와의 경쟁력 비교뿐만 아니라, 그 밖의 여러 분야에서 활용될 수 있다. 첫째, 손익분기점에 이르는 기간을 산정하는 데 활용되고 둘째, 투자 대 수익률에 대한 예상치를 알아보는 데 활용되며 셋째, 경쟁 점포를 상대함에 있어 홍보와 마케팅 그리고 경영전략의 밑그림을 그리는 데 활용된다.

Chapter 06

청년창업, 어떻게 알리고 판매할 것인가?

06 Chapter 청년창업, 어떻게 알리고 판매할 것인가?

20세기 중반까지만 해도 기업의 생존 전략에 있어서 가장 중요한 것은 우수한 상품을 생산하는 일이었다. 그러나 20세기 후반에 접어들면서 기업의 생존 전략은 우수한 상품의 생산과 함께 상품의 판매 전략이 기업의 생존에 중요한 요소로 등장하기 시작했다. 21세기에 접어든 지금도 기업의 생존에 있어서 우수한 상품의 생산과 상품의 홍보 및 판매 전략은 기업의 발전과 밀접한 관계를 유지하고 있다.

창업 후 창업자가 지속적으로 관심을 가져야 하는 것은 상품의 출시에 따른 매출이다. 상품을 아무리 정교하고 튼튼하게 만들었다고 하더라도 팔리지 않고 창고에서 잠자고 있다면 그 기업은 오래 버티기가 어렵다. 그렇다면 그러한 결과는 왜 발생하는 것일까? 대부분 기업들이 창업 후, 신제품을 개발하고 생산할 때, 판매에 대한 계획을 수립하지 않았기 때문에 벌어지는 일이다. 생산해내는 대로 상품이 잘 팔린다면 기업이 어려움에 처하거나 폐업을 할 수밖에 없는 상황으로 몰리지는 않는다. 따라서, 어떻게 하면 상품이나 서비스를 잘 팔 수 있을까? 이런 물음에 대한 대답은 모든 창업자들이 풀어야 할 과제이다.

1 창업 기회와 마케팅

창업자는 기존의 시장에 상품군을 형성하고 있는 상품이나 서비스를 선택하여 창업을 할 수도 있고, 완전히 새로운 상품이나 서비스를 개발하여 창업을 할 수도 있다. 또한, 우연히 창업 아이디어를 얻거나, 주변의 사람들로부터 권유를 받아 창업을 하기도 하고, 기존의 기업을 인수받아 창업을 하기도 한다. 그러나

'준비된 대통령'이라는 정치가의 문구처럼 창업은 준비되어 있는 사람에게 기회가 온다.

창업자는 상품을 개발할 때 가장 먼저 고객들의 필요와 취향에 따른 요구를 반영해야 한다. 이를 위해서는 먼저 고객에 대한 깊은 이해가 있어야 한다. 이러한 과정에는 창업자의 마인드가 적용된다. 즉, 창업자가 가장 잘 알고, 깊이 이해하고 있으며, 좋아하는 분야의 아이디어가 상품으로 개발되어야 한다는 것이다. 그러면서도 어떤 고객이 이 상품을 구매할 것인가? 가격은 어느 정도가 적정한가? 이에 대한 판로는 어떻게 설정할 것인가? 등에 대해 많은 고민이 뒤따라야 한다.

1) 마케팅 개념

창업자는 아이디어를 구체화하여 상품이나 서비스를 개발하고, 이를 판매하여 이윤을 얻기를 기대하는데, 이러한 과정을 마케팅이라고 한다. 마케팅의 궁극적인 목적은 소비자의 니즈(needs)를 찾아내고 만족시키는 것이다. 니즈(needs)는 소비자가 느끼는 필요와 욕구 그리고 문제점에 대한 인식이며, 이런 니즈를 파악해 소비자에게 만족을 제공하는 과정이 마케팅이다. 즉 마케팅은 소비자의 니즈에서 출발하여 이를 충족시키기 위한 제품이나 서비스를 창출하고 이를 제공함으로써 고객을 만족시키는 것이라고 정의할 수 있다.

2) 마케팅 개념의 변화

기업 환경에서 시장의 변화는 기업의 변화를 의미하고, 이는 마케팅의 변화를 가져한다. 기업은 생산, 유통, 판매를 통해 이윤을 창출하는 것이 목적이다. 따라서 공급초과와 생산기술의 평준화가 이루어진 오늘날의 시장에서 기업이 마케팅 전략을 변화시키지 않고서는 성취하고자 하는 목적을 이룰 수 없다.

1960년대 이전의 대량생산과 판매로 이루어지던 시장은 이미 소득수준의 향상, 소비자의 의식 변화, 고급화, 라이프스타일의 변화 등으로 인하여 시장은 더욱 세분화되고 다양해졌다. 이제 시장은 상품 중심에서 서비스 중심으로 나아가고 있으며, 고객의 니즈를 만족시킬 수 없는 상품은 점차 경쟁에서 따라잡기 어렵게 되었다. 따라서 마케팅 전략은 더욱 정밀하고 체계적으로 구성해야 한다.

마케팅 이론은 맥카시(McCarthy, 1981)의 4P 이론인 제품(Product), 가격(Price), 유통(Place), 촉진(Promotion)의 4가지 요소와 서비스적인 개념으로서 사람(Personnel), 물리적 증거(Physical Evidence), 프로세스(Process)의 3P를 더한 7Ps 이론으로 체계화되었다. 이는 시장의 중심이 상품에서 고객과 가치 중심으로 이동하고 있다는 것을 의미한다. 이에 따라 고객 중심의 시장세분화(Segmentation)와 타기팅(Targeting), 포지셔닝(Positioning) 등도 중요한 개념으로 다뤄지고 있다. 또한, 소셜미디어 마케팅이 최근 관심 있게 떠오르고 있는데, 여기에서는 커뮤니케이션(Communication) 요소가 포함되어 있다.

2 마케팅은 어떻게 하는 것인가?

홍보와 마케팅의 궁극적인 목적은 상품을 많이 판매하기 위한 것이다. 마케팅은 기업의 제품기획, 제품생산, 유통, 판매 및 서비스 등 매출 향상을 위한 브랜드의 가치를 높이는 일에 관여하고, 홍보는 이를 알리는 것이 목적이다. 다시 말해 마케팅은 브랜드와 고객에 가치를 두고 홍보는 상품에 가치를 둔다고 할 수 있다.

홍보와 마케팅의 관계를 설정하자면, 마케팅은 고객이 원하는 서비스와 상품의 요구수준이나 가치를 조사하여 이를 반영하고 고객이 만족할 수 있도록 가치를 창출하는 일이며, 홍보는 이를 알리는 것을 목적으로 한다. 소규모 기업은 대체로 브랜드와 상품에 대한 홍보를 외부 기업과의 아웃소싱으로 해결한다.

그러나 최근에는 기업에서 제품의 개발단계에서부터 마케팅의 요소와 효과를 접목시키려는 시도가 점차 늘어나고 있다.

이를 구체화하면, 마케팅의 전략은 대체로 두 가지 개념으로 나눌 수 있다. 기업이 진입해야 할 시장의 방향성을 결정하는 것이 첫 번째 전략이고, 그 속에서 고객의 니즈와 욕구를 발굴하여 고객에게 만족할 수 있는 제품과 서비스를 개발하여 이를 제공함으로써 수익을 얻는 것이 두 번째 마케팅 전략이다.

1) 홍보

청년창업은 대체로 규모가 작은 소기업에서 출발하여 운영된다. 소기업의 홍보나 광고 매체는 일반 대기업의 홍보처럼 TV, 옥외광고판, 일간지, 이벤트 등을 활용하기에는 자금의 규모나 운영 면에서 무리가 있다. 대중매체를 이용한 홍보 방법은 대량생산과 대량유통의 방식에 알맞은 방법이기 때문에 다품종 소량생산의 특성을 가지고 있는 청년창업에는 적당하지 않다. 비용 대비 효율 면에 있어서도 맞지 않는다. 따라서 기업의 규모와 업종별 성격에 맞는 홍보 전략을 찾을 필요가 있다.

최근에 유행하는 청년기업의 홍보 방법으로는 홈페이지, E-mail, SNS, 중소기업박람회, 현수막, 소규모 지역신문, 잡지, 전단지, 카탈로그 능의 방법이 주로 활용된다.

2) 마케팅의 대표적인 전략 '4P'와 '3P'

마케팅 하면 가장 먼저 떠오르는 이론은 맥카시(McCarthy, 1981)의 마케팅 믹스 4P 이론이다. 이는 제품(Product), 가격(Price), 유통(Place), 촉진(Promotion)의 4가지 요소를 말하는데, 효과적 마케팅은 이 4가지 요소의 균형이 잘 이루어질 때 나타난다.

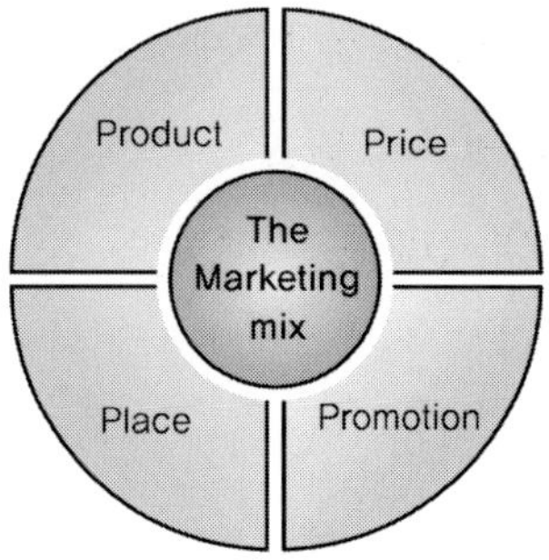

[그림 6-1]_ **매카시의 마케팅 믹스 4P**

'3P'는 제조업 기반인 '4P'에서 고객서비스를 적용하게 되면서 확장된 개념으로 사람(Personnel : 사람관리), 물리적 증거(Physical Evidence : 고객의 입장에서 느낌이 좋은, 평판이 좋은), 프로세스(Process : 서비스가 제공되는 과정)의 세 가지 요소를 말한다.

(1) 제품(Product)

기업의 궁극적 목적은 이윤을 창출하는 것이며, 이를 위해 고객의 입맛에 맞는 상품 또는 서비스를 개발하여 유통하거나 판매한다. 여기서 중요한 것은 제품 즉, 상품이라고 할 수 있는데, 마케팅은 상품을 잘 팔기 위해 행동하는 일련의 과정이다.

제품은 고객의 필요와 욕구에 대해 만족감을 느낄 수 있도록 가치나 재화를 제공하는 것을 말하는데, 이는 고객에게 만족감을 줄 수 있는 유형과 무형의 서비스를 포함하는 개념이다. 또한 상품전략은 고객의 필요(needs)와 욕구(wants)를 파악하고 조합하여 상품의 산출물로 제공하게 된다. 청년창업기업은 대량생산이나 대량유통과는 그 성격을 달리해야 한다. 제품에서 만족을 줄 수 있는 감성디자인을 통해 다품종 소량생산의 맞춤형 서비스를 제공하는 것이 바람직하다. 또한, 상품의 색상, 디자인, 가격체계를 바꾸어 여러 가지 모델을 생산함으로써 제품의 라인업을 향상시킬 수 있고, 고객에게는 취향에 맞춰 선택할 수 있는 기회를 제공할 수 있도록 해야 하며, 생산품을 다양화할 수 있는 계기를 마련해야 한다.

한편, 제품은 종류마다 서로 다른 제품의 수명주기(life cycle)를 가지고 있는데, 수명주기란 제품이 개발되어 시장에 나왔을 때로부터 그 소용이 다하여 생산이 중단될 때까지를 말한다. 마케팅은 이러한 수명주기를 예측하여 전략을 수립해야 한다. 특히, 마케팅 전략에 따라 제품의 수명주기의 길이가 달라질 수 있으므로 이를 감안한 계획이 필요하다.

(2) 가격(Price)

고객의 필요와 욕구를 얼마나 충족시켜주는가 하는 효용적 가치로 고객이 지불하게 되는 적정한 가치를 가격이라고 한다. 즉, 고객 만족감의 척도라고 할 수 있다. 기대를 충족시키는 제품의 선택과 이의 가치에 대한 판단기준은 고객의 권리이다. 고객에게 제공되는 제품이나 서비스가 그만한 가치를 가졌을 때 고객은 만족을 느끼게 된다.

소매점의 가격 결정은 설정된 포지셔닝 전략에 의해 결정된다. 이는 목표시장, 상품 및 서비스의 질, 경쟁사와의 관계에 따라 조절할 수 있다. 가격을 설정할 때는 그 목적을 명확히 할 필요가 있다. 경쟁점포를 앞도하기 위한 것인지, 시장점유율을 높이고자 하는 것인지, 아니면 이익을 극대화하기 위한 것인지를 명확히 해야 한다. 그리고 난 후에 원가, 수요, 경쟁 등의 요인을 바탕으로 가격을 설정해야 한다.

예를 들면, 대형 쇼핑센터인 A쇼핑센터에서 B마트보다 가격이 비싸면 그 차액만큼 쿠폰을 돌려준다며 가격경쟁에 돌입했다. 그러자 다른 군소 매장에서도 이러한 가격경쟁에 합류하는 모습을 보였다. 이러한 저가격전략은 대량의 상품을 유통시킴으로써 박리다매의 이득을 취하려는 것이다. 이처럼 대량유통이 어려운 업종에서는 적정한 가격을 유지함으로써 수익을 극대화하려는 매출 전략도 필요하다.

(3) 유통(Place)

유통이란 판매자와 고객의 상행위가 이루어지는 장소와 시간을 의미한다. 즉, 판매자의 입장에서는 잠재고객을 매장으로 끌어들이는 것을 말하고, 고객의 입장에서는 쇼핑을 하고자 하는 마음이 들어 매장으로 찾아가게 하는 것을 말한다. 유통 형태는 생산하는 제품의 특성에 따라 달라지며, 유통의 범위 또한 제품의 특성에 따라 달라진다. 그러나 고객의 마음을 사로잡아 매장으로 방문하도록 해야 한다는 점과 구매결정을 하도록 만든다는 점에서는 차이가 없다.

소매점의 가격경쟁이 치열해지면서 서비스경쟁으로 우회하는 기업들이 증가하고 있는데, 이는 고객만족을 위한 서비스 전략으로 단골고객 유치에 노력하는 것이다. 단골고객 및 우수고객은 상당 부분의 매출을 책임져주는 또 하나의 자산이기 때문이다.

최근에는 무점포 형태의 유통업도 크게 성장하고 있는데, 이는 매체를 활용한 유통 방법이다. 여기에는 상품의 카탈로그, TV홈쇼핑, 인터넷 쇼핑몰, SNS, 소셜커머스 등이 있으며, 이들은 유통에서 실시간 결제와 택배를 이용한다는 점에서 시간과 장소의 한계를 무너뜨리고 있다.

대형 유통업체는 유통에서 브랜드명을 사용한 자체 상품들의 비중을 높여나가고 있다. 이러한 자체 브랜드 상품은 다른 상품에 비해 가격과 성능 그리고 품질에서 경쟁력을 가짐으로써 매출의 증대에 유리한 고지를 점하고 있다. 이들은 유통업체의 브랜드 이미지까지 상승시키는 요인으로도 작용하고 있다. 상품의 유통에서 대형 유통업체가 상품을 제조하는 기업들에 미치는 영향력이 그만큼 커진다는 것을 의미한다.

(4) 촉진(Promotion)

촉진은 소매점의 포지셔닝을 강화하기 위한 전략이다. 이는 고객에게 자신의 제품이나 서비스에 대한 호의와 기대감을 갖도록 하는 모든 활동을 의미한다. 그 활동에서 기업은 자사의 제품이나 서비스에 대한 정보와 즐거움을 제공함으로써 고객으로부터 긍정적인 반응을 얻고자 하는 것이다. 촉진의 종류로는 광고(advertising), 인적판매(personal selling), 판매촉진(sales promotion), 홍보(publish) 등이 있으며, 기업은 인적·물적 역량을 동원해 촉진의 최대효과를 내도록 노력함으로써 타사와의 경쟁에서 우위를 점하고자 하는 것이다.

① 광고

광고는 매체를 통해 제품, 서비스 및 아이디어 등을 널리 알리고 촉진하려는 목적의 행위들을 총칭한다. 대규모 자본을 무기로 이루어지는 TV광고는 가장 파급력이 강하며, 라디오와 신문 등이 뒤를 잇고 있다. 이러한 대중매체를 이용한 광고는 대체로 브랜드 이미지를 높이기 위한 목적으로 활용되며, 특정 제품에 대한 광고로도 활용된다. 최근에는 광고주를 내세우지 않는 티저 광고도 등장하고 있는데, 이는 고객의 라이프스타일에 가까이 다가가려는 제스처로 보인다.

소매점의 광고는 지리적 여건에 의해 내방할 수 있는 상권의 범위에 제한이 있으므로 DM, 전단지, 벽보, 전화번호부, 버스광고, 스티커, 현수막 등의 광고매체가 주류를 이루고 있다. 이들은 한정된 범위의 지역광고를 위한 수단으로 사용되고 있으며, 명절, 이벤트 데이, 제품의 출시 시점에 많이 애용된다.

최근에는 인터넷이나 모바일을 이용한 광고가 대체로 활성화되고 있는데, 저렴한 비용과 톡톡 튀는 아이디어를 장점으로 내세우고 있다. 인터넷 마케팅은 검색 광고, 배너 광고, 이메일 광고, 블로그 광고 등을 주로 사용한다. 이들의 온라인 광고들은 상권의 범위와 대상을 확대하는 효과가 있으므로 오프라인 매장과 결합할 경우 매출 증대에도 큰 영향을 미치게 된다.

모바일에서는 SNS를 이용한 광고전략이 많이 시도되고 있으며, 트위터와 페이스북이 대표적인 예이다. 페이스북에서는 관심 있는 브랜드와 친구 맺기를 통해 소식을 전하는 방식을 이용하고 있고, 제품의 소개보다는 근황이나 생활과 관련된 글을 통해 친밀감을 갖도록 하는 우회 전략을 사용하고 있다. 이러한 SNS를 활용한 광고는 그 반응이 나쁘지 않다. 또 비용이 저렴하고 접근성에서 부담이 없기 때문에 잠재적 고객을 생산해내는 좋은 방법으로 이용되고 있다.

② 인적판매(personal selling)

인적판매는 판매원이 고객과 만나서 일대일 대화를 통해 상호작용을 함으로써 판매를 달성시키는 방법을 말한다. 방문판매를 통해 카드, 보험, 화장품 등을 판매하는 유형과 매장에서 고객을 접객하는 유형이 있는데, 대부분의 소매점 형태의 매장은 상품을 직접적으로 판매하는 방식을 사용한다.

인적판매를 위해 판매원을 고용하게 되면 상품판매를 촉진하기 위해 회사와 제품에 대한 정보와 판매방법, 서비스 방식 등의 적절한 교육과 훈련이 반드시 수반되어야 한다. 이들은 고객과 직접적으로 대면하고, 고객에게 상품의 효용적 가치와 혜택을 설명해 줌으로써 고객의 만족감을 높일 수 있다. 이러한 만족도는 브랜드의 이미지에도 큰 영향을 준다. 따라서 인적판매에 대한 효율성을 높이기 위해서는 판매원에 대한 체계적인 관리와 성과를 인정받을 수 있도록 하는 보상제도를 도입하여 판매원들의 판매의욕을 고취시킬 필요가 있다.

③ 판매촉진(sales promotion)

판매촉진은 제품 또는 서비스의 판매와 구매를 촉진시키기 위한 일체의 단기적 행동을 말한다. 이는 소매점에서 특별판매행사, 경품 제공, 특가세일, 이벤트세일 등의 형식으로 이루어지는 일련의 행위를 말하는데, 상품의 판매를 증대시키거나 계절상품 및 재고상품의 처분 등의 목적으로 실행된다. 소매점들은 판매 증진 효과를 더하기 위해 쿠폰과 경품 제공, 추첨에 의한 경품이벤트를 개최하기도 한다.

판매촉진 전략은 다양하게 나타나고 있는데, 이들의 유형을 살펴보면 첫째는 판매가격 전략, 둘째는 비가격 전략이나 시연 전략 등이 대표적이다.

판매가격 전략에서는 고급화를 지향하는 높은 판매가격 전략과 시장 침투목적의 저가판매 전략이 주를 이루고 있으며, 이외에도 심리적인 가격 전략(예 : 990원, 9,990원), 단위당 가격 전략(예 : 100g당 200원) 등을 사용하고 있다.

많은 기업이 판매가격을 경쟁의 효과적인 수단으로 이용하고 있는 데 반해 그와 대비하여 비가격 전략도 많이 사용되고 있다. 비가격 전략은 제품의 성능,

제공하는 서비스, 경품의 제공 등의 요소를 사용하는 것으로 가격경쟁에 못지 않는 전략적 가치를 지니고 있다.

판매촉진을 위한 가격 전략에도 주의할 점이 있다. 상품에 따라 소비자가격이 형성되어 있는 경우이다. 주로 생필품에서 작용하는 심리적 가격으로 식품은 2천 원, 음료는 1,000원 이하, 구두는 10만 원 전후 등의 암묵적인 가격대가 그것이다. 이들은 대부분 가격이 오르면 소비자의 심리적 저항감에 의해 매출이 급감할 수 있는 종류의 상품들이다.

(5) 프로세스(Process)

프로세스는 서비스를 제공하는 데 있어서 강조되는 요소이다. 서비스는 동시적이고 분리될 수 없는 특성을 가지고 있다. 즉, 서비스가 만들어지고 제공되는 과정에서 고객이 참여하게 되는 것을 말한다. 이는 서비스 과정이 곧 품질을 나타내는 것이며, 브랜드의 이미지를 결정하게 됨을 의미한다. 즉, 서비스업에서의 실수는 곧 기업의 이미지에 타격을 주게 되고 이를 회복하기 위해서는 몇 배의 시간과 노력이 필요하다. 그뿐만 아니라 회복되었다고 하더라도 고객이 느낀 불친절함 혹은 불쾌감은 사라지지 않는다. 이는 서비스 제공과 그 과정에서 더욱 세심한 주의가 필요하다는 것을 말해준다. 특히, 고객이 기다리는 동안에 어떠한 서비스를 제공해야 하는가와 관련된 것은 고객에게 깊은 인상을 심어줄 수 있다는 점에서 프로세스의 중요성을 간과해서는 안 된다.

(6) 물리적 증거(Physical Evidence)

물리적 증거라는 것은 고객이 서비스를 받는 동안 느끼는 호감을 나타내는 요소이다. 즉, 서비스업의 경우 종업원들의 복장, 친절상태, 인테리어, 소품, 명함, 영수증 등 이미지에 영향을 줄 수 있는 요소들을 말하며, 서비스 전달이나 운영시스템 등의 서비스가 실제로 수행되는 절차나 활동의 흐름을 말한다.

고객은 서비스를 받는 과정에서 그 기업의 서비스를 경험하고, 이를 평가하게 된다. 이러한 과정에서 생기는 고객의 평가는 그 기업에 대한 인상이나 등급을 결정하는 경우가 많다. 예를 들어, 기업들은 서비스의 전달 체계를 명확히 하려는 노력을 기울이고 있으나 고객의 입장에서는 적절한 대처나 서비스를 받지 못한다고 생각하는 경우가 종종 발생한다. 이러한 점은 고객을 위한 서비스나 배려의 부족함으로 인해 발생하는 것으로, 고객의 불만이나 애프터서비스 그리고 제품의 환불·교환 등의 과정에서 많이 나타난다. 고객 불만이 많아지는 경우에는 기업의 매출 급감이나 브랜드 이미지 하락 등의 결과를 가져올 수 있다는 점에서 유의해야 한다.

(7) 직원관리(Personnel)

서비스사업에서 인적자원에 대한 관리는 고객에게 제공되는 서비스의 질을 좌우한다고 할 만큼 중요한 요소이다. 고객에게 제공하는 서비스의 특성에 적합하도록 종업원의 교육과 동기 유발이 필요하다. 특히, 고객을 직접적으로 대면하는 종업원들의 질은 사업의 성패를 좌우할 만큼 중대한 요소로 세심한 관리가 필요하다. 종업원은 기업과 고객의 직접적인 의사소통의 창구가 되는 만큼 고객의 입장에서 듣고, 이해할 수 있도록 하는 세심한 주의가 필요하다.

3) 마케팅 이론에서 시장세분화와 3V

마케팅에 있어 기본적인 개념은 시장세분화와 마케팅 믹스라고 할 수 있다. 시장세분화는 고객의 욕구와 필요에 대한 조사를 통해 마케팅 믹스(4P)에 유사하게 반응하는 몇 개의 소비패턴으로 시장을 구분하여 대응하는 방식을 말한다. 마케팅 전략에 있어서 전략적인 관점에서 접근하기 위해 4P 이론 대신 3V 개념을 도입한다. 즉, 시장세분화를 위한 전략적 접근을 위해 3V가 필요하다는 의미인데, 3V는 기업에서 전술 차원을 뛰어넘어 전략적 차원의 역할을 수행하기 위해 요구되는 접근방식으로 가치 고객(Value Customer), 가치 제안(Value

Proposition), 가치 네트워크(Value Network)의 전략적 가치를 말한다. 즉, 3V를 기준으로 시장을 세분화한다는 것은 시장세분화에서 고객에게 제공하는 가치가 중심이 된다는 것을 의미한다. 이는 고객에 따라 그 시장을 세분화하고 차별화 시킨다는 전략으로, 고객 맞춤 서비스라고 해석할 수 있다.

가치 고객(Value Customer)은 어떤 고객을 대상으로 삼을 것인가에 대한 기준이다. 고급화를 지향한다면 부유층이나 사회의 저명인사들을 대상으로 해야 할 것이고, 중저가 전략을 지향한다면 소비의 대부분을 차지하는 중산층 이하를 대상으로 마케팅이 이루어져야 할 것이다.

가치 제안(Value Proposition)은 어떠한 가치를 제공할 것인가에 대한 개념이다. 이는 가격에 맞는 서비스를 제공한다는 개념으로, 상품에 대한 저가정책에 대해 그만큼의 서비스를 제한한다는 것이다. 현재 저렴한 컴퓨터들은 그 유통방법에서 운영시스템조차 제외된 Free-Dos 상태로 공급하고 있는 것이 대표적인 예이다.

가치 네트워크(Value Network)는 어떻게 가치를 제공할 것인가에 대한 개념이다. 이는 고객에게 핵심적인 서비스를 중점적으로 제공하기 위해 조직을 간소화하는 것을 말하는데, 핵심적인 요소 외의 것들은 아웃소싱 등을 이용하여 해결한다.

4) 마케팅의 다양한 응용전략

(1) 마케팅 믹스 전략

마케팅 믹스(marketing mix)는 마케팅의 4가지 요소인 제품(Product), 가격(Price), 유통(Place), 촉진(Promotion)을 어떻게 섞어서 전략을 세우는가에 대한 개념이다. 마케팅의 4가지 요소는 서로 영향을 주고받으며 상호 긴밀하게 연결되어 있다. 마케팅에서 소비자의 니즈를 만족시킬 수 있는 제품을 만들게 되면 (product) 이를 어디에서 팔며(place), 어떻게 판촉하고(promotion), 가격은 어느 정도로 할 것인가(price)를 최적의 요소로 구성하는 것을 말한다. 이 요소들 중에 한 과정이 변경되면 나머지 과정에서도 변화를 주어 고객을 만족시킬 수 있는 최적의 조합을 찾아야 하는 것이 마케팅 믹스의 핵심이다. 예를 들어 고가전략을 구사하여 최고급의 명품급 상품을 개발하고 높은 가격에 출시하게 되었다면, 판매 장소도 백화점 등의 명품 코너에 위치해야 하며, 이를 대대적으로 광고하는 등 판촉행사에서도 고급화 전략으로 추진되어야 한다. 이렇듯 마케팅의 4가지 요소는 상호적이고 보조적인 성격으로 연결되어 있다.

(2) STP 전략

STP 전략은 시장세분화(Segmentation)와 타기팅(Targeting), 포지셔닝(Positioning)을 포함하는 전략으로 단어의 앞 글자를 따서 만들어진 명칭이다. 이 전략은 고객의 욕구나 필요(라이프스타일)에 맞는 상품과 서비스를 제공하기 위해 소비자들의 성향을 나누어 공략한다는 개념이다. 즉, '대한민국 1%, 테라칸'이나 '텐프로'의 광고문구처럼 특정한 대상을 상대로 포지셔닝한다는 개념이다. 포지셔닝한다는 것은 브랜드를 소비자의 인식에 안착시킨다는 개념으로, 예를 들어 핸드폰 하면 '아이폰' 또는 '갤럭시'를 떠올리는 브랜드 이미지를 말한다.

기업의 마케팅은 과거의 대중 마케팅(Mass Marketing)의 대량생산이나 대량판매에서 벗어나 다양한 디자인적 요소와 가격으로 시장을 다변화하고 있는데, 이러한 점을 더욱 전문화시켜 고객을 더욱 세분화하는 개념이다. STP 전략에서는 표적시장과 시장세분화 및 포지셔닝이 핵심 내용이다. STP 개념은 필립 코틀러 박사에 의해 제시되었는데, 그의 마케팅 경영관리과정을 그림으로 나타내면 다음과 같다.

[그림 6-2]_ **필립 코틀러의 마케팅 과정**

표적시장(Targeting)은 각 세분시장의 매력도를 평가하여 하나 또는 복수의 시장을 선정하는 것을 말한다. 시장세분화(Segmentation)는 전체 시장을 세분화하는 것으로 고객의 욕구를 조사하여 유사한 욕구를 가진 집단으로 시장을 세분화하는 것이다. 여기에 사용되는 변수들은 인구통계적 변수, 지리적 변수, 심리적 변수 등의 고객의 특성변수와 구매행동과 밀접한 관련이 있는 변수들로 고객의 행동변수에 대한 기준을 통해 세분화한다.

시장을 세분화하여 접근하게 되면, 멀리서는 볼 수 없던 중요한 마케팅 자료들을 발견할 수 있다. 이를 통해 각 표적시장에 적합한 제품에 대한 아이디어와 어떤 방식으로 접근해야 그 시장을 공략할 수 있는지에 대한 해법도 발견할 수 있다.

미국의 1, 2위를 다투는 대표적 장난감회사인 매텔사와 해즈브로사는 이러한 시장세분화와 표적시장의 대표적인 사례이다. 매텔사는 주로 배추인형, 바비인형 등 주로 여자아이들을 대상으로 한 장난감을 만들고, 해즈브로사는 지아이조, 트랜스포머, 어벤저스 등 남자아이들을 대상으로 한 장난감 제작에 주력하고 있다. 사례를 보듯이 표적시장을 아이들의 성별로 나누어 마케팅 전략을 펼치고 있음을 알 수 있다. 창업 아이디어를 상품화한다고 해서 이러한 아이템이 시장의 모든 잠재고객에게 효력을 발생하는 것은 아니다. 따라서 이러한 아이템이 어떠한 대상과 소비층에서 형성되고 있는지를 파악하는 일은 그 마케팅의 집중 면에서 볼 때 반드시 선행되어야 한다. 그런 후에 이들을 대상으로 한 표적마케팅과 이를 위한 포지셔닝이 이루어져야 한다.

(3) 게릴라 마케팅

게릴라 마케팅은 후발기업이 시장에서 선두기업과 경쟁하기 위해 최소한의 마케팅 자원을 적재적소에 투자하여 단기적으로는 선두기업에 큰 타격을 주어 시장에서 유리한 위치를 차지하고자 하는 것이 목적이고, 장기적으로는 고객밀착형 마케팅을 통해 고객과의 신뢰관계를 형성하기 위한 목적으로 사용한다.

게릴라 마케팅은 소규모의 조직과 최소한의 마케팅 자원으로 최대한의 효과를 노리는 방식이기 때문에 철저한 준비와 전략이 필요하다. 이러한 전략은 고객 속에 침투하여 고객의 욕망과 필요성을 철저하게 분석하고, 이를 바탕으로 기발한 아이디어를 착안해 고객에게 충격적인 인상과 이미지를 심어줌으로써 이슈화를 노리는 기법이다. 이러한 게릴라 마케팅은 대체로 동호회나 인터넷 카페, 블로그 등을 위주로 상품을 직접 또는 간접적으로 홍보하는 수단을 사용하기도 하고, 백화점이나 대형 마트에서는 일정한 시간에 마이크를 동원하여 특정 상품을 반값에 판매하는 등의 깜짝 세일 등의 방법으로 이용하기도 한다.

(4) 감성 마케팅

최근 들어 유행하는 마케팅 방식으로 소비자들이 제품이나 서비스를 선택할 때 가격이나 성능 등의 합리적 요소보다 제품에 숨겨져 있는 비하인드 스토리(스토리텔링)나 상품을 선택함으로써 얻을 수 있는 혜택 등의 감성적인 측면을 자극하는 방식의 마케팅 전략을 감성 마케팅이라고 한다. 감성마케팅(Emotional Marketing)은 소비자의 정서에 영향을 미치는 요소인 디자인, 컬러, 향기, 문화 등의 감성적 요소를 상품 또는 서비스에 접목시킴으로써 브랜드 이미지를 친근하게 느끼도록 하여, 구매욕을 자극하는 마케팅 방법이다. 소비자들은 그들의 라이프스타일에 맞는 디자인적 요소와 서비스에 대해 더욱 친근함을 느끼기 때문에 소비자가 원하는 감성을 찾기 위해 노력해야 한다.

청년창업과 같은 작은 기업에서는 제품의 기능적인 요소나 고급화 이미지에서 벗어나 문화적인 요소와 감성을 자극할 수 있는 소재들을 찾아 다품종 소량생산의 고객 맞춤식 마케팅을 구사할 필요가 있다. 특히, 상품과 관련지을 수 있는 재미있는 소재거리가 있으면 이를 응용하는 것이 마케팅에서 더욱 유리한 고지를 점할 수 있다. 예전에 나왔던 광고카피에서 '미녀는 석류를 좋아해'라는 내용으로 친숙한 이미지를 포지셔닝한 음료광고는 기억하기도 좋고 참신하다는 평가를 받았다. 이처럼 핵심 소비자들을 대상으로 깊은 인상을 줄 수 있는 감성

요소를 선정하면 광고의 효과를 극대화할 수 있다. 따라서 신규로 시장에 진입하려는 기업들은 감성 마케팅에 활용할 수 있도록 감각, 이미지, 디자인, 감정 자극요소들을 찾아내어 포지셔닝을 해야 한다.

감성 마케팅을 하기 위해서는 그 핵심 소비자층을 선택하고 그들의 라이프 스타일, 소비형태, 공통적이고 문화적인 요소들을 철저하게 분석하여 공통된 요소들을 찾아내는 것이 중요하다. 이러한 공통된 요소들을 깊숙이 공략할 수 있는 감성 포인트야말로 감성 마케팅의 핵심이다.

(5) 노이즈 마케팅

노이즈마케팅(noise marketing)은 이슈 마케팅의 한 방법으로 단기간에 인지도를 높이고 판매량을 확장시킬 수 있는 장점이 있으나, 부정적 이미지가 쌓일 수 있으므로 소비자들의 비난을 받을 수 있는 여지도 있다. 이슈 마케팅은 제품에 대한 소비자의 관심을 유도하기 위한 방법으로 정적인 시장에 돌을 던져 놀라게 함으로써 이미지를 제고하고 자사제품의 판매를 늘리는 방법이다.

노이즈 기법은 처음에 부정적인 이슈를 불리오더라도 시간이 지나면 부정적인 면은 잊히는 데 반해 그 대상에 대한 기억은 남는다는 효과를 노린 것이다. 이에 따라 노이즈 마케팅은 좋은 내용이나 나쁜 내용을 가리지 않고 일단 이슈를 만들어 브랜드를 알리는 것을 목적으로 한다. 그러나 이러한 기법은 SNS를 통한 빠른 정보의 소통으로 인해 소비자들의 날카로운 시선을 피하기 어렵다.

최초에 시장에 진입하게 되면 아무도 알아주지 않아 당황스러운 상황에 처할 수 있다. 이러한 상황에서 일단 상품이나 기업을 알리는 일이 중요하게 작용하므로 단기간에 브랜드의 인지도를 올리기 위해 노이즈 마케팅 기법이 종종 사용된다. 이는 역발상에 의한 마케팅 전략으로 꼽히는데, 일단 이슈화한 후에 이를 좋은 방향으로 유도하는 시도를 함으로써 이름을 알리는 효과를 얻는 사례가 종종 나타난다.

이 기법은 제품을 빠르게 각인시킨다는 목적만을 가지고 있으며, 최근에는 연예인의 노출, 망언, 비하발언 등을 통해 자신의 이름을 각인시키기 위한 목적으로도 가끔 사용된다. 이러한 연예인에 대한 논란은 인터넷, 뉴스 그리고 SNS를 통해 실시간으로 빠르게 전파되는 특성이 있기 때문에 한동안 구설수에 오르는 효과를 볼 수 있다. 시간이 지나면 사건에 대해서는 잊히지만 구설수에 오르는 동안 익숙해진 이름의 효과는 계속된다. 즉, 이름을 인명사전에 올리는 것은 명성이든 악명이든 상관이 없다는 것이다.

(6) 블라인드 마케팅

블라인드 마케팅은 고객의 호기심과 재미를 추구하는 마케팅 기법으로 소비자들이 궁금해할만한 소재를 제공하여 호기심과 신비감을 자극함으로써 이들의 주의를 끌어 이슈화하는 것을 목적으로 한다. 이 마케팅은 적당하게 사건을 만들어 부각시켜 대결구도를 만들고 그 결과를 나중에 발표함으로써 기대감을 최고조로 끌어올리는 방법이다.

블라인드 마케팅 기법은 코카콜라와 펩시콜라의 시음대회를 이슈화하면서 유명해졌는데, 상표를 알 수 없도록 하고 눈을 가린 채 두 잔의 콜라를 마시게 하여, 더 좋은 맛의 콜라를 구분하도록 하는 캠페인 성격의 행사였다. 이 행사는 참여 대상이 평범한 시민이었다는 데서 더 큰 호응을 불러일으켰다. 펩시콜라는 이를 통해 큰 홍보효과를 보았으며, 시장에서 빠르게 자리 잡을 수 있었다.

우리나라에서는 TV광고에 유명 연예인들을 동원해 오렌지주스를 시음하는 방식으로 블라인드 마케팅을 시도한 바 있으며, 대기업들이 새로운 브랜드를 런칭할 때에도 비밀과 신비주의를 부각시킨 블라인드 마케팅 방식을 적용한다. 이러한 마케팅에서는 철저한 비밀주의로 효과의 극대화를 기대하는데, 발표 전까지 무수한 소문과 궁금증을 유발할 수 있는 기법이다.

(7) 데이터베이스 마케팅

DB(database marketing) 마케팅 기법은 고객과 기업에 대한 1차 정보로 작성된 데이터베이스를 전략적으로 이용하여 판매와 연결시키는 마케팅 기법이다. 이는 소비자 개인의 인적 정보와 구매 정보를 가지고 다른 소비자들과 차별적인 정보를 제공하여 만족도를 높이는 기법으로, 지속적인 정보를 제공함으로써 장기적인 관계 유지가 가능하다. 이는 소비자의 구매 패턴을 활용하여 그들의 취향에 맞추어 쇼핑몰을 운영할 수 있다는 장점을 가졌다(다우리 경영 포럼, cafe.daum.net/dowlee).

우리나라 DB 마케팅의 대표적인 기업은 하이마트라고 할 수 있다. 하이마트는 포인트 카드의 활용으로 DB를 구축하고, 일정한 간격으로 고객에게 우편을 통한 쿠폰북과 감사 편지를 전하고 있다. 하이마트의 포인트 카드에 가입한 고객은 1,000만 명에 이르고 있으며, 이러한 수치는 우리나라에서 가장 많이 사용한다는 카드회사의 고객 수와 맞먹는다. 카드의 등급에 따른 차등의 특전을 제공하고 있기는 하나, 분기별로 보내는 카탈로그와 쿠폰을 보면 재방문해서 상품을 구매하고 싶은 욕구가 생길 정도로 판촉활동에 힘쓰고 있다. 하이마트는 매장에서도 방문하는 고객에 대해 판매원이 안내하며 일대일로 응대하는 서비스와 이를 통한 데이터베이스의 구축은 이들의 마케팅 전략으로서 매출증대에 기여하는 바가 크다.

(8) SNS 활용 마케팅

최근 블룸버그 및 이코노미스트(Economist) 등의 언론에서 발표된 내용에 기반을 둔 인포그래픽(Infographic)에 따르면 페이스북 가입자는 9억 명을 넘어섰고, ‘Community 102’라는 단체는 전 세계 주요 SNS 업체별 이용자의 연령대가 30대 후반에서 40대 초반 사이라고 밝힌 바 있다.

한편, 마크 주커버그가 개발하여 서비스 중인 페이스북(Facebook)은 가장 많이 알려진 SNS 서비스 중의 하나인데, 페이스북 사용자의 약 40%가 브랜드

페이지와 친구 맺기를 하고 있는 것으로 나타났다. 즉, 이들은 특정 기업들과 프렌드 관계를 맺고 있으며, 이들이 프렌드 기업들의 잠재적 고객이 될 수 있다는 것을 말한다. 그리고 실제로 그들 중의 많은 수가 프렌드 기업의 특정 제품을 구입하는 것으로 나타나 SNS 활용 마케팅의 효용성을 증명하고 있다. 이렇듯 SNS를 이용한 인터랙티브 마케팅 전략은 하나의 시장으로서 인정받고 있다.

SNS(social network service)는 소셜 네트워크 서비스의 약자로서 사람들이 자신들의 생각이나 의견 그리고 경험 등을 서로 공유하기 위해 참여하는 개방화된 플랫폼이며, 대표적인 서비스는 페이스북의 브랜드 팬 페이지와 트위터의 브랜드 계정을 들 수 있다. 이러한 소셜 미디어는 사람에 대한, 사람에 의한 커뮤니케이션 채널이라 할 수 있다. 이는 이슈나 다른 목적을 가진 커뮤니케이션에 비해 사람들 간의 관계형성과 소통의 욕구를 해결해주는 미디어라고 할 수 있다. 우리나라의 페이스북과 트위터의 이용자 수도 빠르게 늘고 있으며, 각기 200만 명에 육박하고 있다.

SNS를 이용한 마케팅 전략에서는 소셜 미디어의 특성을 살펴봄으로써 대화 참여에 조심스럽고 섬세한 접근을 해야 한다. 이는 기존의 온라인 마케팅 기법처럼 일방향적인 정보 제공과는 다른 쌍방향적인 접근방식이 필요하다는 것을 말해준다. 소셜커머스가 사람 간의 소통을 위한 미디어의 성격을 가진 만큼 이를 마케팅을 이용하기 위해서는 쌍방향 커뮤니케이션의 특성을 살릴 수 있도록 이슈나 이벤트와 연동시키는 방법이 연구되어야 할 것이다.

(9) 블로그 마케팅(Blog Marketing)

블로그 마케팅은 바이럴 마케팅(입소문 기법)의 핵심 분야의 하나로서, 불특정 다수에게 홍보하는 것이 아니라 어떤 제품이나 서비스를 원하는 사람이 직접 블로그 마케팅의 키워드를 검색하여 들어오기 때문에 다른 마케팅에 비해 편하게 그리고 확실하게 홍보할 수 있다(정승영, gas1235블로그)는 장점이 있다.

블로그 마케팅에서는 무엇보다 신뢰성이 중요하며, 상업성의 냄새가 적어야 사람들에게 설득력을 가진다. 이들 블로그에서는 상품에 대한 사용 후기, 리뷰, 장단점 등을 소개하며, 방문자들은 홍보가 아닌 이러한 사용 후기를 믿고 상품을 구매하게 된다. 따라서 이러한 글들은 신뢰성 확보가 기반이 되어야 한다. 블로그는 운영하는 블로거들이 계속해서 방문객들의 관심을 끌고, 이들의 방문을 유도하기 위해 많은 노력을 해야 한다. 특히, 같은 관심사를 가지고 있는 사람들이 모이는 특성이 있기 때문에 관련된 사건들에 대해 지속적인 모니터링과 오프라인에서의 모임에 참여함으로써 전문성을 가지려는 노력이 필요하다.

블로그 마케팅에서는 공식 블로그의 운영이 다수의 블로거들에게 특별한 위치를 차지한다. 이들은 특정 키워드에서 상위노출을 중요하게 여기고 있으며, 연관검색어, 뉴스언론 등에 노출될 경우 그들의 수입은 직접적인 영향을 받는다. 블로그 마케팅을 이용한 마케팅 방법은 저렴한 비용에 비해 많은 효과를 볼 수 있기 때문에 다른 마케팅 방법과 병행해서 사용할 만하다.

3 창업자의 판매 확보 방법

청년창업의 경우 가장 난감하게 생각하는 것이 판로 확보이다. 어쨌든 판로만 있으면 숨통이 트일 것 같은데 영 길이 보이지 않는다는 것이 가장 큰 문제이다. 더 큰 문제는 아무리 우수한 상품을 출시했다고 하더라도 상품이나 서비스에 대해 고객은 전혀 알지 못하고 있다는 점이다. 창업한 지 몇 개월이 지나도록 손님이 손에 꼽을 만큼밖에 방문자가 없다는 것이 문제이다. 특히, 생활에 밀착된 형태의 상품을 취급하지 않을 경우에는 그러한 상태가 오래 지속될 수 있다. 이럴 경우 창업자는 어떠한 방법으로 활로를 찾을 수 있을까?

청년창업자는 자금 운용에서 자유롭지 못하다는 제약을 받고 있다. 이로 인해 대대적인 광고를 펼치기에는 무리가 있다. 그러므로 이들은 자금이 적게 들면서도 효과적인 홍보 방법을 찾아야 한다. 이들에게 홍보란 한 가지 방법만을 사용하는 것이 아니라 비용 면에서 적게 투자하면서 효용성이 있는 방법들을 병행하여 사용하는 것이 효과적이다.

홍보는 처음에는 사업체 주변에서부터 시작하는 것이 좋다. 흔히들 홍보의 범위를 넓게 잡아 많은 비용을 투자하면서도 사업장의 근처는 간과하는 경우가 많다. 내방객들이 매장을 방문하는 비율은 1차 상권 범위에서 70% 정도를 차지하며, 먼 거리에서 찾아오는 고객 비율은 그보다 훨씬 낮다는 점을 유념해야 한다.

판로 확보에서 가장 우선적인 과제는 상품이나 서비스를 알리는 것이다. 이를 위해서는 손님이 매장으로 찾아오게 만드는 것을 최우선 과제로 삼아야 한다. 손님은 이벤트와 공짜를 좋아한다는 특성이 있으므로 적절한 이벤트를 만들고, 궁금증을 유발하게 하는 것도 좋은 방법이다. 특히, 전단지, 현수막, 스티커 등의 홍보수단은 투자비용에 비해 그 효과가 크기 때문에 사업장의 오픈이나 신제품 출시 전에 미리 실행하는 것이 좋다. 이러한 근거리 홍보방식은 인력이 필요하고, 지역적으로 제한조건이 있을 수 있으나, 잘 활용하게 되면 큰 효과를 볼 수 있다. 이는 제품 판매와 직접적인 연관성이 있는 서비스 제공에도 효과적이다.

오픈 당일에는 이벤트회사를 동원하여 오픈행사를 하는 것이 점포를 알리는데 효과적이다. 오픈 행사는 그냥 길을 지나가던 사람들도 뭐가 생겼나 하고 관심을 갖게 한다. 점포 앞에 화환들을 잘 보이도록 놓는 것도 시선을 끌 수 있는 방법이 된다. 일단 사람들을 모으면 반쯤은 성공한 것으로 볼 수 있다. 집객 수가 적을 때에는 아는 사람들을 동원하여 사람을 채워 넣는 것도 생각해볼 만하다. 상품을 디스플레이하거나 서비스 과정을 시연하는 것도 도움이 된다.

점포 내에서 이루어지는 직접적인 광고도 중요하지만, 간접적인 광고도 효과적이다. 한쪽 벽면을 사용하여 서비스나 상품에 대한 안내를 비치하는 것도 좋으며, POP(Point of Purchase)를 사용하여 상품에 대한 시선을 끌어주는 방법도 많이 사용된다. 고객 중 일부는 서비스 안내를 받는 것이나 제품에 대해 일일이 물어보는 것을 부담스러워하는 경우도 있다. 판매자와 대화를 하게 되면 반드시 사야 한다는 부담을 가질 수 있기 때문이다. 이러한 고객에게는 POP를 통해 제품에 대한 간략한 설명과 가격정보를 제공함으로써 구매를 유도할 수 있도록 한다.

1) 인적 네트워크를 활용하자

기업 운영에는 인적 네트워크가 많은 도움이 된다. 인맥이라는 것은 우리 사회에서 무시할 수 없는 인적 자본이며, 자산이라고 할 수 있다. 창업을 할 때에는 지인과 인맥을 활용해 이를 알리고 도움을 구하는 것이 당연한 일이라고 생각해야 한다. 이들에게 홍보나 구매 등을 위한 판로의 개척에 대해 정중하게 도움을 구하면 이를 쉽게 거절하지 않으며, 초반에 많은 도움을 받을 수 있다.

창업자는 영업사원의 측면에서 기업의 상품에 대해 가장 많이 알며, 의욕이 높은 유능한 직원이다. 가용할 수 있는 인맥, 관련된 협회나 모임 등을 최대한 이용하여 영업에 힘을 기울여야 한다. 특히, 중소기업박람회, 창업박람회 등에 반드시 참여하여 기업과 상품에 대해 최대한 많이 알려야 한다. 기업 운영은 사실 영업을 통한 판매라인이 구축되면 어렵지 않게 굴러간다고 할 수 있다. 많이 팔면 팔수록 기업은 더 많은 상품을 생산하게 될 것이고, 이는 매출의 증대를 가져와 자금의 유동성을 안정시켜줌으로써 성장의 기반을 마련할 수 있게 된다.

2) 위탁판매

위탁판매는 매매 거래의 일종으로서 상품을 생산하는 생산자가 판매를 대행기관에 위탁하고, 매출금의 일정 비율의 수수료를 대행기관에 지급하는 판매방식을 말한다. 이러한 판매방식은 창업 초기에 부족한 자금사정으로 시장 확보에 어려움을 겪고 있는 기업이 신제품이나 무명의 상품을 유통하기 위해 사용한다. 흔히 대형 슈퍼마켓에 가보면, 출입구 주변이나 좌우 매대에 저렴한 제품들을 진열해놓고 판매하는 것을 볼 수 있다. 진열된 상품들은 일단 저렴한 가격으로 인해 소비자들의 선택을 받기 쉬운데, 이런 유통업체들은 위탁받은 상품을 판매하고 그 판매대금을 나중에 일괄 계산하여 결제하게 된다. 유통업체에서도 구입 대금의 부담이 없고, 생산자들도 수수료만 지불하게 되면 상품을 유통시킬 수 있다는 이점이 있기 때문에 많은 상품들이 이러한 위탁판매 방식을 이용하고 있다.

위탁판매의 특징은 점포와 종업원을 따로 준비하지 않아도 된다는 점과 초기 투자비용의 부족을 상당 부분 해소할 수 있다는 장점이 있으며, 판매라인을 빠른 시간에 구축하고 확장할 수 있다는 것이 특징이다. 특히, 판매대행 수수료는 매출 발생을 전제로 하기 때문에 생산자의 부담이 더욱 적어진다.

3) 온라인 판매망 구축

온라인 판매는 이미 여러 경로를 통해 알려져 있는 친숙한 개념으로, 소자본 창업을 생각하는 예비 창업자들은 대부분 온라인 판매를 생각한다. 온라인 판매 방식은 크게 두 가지로 나누어볼 수 있는데, 옥션, 지마켓, 인터파크, 11번가 등의 오픈마켓에 입점하는 방법과 독립 온라인 쇼핑몰을 구축하는 방법이다. 오픈마켓은 가입자 수가 많은 만큼 구매자가 많다는 장점이 있는 반면에 수수료에 대한 부담이 큰 단점이다. 그리고 다양한 업종과 상품이 동시에 입점하여 운영되므로 같은 상품이나 유사상품 판매자들이 있을 수 있으며, 이에 대한 선택의 기준은 가격이 될 가능성이 매우 높다. 이러한 오픈마켓과는 또 다른 독립된 온라인 판매방식의 쇼핑몰은 수수료에 대한 부담이 적고, 독자적인 상품을 선보일 수 있다는 장점이 있다. 그러나 소비자에게 직접 노출되는 빈도 수에서는 불리하다는 점과 신뢰성의 확보를 위해 더 많은 노력을 해야 한다는 단점을 지니고 있다.

최근에는 온라인 판매방식과 오프라인의 직접 판매방식을 병용함으로써 서로의 장·단점을 보완하고, 광고의 효과를 서로 공유할 수 있는 판매방식도 많이 사용되고 있다. 즉, 판매방식의 다양화를 시도함으로써 근거리 상권과 원거리 상권을 모두 충족시킬 수 있는 마케팅 방법이다. 최근의 기업들은 이러한 혼합 마케팅 방법에 대해 지대한 관심을 가지고 있으며, 조심스럽게 접근하고 있다.

4 고객관리 및 서비스

고객은 소비자와는 개념에서 차이가 있다. 소비자는 대량생산, 소비 중심의 사고, 제품 중심 등으로 해석된 개념이고, 고객(customer)은 상품을 취향과 라이프스타일에 맞추어 선택하거나 구매하는 사람 중심의 개념이라고 할 수 있다. 즉, 생산만 하면 소비자들이 구매한다는 전통적인 개념은 사라졌고, 공급과잉으로 인해 기업의 경쟁력은 얼마나 고객을 만족시킬 수 있느냐와 관련이 있다. 이는 고객을 만족시키지 못하는 기업은 시장에서의 지배적 구조가 약해진다는 것을 의미한다.

고객관리(customer relationship management)는 기업이 고객과의 관계를 관리해나가기 위한 방법 또는 소프트웨어를 말한다. 고객은 자신의 니즈를 만족하는 상품을 구매하게 되며, 이러한 소비자의 패턴 변화는 시장의 세분화를 이끄는 주류로서, 시장의 재구조화를 촉발시키는 결과를 가져온다. 따라서 기업은 이러한 고객의 니즈를 만족시키기 위해 고객의 구매 관련 행동을 수집하고 분석함으로써 고객을 만족시킬 수 있는 마케팅 전략과 프로그램을 마련해야 하는데, 이것이 고객 중심의 마케팅 기법이다. 즉, 고객관리는 고객 맞춤형 서비스 개념이라 할 수 있다.

고객만족전략(customer satisfaction strategy)은 크게 신규고객의 창출을 위한 공격적 전략과 기존고객을 유지하려는 방어적 전략으로 구분할 수 있다. 고객만족 전략은 고객을 만족시킨다는 의미처럼 신규고객보다는 기존의 고객을 유지하는 데 더 큰 비중을 둔다. 기존고객을 유지하기 위한 전략으로는 관계성의 유지와 판매 후의 서비스 활동을 가장 중요하게 생각한다. 관계성 유지는 기업활동에서 관계를 맺는 고객과의 관계를 유지함으로써 시장점유율을 방어하기 위한 일련의 활동을 말한다. 신규고객을 창출하기 위해 들이는 노력과 비용은 기존의 고객을 유지하는 것보다 몇 배나 더 많은 비용이 지출된다. 뿐만 아니라 기존의 고객을 잃게 되면 점유하고 있던 시장마저 축소되는 결과를 가져오게 된다. 시장이 축소된 기업은 타 기업과의 경쟁에서 불리하게 작용할 뿐만 아니라 뒤쳐지기 쉽다. 따라서 기업들은 기존고객의 유지를 위해 지속적으로 노력해야 한다.

구매 후의 서비스 활동은 판매한 상품에 대한 A/S와 고객의 불편사항들을 수집하고 이를 해결하는 과정에서 신뢰성을 구축하는 과정이다. 현재 소비자에게 인지도가 높은 삼성이나 엘지 등 대기업 브랜드의 상품을 구매하는 가장 큰 이유는 애국심이나 선호도가 아니라 A/S체계와 고객서비스를 쉽게 받을 수 있다는 사실 때문이다. 즉, 구매 후의 서비스 프로그램이 고객의 재구매 의사를 결정하는 가장 큰 요인이 된다.

기업은 판매 전의 활동(presale activity)과 판매활동(sale activity) 그리고 판매 후의 활동(postsale activity) 중 어디에 더 중점을 두어야 할까? 이러한 점은 기업들이 많은 비용을 들여 애프터서비스 활동을 강화하는 것이나, 제품을 판매한 후 전화나 이메일을 통해 서비스만족도를 조사하는 활동을 보면 판단할 수 있다. 이는 신규고객을 만드는 것에 드는 노력보다는 기존고객의 이탈을 막고 유지하는 것이 매출 규모를 확장하는 데 더욱 유리하기 때문이다.

〈사례 4〉

미국의 대형 소매유통업체 Target은 한 여고생 고객에게 임산부용품 쿠폰을 보냈다. 이 쿠폰을 받은 여고생의 아버지는 매우 화가 나서 유통업체에 항의했지만, 결국 나중에 여고생의 아버지가 다시 업체에게 사과하는 일이 발생했다. 실제로 그 여고생이 임신 중이었다는 사실이 밝혀졌기 때문이다. Target은 임산부들이 쇼핑하는 상품에 대한 정보를 쇼핑고객의 빅데이터를 통해 분석한 결과 여고생이 주로 사용하는 제품이 임산부들이 주로 사용하는 품목이었기 때문이었다. 따라서 자동으로 매핑하여 할인 쿠폰을 보내주게 된 것이다. 더욱 놀라운 것은 단순히 임신 사실뿐 아니라 임신 개월 수가 3개월인 것까지 정확하게 알아냈다는 점이다.
과거 마케팅은 상품을 매력적으로 보이게 포장하고 소비자에게 제안하는 것이었다면, 현재는 빅데이터 분석을 통해 고객이 원하는 제품을 적시에 제안하는 마케팅이라고 할 수 있으며, 한 번 구매한 고객에 대한 서비스는 기업의 충성스러운 고객으로 전환되는 계기가 될 수 있다.

출처 : 에그몽(shdpdnjs91)의 네이버 블로그에서 발췌

5 종업원 관리

종업원은 매장의 업무를 현장에서 직접적으로 수행하고 책임지는 중요한 역할을 수행한다. 이들의 서비스 자세는 기업의 이미지와 단골고객의 확보에 영향력을 발휘하므로 종업원의 관리는 기업의 운영과정에서 매우 중요하게 다루어져야 한다.

대체로 경험이 적은 창업자들은 종업원 관리가 어렵다고 생각한다. 이와는 달리 성공한 사업자들의 대부분은 종업원 관리에 성공했다는 공통점을 가지고 있다. 이러한 사실을 보면 종업원 관리가 사업의 성패를 좌우하는 요소 중에서 중요한 위치에 있음을 알 수 있다.

종업원 관리에 있어서는 다음과 같은 방법이 준수되어야 한다.

첫째, 업무를 지시할 때는 구체적으로 지시하고, 일에 대한 결과는 반드시 점검한다.

둘째, 일의 결과가 우수하면 반드시 칭찬하고, 미흡하면 그 원인을 파악하여 보완할 수 있도록 한다.

셋째, 가불은 원칙적으로 금지하고, 퇴직하고자 하는 종업원은 잡지 않는다.

넷째, 청결과 단정함은 경영자와 종업원 모두가 지켜야 할 기본사항이다.

다섯째, 고객을 응대하는 법과 판매하는 상품의 내용에 대해 집중적이고 지속적인 교육이 이루어지도록 한다.

여섯째, 종업원과는 지속적 신뢰관계를 구축한다.

일곱째, 외모는 단정하게, 태도는 공손하게 행하도록 한다.

여덟째, 업무 지시는 구체적으로 개인별로 하며 스스로 일할 수 있게 한다.

아홉째, 업무와 관련된 일을 지시하거나 부여했을 때에는 반드시 그 결과를 확인하여 업무의 진행상황을 명확하게 파악하고 있어야 한다. 지시한 일이 제대로 수행되지 않을 때에는 그에 따른 적절한 대책도 마련되도록 한다.

성공하는 점포와 실패하는 점포의 차이는 종업원의 근무형태에서 나타난다. 나쁜 유형의 종업원이 발견되면 즉시 교체하는 것을 원칙으로 하고, 신입 종업원은 훈련과 교육을 철저히 시켜서 현장에 투입되도록 한다(소상공인진흥원, 2014).

Chapter 07

창업의 자금조달과 관리는 어떻게 해야 하는가?

07 Chapter 창업의 자금조달과 관리는 어떻게 해야 하는가?

창업을 진행하는 데 있어 창업자본은 창업계획을 실행하도록 하는 가장 중요한 기제이다. 창업에 필요한 자금이 마련되지 않으면, 아무리 좋은 계획이라고 하더라도 실행이 불가능하다. 따라서 창업자금의 조달과 이를 운영할 자금운용 계획은 사전에 철저하게 계획되어야 한다.

창업자금은 창업자가 창업을 생각할 때, 제일 먼저 그리고 제일 많이 고민하는 문제이다. 한정된 자기자본으로 창업을 실행하는 데 어려움이 많기 때문이다. 대부분의 초보 창업자들은 부족한 자본금의 마련을 위해 은행의 대출을 생각하게 되는데, 은행에서는 대출금에 대한 담보를 요구하거나 거래실적을 요구하기 때문에 쉽게 접근하기 어렵다. 청년창업자의 대부분은 담보로 제공할 자산을 가지고 있지 않다. 그렇다면 창업자금을 조달하기 위해서는 어떻게 해야 하나? 그리고 자금 관리는 어떤 방식으로 해야 수월하게 창업을 진행할 수 있을까? 여기서는 창업자금의 조달과 관리방법에 대해 알아보자.

1 창업자금을 계획하자

창업자금을 조달하기 위해서는 이를 위한 구체적인 준비가 필요하다. 창업을 위해 필요한 자금은 시설자금과 운전자금으로 구분하는데, 이의 비율은 7 : 3 정도로 계획하는 것이 안정적이다. 운전자금은 창업을 한 후 일정 기간 동안 운영할 수 있는 자금 계획으로, 수익분기점에 도달할 때까지 안정적인 기업 활동을 하는 데 필요한 자금이다. 사업계획에서 운영자금 계획을 완벽하게 세운다고 하더라도 기업 활동을 하다 보면 생각지도 못한 추가지출이 발생할 수 있다.

따라서 안정적인 사업을 위해서는 사업규모보다 자금조달을 더 크게 잡는 것이 유리하다. 자금은 자기자본의 비율과 부채자본의 비율에서 6 대 4 정도로 구성하는 것이 상환과 이자계획에 무리가 없으며, 무리하더라도 50%를 넘지 않는 것이 좋다.

자금조달계획을 세울 때에는 현재 자신이 준비할 수 있는 최대 자금의 규모가 어느 정도인지를 파악하는 것이 우선되어야 한다. 현재 준비되어 있지는 않지만 금융기관으로부터 대출받을 수 있는 최대의 금액은 얼마인지도 미리 알아보는 것이 좋다. 또한, 친·인척과 친구 등으로부터 조달 가능한 규모는 얼마인지, 창업을 위한 정부의 지원제도를 활용하여 받을 수 있는 지원금은 얼마인지도 알아보는 것이 좋다. 이를 통해 조달 가능한 창업자본이 얼마인지 파악하고, 이를 바탕으로 사업계획을 구체적으로 조정해나가야 한다.

표 7-1_ **자금조달계획**

구 분		금 액	조달 기관
자기자본	보유 현금		
	예금 적금		
	기타		
타인자본	친·인척 조달		
	부동산 담보대출		
	신용대출		
	정책자금 대출		
	투자유치		
합계			

정부의 창업지원을 위한 정책자금은 예산, 지원방법, 지원대상, 지원시기 등이 매년 1월 중에 확정 시행되므로 1월 중순 이후에 해당기관의 정보를 확인해야 하며, 이들 정책자금은 정부의 지원금 규모에 따른 한시적 지원금의 성격을 가지고 있다. 이러한 정책자금은 일찍 소진되면 더 이상 지원을 받지 않는다. 따라서 자금조달계획을 세울 때, 정책자금을 얼마까지 받을 수 있는지 해당기관

에 먼저 문의를 한 후 발 빠르게 움직여야 혜택을 받을 수 있다. 그러므로 정책자금을 받기 위해서는 어떤 정책지원자금의 혜택을 받을 것인지를 사전에 체크해두는 것이 필요하다.

1) 창업기업의 성장단계별 자금조달방법

창업은 준비시기부터 많은 자금이 필요하다. 그뿐만 아니라 창업을 하고 나서도 지속적으로 자금 투입을 필요로 한다. 창업자는 이러한 초기 기업을 보육하기 위해 많은 노력을 기울여야 하는데, 이를 위해서는 기업에 충분한 투자금을 유치하여 보급하는 것이 필요하다.

창업 초기에는 대부분 자기자금, 가족·친지자금 등과 출연금, 엔젤자금, 보조금 및 정책자금 등을 조달하여 활용한다. 그러나 기업이 커지면서 성장기에 들어서면 시설자금이나 운영자금의 규모가 커지게 된다. 이에 따라 창업주는 정책자금, 금융기관의 융자 및 벤처캐피탈 등의 투자를 요청하게 된다. 기업이 성숙기에 이르게 되면 금융기관과 회사채 발행 및 상장을 통한 자금조달을 시도하게 된다. 이러한 기업의 성장과 더불어 자금계획을 수립하려면 기업 성장에 이용할 수 있는 가용자원의 종류와 성격에 대해 파악해둘 필요가 있다.

2) 창업정책 지원자금

창업정책자금을 지원받기 위해서는 창업정책 지원자금의 성격을 이해하고, 준비할 필요가 있다. 창업의 지원자금은 그 종류가 다양하고 각기 다른 기관에서 시행하고 있다. 이에 따라 지원자금을 운용하는 주무부처의 성격과 특성을 미리 살펴보고, 궁금한 점은 상담을 통해 알아볼 필요가 있다. 특히, 정권이 바뀌게 되면 각 정부 부처의 정책과 업무의 방향이 달라질 수 있으므로 전에 알고 있던 지식들이 무용지물 상태로 바뀔 수 있다. 또한, 정책자금의 규모와 지원 범위가 매년 달라질 수 있으므로 정책이 바뀌는 시기에 접어들게 되면, 자신이 알고 있는 제도를 다시 확인하여 자금조달계획이 어긋나지 않도록 해야 한다.

(1) 소상공인 정책자금

소상공인 정책자금은 소상공인들에 대한 저리의 정책자금 융자로 안정적 경영환경을 조성하여 소상공인의 자생력을 제고하고 생업안전망을 구축하기 위해 1999년부터 운용되고 있는 제도이다. 여기서 말하는 소상공인은 소기업 및 소상공인 지원을 위한 특별조치법에서 말하는 개념으로 소상공인은 「중소기업기본법」 제2조 제2항에 의거, 소기업 중 상시 근로자가 10명 미만인 사업자를 말한다.

소상공인 정책자금에서 일반자금의 지원대상은 교육, 컨설팅, 나들가게, 프랜차이즈, 신사업개발, 물가안정모범업소, 장기실업자, 여성가장(여성경제인협회에서도 신청 및 접수) 등이며, 특화자금의 지원대상은 협업화 지원, 창조형 소상공인 지원, 장애인 기업 활동 지원, 재해 소상공인 지원 등에 사용된다.

지원대상은 소상공인으로서 사업자등록증을 소지한 개인 또는 법인 사업자이며, 정책자금지원 제외업종 이외의 사업을 영위하고 있는 소상공인이다. 제외업종은 유흥향락업종, 전문업종, 주점업, 입시학원업 등이다.

소상공인 정책자금의 지원내용은 총 대출한도를 벗어나지 않는 범위에서는 추가대출이 가능하다. 이 자금은 기 융자 중인 일반대출이나 정책자금 등에 대한 대환대출로서는 대출이 불가능하나, 저신용자 햇살론 이용자에 한해서는 대환대출을 허용하고 있다. 대출금리는 3.69%인데 분기별 변동금리를 적용하고 있으며, 대출기간은 2년의 거치 기간을 포함하여 5년 이내이다.

소상공인 정책자금은 전국의 62개 소상공인지원센터에서 신청과 접수가 가능하며, 소상공인 시장진흥공단(지역센터)에서 경영현황 등을 상담하여 지원자격 확인을 받은 후 '지원대상 확인서'를 발급받을 수 있다. 이를 가지고 보증기관의 평가를 받는다. 보증기관의 신용보증서(신용보증재단, 신용보증기금)를 발급받게 되면, 이를 통해 시중은행에서 대출이 가능하다.

창조형 소상공인 지원자금

창조형 소상공인 지원자금은 기존 경영방식에 새로운 서비스, 상품(제품), 시스템을 접목시켜 창조적 경영을 도입하거나 준비 중인 소상공인을 발굴하여 지원한다. 신청대상은 다음에 제시하는 경우의 해당사항이 있으면 신청할 수 있다.

① 서비스 분야 : 서비스 및 제품에 아이디어를 접목하여 기존 서비스 및 제품과 차별성을 부여하여 운영 및 도입하려는 소상공인

② 시설 분야 : 설비의 도입·개선, 인테리어 등 시설에 아이디어를 접목하여 기존 시설 및 설비, 인테리어와 차별성을 부여하여 운영 및 도입하려는 소상공인

③ 경영 분야 : 사업 운영 시스템 및 새로운 비즈니스 모델 등 아이디어를 도입하여 사업운영의 효과성 및 효율성을 추진 및 도입하려는 소상공인

④ 영업(마케팅) 분야 : 새로운 아이디어를 접목한 마케팅 기법을 개발하여 운영 및 도입하려는 소상공인

융자한도는 업체당 최고 1억 원이며, 보증수수료 −0.2% 포인트를 감액한다. 교육/컨설팅 없이 소상공인지원센터 전문위원의 평가 후 자금 신청이 가능하다.

출처 : 소상공인시장진흥공단(www.kmdc.or.kr)

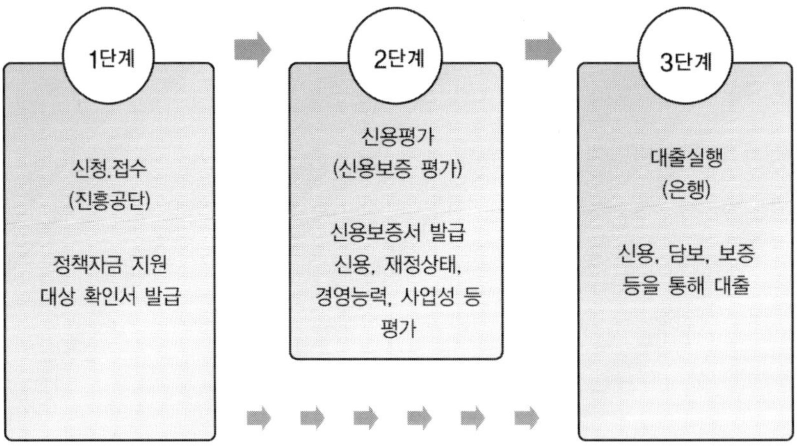

[그림 7-1]_**소상공인 정책자금의 융자 절차**

(2) 중소기업진흥공단의 지원자금

중소기업진흥공단의 정책지원자금은 개별 기업당 매출액의 150% 이내에서 지원한다. 대출금리는 중소기업진흥채권 조달금리에 따른 변동금리를 원칙으로 하나, 시설자금의 경우 각 사업별로 고정금리를 적용할 수 있다.

중소기업진흥공단의 지원자금은 융자 형식으로 매년 1월부터 자금 소진 시까지 월별로 접수하며, 창업기업지원자금(청년전용창업자금 포함), 개발기술사업화자금 및 신성장기반자금은 매월 1~10일 사이에 접수를 받는다. 재창업자금, 협동화 및 협업사업, 수출금융자금, 사업전환자금, 투융자복합금융자금, 소상공인 특화자금 등은 매월 11~20일 사이에 접수를 받는다. 주의할 점은 월별 신청이 예산이 넘게 되면 조기에 마감된다는 점이다. 단, 재해중소기업, 일시적경영애로기업, 사회적 기업, 청년전용 창업자금 중 지방중소기업청 주관 청년창업협의회의 추천을 받은 기업 및 중소기업청 건강관리위원회의 정책자금 연계추천서를 발급받은 기업은 언제라도 수시접수가 가능하다.

중소기업 정책자금의 융자신청 및 접수는 온라인으로 가능하다. 시설자금의 지원은 선사사이트(sbc.MP1.co.kr)를 이용하고, 융자신청 및 접수는 중소기업진흥공단 홈페이지(www.sbc.or.kr)를 통한 온라인 방식으로 해당 지역본(지)부로 융자를 신청한다. 이후 기업평가를 실시하게 되는데, 여기서는 사업 타당성 평가 및 진단평가를 위해 신청기업의 현장을 방문하여 실태조사를 실시한다. 이 조사는 기업의 기술성, 사업성, 미래성장성, 경영능력, 사업계획 타당성 등을 종합 진단·평가하여 기업평가등급(rating)을 산정한다. 이러한 평가결과에서 일정 수준 이상의 기업평가등급을 받게 되면 융자 여부 결정과 융자지원 금액의 통보가 이루어진다. 융자 대상으로 결정된 업체는 융자약정 체결(필요 시 연대보증) 후 중소기업진흥공단의 직접대출이나 금융기관을 통한 대리대출 과정이 진행된다.

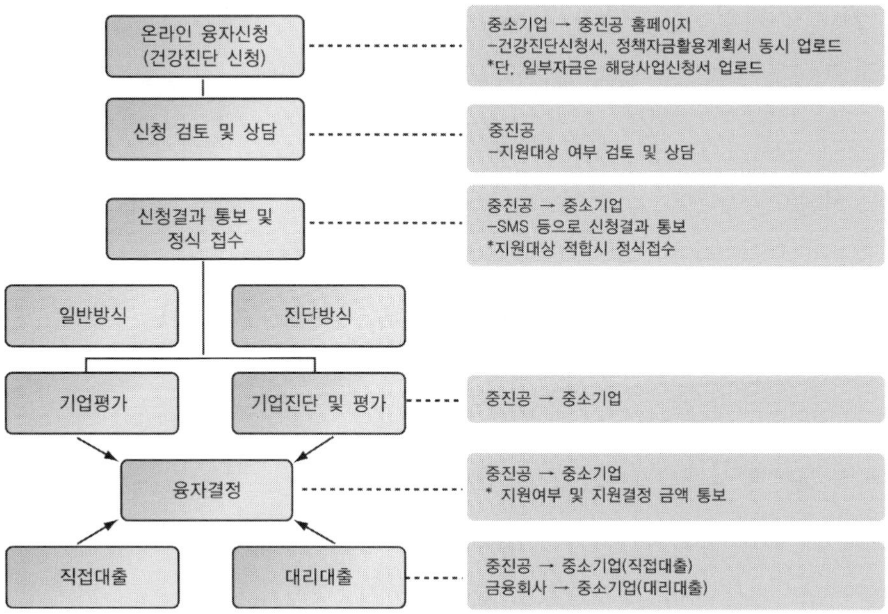

– 출처 : 중소기업진흥공단 홈페이지(http://www.sbc.or.kr)

[그림 7–2] _ **중소기업진흥공단의 정책자금 융자**

중소기업진흥공단의 정책자금 신청업체 중에서 사업 타당성 평가 결과 탈락한 업체는 이의제기를 통해 재심을 받을 수 있다. 융자 결정 탈락일로부터 30일 이내 또는 융자 결정 탈락을 안 날로부터 15일 이내에 재심을 신청해야 한다(중소기업진흥공단 홈페이지 http://www.sbc.or.kr).

(3) 창업기업지원자금

중소기업청과 중소기업진흥공단에서 지원하는 창업기업지원자금은 창업기업지원자금, 재창업자금, 청년전용창업자금 등으로 구분하여 지원하며 정책지원제도로서 1인 창조기업을 포함하고 있다. 창업기업은 「중소기업창업 지원법」 시행령 제3조의 규정에 의해 사업 개시일로부터 7년 미만(신청·접수일 기준)인 중소기업 및 창업을 준비 중인 자(최종 융자시점에는 사업자등록이 필요)를 말한다. 재창업은 간단히 말해서 사업을 실패해서 곤란을 겪고 있는 자를 말하며,

청년전용 창업은 대표자가 만 39세 이하로 사업 개시일로부터 3년 미만(신청접수일 기준)인 중소기업 및 창업을 준비 중인 자(최종 융자 시에는 사업자등록 필요)를 말한다.

① 융자 범위

융자 범위는 시설자금과 운전자금을 지원받을 수 있는데, 구체적인 내용은 다음과 같다. 시설자금은 생산설비 및 시험검사장비 도입 등에 소요되는 자금, 정보화 촉진 및 서비스 제공 등에 소요되는 자금, 공장설치 및 안정성 평가 등에 소요되는 자금, 유통 및 물류시설 등에 소요되는 자금, 사업장 건축자금, 토지구입비, 임차보증금 및 사업장 확보자금(매입, 경·공매) 등의 내용을 지원한다.

운전자금은 창업소요 비용, 제품생산 비용 및 기업경영에 소요되는 자금이며, 재창업자금(생산지원금융)은 구매기업과의 납품계약(계약서 등)에 근거한 제품 생산비용 등의 소요자금이다.

② 융자 조건

융자 조건을 살펴보면, 대출금리는 대체적으로 변동금리를 적용하고 있으나, 청년전용 창업자금은 연 2.9%의 저렴한 금리와 5년의 상환기간(2년 거치 포함)을 적용하고 있으며, 융자 후 1년간 장업컨설팅을 제공한다. 정책자금 기준 금리에서 기준금리 0.15%P를 차감하여 지원하는 창업기업지원자금과 재창업자금의 시설자금을 지원할 때에도 고정금리로 선택이 가능하다.

대출기간은 시설자금은 8년 이내(거치기간 3년 이내 포함)이며, 운전자금은 5년 이내(거치기간 2년 이내 포함)의 대출기한을 갖는데, 생산지원 금융과 같은 재창업 자금은 구매기업의 대금지급일 이내(최대 180일)에서 지원이 가능하다. 융자방식은 창업기업지원의 경우 중소기업진흥공단이 자금 신청·접수와 함께 기업평가를 통해 융자대상을 결정한 후, 중소기업진흥공단의 직접 대출 또는 금융회사를 통한 대리대출을 하게 된다. 재창업기업의 지원은 중소기업진흥공단이 자금 신청·접수와 함께 기업평가 및 도덕성 평가를 통해 융자대상을 결정한 후 직접 대출한다. 청년창업전용창업 지원의 경우에는 중소기업진흥공단이 자금 신청·접수와 함께 교육·컨설팅 실시 및 사업계획서 등에 대한 평가를 통해 융자대상을 결정하고 직접대출(융자상환금 조정형) 또는 시중은행(민간금융 매칭형)이 자금 신청·접수와 함께 평가를 통해 융자대상을 결정한 후 대출을 해준다.

(4) 개발기술 사업화 자금

개발기술 사업화 자금은 전략산업을 영위 또는 영위하고자 하는 중소기업으로서 다음을 만족하는 경우에 신청할 수 있다.

첫째, 산업통상자원부, 중소기업청 등 정부출연 연구개발사업에 참여하여 기술개발에 성공한 기술

둘째, 특허, 실용신안 또는 저작권 등록기술

셋째, 정부 및 정부 공인기관이 인정한 기술

넷째, 국내외의 대학, 연구기관, 기업, 기술거래기관 등으로부터 이전 받은 기술

다섯째, 「기술의 이전 및 사업화 촉진에 관한 법률」상 기술평가기관으로부터 기술평가인증을 받은 기술

여섯째, 기업부설연구소(한국산업기술진흥협회 인정) 보유 기업이 개발한 기술 등이다. 그 외에는 자체 기술을 사업화하고자 하는 Inno-Biz기업 또는 지식재산 경영인증 기업(특허청 인증)의 경우에 자금을 신청할 수 있다.

① 융자 범위

시설자금과 운전자금으로 융자를 받을 수 있는데, 시설자금은 개발기술 사업화에 소요되는 생산설비, 시험검사장비 도입 등에 소요되는 자금을 말한다. 운전자금은 개발기술의 사업화에 소요되는 원부자재 구입비용과 시장 개척비용 등이다.

② 융자 조건

대출금리는 변동금리를 적용하며, 시설자금 지원 시에는 고정금리를 선택할 수 있다. 대출 기간은 시설자금의 경우 8년 이내(거치기간 3년 이내 포함)이고, 운전자금은 5년 이내(거치기간 2년 이내 포함)에서 융자를 받을 수 있으며, 중소기업진흥공단이 자금 신청 접수와 기업평가를 통해 대상 기업을 결정한 후 직접대출 방식으로 융자를 받을 수 있다. 융자상담은 중소기업진흥공단 각 지역 본(지)부에서 받고 있다(중소기업진흥공단 홈페이지 http://www.sbc.or.kr).

(5) 협업자금

협업자금은 연구개발, 제조, 디자인, 마케팅 등에 특화된 중소기업이 부족한 역량을 상호간의 협력과 보완을 통해 제품을 개발, 생산 및 판매하거나 관련 서비스를 지원함으로써 제조업과 서비스업의 동반성장을 도모하기 위한 정책지원자금이다.

① 융자 신청 대상 및 범위

협업자금의 신청은 2개 이상의 중소기업이 규합하여 중소기업청에 협업사업계획 승인을 신청하고, 중소기업청의 협업사업계획 승인을 득한 협력업체 중 협업자금 융자를 희망하는 기업이 대상이 된다. 협업자금은 협업사업계획의 안정적인 추진을 위한 판로개척, 기술 및 제품개발, 원자재 구매, 상표 개발 등에 소요되는 자금으로 사용할 수 있다.

② 융자 조건

협업자금은 변동금리를 적용받는다. 대출기간은 시설자금은 10년 이내(거치기간 5년 이내), 운전자금은 5년 이내(거치기간 2년 이내)를 적용받는다,

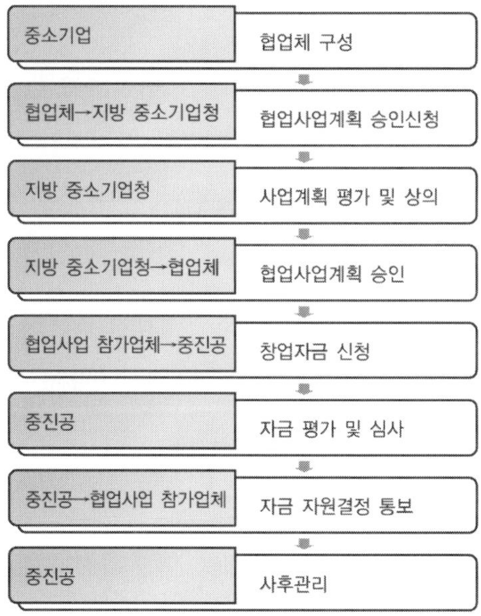

– 출처 : 중소기업진흥공단 홈페이지(http://www.sbc.or.kr)

[그림 7-3]_**중소기업청의 협업자금 융자과정**

(6) 미소금융(Microcredit)

신용등급이 낮아서 은행권의 대출이나 정책자금의 지원금을 받지 못하는 경우에는 또 하나의 창업자금 마련 방법이 있는데, 그것이 바로 미소금융이다. 미소금융은 금융기관 이용이 어려운 신용등급 7등급 이하인 자나 차상위계층을 대상으로 자활에 필요한 창업자금, 운영자금 등을 무담보·무보증으로 지원함으로써 자립할 수 있는 기반을 마련해주는 소액대출사업이다(미소금융중앙재단 홈페이지 www.smilemicrobank.or.kr). 미소금융의 상환방법은 5년 이내에 원리금 균등분할 상환 거치식으로 운영한다.

미소금융중앙재단에서는 생활밀착형 창업을 위한 여러 가지 대출상품을 마련하고 제도권 금융기관 이용이 어려운 서민을 대상으로 자활에 필요한 창업자금을 무담보·무보증으로 지원하고 있다. 이를 위한 재원은 금융회사의 휴면계좌, 6대기업(삼성, 현대차, LG, SK, 포스코, 롯데)의 출연금과 5대 은행(KB, 우리, 신한, 하나, IBK)의 미소금융재단 설치로 미소금융사업을 수행하고 있다.

미소금융자금대출은 저신용자나 저소득자에게 마지막으로 부여되는 대출기회이다. 미소금융의 대출에는 프랜차이즈 창업 대출, 창업임차자금 대출, 운영자금 대출, 시설개선자금 대출, 무등록 사업자금 대출, 청년·대학생에 대한 긴급자금 대출 등이 있다.

표 7-2_**미소금융의 대출 종류**

한도	대출기간		이자율		상환방법
	상환기간	거치기간	상환기간	거치기간	
프랜차이즈 창업자금 대출 : 소규모 소자본으로 창업이 가능한 프랜차이즈업체와 연계하여 사업장 임차자금, 권리금 및 기타 창업에 필요한 자금을 지원하는 대출					
7천만 원	5년 이내	1년 이내	4.5% 이내	4.5% 이내	균등분할
창업임차자금(사업장임차보증금) 대출 : 신규창업 임차자금의 경우 사업장임차보증을 사업소요자금 총액 중 기 확보 자금을 제외한 부족자금 범위 내로 하되, 사업장 임차보증금 이내에서 지원하며 업종 전환, 사업장 이전의 경우에도 신규창업에 준하여 지원한다.					
7천만 원	5년 이내	1년 이내	4.5% 이내	4.5% 이내	균등분할
운영자금 대출 : 사업자등록일부터 6개월 이상 운영 중인 자영업자로, 제품, 반제품, 원재료 등의 구입자금, 기타 판매활동 및 운영에 필요한 자금을 지원한다. 단 업종 전환, 사업장 이전의 경우에는 신규창업으로 간주하며, 기존의 영업기간은 인정하지 않는다.					
2천만 원	5년 이내	6개월 이내	4.5% 이내	2.0% 이내	균등분할
시설개선자금 대출 : 사업자등록일로부터 6개월 이상 운영 중인 자영업자로, 사업장 시설개선을 위해 필요한 집기, 비품, 영업용 차량 등의 신규구입·교체·보수 자금으로 활용할 수 있다.					
2천만 원	5년 이내	6개월 이내	4.5% 이내	2.0% 이내	균등분할
무등록사업자 대출 : 사업자를 등록하지 않았거나 등록대상에 해당하지 않는 영세자영업자의 창업에 소요되는 자금 및 제품, 생계형 차령비품, 집기 구입 등을 위한 무등록사업자지원자금이다.					
500만 원	5년 이내	6개월 이내	2.0% 이내	2.0% 이내	균등분할
청년·대학생에 대한 긴급 미소금융자금 대출 : 만 19~29세 청년 및 대학생 중 다음의 각 호에 해당하는 경우 대출 대상이 된다. 첫째, 저신용자로서 신용등급 7등급 이하자나 신용정보가 없는 무등급자. 둘째, 저소득자로서 기초수급자, 차상위계층, 근로장려금 신청자격 요건자					
300만 원	3년 이내	1년 이내	4.5% 이내	4.5% 이내	균등분할

미소금융 대출 대상에서 제조업, 금융·보험업 및 관련 서비스업, 사치성향적 소비나 투기를 조장하는 업종 등 생활형 서비스업 이외의 업종 창업이나 운영

중에 있는 경우와 연체정보, 대위변제정보, 부도정보, 관련인 정보, 금융질서문란 정보 등이 전산망에 올라가 있는 경우에는 지원 대상에서 제외된다(미소금융중앙재단 홈페이지 www.smilemicrobank.or.kr).

(7) 기타 자금지원제도

위에서 언급한 정책자금의 지원금 말고도 근로복지공단(www.welco.or,kr)의 장기실업자 및 실직한 여성 가장 자영업 창업지원(1억 원 이내, 연 3%)과 한국여성경제인협회(www.womanbiz.or.kr)의 저소득 여성 가장 생계형 창업지원(3천만 원, 연 3%), 한국장애인고용촉진공단(www.kead.or.kr)의 장애인 자영업 창업지원(5천만 원, 연 3%) 등의 제도가 시행되고 있다.

(8) 신용회복위원회와 한마음 금융(주)을 이용한 신용조정 및 소액자금 대출

대체로 융자나 대출의 경우 신용이 낮거나 금융정보기관에 정보가 등록된 경우 모든 대출에서 제외되기 쉽다. 그러나 이러한 경우에는 신용회복 지원기관을 통해 자신의 신용등급과 채무를 조정할 수 있다.

신용회복위원회와 한마음 금융(주)의 사업은 신용회복 중에 있는 자의 예상치 못한 급전 수요에 대해 저리로 자금을 지원함으로써 금융채무불이행자로 재전락하는 것을 방지하고 실질적인 경제적 회생을 촉진하기 위한 목적이 있다. 이 기관에서는 채무 변제금을 일정 기간(12개월과 24개월) 미납 없이 성실하게 납부하는 사람의 경우 500만 원 범위 내에서 소액신용대출을 하고 있는데, 이는 4~6%의 이자와 5년 이내의 대출기간 그리고 원리금 균등 분할상환의 조건이다.

3) 출연금 지원받기

출연금은 회수하지 않는 정책지원자금이라 할 수 있다. 중소기업청에서 지원하는 R&D 지원금이 대표적인 경우인데, 정부의 출연비율은 75~90%로, 담보나 보증도 필요 없고 이자도 내지 않는 지원금이다(김수현 외, 2014). 정부출연금의 사전적 의미는 국가가 해야 할 사업에 대해 민간기업이 대신하는 것이 더 효과적이라고 판단될 경우, 법령에 근거하여 민간에게 반대급부 없이 국가가 재정상 원조를 행하는 출연제도를 말한다.

(1) 중소기업청의 R&D 지원 사업

중소기업청의 정책자금은 R&D 지원사업이 대표적이다. R&D 지원금은 성장 잠재역량을 보유하고 있는 창업기업 및 1인 창조기업에 대한 기술개발 지원을 통해 기업의 생존을 제고하고 성장기반을 강화하기 위해 실시하는 것이다.

중소기업청의 '기술개발지원사업'은 기술개발의 어려움을 겪고 있는 중소기업을 위해 기술개발 과제 수행을 조건으로 무담보·무이자의 정책자금을 지원하고 기술개발 성공 시 지원금액의 일정비율에 해당하는 금액을 기술료로 납부받는 사업이다. 세부 사업은 중소기업 기술혁신개발사업, 기업협동형 기술개발사업, 구매조건부 신제품개발사업, 중소기업 이전기술 개발사업, 제조현장녹색화 기술개발 사업 그리고 창업보육 기술개발 사업 등이다.

(2) 창업넷의 창업성장 기술개발 사업

창업성장 기술개발 사업은 성장 잠재 역량을 보유하고 있으나 기술개발 자금부족으로 어려움을 겪고 있는 창업기업과 1인 창조기업에 기술개발자금을 지원하는 사업 프로그램이다. 지원 대상은 「중소기업기본법」 제2조의 규정에 의한 중소기업 중에서 과제별 자격기준을 충족하는 기업이며, 숙박 및 음식점업, 부동산업 및 임대업, 오락업 및 문화업, 공공 수리 및 기타 서비스업 등은 제외된다. 창업성장 기술개발 사업은 창업과제와 1인 창조기업 과제의 프로그램을 운영하고 있는데, 다음과 같은 지원이 가능하다.

표 7-3 _ **창업넷의 창업성장 기술개발 사업**

분 야	내 용	개발기간 및 금액	지원 한도
창업과제	• **창업과제** : 수요자 선택형 건강진단 프로그램과 연계한 창업기업의 기술개발 지원 • **투자연계 멘토링** : 엔젤투자 및 벤처캐피탈의 투자참여와 더불어 1 : 1 멘토링을 조건으로 창업기업 기술개발 지원	• **창업과제** : 최대 1년, 2억 원 • **투자연계 멘토링** : 최대 1년, 1억 원	• **창업과제, 투자연계 멘토링** : 90% 이내
1인 창조기업 과제	• **1인 창조기업** : 1인 창조기업의 기술개발 지원 • **이공계꿈나무** : 이공계 대학(원)생의 연구개발 지원	• **1인 창조기업** : 최대 1년, 1억 원 • **이공계꿈나무** : 최대 1년, 0.5억 원	• **1인 창조기업** : 90% 이내 • **이공계꿈나무** : 100%

지원과제의 선정평가는 기술평가, 대면평가, 최종 선정으로 이루어진다. 이 사업의 관리기관은 지방중소기업청이며, 전문기관으로서는 중소기업기술정보진흥원에서 담당한다.

기술평가는 관리기관에서 해당분야 전문가 등을 통해 사업계획서 내용의 사실 여부, 개발여건, 수행능력, 경영상태에 대해 평가하며, 대면평가는 전문기관에서 산·학·연 전문가 7인 내외로 평가위원회를 구성하여 기술개발 및 사업화 계획의 적절성, 사업비 산정의 합리성 등을 평가한다. 또한 최종 선정은 대면평가 순위에 따라 건강관리위원회에서 지원대상을 결정한다.

창업과제의 지원절차는 신청·접수, 건강진단, 과제기획 대상 선정, 과제기획 지원, 대면평가, 심의 확정, 협약체결, 진도 점검, 사후관리의 순서로 이어진다.

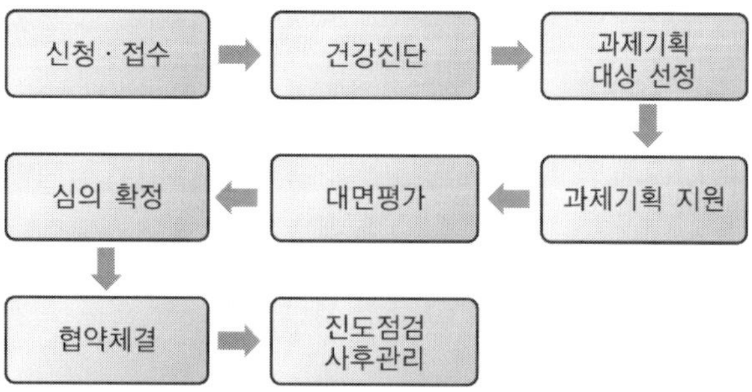

[그림 7-4] _ **창업넷의 창업과제 진행절차**

(3) 출연금을 통한 창업지원 사업

최근 상환의무가 없는 정부출연금에 대해 창업자들의 관심이 높아지고 있다. 정부출연금 사업에 선정되기 위해서는 철저하고 빈틈없는 계획이 필요하다. 정부출연금 참가자들은 전문기관의 평가위원회에 의해 꼼꼼하게 심사를 받게 되는데, 1차 서면평가에서는 사업계획서의 충실성, 사업비 구성의 적절성 등을 평가하여 대면평가 대상자를 선정한다. 2차 대면평가에서는 사업계획서의 내용, 발표내용 등을 종합 검토하고, 사업비의 적정성 등을 평가하여 현장평가 대상자로 선정한다. 이후 3차에서는 소속직원이나 해당분야의 전문가를 파견하여 현장평가를 실시하는데, 이는 신청기업에 대한 기술 개발능력, 인프라(연구인력, 보유시설), 사업화 가능성 등을 심층적으로 조사하게 된다.

신규과제 선정의 평점기준은 대면평가 점수가 60%, 현장평가 점수가 40%, 그리고 우대배점과 감점요인으로 구성되며, 엄격한 과정의 평가를 통해 신규지원과제로 선정된다.

이러한 평가를 무사히 통과하기 위해서는 기술경영 인프라 구축, 기술사업계획서 작성, 기술능력과 사업화능력에 대한 입증 등에 대한 설득력을 가져야 한다. 이러한 정부의 지원사업에 지원하는 과정은 전문가들에게도 무척 꼼꼼한 점검이 필요하다. 다음에 소개하는 정부의 R&D 지원사업은 이러한 정책지원사업을 이용하기 쉽도록 코칭과 자문을 지원하는 프로그램이다.

한국정책자금기술평가관리원은 정책자금 스타기업 육성을 위한 R&D활용코칭지원사업을 운영한다. 이를 통해 중소기업의 각종 정부지원사업 활용역량을 강화하고 기업의 성장단계에 최적화된 R&D 관련 공적 자금 조달이 효과적으로 지원되고 있는 지에 대한 맞춤형 코칭 및 밀착형 자문을 제공한다. 이는 정부지원사업 활용 능력을 극대화하는 스타 중소기업으로 성장 발전할 수 있도록 돕기 위한 지원사업이다(한국정책자금기술평가관리원장, 2014).

이 사업은 정책자금 전문위원단의 맞춤전략 코칭 및 자문을 통해 성장단계에 최적화된 공적 자금조달과 각종 정부지원사업을 활용 그리고 기업에 필요한 각종 인증 획득 등의 자문이 필요한 중소기업에 알맞은 프로그램이며, (예비)창업지원 사업자들이 창업기업지원자금의 활용을 위해 필요한 코칭과 자문을 얻을 수 있는 사업이다.

한편, 창업을 위한 컨설팅 사업의 활성화로 많은 컨설턴트가 생겨나고 활동도 활발해지고 있는데, 이를 악용한 사기사건 피해자도 빈번하게 발생하고 있다. 특히, 정책자금을 받게 해준다고 광고하는 업체나 유사 사이트의 사기에 주의해야 하며, 꼼꼼히 알아보고 건실한 업체인지, 실적은 어떠한지에 대해 확인하는 과정을 거친 후 컨설팅을 받아야 한다.

(4) 중소기업청의 창업지원 사업

중소기업청은 예비 창업자와 창업 초기기업의 성공창업을 돕기 위해 창업지원 사업을 전개하고 있는데, 대학생들에게는 창업 강좌 및 창업동아리를 지원하고 일반인·예비 창업자에게는 실전창업교육, 성공 CEO와의 멘토링과 네트워킹 등을 제공하고 있다.

① 대학생 창업아카데미

이 사업에서 대학생 창업아카데미(창업강좌 및 동아리 육성지원)는 학점이 인정되는 창업 강좌를 지원하고 창업동아리 멘토링 및 시드머니(seed money)를 지원한다. 신청기간은 2~3월 중이며, 창업교육 운영기관 선정(창업넷 집수, www.chanfupnet.go.kr)후 교육기관별로 교육생을 별도로 모집한다.

② 민·관 공동 창업자 발굴·육성 사업

대기업이나 민간기업을 대상으로 하는 창업기획사가 우수 예비 창업자를 발굴하여 창업 멘토링, 시제품 제작 및 지분투자까지 연계 지원하여 성공창업을 지원하는 사업이다. 이 사업의 지원 대상은 예비 창업자 또는 창업 3년 이내의 기업 대표자 등이다. 이 사업에서 지원되는 것들로는 다음과 같은 것이 있다.

첫째, 기술개발비, 시제품제작비, 마케팅비 등의 사업비

둘째, 경영역량과 창업분야 전문지식 등의 노하우 전수

셋째, 창업의 전 과정 코칭 및 창업 사무공간 제공

넷째, 우수 창업자에게 지분투자를 연계

사업비 지원은 과제당 총 사업비의 80% 이내이며, 신청방법은 창업넷(www.changupnet.go.kr)의 온라인상으로 접수한다.

③ 기업가센터 운영

이 사업은 대학생들에게 창업교육 및 창업 관련 프로그램(네트워킹, 컨설팅 등)을 제공하여 대학 내 창업을 확산하고, 재기창업자들에게 재기창업지원 프로그램을 지원하는 목적으로 운영한다. 이를 위해 참여 대상은 대학생과 재기창업자에 한정하며, 기업가센터별로 개별 모집한다. 지원 내용은 대학 내 창업가정신·창업교육, 네트워킹, 보육, 컨설팅, 재기창업의 지원 등이다. 관련 문의는 창업진흥원 창업기업센터로 하면 된다.

④ 청년창업사관학교

이 사업은 예비 창업자를 선발하여 사관학교와 같은 체계적인 창업교육을 실시하고, 창업단계 전 분야를 일괄 지원하여 젊고 혁신적인 청년 CEO로 양성하고자 하는 데 목적이 있다. 신청대상자는 만 39세 이하의 예비 창업자 및 창업 후 3년 이내의 기업 대표자이며, 중소기업청의 창업사업화 사업에 참여한 경험이 없는 최초 지원자와 중기청 창업사업화 사업에 참여하여 성공판정을 받고 기업을 유지 중인 자를 대상으로 지원한다. 구체적인 지원 내용은 기술개발비, 시제품제작비, 마케팅비 등의 사업비를 지원하고, 경영역량과 창업분야 전문지식 등 체계적 창업교육, 창업의 전 과정 집중 코칭 및 사관학교 내에 창업 사무공간 등을 제공한다. 신청기간은 매년 1월 말~2월 초이며, 창업넷에서 접수한다.

⑤ 창업맞춤형 사업화 지원

창업맞춤형 사업화 지원은 창업 아이템의 사업화 지원과 대학 등 전문기관을 통한 창업지원 프로그램을 제공하는 창업성공률 제고 사업이다. 신청대상은 예비 창업자 및 창업 1년 미만의 기업이며, 지원 내용은 대학 등 창업지원 인프라를 활용하여 창업 아이템 사업화를 지원하고, 시제품 제작, 마케팅 등에 소요되는 자금을 지원한다. 신청방법은 창업넷에서 하며, 문의는 창업진흥원 창업멘토링센터이다.

⑥ 시제품 제작터 운영

시제품 제작터는 디자인·제품설계·시제품으로 이어지는 원스톱서비스를 지원하여 초기(예비) 창업자의 아이디어를 시제품으로 제작하는 것을 도와준다.

신청 대상은 「중소기업기본법」에 따른 중소기업 및 예비 창업자이며, 3년 미만의 중소기업, 예비 창업자, 20인 이하 소기업과 수출유망 중소기업은 우선 지원 대상이다. 지원내용은 디자인→설계→실물모형 제작에 이르기까지 일괄 제작지원(시중가의 60% 수준) 한다.

⑦ 1인 창조기업 비즈니스센터 운영

이 사업은 1인 창조기업에 대해 사무공간을 제공하고 세무·회계·법률 관련 전문가 상담과 전문교육 등의 경영지원 및 사업화를 지원한다. 지원내용은 사무공간, 회의실, 휴게실, 창조카페 등 비즈니스 공간을 지원하고, 세무·회계·법률·특허 등의 전문가 상담, 교육, 정보 제공 등의 경영지원을 하며, 1인 창조기업과 외부기관(기업) 간 프로젝트 연계 및 수행 기회 제공, 지식서비스 거래 및 사업화 지원 등의 내용을 담고 있다. 신청방법은 1인 창조기업 패밀리 카드를 발급받은 후 입주신청을 해야 한다. 이는 창업넷에 1인 창조기업 정회원을 신청하고 승인을 받은 후 1인 창조기업 비즈니스센터에서 발급받을 수 있다. 개인사업자는 사업자등록증(사본)과 건강보험자격득실확인서가 필요하며, 프리랜서는 프로젝트 수주계약서(확인서) 또는 이에 준하는 서류와 건강보험자격득실확인서가 있으면 신청할 수 있다. 예비 창업자의 경우에는 건강보험자격취득 사실에 대한 확인서만 있으면 된다.

1인 창조기업 비즈니스센터는 연중 수시로 접수하고 있으며, 창업진흥원의 창업넷에서 신청할 수 있고, 지식서비스팀으로 문의할 수 있다. 이 외에도 중소기업청은 많은 사업을 시행하고 있으므로 어떠한 사업이 새롭게 시작되는지 수시로 확인해 보아야 한다. 이들 사업지원을 위한 자금의 총 규모는 수조 원에 달하는 천문학적인 금액으로, 혁신적인 창조경제의 기반을 마련하기 위해 점차 지원범위가 넓어지고 있다.

⑧ TIPS 프로그램(글로벌시장형 창업사업화 R&D, 이스라엘식)

이 프로그램은 중소기업청에서 발표한 창업팀 지원계획으로, 글로벌 시장을 지향하는 기술력을 갖춘 유망한 창업팀에게 과감한 도전 기회를 제공하기 위한 것이다. 성공벤처인의 멘토링 → 엔젤투자 → 보육 → 정부 R&D를 매칭해 일괄 지원함으로써 미래 유망 창업기업을 육성하려는 이스라엘식 기술창업 기업 육성 프로그램이다.

신청자격은 예비창업팀 또는 창업하여 사업을 시작한 날로부터 7년이 지나지 않은 중소기업으로 첨단·고기술 기반의 구체적인 기술개발을 계획하고 있는 2인 이상의 팀원으로 구성된 창업팀(중소기업창업지원법 제2조, 제2항)으로 기관(대학, 연구기관 등) 또는 기업에 소속된 상태로 창업을 희망한 경우에 사업신청이 가능하다. 이 사업에서 최종 선정되면 법인 설립을 추진해야 한다는 단서를 달고 있다.

지원 내용은 창업팀당 최대 6억 원 이내에서 지원되는데, 그 내용으로는 엔젤투자금에서 1억 원(정부출연금 20%) 이상을 선투자하고, 창업기업의 지분을 확보하며, 정부출연금은 5억 원(정부출연금 90% 이내)을 지원하며, 민간부담금은 기술개발자금의 2% 이상의 현금과 기술개발자금의 8% 이상의 현물이다.

인큐베이터 졸업 후 창업팀에 대한 최종평가에서 '성공'으로 판정될 경우 3년 이내에 정부출연금의 10%를 기술료로 납부하면 되는데(최장 3년간 분할납부 가능), 일시납부나 조기납부 시에는 20~40%까지 감면도 받을 수 있다.

이 사업은 운영기관의 자체 심사를 통해 창업팀을 발굴하여 투자 여부를 결정하고 투자를 확약한 창업팀을 관리기관에 추천한다. 관리기관은 이를 서면평가·대면평가한 후 각 단계의 평가를 통과한 창업팀에 대해 '심의조정위원회'에서 종합평점 우선순위, 지원예산 규모 등을 고려하여 최종 선발한다.

표 7-4_**TIPS(글로벌시장형 창업 사업화 R&D) 엔젤투자기관**

운영기관명	웹 사이트	(투자)전문분야	소재지
카이트 창업가재단	kite@kiteef.or.kr	제조, 부품소재, 의료바이오	대전 유성구
케이큐브 벤처스	rosie@kcubeventures.co.kr	IT(모바일, 소프트웨어)	서울 강남구
캡스톤 파트너스	hjkim@cspartners.co.kr	제조, 부품소재, IT	서울 서초구
파운더스 엔젤네트웍스	apply-rnd@primer.kr	IT(소프트웨어)	서울 용산구
패스트 트랙아시아	plan@fast-track.asia	IT(소프트웨어)	서울 강남구

2 창업투자금 유치

창업 초기의 스타트업(start up) 기업들이 유치할 수 있는 투자금은 크게 엔젤투자와 벤처캐피탈이다. 엔젤투자와 벤처캐피탈은 그 성격에서 민간투자자와 기관투자자라는 차이가 있는데, 안정성이 어느 정도 입증된 기업에 투자하는 것이 벤처캐피탈이라고 할 수 있는 반면, 엔젤투자는 예비투자가와 창업 초기 기업에서 받을 수 있다는 점에서 차이가 있다. 일반적으로 창업기업이 안정적인 상태로 성장하기 위해서는 5~7년 정도의 기간이 소요된다. 이 기간의 특성에 따라 투자금이 투입된다. 벤처캐피탈은 특성상 최소한의 위험으로 2~3년 내에 투자회수가 가능한 프로젝트 위주로 기업에 투자하는 속성이 있다. 따라서 벤처캐피탈은 창업 초기의 기업이 받기는 어렵기 때문에 이들은 대체로 엔젤투자를 이용한다. 창업 초기 집중적인 투자를 통해 단기간에 투자이익을 얻기 위해서는 엑셀러레이터 사업의 지원을 받기도 한다.

1) 엔젤투자(angel investment)

엔젤투자는 개인들이 돈을 모아 창업하는 벤처기업에 필요한 자금을 대고 주식으로 그 대가를 받는 투자형태를 말한다. 엔젤투자 형태는 엔젤투자자들이 돈을 모아 투자하는 투자클럽의 형태를 띠고 있으며, 투자한 기업이 성공적으로 성장하여 기업가치가 올라가면 수십 배 이상의 이득을 얻을 수 있다. 반면에 실패할 경우 투자액의 대부분이 손실을 입게 되는 특성이 있다. 즉 엔젤투자자는 아이디어와 기술력은 있으나 자금이 부족한 예비 창업자, 창업초기단계(early stagc) 기업에 투자하고 경영자문도 하면서 성공적으로 성장시킨 후 투자 이익을 회수하는 개인 투자자들을 말한다. 엔젤투자에 대한 법적 근거는 명확하지 않으나, 「중소기업창업 지원법」, 「벤처기업육성에 관한 특별조치법」, 「자본시장과 금융투자업에 관한 법률」, 「조세특례제한법」 등과 대통령령에 근거하고 있다. 법적 근거가 명확하지 않다는 점과 소득세법에서의 혜택이 없다는 점은 엔젤투자의 활성화에 대한 걸림돌로 작용하고 있다.

우리나라의 엔젤투자는 2000년 벤처 붐이 붕괴되면서 투자열기가 급격하게 냉각됨에 따라 벤처투자에 대한 신뢰성 저하와 투자자들의 이탈로 2011년까지 지속적으로 감소되는 추세였다. 그러나 최근의 창조경제를 위한 정책에 힘입어 다시 증가하고 있는 추세이다. 2000년 당시의 엔젤투자자는 2만 8,875명에 달하였으나 2011년에는 불과 619명으로 급격하게 줄어들었다. 그러나 2012년부터는 다시 늘어나기 시작하여 2,610명, 2013년은 4,870명으로 크게 늘어났다(엔젤투자지원센터 등록기준 http://www.knan.or.kr). 이렇듯 엔젤투자가 다시 활성화되는 원인은 최근 정부에서 창조경제를 외치며 창업 풍토와 기반 구축에 관심이 증대되고, 엔젤투자에 대한 법적근거와 세제혜택을 확대하기로 방침을 정함에 따라 엔젤투자자들이 빠른 속도로 증가하고 있다.

엔젤투자는 개인투자자들에 의한 투자 성격을 가지고 있는데, 우리나라의 엔젤투자가 처음으로 만들어진 1990년대 말에는 투자에 성공하면 수십 배의 이익을 돌려받을 수 있다는 점을 믿고 묻지마 투자의 경향을 보이기도 했다. 그러나 2000년대에 들어서 이득을 얻지 못한 투자자들이 많이 빠져나갔으며, 근래에는 엔젤투자자의 구성원에 은퇴한 대기업 중역이나 성공한 창업자들이 유입되어, 이들을 중심으로 점차 스마트 엔젤투자 방식으로 방향을 선회하고 있다. 스마트 엔젤투자는 창업 초기의 창업가들에게 자금의 투자뿐만 아니라 멘토링을 통해 빠르게 기반을 잡을 수 있도록 도와주는 역할을 한다.

(1) 엔젤투자지원센터

엔젤투자지원센터는 2012년 10월 중소기업청으로부터 위임받아 (사)한국엔젤투자협회의 부설기관으로 설치되어 운영되고 있다. 이 기관에서는 엔젤투자 정보망 운영, 엔젤투자자 등록·관리, 엔젤투자 교육 및 정보 제공, 투자지원 및 사후관리, 엔젤투자매칭펀드 접수 등의 제반 사업을 수행하고 있으며, 엔젤투자 환경 및 시스템의 선진화를 통해 창업기업들의 성장을 적극 지원하고 있다. 엔젤투자자들은 엔젤투자지원센터에 등록해야 투자매칭펀드의 활동을 할 수 있으므로 대부분 이곳에 가입한다. 엔젤투자지원센터는 엔젤투자가들에게 엔젤투자 교육을 실시하고, 투자정보를 제공하며, 이러한 투자가 체계적으로 이루어질 수 있도록 도움을 주고 있다.

(2) 엔젤투자마트

엔젤투자마트는 엔젤투자지원센터에서 운영하고 있으며, 창업기업에 투자유치 기회를 제공하고 있다. 또한, 엔젤투자자의 기업발굴에 대한 통로 역할을 하고 있으며, 벤처캐피탈의 초기기업에 대한 투자기회를 제공하여 확대시키는 것을 목적으로 하고 있다.

주요 내용 및 프로세스는 엔젤투자마트 수시접수 및 사업계획서 작성, PT 요령 코칭과 투자유치 전략상담, 엔젤투자자 대상 투자마트(투자설명회)를 개최하고 있다.

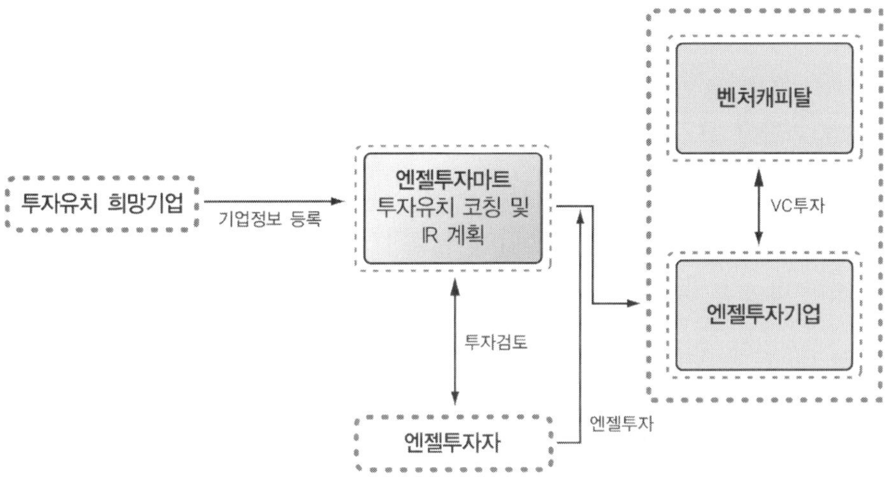

– 출처 : 엔젤투자지원센터

[그림 7-5] _ **엔젤투자마트 투자 유형**

(3) 엔젤투자, 엔젤매칭펀드

엔젤펀드는 독특한 기술과 참신한 아이디어를 갖췄으나, 자본이 부족한 벤처기업에게 자금을 지원하여 성공할 경우 투자자금을 회수하는 고위험·고수익 자본이다. 즉, 개인투자자들이 중심이 되어 고성장이 기대되는 기업을 창업하는데 소요되는 자금을 제공하고 그 주식을 취득하는 펀드를 말한다. 엔젤투자와 엔젤매칭펀드를 이용하려면 엔젤투자지원센터에 회원으로 등록해야 한다.

엔젤투자매칭펀드(창업지원 사업)는 초기기업의 창업 활성화 기반 구축을 위해 창업 초기 중소기업에 대한 엔젤투자자 및 정부가 매칭투자하는 사업이다.

즉, 이는 엔젤투자자가 투자할 경우 정부와 1:1 매칭으로 투자금을 투자하는 형식으로 지원하는 것이다. 지원분야와 대상은 중소기업창업 지원법 상의 투자금지 업종이 아닌 업종이어야 하며, 예비 창업자나 창업 후 7년 미만의 기업으로서 기업가치가 50억 원 미만인 기업을 대상으로 이루어진다.

엔젤매칭펀드에 대한 신청접수는 엔젤투자지원센터 또는 지역엔젤관리기관에서 받고 있다. 주관부서는 한국벤처투자(주)이며, 사업에 대한 자세한 내용은 중소기업청(www.smba.go.kr)에서 공지하고 있다.

① 엔젤투자 클럽

엔젤투자 클럽은 투자자가 직접 기업을 분석하고 투자하는 동호회 성격의 모임이다. 엔젤투자 클럽은 투자조합이 성립되기 전의 형태를 가진다. 이들 클럽은 여러 명의 투자자들이 돈을 모아 투자하는 형태로, 리드엔젤과 서포트엔젤 등으로 구성된다. 리드엔젤은 창업 경험이 있는 50세 전후의 성공한 은퇴자 또는 경영자로서 벤처기업 지원에 주도적인 역할을 하고 있으며, 풍부한 자금, 경영 경험, 기술평가능력을 보유하고 지원하는 투자자이다. 서포트엔젤은 전문지식을 가지고 창업자를 지원하는 변호사, 회계사, 컨설턴트 등의 전문적 종사자 또는 벤처기업의 지인으로서 간접지원 또는 자기 자금을 투자하는 투자자이다.

엔젤클럽은 회장, 총무 등의 조직을 갖추고 최소 10인 이상의 회원을 확보해야 한다. 또한, 적격 투자실적 또는 1억 원 이상 신주 투자실적을 보유하고 있는 자가 1인 이상 있어야 하고, 분기별 1회 이상 클럽활동에 대한 보고를 해야 하며, 연 1회 이상 신주 투자실적(2천만 원 이상)을 유지해야 한다(한국벤처투자주식회사, 2014).

② 대학 엔젤투자매칭 펀드

창업지원법상 창업제외업종 이외 업종에서 기업을 운영하는 창업초기기업으로 기업가치가 50억 원 이하인 대학 관련 기업으로, 다음의 6가지 요건 중 하나 이상을 충족해야 한다.

첫째, 대학교수가 창업한 기업(단, 해당 대학교수가 대주주 & 임원)

둘째, 학생(대학원생 포함)이 창업한 기업(단, 해당 학생이 대주주거나 CEO)

셋째, 대학 내 소재 기업(주소지 확인)

넷째, 산학협력(대학) 기술지주회사의 자회사

다섯째, 창업자가 학사 또는 석/박사 학위를 취득한 후 창업(해당 창업자가 대주주 & CEO)한 기업(단, 해당 창업자와 엔젤투자자가 학부 또는 대학원 동문인 경우에 한함)

여섯째, 중소기업청 및 창업진흥원에서 지원하는 대학 내 창업교육 프로그램(교육시간 80시간 이상)을 수료한 자가 창업(해당 창업자가 대주주 & CEO)한 기업

위와 같은 대학 관련 엔젤투자매칭펀드의 경우에는 소액투자(3,000만 원 이하)의 경우 1차 확인 및 현장점검 결과 특이사항이 없을 경우 2차 적격판정위원회를 거치지 않고 자동으로 매칭되는 혜택이 부여된다. 대학 엔젤투자매칭펀드에 매칭할 수 있는 엔젤투자자의 요건은 엔젤클럽을 통한 투자자, 개인투자조합, 개별엔젤투자자(전국단위 요건을 충족하고, 대학과 관련 있는 교수 및 교직원), 산학협력(대학) 기술지주회사(현금투자분에 한정) 및 대학관련 투자가능기관 등이다.

③ 청년 엔젤투자매칭펀드

청년 엔젤투자매칭펀드는 아산나눔재단과 공동출자한 펀드이다. 투자기업 매칭 요건은 창조초기기업으로 기업가치 50억 원 이하의 중소기업으로서 대표이사가 만 39세 이하이거나 만 29세 이하 임직원 비중이 50% 이상인 기업이어야 한다.

엔젤클럽을 통한 투자자와 개인투자조합, 개별 엔젤투자자 등의 조건은 전국 단위 요건과 동일하다.

<전국 엔젤투자 단위요건>

(개별 엔젤투자자)

- 엔젤투자지원센터에 회원으로 등록하고, 최근 2년간 적격투자 실적 또는 1억 원 이상 신주 투자실적 보유
- 센터 등록 후 신주 투자실적(2,000만 원 이상)과 최근 6개월 내 엔젤활동(교육, 포럼, 세미나, 기업IR 등 참여 사실)이 있는 자로서 센터에서 적격성 심의를 통과한 자
- 엔젤투자 전문성과 멘토 가능성을 보유한 것으로 인정되는 기업가
- 엔젤투자지원센터가 실시하는 교육을 이수한 자(이 경우는 3인 이상이 인당 최소 1천만 원, 합계 5,000만 원 이상을 공동 투자할 것)
- 한국엔젤투자협회가 국내투자자와 동등한 요건을 갖추고 있다고 인정하는 국외 엔젤투자자

(엔젤클럽을 통한 투자자)

- 엔젤투자지원센터에 등록된 엔젤클럽으로서 일정조건을 갖추고 있을 것
- 소속 클럽이 엔젤활동 실적이 있을 것
- 3명 이상의 회원이 공동투자형태로 2천만 원 이상 투자(1인당 500만 원 이상)
- 엔젤클럽을 통해 투자된 경우에는 매칭 투자금액의 1%를 클럽에 지원함

– 출처 : (주)한국벤처투자(2014)

(4) 엔젤투자의 회수

KVIC에서 투자회수 의사결정을 하면 투자를 회수할 수 있다. 엔젤투자자의 의무보유기간은 1년(단, M&A가 될 경우 예외)이며, 매각 원칙은 엔젤투자자와 동일한 조건으로 공동매각(동반매도권 보유) 한다.

엔젤투자매칭펀드에서는 엔젤투자자에 대한 콜옵션을 부여하고 있는데 첫째, 엔젤투자매칭펀드 보유 주식 50%(법인형 엔젤투자자는 20%)를 대상으로 하며 둘째, 행사기간은 투자 후 1년이 되는 시점에서부터 3년이 되는 시점까지 셋째, 행사가격은 엔젤투자매칭펀드 투자원금에 연복리 5%를 가산한 금액으로 한다.

2) 벤처캐피탈(venture capital)

벤처캐피탈(모험자본)은 고도의 기술력을 가지고 있어 장래성과 성장 가능성이 있으나, 자본과 경영능력이 취약한 벤처기업이나 중소기업에 자본과 경영관리 등의 종합적인 경영을 지원하여 기업을 육성한 뒤 투자자본을 회수함으로써 투자수익을 얻는 금융방식을 말한다.

즉, 벤처캐피탈은 투자에서 잠재적인 투자위험이 높아 일반 시중은행에서 자금을 융통하지 못해 고전하고 있는 기업들 중 성공할 가능성이 높은 기업을 발굴하여 지분참여를 통해 장기적인 지원자금을 투입하고 경영과 기술지도 등 다양한 전문 노하우를 제공하여 육성하는 제도이다. 투자자 입장에서도 지원을 통해 기업가치가 높아지면 자금을 회수함으로써 높은 투자수익률을 얻을 수 있는 장점이 있다.

우리나라의 벤처캐피탈은 1986년 「중소기업창업 지원법」이 제정됨에 따라 본격적으로 설립되어 기업의 기술혁신, 자금조달 지원, 기술평가 등의 역할을 하고 있다. 한국벤처캐피탈협회는 1989년 12월 당시 상공부로부터 (사)한국투자회사협회로 사단법인 설립허가를 받아 발족했다. 이들은 「중소기업창업 지원법」에 의해 등록된 중소기업창업투자회사, 「여신전문금융법」에 의한 신기술사업금융회사, 그리고 「벤처기업육성에 관한 특별조치법」에 의해 모태조합으로부터 출자 받은 상법상 유한회사 회원이다. 1986년 중소기업창업 지원법 제정 후, 총 251개 창업투자회사가 등록되었고, 149개사가 말소됨으로써 2014년 3월 기준으로 102개사를 유지하고 있다.

국내 벤처캐피탈의 창업투자회사가 102개라면 투자조합의 수는 2014년 3월 기준으로 450개로 확인되고 있는데, 이들 조합의 재원은 11조 4,989억 원이며, 창업투자회사 계정의 재원은 1조 811억 원으로 나타나 창업투자시장의 총 재원은 12조 원을 상회하고 있다(한국벤처캐피탈, 2014).

> **창업투자의 성공담으로 보면,**
> KTB네트워크는 1997년 게임개발업체 '이오리스'에 2억 6천만 원을 투자하고 경영지도를 했는데, 이 업체가 크게 성장하여 2000년 코스닥에 등록하게 되었다. KTB는 이 회사의 주식을 팔아 244억 5천만 원의 투자자본을 회수하게 되었는데, 투자 3년 만에 투자원금의 90배 이상을 벌어들였다. 이후에 창업투자사들은 기업을 육성하여 상장시킴으로써 수익률의 극대화를 이루고자 노력하고 있다.

(1) 벤처캐피탈의 투자를 받으려면 어떻게 해야 하나?

벤처캐피탈의 투자를 받으려면 벤처캐피탈이 어떠한 기업에 주로 투자하고 있으며, 그들이 선호하는 투자 유형은 무엇인지를 살펴보고, 그들이 충분히 투자할 가치가 있다고 생각하도록 하는 것이 중요하다.

벤처캐피탈은 신뢰가 가지 않는 경영자가 운영하는 기업이나 독자적 경쟁우위 요소를 지니고 있지 않는 기업, 누구나 할 수 있는 사업 등에 대해서는 투자를 하지 않는다. 이들은 정보통신 분야처럼 시장이 크고, 성장속도가 빠르며, 높은 수익을 창출하는 산업 분야에 진입하는 기업을 선호한다. 따라서 이들이 선호하는 사업계획서를 제출하기 위해서는 다음과 같은 요소를 중요하게 다루어야 한다.

첫째, 우수한 경영진이다. 주요 기술자를 포함한 경영진의 능력은 기업의 내실을 나타나게 할 뿐만 아니라 그 기업의 미래를 예측하는 중요한 요소가 된다. 따라서 창업자는 성실성과 정직성을 이들에게 어필할 수 있도록 노력해야 한다.

둘째, 경쟁력 있는 제품 및 서비스이다. 즉, 지속적인 경쟁력의 우위를 유지할 수 있고, 이를 지속적으로 유지시킬 수 있는 방안을 어필해야 한다. 벤처캐피탈은 어떤 독자적인 제품보다는 그 회사만이 보유하고 있는 핵심적인 기술적 요소를 더 중요하게 생각하기 때문이다. 특히, 특허 등의 독자기술의 확보는 매우 중요하다.

셋째, 매력적인 시장성이다. 기업이 성장함에 있어 가장 중요한 것은 넓은 시장성이다. 시장성의 확대는 기업 발전의 중요한 요소이며, 성장 잠재력의 필수 요건이다. 사업계획에는 이러한 시장성을 분석하여 매력적인 시장이 있음을 설득시켜야 한다. 이를 위해서는 시장성의 규모, 시장의 변화에 영향을 줄 수 있는 환경적 요소들에 대한 충분한 분석 자료가 제시되어야 하며, 이를 위해서는 공신력 있는 외부기관의 자료를 활용하는 것이 신뢰도를 높이는 데 도움이 된다.

넷째, 합리적인 재무계획이다. 창업 초기의 대부분 기업들은 높은 재무위험이 잠재하고 있으므로 수익성과 함께 자금의 흐름에 대한 철저한 계획이 있어야 한다. 특히, 매출신장이나 시장변화에 대처할 수 있는 대처방법을 제시하고, 이를 통해 안정된 수익을 창출할 수 있도록 재무계획이 세워져야 한다.

이렇듯 벤처캐피탈의 투자를 유치하려면, 사업계획서의 각 부분별로 투자자를 설득할 수 있도록 투자판단의 근거를 정확하게 제공하도록 노력해야 하며, 핵심적인 내용이 담겨져야 한다. 이러한 사업계획서는 멘토와 함께 충분히 고민하고, 창업컨설턴트의 도움을 얻는 것도 고려해볼만 하다.

(2) 벤처캐피탈의 투자현황 분석

한국벤처캐피탈협회에서 제공하는 벤처캐피탈 창업투자 현황의 자료를 통해 신규투자현황을 살펴보면, 2013년의 투자는 1년 이하의 기업에 대한 투자내역에서 141건에 대해 1,246억 원을 투자했으며, 창업 3년 이하의 초기기업에서는 354건에 3,699억 원을, 3~7년의 중기기업에는 212건에 3,259억 원을 투자했다. 이는 2003년의 1년 이하 기업에 대한 투자가 59건과 716억 원의 투자에 비한다면 크게 늘어난 수치이다. 또한, 2003년에는 총 630건의 투자 중에 1년 이하의 기업은 59건에 불과했지만, 2013년의 신규투자 755건 중에 1년 이하의 기업은 141개를 차지하고 있다. 이는 벤처캐피탈의 투자유형이 중소기업 중심에서 점차 초기기업으로 이동하고 있음을 보여주는 것이다.

2014년 3월까지의 업종별 투자현황에서는 바이오/의료(19.5%)가 가장 높은 비중으로 투자되었으며, 그 다음으로는 영상/공연/음반(19.1%), ICT 제조

(15.4%) 등의 순으로 나타났다. 업체별 투자현황에서는 투자업체 수 기준으로 초기단계가 전체의 48.7%로 가장 많은 비중을 차지했으며, 중기가 26.7%, 후기가 24.6%로 나타났다. 투자금액 기준으로는 후기가 50.0%, 초기가 29.5%, 중기가 20.5%를 기록하고 있다.

지역별 투자현황에서는 서울과 경기지역이 각각 34.9%와 26.6%를 기록하여 수도권이 63.7%를 차지하고 있다(한국벤처캐피탈, 2014).

3) 엑셀러레이터 사업

엑셀러레이터(Accelerator)는 초기 창업자를 선별하여 3개월 내외의 짧은 기간 동안 집중 보육하는 기관을 말하며, 스타트업을 만들어내는 '공장'에 비유하여 스타트업 팩토리라고도 불린다(박선영, 2012). 이 엑셀러레이터는 2000년대 중반 미국 실리콘밸리에서 파생된 창업보육의 한 개념으로, 창업기업을 대상으로 멘토링, 네트워킹, 지분투자 등을 체계화한 비즈니스를 전문으로 하는 기관이다(강유리, 2014). 이러한 엑셀러레이터는 엔젤투자나 벤처캐피탈이 중·후기에 성과를 내는 기업에 집중되는 것과 대비하여 창업 초기의 기업에 단기간에 집중하여 투자수익을 얻는 형태의 비즈니스를 주로 하고 있다. 이들 엑셀러레이터 기업은 최근 우리나라에도 도입되었으나, 아직 효용성 검증이 되지 않은 상태로서 법적·제도적 근거와 기반이 부족하여 법적 분쟁의 소지를 내포하고 있어 빠른 제도적 정비를 필요로 하고 있다. 이에 대해 정부에서는 초기 단계인 국내 엑셀러레이터 육성을 위해 엑셀러레이터의 전문역량 강화, 협업체계 확충, 성장기반 구축 등의 3가지 육성방안을 내놓고 있다(이계윤, 2014). 최근에는 경제기조가 창조경제와 혁신으로 흐르며, 창업에 대한 지원과 기반 조성에 힘을 쏟고 있다. 따라서 엑셀러레이터도 조만간 창업시장에서 굳건한 위치를 차지할 수 있을 것으로 예측된다.

3 재무관리

재무관리(corporate finance)의 사전적 의미는 '기업이 필요로 하는 자금을 합리적으로 조달하고, 조달된 자금을 효과적으로 운용하는 과정'을 뜻한다. 즉, 재무관리는 기업의 경영활동에 필요한 자금을 조달하는 자금조달결정과 투자결정의 의사결정을 말한다. 가장 간단한 재무관리는 가정에서 쓰는 가계부를 들 수 있다. 한 달 수입은 얼마이고, 어떠한 용도와 용처에 사용하는지를 정리하다 보면, 다음 달에 나갈 용처와 그 쓰임이 보이게 된다. 이를 기업구조에 그대로 투영해보면 자금의 규모에 따라 재무구조도 좀 더 복잡해질 것이다. 기업에서의 재무업무는 '회계'와 '자금'의 두 축으로 볼 수 있으며, 서로 보완적인 성격을 지니고 있다. '회계'는 기업의 재무상태와 경영성과를 체계적으로 정리하여 재무관리를 할 수 있도록 하는 기능을 하며, '자금'은 기업 활동을 위해 필요한 자금을 안정적이고 효율적으로 조달하여, 이를 효율적으로 운용하도록 해준다.

1) 재무제표란?

회계정보는 재무제표로 표시하는데 대차대조표와 손익계산서가 대표적인 예이다. 대차대조표는 회사의 재무상태를 알려주며, 손익계산서는 회사의 경영성과가 어느 정도인지 알려준다. 따라서 재무제표는 고객에게 회사의 재무상태와 경영성과를 잘 보여줄 수 있는 관점에서 작성되어야 한다.

재무제표는 기업의 경영상태를 종합적으로 보고하는 기능을 가졌는데, 복식부기 방식으로 작성된다. 복식부기는 회사의 재산상태와 이익의 내용을 쉽게 파악할 수 있도록 양 측면(주고받는)을 동시에 기록하여 재산 현황(자산, 부채, 자본)과 현금의 흐름(수입, 지출) 등의 재정 상태를 모두 기록할 수 있는 방법이다. 따라서 세금과 관련해서도 이러한 기장방법을 알아둘 필요가 있다.

2) 자금의 흐름

기업 활동에서 자금의 흐름은 매우 중요한 요소이다. 이러한 자금의 흐름은 비용과 투자의 개념으로 해석할 수 있는데, 비용은 수익으로 연결되지 않는 지출이며, 투자는 수익으로 연결되는 지출이다. 똑같이 지출되어도 비용은 자산의 감소를 의미하지만, 투자는 수익을 창출하게 된다. 비용을 아끼고 투자를 늘리면 기업이 성장하고 실질적인 이익이 발생하는 것처럼 자금의 흐름은 잘 관리하여 운용과정에서 수익이 발생할 수 있도록 해야 한다. 자본의 운용은 곧 투자라고 할 수 있다. 자본의 운용은 기업이 투자에 대한 결과로 수익을 기대함으로써 현재의 가용 가능한 자금을 지출하는 것을 말하는데, 어느 자산에 얼마를 투자할 것인지를 결정하는 것은 매우 중요하다. 이러한 기업의 재무업무에는 장기간에 걸친 고정자산에 대한 투자결정과 단기간의 자금운영을 위한 운전자본관리 등이 포함된다.

기업의 자금을 어떻게 조달해야 가장 유리한가는 기업을 운영하는 경영주 입장에서 매우 중요한 일이다. 재무관리는 기업 가치를 극대화하기 위한 목적을 가지고 있으며, 이를 위해서는 최적의 자본구조가 어떤 자본구조에 의한 영향을 받는지 살펴볼 필요가 있다.

(1) 자본구조이론

기업에서 조달하는 자금은 자기자본과 타인자본으로 구성되는데, 이들의 구성비율을 자본구조라 한다. 일반적으로 타인자본에 대한 비용은 자기자본 비용보다 낮기 때문에 기업이 타인자본을 많이 조달하게 되면 기업의 가중평균자본비용이 낮아지는 효과가 있다. 전통적 자본구조이론은 이처럼 타인자본을 적절히 사용함으로써 기업이 최적의 자본구조를 이룰 수 있다는 입장이다. 반면에 MM(Modigliani & Miller)이론은 전통적 접근법에 반박하여 기업의 최적자본구조는 존재하지 않으며, 부채의 사용과 관계없이 가중평균자본비용[2)]은 일정하고,

이러한 결과로 기업 가치도 일정하게 된다고 보는 이론이다.

① 전통적인 자본구조이론

전통적인 자본구조이론에서 기업가치는 자본구조에 영향을 받으며, 기업 가치를 극대화시키는 최적의 자본구조가 존재한다고 보고 있다. 이와 관련한 접근 방식으로는 순영업이익 접근법(net operating income approach), 순이익 접근법(net income approach), 전통적 접근법(tradition approach) 등이 있다.

첫째, 순영업이익 접근법은 타인의 자본을 사용하여 자본비용이 감소되는 효과가 있으나 일정 이상의 부채사용으로 인해 경영위험이 증가하여 자본비용이 서로 상쇄되므로, 기업의 가중평균자본비용은 변하지 않는다는 이론이다.

둘째, 순이익 접근법은 자기자본비용에 대해 일정하다는 것과 타인자본 의존도 증감에 주주들이 민감하게 반응하지 않는다는 가정을 전제로 한다. 기업의 가치는 순이익의 창출능력에 의해 좌우되므로 타인자본이든 자기자본을 사용하든 현금이 많을수록 증가한다는 것이다.

셋째, 전통적 접근법은 순이익 접근법과 같은 맥락으로 접근하나. 부채비율의 크기에 따라 기업의 가치가 변동된다고 보고 있다. 즉, 부채비율이 낮을 때는 부채 사용으로 인한 위험도가 낮기 때문에 기업의 가치가 올라가고, 부채비율이 높으면 부채 사용으로 인한 위험성이 증가되기 때문에 기업 가치가 하락한다. 따라서 타인자본의 사용에 있어서 이를 적절히 이용함으로써 가중평균자본비율을 낮게 유지하면, 기업의 가치를 높일 수 있다.

② Modigliani와 Miller의 이론

Modigliani와 Miller는 가중평균자본비용은 기업의 경영위험도에 의해 결정되는 것으로 자본조달 구조에 의한 재무위험과는 무관하며, 영업이익이 변하지

---

2) 가중평균자본비용은 기업이 타인의 자본을 조달하여 사용하는 대가로 지불해야 하는 비용을 말하는데, 조달의 원천이 따라 지불하는 비용이 각기 다르다. 따라서 이들 비용의 평균치를 가리켜 '가중평균자본비용'이라고 한다.

않는 한 기업가치는 변하지 않는다고 보았다. 이는 순영업이익 접근법과 비슷한 맥락을 가지고 있다. 이와 같은 Modigliani와 Miller의 이론을 ‘MM이론’이라고 한다.

Modigliani와 Miller의 MM이론은 자본구조이론의 전개에서 다음과 같은 가정을 제시하였다.

첫째, 완전자본시장이 존재한다. 완전자본시장은 정보가 완전하고, 비용이 없으며, 파산비용이 없으며, 기업에 대한 조세가 없는 시장을 말한다.

둘째, 모든 기업은 순영업 흐름의 확률분포에서 같은 동질적 위험집단으로 분류된다.

셋째, 모든 기업은 위험성이 없는 부채와 위험성이 있는 부채의 두 가지 유형의 자본을 조달한다.

넷째, 기업의 미래 영업수익의 확률분포에 대해 모든 투자자는 동일한 기대치를 갖는다.

MM이론은 이러한 가정 하에 다음과 같은 세 가지 명제를 도출했다.

첫째, 기업 가치는 자본구조와는 무관하다.

둘째, 레버리지가 증가하면 비례적으로 자기자본비용이 상승하여 저렴한 부채사용에 대한 이점을 상쇄하게 된다.

셋째, 자본조달과 자본구조는 무관하다. 즉, 기업에 대한 투자는 자본환원율(가중평균자본비용)과 관련되며, 조달 자본의 형태에 의한 영향은 받지 않으며, 기업의 가중평균자본비용과 투자에 대한 한계자본비용은 동일하다.

MM이론은 전통적 자본구조이론 중 순영업이익 접근법의 타당성을 수학적으로 증명했다는 점에서 의의가 크다.

③ 균형부채이론

균형부채이론은 MM이론에서 완전자본시장이라는 가정 하에 법인세와 개인소득세를 고려함으로써 수정한 이론으로, 타인자본의 지급이자에 의한 감세 효과와 이에 따른 개인소득세의 증가로 인해 서로 상충되므로 기업의 가치는 자본구조와는 무관하다는 주장이다. 이 이론에서는 법인세를 고려할 경우 타인자본을 많이 사용할수록 이자비용의 감세 효과로 인해 현금의 흐름이 커지고, 기업에 투자한 개인투자자들의 세전 수입도 증가하지만, 개인소득세에 의한 누진세율 구조로 세수 수입이 감소하여 실제로는 이득이 상쇄된다는 것이다. 따라서 기업의 자본구조와 기업 가치는 서로 영향을 주지 않으므로 자본구조는 기업가치와 무관하다고 주장한다.

(2) 자본비용의 중요성

자본비용(cost of capital)은 기업이 자금을 조달하는 대가로 자본 제공자에게 지불하는 비용이다. 기업은 자금을 투자하여 얻을 수 있는 수익모델에서 이러한 자본비용을 넘어서야 경제성이 있다고 할 수 있다. 경제성의 근거는 수익률이 되고 수익률은 곧 기업 가치를 판단하는 근거가 된다. 즉, 기업은 자본을 투자한 투자자들에게 투자이득을 지불해야 한다는 것인데, 이를 자본비용이라고 한다.

기업은 수익모델에서 제품을 생산하고 이를 판매함으로써 수익을 얻는다. 이를 비용으로 본다면 원가와 영업비용, 그리고 이윤으로 정리할 수 있는데, 여기에 자본비용이 추가되어야 그 수익모델을 완성할 수 있다.

자본비용은 자금에 대한 이자 개념과 물가상승률, 그리고 금리와 같은 기회비용에 대해서도 적용할 수 있는데, 이러한 개념의 자본비용은 기업의 수익모델과 그 기업의 가치의 크기를 결정하는 변수로서도 작용하기 때문에 충분한 고려가 있어야 한다.

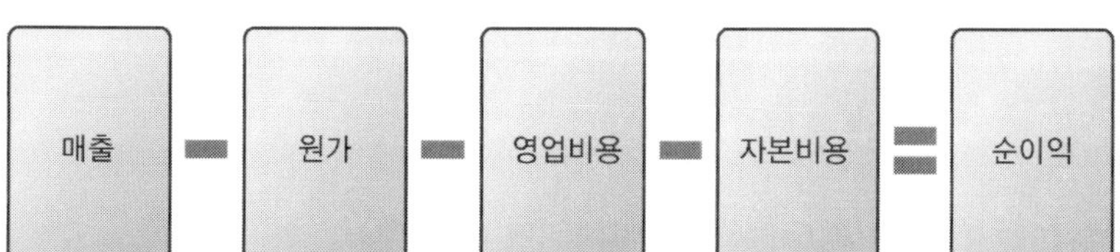

[그림 7-6]_ **기업의 수익모델**

(3) 국내 기업들의 재무구조

김용구(2004)는 국내 기업의 부채를 통한 자금조달에 영향을 미치는 요인으로 부채비율과 성장성이 관련되어 있으며, 부채비율로 인한 이자비용과 재무상의 위험으로 인해 부채비율이 높을수록 부채를 통한 자금조달을 줄인다고 보았다. 또한, 매출이 증가하는 기업들의 경우에 부채를 통해 자금을 조달하여 자기자본 수익률을 높이고자 하는 경향을 가지고 있어 공격적인 기업경영의 형태를 보인다고 했다. 즉, 기업의 자금조달에는 수익성, 성장성 및 부채비율 등이 부채를 통한 자금조달에 영향을 준다.

최근 부채를 통한 자금조달에 있어서 부채비율이 커질수록 자본비용이 많이 발생하고, 재무구조에서 부실을 불러온다고 믿는 사람들이 많다. 이는 외환위기를 겪고, 장기적 불황이 지속되면서 부채상환에 대한 압박의 경험을 겪은 사람들의 이야기이다. 부채의 구성에서 단기부채의 비율이 높으면 기업의 재무구조는 나쁘다고 말하고, 이를 시장상황의 변화에 따른 상황적 대처에 악영향을 줄 수 있는 요인으로 본다. 그러나 적당한 타인의 자금, 즉 부채는 기업성장과 매출 증가의 측면에서 본다면, 적정한 규모의 차입은 자금의 흐름을 원활하게 하는 동력원으로 작용한다.

Chapter 08

사업의 타당성은 어떠한가?

08 Chapter 사업의 타당성은 어떠한가?

사업 타당성에 대한 분석은 창업 아이템과 아이디어를 바탕으로 구상한 사업계획이 경제성이 있는지, 그리고 투자 가치가 있는지를 판단하는 과정이다. 이러한 판단이 필요한 이유는 창업을 구상하는 단계부터 실행하는 단계까지 사업계획에 따라 수행되기 때문이다.

사업 타당성의 분석은 사업계획서가 잘 작성되었는지를 보기 위한 이유도 있지만, 수익성과 경제성을 따져 투자할 가치에 대한 의사결정을 하기 위함이다. 그렇다면 사업 타당성 분석의 과정은 어떻게 이루어지는지 살펴보도록 하자.

1 사업의 타당성 분석

사업의 성공과 실패의 요인은 너무 많아서 한마디로 정의하기 어렵다. 창업에서 실패를 줄이고 성공 가능성을 올리는 방법은 사업계획 단계에서부터 성공할 수밖에 없도록 구성하는 일이다. 즉, 사업을 실행하는 데 있어서 필요한 각 요소들을 철저하게 검토하고 검증함으로써 사업성의 유무와 어느 정도 성장할 수 있는지를 확인해야 한다. 이는 사업의 성공을 위해서는 객관적인 시각에서 사업의 타당성을 확보해야 할 필요가 있다는 것을 의미한다. 사업 타당성의 분석결과가 사업의 성공을 담보하는 것은 아니나, 사업 실패의 리스크를 최대한 줄이고, 좀 더 사업을 성공으로 다가갈 수 있도록 돕는다는 점은 부인할 수 없는 사실이다. 이러한 점에서 볼 때, 사업 타당성의 분석은 기업의 생존력을 높여줄 수 있는 방안을 찾는 총체적인 과정으로 볼 수 있다. 그러나 예비 청년창업자들이 사업을 계획할 때, 대부분 이러한 사업 타당성에 대한 검토를 소홀히 하는 경우가 많다. 사업 타당성은 사업의 성공 가능성에 대한 정보를 파악하고, 이를 분석하기 위해 시행되므로 창업하고자 하는 청년창업자의 특성과 창업 아이템에 따라 그 분석의 형식과 내용이 매우 다양하다. 그러나 사업 타당성의 분석은 일반적으로 시장성 분석, 기술성 분석, 수익성 분석이라는 3가지 요인을 위주로 이루어지며, 여기에 경쟁성 분석, 자금수지 및 성장성 분석이 더해진다. 또한, 이를 토대로 기업의 가치와 수익증대를 가져올 수 있는 사업인지를 총체적으로 분석하는 과정이 사업 타당성 분석이다. 경우에 따라서는 사업계획서와 사업 타당성 분석을 하나로 묶어서 생각하는 경우도 있으나, 사업계획서와 사업 타당성 분석은 엄연히 다른 것이다. 사업 타당성의 분석 결과를 토대로 사업계획서를 작성하는 것이 더욱 현명한 절차이기 때문이다.

창업을 준비하거나 자영업을 경영하는 청년창업자들의 경우 주먹구구식의 눈대중으로 손익계산을 하는 경우를 볼 수 있는데, 이러한 구시대적인 방식으로는 빠르게 변화하는 환경적 요소와 위기의 상황에서 적절하게 대처하기 어렵다.

1) 사업 타당성 분석의 필요성

청년창업뿐만 아니라 기존의 기업에서도 새로운 사업에 진출하고자 구상한다면 선행되어야 할 것이 있다. 그것은 바로 사업 타당성에 대한 분석이다. '시장성은 있는가?', '신규 사업에서 우월적 경쟁력이 있는가?', '경쟁제품에 대해 기술적 우위를 가지고 있는가?', '신규 사업에 필요한 자금의 조달은 가능한가?', '시장의 성장 가능성은 있는가?' 등에 대한 검토이다. 청년창업의 경우 성공 여부는 청년창업자 자신뿐만 아니라 창업과 직·간접적으로 관련된 사람은 물론이고 사회·경제적 측면에도 영향을 줄 수 있는 중요한 사건으로 사전에 충분한 조사와 검토가 필요하다. 사업 타당성 분석을 통해 청년창업자는 다음과 같은 장점을 얻을 수 있다.

첫째, 객관적이고 체계적인 분석을 통해 사업의 성공을 가늠하도록 하여 사업 실행의사를 명확히 하는데 도움을 준다.

둘째, 사업계획 단계에서 제품의 생산성, 시장성, 수익성, 경제성 등 세부항목의 분석을 통해 사업의 구체적인 상황을 미리 그려봄으로써 운영상의 설계를 도울 수 있다.

셋째, 사업계획의 문제점 및 잠재적 요소를 파악하고 그 대응책을 마련할 수 있으며, 이를 통해 성공 가능성이 없는 사업에의 투자나 진출을 회피할 수 있다.

넷째, 사업 타당성 분석을 통한 빈틈없는 사업계획서는 사업의 성공 가능성과 투자수익성을 투자자에게 어필함으로써 자금조달에 도움이 된다.

사업 타당성 분석은 창업자가 사업의 성공을 가늠하기 위해 실시하고 이를 사업계획서에 적용하기 위한 목적으로도 활용하지만, 사업에 필요한 자본을 조달하기 위한 과정에서도 사용된다. 즉, 정부의 정책자금 지원, 엔젤투자의 유치, 그리고 벤처캐피탈 자금의 유치 과정에서도 이들을 설득할 수 있는 자료로서 활용할 수 있다. 다시 말해, 사업 타당성의 분석은 창업자가 자신의 사업계획을 객관화함으로써 성공 가능성이 높다는 것을 입증할 수 있는 설득력과 신뢰성의 바탕이 된다는 것이다. 그러므로 사업 타당성 검토는 꼭 필요한 절차로, 그 필요성은 다음과 같이 요약할 수 있다.

첫째, 사업계획의 객관성을 확보하기 위함이다. 사업계획을 세우다 보면, 주관적인 입장에서 작성함으로써 막연히 잘될 것이라는 생각에 의해 낙관적인 생각을 가질 수 있다. 그러나 사업 타당성의 분석과정에서 시장성, 기술성, 수이성 들을 객관적으로 바라봄으로써 실패 가능성을 낮출 수 있다.

둘째, 청년창업의 비용을 최소화하기 위함이다. 신규 사업에 진출하기 전에 사전 정보를 미리 파악함으로써 위험을 회피하고, 효과적인 자금의 운용방법을 세울 수 있다.

셋째, 경쟁력의 우위를 확보하기 위함이다. 사업계획에서 기술성, 시장성, 수익성, 자금수지계획 등을 사전에 검토하고, 경쟁사의 취약점과 자신의 장점을 찾아 이를 마케팅에 이용할 수 있다.

넷째, 경영능력의 향상을 위해서이다. 청년창업의 준비와 사업 타당성 분석 과정에서 청년창업자는 생산 및 판매의 가능성을 파악하는 등의 경영과 관련된 제반 지식과 시장상황 그리고 환경적인 요소들을 점검함으로써 경영능력이 향상된다.

다섯째, 위기관리 능력의 향상이다. 사업 타당성 검토를 통해 내부적인 위협과 외부적인 위협에 대응하는 관리기법을 배우고, 이를 통해 경영의 효율성을 증대시킬 수 있다.

여섯째, 경영자의 경영전략 및 중장기 경영계획 수립에 도움이 된다. 사업 타당성 분석은 경영자에게 중·장기 발전계획에 있어서 중요한 것이 무엇인지에 대한 정보를 제공해준다.

사업 타당성을 분석할 때 검토되어야 하는 항목으로 청년창업자의 사업 수행능력, 시장성 분석, 기술성 분석, 수익성 분석(경제성 분석 포함), 자금수지 및 성장성 분석 그리고 위험요소 분석 등으로 이는 반드시 검토해야 할 사항이다.

표 8-1_**사업 타당성 평가요소**

평 가 요 소	평 가 항 목
청년창업자의 사업 수행능력	기업가로서의 적성과 자질 후천적 경험 및 지식 업종 선택의 적합성 청년창업자의 계획사업 수행능력 청년창업팀의 구성
시장성 분석	시장 특성 및 구조 국내외 수급동향 및 중·장기 수급전망 유사제품과의 경쟁상태 및 향후 경쟁제품의 출현 가능성 국내외 가격구조 및 가격 동향
기술성 분석	제품의 기술수준 품질 성능 분석 시설계획 및 생산시설 규모 생산자원 검토 원재료 조달 검토 기술 및 기능인력 확보 전망

수익성 및 경제성 분석	수익전망 현금수지분석 및 자금운용계획 투자수익률, 손익분기점, 추정재무제표 기타 경제적·재무적 타당성 분석 요소
자금수지 및 성장성 분석	소요자금의 규모 및 조달 가능성 자금조달, 운영계획표 작성 차입금 상환능력 검토 업종의 성장 가능성
위험요소 분석	소요자금 적기 조달 실패 입지조건의 부적합 전략제품 변경 및 판매단가 조정 시장경쟁 격화 및 법률상 제약

호지슨(Hodgson, 1973)은 사업 타당성에 대한 조사와 관련하여 조사 시에 유의해야 할 사항에 대해 다음과 같이 설명하고 있다.

첫째, 사업 타당성 조사의 형태는 거의 같지만, 사업의 목적이나 조사대상에 따라 형식을 달리 적용해야 한다.

둘째, 투자자가 사업 타당성 조사보고서를 보고 투자결정을 내릴 수 있도록 충실하게 조사되어야 하며, 쉽게 파악할 수 있어야 한다.

셋째, 사용되는 자료나 정보는 정확해야 하고, 신뢰성이 있어야 한다.

넷째, 수학적 기법이나 가중치 등을 활용하여 점수를 측정하기 어려울 때에는 주관적인 판단도 사용할 수 있다.

2) 사업 타당성에 대한 분석 절차

사업 타당성 분석은 그 절차와 내용에 대해 표준화된 규정이 없다. 따라서 지나치게 형식에 얽매일 필요는 없다. 사업 타당성 분석 자료를 사용하는 대상이 누구냐에 따라 분석의 방향과 깊이를 정할 필요가 있다. 즉, 사업계획서를 작성하는 용도로 사업 타당성을 분석하는지, 아니면 정부의 정책지원금을 조달하기 위해 사업 타당성을 분석하는지에 대한 구분을 명확하게 정할 필요가 있다. 왜냐하면 사업 타당성을 분석함에 있어서 조사해야 할 정보의 범위와 분석 방법이 달라질 수 있기 때문이다.

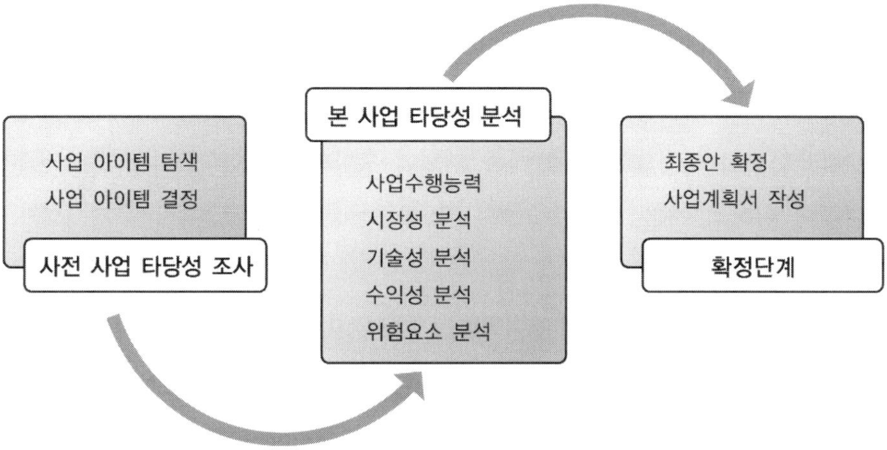

[그림 8-1]_**사업 타당성에 대한 분석 절차**

사업 타당성 분석은 절차상으로 사전 사업 타당성 조사와 본 사업 타당성 분석으로 구분한다. 사전 사업 타당성 조사는 사업 타당성 분석을 어떻게 진행할 것인지를 정하는 과정이라고 볼 수 있는데, 사업에 대한 조사를 개략적으로 실시할지, 아니면 상세히 실시할지에 대한 방법을 선택하고, 본 조사에서 특별한 관심을 가져야 하는 내용이 무엇인지 등에 대해 파악하는 것이다. 그뿐만 아니라 결정과 조사 방법, 과정에 대한 비용도 예측하는 단계이다. 즉, 청년창업을 하려는 아이템을 구상하고, 기본적이고 대략적인 시장조사를 통해 그 아이템이 성공할 수 있는지, 자금 규모는 어느 정도로 구성해야 하는지 등을 결정하기 위해 사전에 조사하는 과정이다.

[그림 8-2]_**사업 타당성 분석 단계**

다음으로 생각해야 할 내용이 사업 타당성의 분석이다. 이 단계에서는 어떠한 순서로 사업 타당성을 분석해야 하며, 무엇을 분석해야 하는지에 대한 것을 고찰하는 단계이다. 이 단계를 자세히 고찰해보면 사업 타당성의 분석절차와 사업계획서의 작성 과정이 유사하다는 것을 알 수 있다. 이는 사업 타당성 분석 자료를 바탕으로 사업계획서를 작성하기 때문이다. 따라서 사업계획서를 작성할 때에는 반드시 사업 타당성에 대한 분석이 포함되어야 한다. 사업 타당성은 사업계획에 있어서 객관화와 실행 가능성 및 수익모델 등의 근거로 제시되는 분석 자료이기 때문이다.

사전 사업 타당성 조사 단계에서 청년창업 아이템의 선정이 끝나면 본 사업 타당성 조사를 하게 되는데, 이는 사업 수행능력 분석, 시장성 분석, 기술성 분석, 수익성 분석, 자금수지 분석, 위험성요소 분석 등을 실시하며, 이 과정을 마치면 사업계획서의 작성 및 의사결정을 하게 된다.

3) 사업 타당성 평가요소

사업 타당성 평가요소는 사업 타당성 분석을 위해 검토해야 할 항목을 말하는데, 사업 타당성의 분석 목적에 따라 항목과 범위에서 차이가 있다. 즉, 사업성만 측정하려고 분석할 경우와 본격적으로 사업을 추진하고 투자자를 유치하기 위한 근거로서 타당성 분석을 할 경우는 차이가 있다는 것이다. 사업 타당성 평가요소는 창업자의 사업 수행능력, 시장성, 기술성, 수익성, 자금수지 및 위험요소에 대한 분석이 있다.

2 청년창업자의 사업수행능력

청년창업에 성공하는 요인으로 창업자의 자질을 들 수 있다. 이는 창업자가 기업가로서 갖추어야 할 적성과 자질을 얼마나 잘 갖추고 있는가와 관련된 것이다. 청년창업자는 창업에 있어서 사업 아이템을 결정하고, 입지 선정, 판매계획 및 자금조달 등의 기업 활동 전반에 걸친 최종 결정권자로, 이러한 모든 결정은 기업의 운영에 지대한 영향을 미치기 때문이다. 이러한 영향력을 흔히 사업능력이라고 하는데, 창업자의 사업능력은 창업을 시작하기 전에 자신의 자질과 장단점 등에 대해 객관적으로 평가해봄으로써 사업추진에서 긍정적인 방향으로 나아가는데 도움이 된다.

창업자의 사업수행능력을 알아보는 데는 몇 가지 체크리스트를 활용하여 알아보는 검사방식이 사용된다. 이러한 방식에는 창업자 자신의 강점 및 약점 분석, 창업자 자질 체크리스트, 창업 적성 체크리스트 등을 주로 이용한다.

1) 청년창업자의 강점 및 약점

청년창업자는 무엇보다 자신감이 있어야 한다. 청년창업자의 자신감은 다른 직장인 창업이나 전문가 창업들이 갖지 못하는 최대의 강점이다. 이러한 자신감은 청년창업자들이 사업을 추진해나가는 과정에서 위기를 만나더라도 당당하게 극복해 나갈 수 있는 커다란 힘이 된다. 누구보다도 강한 자신감, 잘할 수 있다는 믿음을 가져야 한다. 자신감만 가진다고 모든 것이 해결되는 것은 아니다. 청년창업자는 자신감과 함께 자신에 대한 정확한 이해가 필요하다. 자신의 강점과 약점을 파악하여 강점은 최대한 활용하거나 발전시키고, 약점은 보완하거나 피해감으로써 실수를 미연에 방지할 수 있도록 해야 한다. 또한 자신만의 강점을 청년창업의 전략으로 활용할 수 있도록 명확하게 파악해두는 것이 필요하다.

2) 청년창업자의 자질 체크리스트

창업을 통해 성공하는 데 있어서 중요한 요인 중의 하나가 청년창업자의 자질이다. 자질은 창업자의 기업가 정신과도 연계되어 있으며, 기업을 경영하는 데 있어서 창업자의 기업 운영방식이나 태도, 성격 등이 모두 연관된다. 청년창업자의 자질에 대한 체크리스트를 통해 자신의 창업 자질을 검토해보고 부족한 측면에 대해서는 보완해나가는 자세가 필요하다.

구체적인 청년 창업자의 자질에 대한 테크리스트 내용은 [창업탐구 8-2]에서 확인할 수 있다.

3) 청년창업자의 적성 체크리스트

청년창업자의 적성 체크리스트는 [창업탐구 8-3]에 제시된 바와 같이 20개의 항목으로 구성되어 있다. 평가에서 예(2점), 보통(1점), 아니오(0점)를 준거로 하여 평가한 결과를 합산한 후 청년창업의 적성을 알아보는 것이다. 청년 창업자의 적성 체크리스트 결과는 관련 분야의 창업이 자신의 적성과의 관련성을 말해주는 것이다. 하지만, 이러한 평가결과는 절대적인 평가 자료로 활용하기에는 무리가 있다. 다만, 자신이 청년창업을 하는 데 있어서 창업에 적성이 있는지, 없는지를 판단하는 참고 자료로만 활용하는 것이 좋다.

4) 업무수행능력 분석

창업자의 업무수행능력은 창업자의 자질 및 적성뿐만 아니라 창업팀의 구성과 이를 통제하는 능력으로 매우 중요하다. 기업에서 창업자가 모든 부분에 대해 역량을 발휘하기는 어렵다. 다소 역량이 부족한 창업자라고 하더라도 팀 구성원으로부터 지원을 받아 추진하다 보면 여러 가지 면에서 적합하게 대응해나갈 수 있는 힘이 생기고, 업무수행능력도 팀 구성원들의 도움으로 향상시킬 수 있게 된다. 따라서 기술과 상품을 개발하고, 아이템을 구체화하는 일련의 과정에서도 그 일에 맞는 능력을 갖춘 구성원이 중요하다. 이러한 구성원들의 전문적인 인력을 갖추고 있으면, 투자기관에서 회사를 평가할 때에도 앞으로 발전 가능성이 있고 전망이 유망한 기업으로 판단하는 근거가 된다. 따라서 창업자는 기업에서 팀 구성원의 역할과 포지셔닝을 중요하게 여겨야 한다.

업무수행능력을 판가름하는 또 다른 능력은 위기에 따른 대처능력이다. 사업 타당성 분석 과정에서 도출되고 예상되는 위협상황에 대해 어떻게 대응할 것인가를 설정하여 위기에 따른 대안을 마련해 놓게 되면 창업자에 대한 신뢰도는 그 만큼 더 높아진다.

3 시장성 분석

사업 타당성은 상품이나 서비스의 판매에서 얼마나 이윤을 많이 창출할 수 있는가를 분석하여 사업의 성공 가능성을 가늠해보는 데 목적이 있다. 이러한 사업타당성은 시장성 분석을 바탕으로 한다. 시장성 분석의 핵심이 시장규모의 측정과 시장점유율에 대한 목표설정, 즉 예상매출액을 추정하는 것이기 때문이다. 시장성 분석은 우선 시장성이 어떠한가를 파악하는 일이 중요하다. 따라서 시장성 분석을 위해서는 해당 업종의 시장 특성 및 구조, 국내외 수급동향 및 중·장기 수급전망, 유사제품과의 경쟁상태 및 향후 경쟁제품의 출현 가능성, 그리고 국내외 가격구조 및 가격 동향 등을 분석해 보아야 한다. 이를 바탕으로 시장진입에 대한 가능성을 도출해야 한다.

시장성 분석에서 우선적으로 해야 할 일은 계획제품의 시장성을 분석하기 위한 체계적인 계획을 수립하는 일이며, 목표 범위의 설정을 정확히 해야 한다. 이는 시장성 분석에서 업종, 제품의 종류, 원료, 용도 및 특성 등에 따라 그 범위 및 대상이 달라질 수 있기 때문이다.

가장 중요한 사실은 시장성이 크다고 하더라도 누구나 시도할 수 있고 참여할 수 있는 업종에 대해서는 경쟁력을 갖기 어렵다는 것이다. 즉, 누구나 쉽게 따라할 수 있다는 것은 언제라도 경쟁자들이 생겨나 직접적인 공격에 나설 수 있는 빌미가 되기 때문이다. 이러한 경우는 유행을 타는 업종에서 흔히 볼 수 있는데, 급격한 성장을 이루다가 경쟁의 과열로 인해 정체가 생기거나 동반 침몰하는 일이 발생한다. 비슷한 업종이나 아이템으로 승부하는 사업체들은 모두 경쟁업체라는 점을 명심해야 한다.

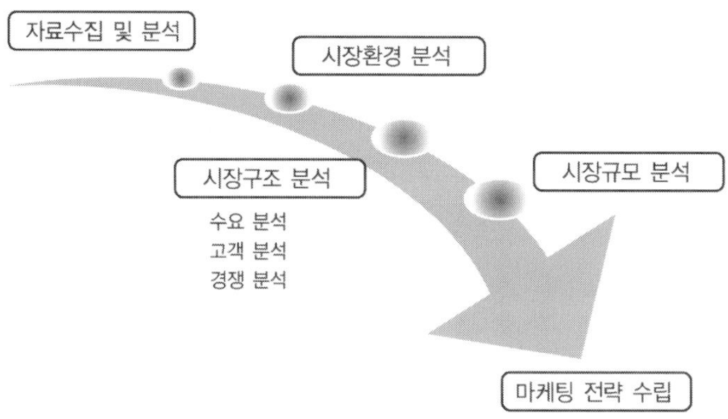

[그림 8-3]_ **시장성 분석 흐름도**

1) 전체적인 시장 환경 분석

시장성 분석에서 가장 먼저 조사되어야 할 내용은 전체적인 시장 환경의 특성이다. 이는 사업 아이템이 만들어내는 전체적인 시장의 형성을 살필 수 있는 통계 자료, 동향분석 자료, 관련업체 등의 자료를 수집하여 관련시장의 규모, 특징 및 구조, 소비자 형태 등에 대해 알아보는 일이다. 이러한 일이 선행되면, 전체 시장규모에 대한 매출액이 차지하는 시장점유율을 쉽게 알 수 있다. 이는 상품이나 서비스를 통해 어느 정도의 매출을 기대할 수 있는지를 알아보는 척도가 된다. 이 부분에서는 시장의 구성요소를 다각도로 분석하고, 시장의 운영 사례나 각종 분석결과 자료를 제시하여 신뢰성을 높여야 한다. 시장 환경 조사에는 인구통계 환경 분석, 거시 환경 분석, 기술 환경 분석 등이 있다.

(1) 인구통계 환경 분석

인구통계 환경 분석에서는 인구 통계적 현황 및 특성, 변화 등을 분석하는데, 여기에는 성별, 나이, 지역, 직업, 거주형태 등의 요소가 있다. 인구현황은 통계청 KOSIS국가통계포털(www.kosis.kr)과 각 지자체의 주민등록통계 등을 이용하여 조사할 수 있다. 이들 인구통계학적 특성의 변화가 시장에 미치는 영향이 어떻게 되는가를 분석하면, 어떠한 업종이나 상품이 적합한지에 대한 업종 선택의 범위를 좁힐 수 있다.

(2) 거시 환경 분석

환경적인 부분은 정치적·사회적 변화와 경기전망, 환율, 원재료 가격 등의 변화로 인해 기업운영에 미칠 수 있는 영향을 분석하는 것이다. 이는 시장상황에 따른 민감한 사안들로 계속해서 발생할 수 있으므로 상황의 변화에 적극적으로 대응해야 한다. 거시환경 요소에는 무엇이 있는지 구체적으로 분석하여 앞으로의 전망을 예측할 수도 있다. 정부의 산하기관 정책 및 통계 자료, 협회/단체 등의 통계 및 보고서 자료 등을 활용할 수도 있고, 통계로 보는 뉴스(www.datanews.co.kr)를 이용하여 체크할 수도 있다.

(3) 기술 환경 분석

기술 환경 분석은 미래 기술변화의 방향과 진보의 가능성을 추측하기 위해 아이템의 현황과 제품수명주기, 수익성과 안정성 등을 검토하는 것을 말한다. 창업 아이템에서 기술 환경 분석과 관련하여 고려할 점은 현재 아이템화하려고 하는 제품에 대한 기술의 변화 가능성이다. 제품이 출시되자마자 새로운 기술이 도입된다면 제품판매에 큰 타격을 받게 된다. 따라서 이러한 측면에서 기술 환경적 변화에 대한 고려가 필요하다.

2) 제품 분석

전체적인 시장에 대한 분석만 가지고는 내가 가지고 있는 창업 아이템이 어느 정도 팔릴 수 있는지를 알지 못한다. 따라서 창업 아이템의 강점과 약점을 파악하고, 소비자의 성향을 고려하여 어느 정도의 시장을 점유할 수 있는지를 추정할 수 있어야 한다.

제품 분석은 창업 아이템이 어떤 필요에 의해 구매하게 되는지, 선호하는 제품은 어떠한 것들이 있는지, 주로 여성이 필요한지 아니면 남성이 필요로 하는지, 라이프스타일은 어떠한지, 선호하는 나이는 어떤지, 접근성은 어떠한지에 대해 표적시장과 시장점유율을 확립할 필요가 있다. 이러한 필요를 만족시키기 위해 이루어지는 것이 관련 제품의 분석이다.

3) 경쟁적 요소 분석

시장성 조사에서 경쟁적 요소를 분석하는 일은 수익성과 함께 중요하게 다루어져야 할 요소이다. 창업 아이템이 똑같지 않더라도 비슷한 기능을 하는 다른 제품이 있다면, 이러한 제품들도 경쟁 상대가 된다. 따라서 경쟁요소의 분석에서는 기능적으로 비슷하거나 유사한 상품 등을 생산하는 회사들을 경쟁상대로 여겨야 한다. 경쟁회사의 재무상태, 생산능력, 시장점유율, 이들의 경쟁력 등을 자세히 분석하여 중심적인 경쟁요소가 무엇인지 파악해야 한다. 특히, 창업 아이템에 대해 경쟁제품과 대비되는 특성과 품질수준에서 어떤 경쟁 우위요소가 있는지를 파악하는 것은 마케팅 전략에서 유리한 위치를 차지할 수 있는 요인이 된다. 이 밖에도 경쟁사에 대한 재무상태를 파악하고 있으면, 경쟁적 마케팅 전략 수립에 도움이 된다. 경쟁사와의 재무 상태를 비교하는 데 필요한 항목을 제시하면 다음과 같다.

표 8-2_ **재무상태 비교표**

경쟁회사	재무상태			영업실적			상시 종업원 수	기타
	총자산	부채	자본금	매출액	영업이익	당기순이익		
A 사								
B 사								
C 사								

4) 채산성 분석

채산성은 수익성을 산출하기 위한 기본적인 요소이다. 많이 팔수록 수익이 크게 올라간다면 이는 채산성이 좋다고 할 수 있다. 이러한 채산성은 가격과 마진율에 대한 분석으로, 제품에 대해 적정한 가격을 책정함으로써 가격 경쟁력과 영업이익을 동시에 추구해야 한다는 과제를 가지고 있다. 따라서 시장점유율을 유지하는 선에서 적정선을 유지해야 하며, 이를 위해 경쟁상품들의 가격과 이들이 어떻게 경쟁력을 갖는지를 분석해야 한다. 그리고 제품의 원가, 영업비용, 그리고 마진율에서 가장 효율적인 구성비를 찾아내야 한다.

5) 수요 예측 분석

수요 예측 분석은 사업 대상의 아이템을 어느 정도 팔 수 있는지를 분석하는 일이다. 수요 예측 분석을 통해 판매되는 상품의 규모를 미리 파악하고 경영의 지표를 수립할 수 있다. 즉, 수요의 예측은 초기 투자비, 생산계획, 판매계획, 손익분기점, 자금조달계획 수립 등의 바탕이 되기 때문에 초기 기업의 투자가치를 결정하는 중요한 요인이 된다.

수요 예측 분석을 하기 위해서는 시장을 먼저 세분화하여 목표시장만을 대상으로 분석하는 것이 바람직하다. 목표시장의 규모에서 잠재시장은 시장규모에 포함하지 말고 가로로 구분하여 넣는 형식으로 나타내는 것이 더욱 객관적이다. 다만, 잠재시장은 성장 가능성을 나타내주는 지표로 활용할 수 있다.

시장세분화는 목표고객의 구성분포, 니즈(요구) 검토, 고객의 구매형태 등에 따라 세분화 할 수 있는데, 이러한 고객세분화의 기준은 다음과 같이 고객 특성과 제품 특성으로 나누어 제시할 수 있다.

표 8-3_ **시장세분화의 기준**

구분	기 준	항 목
고객 특성	지리적 입지	대도시, 소도시, 변두리, 농촌, 주택단지
	기업 규모	대기업, 중소기업, 자영업, 소매점
	라이프스타일	신세대적, 전업주부, 샐러리맨
	나이	어린이, 청소년, 성인, 노인
	성별	남, 여
	직업	회사원, 자영업, 공무원, 근로자, 전문가
제품 특성	사용자 유형	가정용, 업소용
	추구 편의	안전성, 디자인, 가격, 기능
	경쟁자	국산, 외제, 중국산
	브랜드 애호도	삼성, SK, LG, 애플
	재구매 순환 주기	1개월, 3개월, 6개월, 1년 이상
	구매 유형	일시, 정기구매

6) 판매계획 및 판매전략 수립

시장성 분석의 결과는 기업의 환경 변화와 판매 전략에 따라 좌우된다. 이는 시장성 분석이 기업의 환경변화 예측과 판매 전략에 연계되었을 때, 더욱 가치를 드러낸다는 것을 의미한다. 즉, 시장성이 있으니 이만큼만 팔겠다는 것이 아니라 적극적인 마케팅 계획과 판촉활동을 전개하여 시장점유율을 높이겠다는 전략이 중요하다는 것이다. 이를 위해 홍보/마케팅 계획과 소모되는 예산의 규모를 세우고, 이러한 자원을 투입할 시기를 결정해야 한다. 특히, 마케팅 계획

(영업 또는 판매)에서는 기간별·제품별·지역별 판매계획을 수량이나 금액으로 표시하도록 한다. 이는 또 원자재의 구입계획과도 관련되도록 한다.

7) 시장성 유무 평가

시장성 분석의 결과 시장성이 있다고 판단되는 근거는 손익분기점이다. 즉, 매출이 점차 늘어나서 그 이익금의 성과가 투자가치보다 높아지는 순간을 손익분기점이라고 하는데, 손익분기점에 도달하는 시간은 규모에 따라 차이가 있지만 보통 1년 이내에 달성하게 되면 시장성이 있다고 판단한다. 그러나 손익분기점에 이르는 시간이 2~3년 이상으로 길어진다면 시장성이 없다고 판단하게 된다. 이것은 투자금의 규모에 비해 추정하는 것이라서 더 큰 자금이 투입되었다면 기간도 더 늘어날 수 있는 여지는 있지만, 기간이 길어지면 투자 가치가 없다고 판단하는 것이 일반적이다.

4 기술성 분석

사업 타당성에서 기술성 분석이 필요한 이유는 제품이 원만하게 생산될 수 있는지를 검토하기 위함이다. 따라서 기술성의 분석에는 제품에 대한 특성과 화학적 반응, 기계적 기능, 생산 시스템 등의 생산과정을 종합적으로 검토하게 되는데, 생산시설의 입지, 규모, 시설계획, 원재료 조달 등의 생산능력도 대상에 포함된다. 기술성 분석은 제품생산에 필요한 물적·기술적 요소를 파악하고, 관련 비용을 추정하는 과정으로 기술적 타당성 평가, 원가 추정 및 기술적 가치 등을 판단하기 위해 반드시 분석해야 하는 단계이다.

기술적 타당성에 대한 분석은 사업 타당성 분석 중에서 가장 중요하면서도 전문성을 요구하는 부분이기 때문에 가장 어려운 부분이라 할 수 있다. 특히 신기술과 기술 집약형 사업들이 사업화되는 기술 집약형 창업을 하는 경우에는 더욱 중요하게 다루어져야 한다. 일반적으로는 특허권, 디자인권, 실용신안권 등의 기술적 지식재산권으로 이러한 기술을 판단할 수 있지만, 이들의 기술 경쟁성, 유용성, 적합성 등을 판단하기 위해서는 좀 더 전문적인 역량이 필요하다. 특히, 기술의 특허나 실용신안권을 무기로 창업을 했다가 실패하는 사례들이 많이 발생하고 있다. 기술이 사업화되었을 때 그 사업의 가치는 어느 정도이고, 기술적 우위와 상품에 대한 적용 가능성은 어떠하며, 타 제품과의 차별성은 어떠한 지에 대한 분석이 미흡해서 나타나는 것이다. 특허나 실용신안권 등은 기술 자체에 대한 평가로서 인증을 받은 것이지 사업에 적용하여 성공한다는 것을 전제로서 인정받은 것은 아니다. 따라서 기술의 적용에서 비용적 측면, 생산성 측면, 기능성 측면 및 실현 가능성 측면에서의 검증이 있어야 한다.

기술성 분석의 경우에도 사업 타당성 분석의 목적에 따라 그 분석 범위와 방법에서 차별될 수 있는 여지가 있다. 이는 사업성을 판단하기 위한 분석과 R&D 기술사업의 정책과제 수행을 위한 분석은 그 절차와 수행과정 상에 차이가 있기 때문이다.

1) 기술성 분석의 특성

기술성 분석은 기술의 성격에 따라 방법이 달라지는 특성이 있다. 반도체나 광소재 등의 첨단기술은 전문적인 분석기관에서 기술 분석을 해야 하지만, 간단한 응용기술이나 기능의 추가 혹은 디자인권과 같은 경우에는 그 분석 절차에 차이가 있다. 따라서 기술성 분석을 위해서는 먼저 범위의 설정과 계획을 수립할 필요가 있다.

기술을 분석하여 그 가치에 대해 어떤 등급이나 금액을 설정하는 일은 쉽지 않은 일이다. 기존에 있는 비슷한 기술들과 비교하여 그 가치를 판단하는 방법을 활용하면 비교적 쉽게 그 가치를 판단할 수 있다. 이를 통해 기존의 경쟁제품에 비해 어떠한 차별적 우위성을 갖고 있는지 그리고 내포하고 있는 약점은 무엇이며, 이를 보완하기 위해서는 어떻게 해야 하는지를 검토할 수 있다.

기술성 분석은 기술성뿐만 아니라 제품을 생산하고 판매하기 위한 비용을 분석하는 과정에서 기술의 적합성, 경쟁성, 유용성 등의 기술적인 요소와 함께 입지 및 시설계획을 통해 투자금액과 원가계획 등의 제품별 원가를 검토할 수 있다.

2) 기술성 분석의 평가요소

기술성 분석의 평가요소는 크게 다음과 같이 5가지 항목을 제시할 수 있다. 첫째, 계획 제품의 기술수준 분석 둘째, 시설 계획 및 생산시설 규모 셋째, 생산능력 검토 넷째, 원재료 조달 검토 다섯째, 기술 및 기능인력 확보 전망 등으로 기술이 실제로 구현 가능하며 생산성과 경제성은 어떠한지, 그리고 이를 통해 상품화했을 때의 가치가 합당한지의 여부를 평가할 수 있다. 기술의 근본적인 문제에 대한 평가도 중요하지만 생산적인 요소와 비용 상의 문제도 중요하므로 객관적이며 심층적인 분석이 필요하다.

(1) 계획 제품의 기술수준 분석

계획 제품의 기술수준에 대한 경쟁력은 제품이 생산되어 시장에 나왔을 때 다른 제품과 비교하여 기능적으로 경쟁할 수 있는 능력을 말한다. 그러므로 보유하고 있는 기술의 유용성과 경쟁성에 대해 그 가치를 검토하는 것이 중요하다.

기술의 유용성에서 검토해야 할 항목은 첫째, 사업화를 위한 자금규모 둘째, 사업화하는데 소요되는 시간 셋째, 신규사업자에게 진입장벽으로 작용할 수 있는지 여부 넷째, 기술이 계속 발전할 수 있는지에 대한 여부 다섯째, 기술의 수명 여섯째, 산업재산권으로 보호 받을 수 있는지의 여부 등이다. 이들은 기술의 가치를 판단할 수 있는 요소들이다.

기술의 경쟁성에서 검토되어야 할 항목으로는 첫째, 경쟁에서 영향을 줄 수 있는지 둘째, 모방 가능성의 여부 셋째, 차별화가 가능한지 여부 넷째, 대체 기술의 가능성 다섯째, 사업에서 전략적 우위 여부 여섯째, 기술 사용의 제한점 등이다. 이러한 요소를 갖추어야 사업에서 경쟁자를 따돌리고 경쟁력을 높일 수 있다.

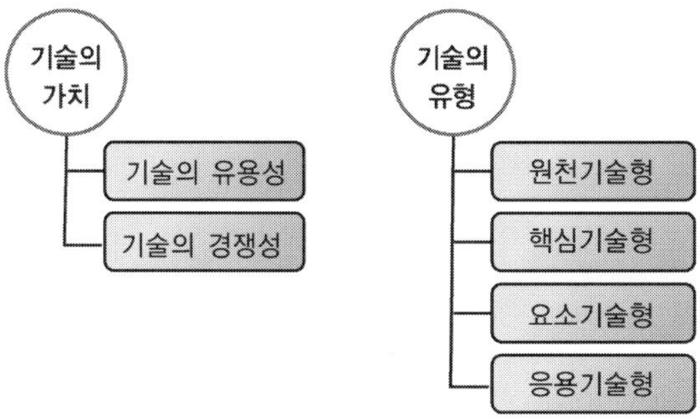

[그림 8-4]_ **기술의 가치 및 유형**

기술의 유형은 원천기술형, 핵심기술형, 요소기술형, 그리고 응용기술형으로 분류할 수 있으며, 다음과 같은 특성을 지니고 있다.

첫째, 원천기술형은 사업화에 성공하기는 어렵고 비용이 많이 들지만, 모방 가능성이 낮기 때문에 성공하게 되면 장기간에 걸쳐 큰 수익을 얻을 수 있는 기술의 형태를 말한다. 반도체나 신소재 등의 첨단기술 분야가 이에 해당한다.

둘째, 핵심기술형은 오랜 기간 동안 축적된 노하우로 인해 고도기술화된 유형으로, 사업화에서 대규모의 자금과 시간이 걸리게 되나, 모방에 의한 경쟁이 어렵기 때문에 기술적 우위를 누릴 수 있는 유형이다. 이 유형에서는 목표시장의 규모가 수익성을 결정짓는다.

셋째, 요소기술형은 다양한 기술을 접목시켜 발전된 형태의 기술로서, 발상과 아이디어에서는 가치가 크나 기술의 모방이 용이하다는 단점이 있다. 이러한 경우에는 장기간에 걸쳐 큰 수익을 내는 것은 어렵지만, 시장을 선점하거나 마케팅 전략에서는 유리한 장점을 가지고 있다.

넷째, 응용기술형은 일반화된 기술을 조합하여 만들어지는 유형으로, 유용한 기능의 접목을 통해 히트상품을 개발하게 되는 경우이다. 사업화에 대해서는 성공 가능성도 높으나 모방에서 용이하므로 독점수익에서는 어려움이 있다. 따라서 특허 등의 기술보호가 경쟁력으로 이어지곤 한다.

기술성 분석에서 제품의 성격에 따라 검토해야 할 항목이 달라지겠지만, 일반적으로 다음과 같은 관점에서 검토되어야 한다(중소기업정보은행, http://digitalisme.com).

첫째, 제품의 용도 및 주요 소비처

둘째, 제품의 기능과 물리화학적 특징

셋째, 특허, 실용신안 등 품질 및 기술의 수준

넷째, 제품 및 기술의 경쟁력

다섯째, 국내외 경쟁업체 현황

여섯째, 대체기술 여부 등 기술의 장래성

(2) 시설계획 및 생산시설 규모

사업계획에서의 시설계획에 대한 검토는 토지, 건물, 기계장치 등 고정자산의 양적·질적 적합성과 시설에 걸리는 기간, 소요되는 자금규모 등의 시설계획을 검토하는 것이다. 이 부분에서는 생산시설과 공사 진행계획의 절차와 일정을 검토하게 된다.

① 생산시설의 검토

생산시설에 대한 검토는 부지, 공장면적, 기계 보유대수 등 양적인 측면과 생산성 같은 질적인 측면을 동시에 평가하게 된다. 이 밖에도 생산시설의 검토에서는 고정자산의 적합성, 생산품의 품질, 생산성에 대한 경쟁기업과의 비교 등이 평가대상이 된다.

② 공사 진행계획의 검토

공사 진행계획에서는 일정, 절차, 소요시간, 완공시점, 시운전 기간 등의 계획이 합리적이고 타당한지를 검토한다. 여기에서는 공사 진행상황을 계획대로 진행할 수 있는지의 여부에 대한 평가도 함께 이루어져야 한다.

③ 시설 소요자금

시설투자는 대부분 그 규모가 크고, 투자를 시작하면 그 결과가 장기간에 걸쳐 나타난다. 이는 한 번 투자를 시작하면 쉽게 수정할 수 없다는 것을 의미하므로 시설에 대한 투자는 신중해야 한다. 특히, 초기 운영에서 시설투자에 과도하게 많은 자금을 투입하게 되면 생산원가와 기업 운영에서 자금의 압박을 받게 된다. 이는 차입금에 대한 고정재무비용에서 큰 부담으로 작용하며, 현금유동성을 경직시킬 수 있다. 따라서 시설소요자금의 집행계획이 적절한지를 검토해야 한다. 창업자의 시설확충을 위한 정책자금은 지방자치단체 등에서 지원하는 지방 중소기업 육성자금이 대표적이다. 중소기업 육성자금은 일반적으로 연 7% 금리에 3년 거치 5년 분할 상환하며, 운전자금을 포함하여 7억 원의 한도를 지원한다. 중소기업진흥공단의 구조개선 지원 사업은 가동 중인 기업을 대상으로 지원하는 사업이므로 시설의 가동이 개시된 이후에 신청할 수 있다. 이러한 정책자금을 효율적으로 이용하는 방안으로 초기설비투자 계획과 가동 후 1년 이내 확보 설비계획으로 구분하여 입안하는 것이 효과적이다. 정책자금은 자금의 소진 시에는 접수를 마감하고 있다. 따라서 정책지금의 신청은 가능하면 연초에 하는 것이 바람직하다.

(3) 생산능력 검토

기술성 분석에서 생산능력은 미래의 수요를 예측하고, 이를 감당할 수 있는 생산설비가 계획되어 있는지를 검토하는 것이다. 신생기업의 경우에는 최소의 생산설비로 최적의 생산능력을 가지도록 계획하는 것이 비용 면에서 합리적이다. 그러나 시장의 크기, 사업의 경쟁력, 그리고 경쟁사를 제고한다면, 생산설비의 규모는 생산원가, 생산능력, 예상수요의 측면에서 적합성을 검토할 필요가 있다.

① 생산능력의 적절성

생산능력의 적절성은 경쟁업체와의 경쟁, 시장수요 등을 고려하게 되는데, 생산량은 1일 가동시간과 연간 가동 일수에 따라 산출한다. 생산공장의 가동시간은 1일 8시간, 연간 300일을 기준으로 하는데, 여기에 추정된 평균 가동률을 적용하면 적정한 생산량을 산출할 수 있다.

② 생산 공정

생산 공정에서의 공법은 경쟁기업의 공법과 상호비교를 통해 원가절감과 효율성 면에서 검토하게 된다. 또한 채택된 공법의 실현 가능성 및 특허공법 포함 여부 등도 중요한 항목이 된다. 생산 공정에서는 투자 대비 제조원가, 품질, 생산성 등의 측면에서 검토가 이루어져야 한다.

(4) 원재료 조달 검토

생산 공정에서 원재료를 제때에 적절하게 조달하는 일은 생산성을 유지하는데 필요한 조건이다. 따라서 원재료의 수급처는 원재료의 수급에 쉽게 조달할 수 있는 위치에 자리하고 있는 것이 좋다. 생산계획에 있어서 원재료의 종류, 가격, 수량, 품질, 규격, 조달 가능성, 공급자, 그리고 공급방법 등은 생산원가에 영향을 주는 중요한 요소이다. 이러한 요소들은 입지의 선정에서부터 충분히 검토되어야 하며, 수송이나 적재를 위한 계획도 수립되어야 한다. 특히, 환경적인 변화로 인한 원재료의 수급이나 가격에서 위기를 겪지 않도록 생산자 및 공급자들을 다변화하는 계획도 입안할 필요가 있다.

(5) 기술 및 기능인력 확보 전망

창업에서 인력의 확보 문제는 기술 및 자금과 함께 기업의 운영에서 가장 중요한 요소로 가장 큰 비중을 차지한다. 특히, 사업 초기의 인력 확보는 어느 때보다 더 신경을 써야 하는데, 창업팀 구성원의 성향이 곧 창업기업의 특성에 큰 영향을 주기 때문이다. 사업 타당성에서 보는 팀원은 맡은 업무의 성격에 따라 기술인력, 영업인력, 관리인력 등으로 구성하게 되는데, 이러한 팀 구성원이 적재적소에 위치하고 그 역할에 충실할 때 기업은 제 기능을 발휘할 수 있다.

① 조직기구표 작성

사업계획 작성 시 기술 및 기능에 따른 적정 인원의 규모와 배치는 이미 확정되어 있으므로 창업기업에서는 조직을 구성하고 그 체계를 잡아야 한다. 즉, 조직도를 정하는 것이 업무수행에 있어서 효율적이다.

② 인력의 확보

인력의 확보는 공개채용과 추천에 의한 선발 등의 방법을 사용할 수 있다. 공개채용은 먼저 채용 공고를 내고, 이에 응시한 지원자를 대상으로 소정의 시험과 면접의 단계를 거쳐 채용을 결정하게 된다. 공개채용과 추천에 의한 채용 모두 창업자가 직접 면접을 통해 채용하는 것을 원칙으로 해야 한다. 채용인원은 앞으로의 성장 가능성을 보고 여유 있게 선발한다고 인원수를 확대시켜 놓으면, 조직체계기 무기워지고 비용 면에시도 부담이 커진다. 따라서 채용인원은 항상 적정 인원만 선발하도록 기준이 세워져야 하고, 이는 사업계획서의 중·장기 계획과 인원 종합계획 그리고 채산 적정인원의 기준을 충실하게 분석하여 시행해야 한다. 창업을 하면 주변의 친지나 아는 분들이 사람을 추천하는 경우가 종종 있게 마련이다. 이러한 경우에도 채용절차를 적용하고, 사업계획 상의 적정한 인원을 초과하지 않는 범위 내에서 조정해야 한다.

③ 교육훈련

기업에서 채용하는 모든 인력은 실제 업무에 배치하기 전에 기술의 도입처나 동종업계 또는 전문교육기관 등에 파견하여 기술과 기능을 습득할 수 있도록 사전교육을 실시하면 크게 도움이 된다(중소기업 지식나눔터, www.digitalsme.com). 사업기술과 시장의 환경 그리고 고객의 욕구는 항상 변화를 요구한다. 따라서 기업의 경영환경과 근로자들의 근무능력도 변화를 요구받게 된다. 즉, 기존에 가지고 있던 지식이나 기능, 그리고 기술 등이 업무환경의 변화에 따라 계속 새로운 지식을 필요로 하고 있으며, 이를 통해 기업은 업무능력 향상의 결과를 경영에 반영해야 한다.

5 수익성 분석

수익성 분석은 사업 타당성의 분석 과정의 핵심적 과정이다. 사업 타당성 분석은 수익성과 경제성을 알아보기 위해 한다고 해도 과언이 아니다. 수익성의 정도에 의해 사업계획의 실행 여부가 좌우되기 때문이다. 즉, 분석 결과 수익성이 낮게 나오면 사업을 시작해도 낮은 경제성 때문에 손해를 보게 될 확률이 높고, 수익성이 높게 나오면 이는 좋은 사업 아이템으로 판단되므로 사업계획의 실행에서 탄력을 받게 된다. 또한, 수익성 좋은 사업은 투자자들이 선호하는 투자처이기도 하다.

수익성 분석은 추정손익계산서를 바탕으로 하게 되며, 평가항목은 수익성 전망, 투자수익률 분석, 손익분기점 분석, 그리고 경제성 분석 등으로 이루어진다. 추정손익계산서는 사업을 실행하기 전에 사업 타당성 분석 결과를 바탕으로 객관성과 현실성에 근거하여 예상되는 예상치를 활용하여 작성한다.

1) 수익성 전망(손익 추정)

수익성 전망은 추정손익계산서를 근거로 하여 예측할 수 있다. 추정손익계산서는 보통 1년 단위로 작성하되, 3~5년간의 연차별 추정손익계산을 산출하여 작성한다. 일반적으로 추정 손익계산서를 통해 연도별 매출액, 매출 총이익, 경상이익, 세전 순이익, 당기순이익 등을 분석한다.

수익 전망을 위한 주요 검토사항은 추정 손익계산서에 의한 연도별 순이익의 적절성, 경쟁사 대비 당기순이익 수준의 정도, 영업규모 대비 판매관리비 수준 등이다. 즉, 매출에 대해 매출원가가 너무 과다하지 않은지, 영업규모에 비해 판매비와 관리비는 적정한지, 영업외 지출은 적절한지 등을 판단한다. 이를 통해 흑자로 전환되는 시점을 추정하여 2~3년 이내에 이익 실현이 불가능하고, 5년(융자기간) 이내에 투자비를 보전하지 못하는 결과를 얻게 되면, 해당 사업은 수익성이 없으므로 시도해서는 안 된다고 판단할 수 있다.

2) 투자수익률 분석

사업 타당성 분석의 궁극적인 목적은 창업하려는 사업에 투자하는 총 자본금에 대한 투자수익률이 목표치에 도달 가능한지를 확인하는 데 있다. 투자수익률을 산출하려면 우선적으로 투자금액을 확정해야 한다. 이는 계획된 총 투자금액의 범위 내에서 세부적인 창업 준비가 이루어지기 때문이다. 투자금액이 확정되면 자신이 창업하려는 업종에서 창출할 수 있는 매출액과 이를 달성하기 위해 소요되는 비용, 그리고 감가상각비까지 계산해 내야 한다.

투자수익률을 분석하는 세부 평가항목은 투자수익률 수준 및 목표수익률의 실현 가능성, 그리고 최소 금융수익 수준 이상의 수익실현 가능성 등이다. 사업에 성공하여 투자비를 모두 회수하고 돈을 벌고 있다는 말을 종종 듣게 되는데, 이러한 경우가 바로 투자수익률이 달성된 경우이다.

3) 손익분기점(BEP, Break Even Point) 분석

보통 사업을 운영하는 사람들은 “손익분기점을 넘겼다”는 말을 하곤 한다. 이러한 손익분기점은 일정 기간의 총수익과 총비용(고정비, 변동비)이 일치하는 상태로서, 이익과 손실이 발생하지 않는 매출액점 상태를 말한다. 즉, 손익분기점을 넘어서면 그때부터 실질적인 순이익이 발생한다. 이런 이유로 손익분기점은 창업자와 투자가 그리고 회사의 구성원들 모두에게 중요한 분기점으로 여겨지게 된다. 창업을 시작하면 손익분기점까지 얼마나 걸리는지 가장 궁금해한다. 손익분기점은 매출목표 수립과 이익관리에 기준이 되기 때문이다. 창업을 시작하고 나서 손익분기점까지 도달하는 기간 동안에는 매출은 이루어지더라도 결과적으로는 이익보다 지출되는 돈이 더 많다. 이로 인해 계속해서 자본의 투입이 이루어지는 상태이다. 수익분기점에 도달하게 되면, 더 이상의 큰 자금이 투입되지 않아도 이익을 발생시킬 수 있기 때문에 자금조달계획에서는 이러한 손익분기점까지의 기간을 산정해서 투입자본의 규모를 결정하는 것이다. 손익분기점(BEP)이 높으면 수익성이 낮고, 반대로 낮으면 수익성은 높아지게 된다.

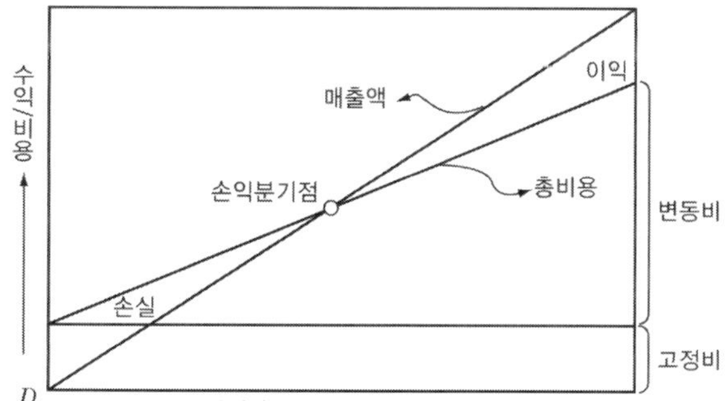

[그림 8-5] _ **손익분기점 도표**

창업시점에서부터 손익분기점(BEP)까지의 자금관리 전략은 상품의 판매가격(P)이 정해져 있다면 이를 이용해 손익분기점의 예상매출금액을 구할 수 있다. 기구 구입비, 임대료, 급여 등 고정적으로 발생하는 비용인 고정비와 매출이익이 같아지는 시점의 금액을 찾으면 된다. 손익분기점의 매출액은 원가(변동비)가 포함되어 있으므로 다음과 같이 계산할 수 있다.

손익분기점 도달 시의 총매출액

- 개당 가격 5,000원, 변동비(원가) 2,000원, 고정비(임대료, 급여) 500만 원
- 단위당 공헌이익 : 5000—2000=3000

공헌이익률 : $\frac{3000}{5000} = 0.6$

손익분기점 판매량 : $\frac{5,000,000}{3,000} = 1,667$개

손익분기점 매출액 : 5000 × 1,667 = 8,335,000원

가장 간단한 계산법으로 손익분기점을 찾아낼 수 있다. 만약 테이크아웃에서 5천 원짜리 커피를 팔며 한 달에 22일을 일한다고 가정할 때, 매일 커피 76잔을 팔아야 손익분기점(매출액 8,335,000원)에 도달하게 된다. 그러나 5천 원의 커피가 비싸다고 생각하여 손님들이 잘 안 올 것이라 예상하여 4천 원의 가격으로 커피를 팔 경우에는 공헌이익률(단위당 공헌이익/객 단가)이 0.5가 되어 5,000,000/0.5=10,000,000원의 매출이 손익분기점의 매출이 되며 매일 커피 114잔을 팔아야 한다. 이렇듯 손익분기점은 사업계획의 자금관리 전략에 있어 그 기준점으로 작용하게 된다. 작은 규모의 점포는 손익분기점에 도달하는 시점의 산출방법이 간단하지만, 공장 운영이나 유통업체처럼 다양한 품목을 판매한다면, 손익분기점의 매출을 추정하는 데는 조금 더 복잡하다. 그러나 소요자금 등을 산출해 내는 계산법은 비슷하다.

손익분기점을 적절하게 활용하기 위해서는 위의 예를 통해 볼 수 있었던 고정비와 변동비 같은 비용에 대해 알아야 한다. 고정비는 매월 일정하게 지출되

는 비용으로 직원의 급여, 대출상환금, 임차료 등을 들 수 있으며, 변동비는 물건을 팔기 위해 들어가는 원가와 판매비용을 말한다. 이에 따라 지출되는 비용을 명확히 정리해야 손익분기점의 매출과 그 시점을 계산할 수 있다.

4) 경제성 분석

경제성 분석은 투자를 결정할 때, 비용 대비 수익구조에서 비용을 최소화하고 이익을 최대화하는 경제적 수익률(economic rate of return)을 계산하여 그 타당성을 측정하는 분석방법이다. 경제성 분석방법은 순현가(NPV, net present value method), 내부수익률(internal rate of return), 투자회수 기간법, 회계적 이익률법 등이 있다.

첫째, 순현가(NPV)는 초기자금액을 투자자로부터 산출하여 순현금 흐름의 현재가치로부터 차감한 것을 말한다. 이 값이 (+) 값을 가지면 경제성이 있다고 판단한다. 현재가치를 산출하기 위해서는 다소 복잡한 공식이 필요하다.

둘째, 내부수익률은 현금 흐름상의 지출과 수입을 같게 하는 것으로 투자에서 회복되지 못한 비용이 투자수명이 다할 때까지 회복되어 0이 되도록 하는 이자율을 말한다. 즉, 투자자로부터 기대되는 현금유입과 유출의 가치를 일치시키는 할인율(내부수익률, IRR)을 구하는 방법이라 할 수 있는데, 내부수익률(IRR)의 값을 구해 기대수익보다 크게 나타나면 경제성이 있다고 판단한다.

셋째, 투자회수 기간법은 초기투자비용이 투자로 인해 발생하는 현금 흐름으로부터 회수하는 데까지 걸리는 기간을 계산하여 사전에 정해놓은 회수기간과 비교하여 투자가치를 평가하는 방법이다.

넷째, 회계적 이익률법은 회계적 자료를 활용하여 연평균 순이익을 구하고 이를 연평균 투자액으로 나눈 값으로, 예상 목표이익보다 클 경우 경제성이 있다고 판단한다.

6 자금수지 분석

자금수지 분석이란 사업에 필요한 적정자금의 규모가 어느 정도이고, 필요한 자금을 적기에 차질 없이 조달할 수 있는지, 그리고 조달된 자금은 상환조건에 따라 상환기간별로 원만히 상환할 능력이 있는지의 여부를 검토하는 것을 말한다. 일반적으로 자금수지 분석의 주요 항목은 소요자금 규모, 조달 가능성, 자금조달 및 운용계획표의 작성 및 분석, 차입금 상환능력 검토 등이다.

1) 소요자금 규모 및 조달 가능성 검토

사업계획에서 자금의 조달은 생명수와도 같다. 좋은 아이템과 아이디어도 현실화하기 위해서는 자금을 확보해야 한다. 자금조달 계획을 수립할 때에는 자기자금과 정부의 지원자금을 포함하여 기간별로 소요될 자금을 분석하여 재무계획을 세운다. 자금계획에서 자기자본이 차지하는 비율은 50~70%, 타인자본(부채)의 비율은 30~50%로 구성하는 것이 적정하다. 자본금의 규모는 총 소요금액의 1.5~2배 정도로 수립하는 것이 현금의 유동성에서 유리하다.

사업의 규모는 자금의 조달능력에 의해 결정된다. 소요자금의 규모는 자금조달능력과 연계해서 설계하는 것이 바람직하다. 특히, 정부의 정책자금을 통해 자금을 조달하려고 계획했다면, 정책지원금이 지원 규모에 따라 한시적으로 운영되고 있으므로 재정이 소진되어 지원이 안 되는 경우가 발생하지 않도록 유의해야 한다. 청년창업지원의 경우 매월 지원하고 있지만, 지원하는 날짜가 정해져 있다는 점에도 유념해야 한다. 이러한 정책자금들을 조달하기 위한 계획을 세울 때는 정확한 기간과 날짜를 미리 확인하고 문의함으로써 계획에 차질이 없도록 해야 한다.

2) 자금조달 및 운용계획표의 작성

자금조달 및 운용계획표는 자금 사용기간 및 성격에 따라 장·단기 자금계획, 연도별 소요자금 및 조달계획, 시설자금조달계획으로 나누어 작성하고 이를 심층적으로 분석할 필요가 있다. 특히, 중기청의 시설자금과 같은 경우에는 창업을 달성한 이후에 조달이 가능하므로 이러한 성격의 정책지원금은 장기 자금계획으로 입안하는 것이 좋다.

자금의 운용계획표는 사업계획상의 시설계획, 아이템 개발이나 생산계획, 손익분기점까지의 운영자금, 홍보/마케팅의 판촉계획, 그리고 조달 자금의 상환계획 등에 소요되는 자금을 구체적으로 명시하여 빈틈이 없도록 작성하고 이를 심층적으로 분석해야 한다.

3) 차입금 상환능력 검토

자금조달계획을 세울 때에는 상환계획과 상환능력을 미리 검토해야 한다. 상환능력 검토 시에는 연도별 매출액과 당기순이익의 규모, 당기순이익 증가율의 범위 안에서 상환계획을 수립해야 한다. 이러한 상환계획 없이 무리하게 차입만 늘리다 보면, 자본비용(이자)을 감당하기 어렵게 되거나, 상환기일이 일시에 집중되는 현상이 발생하여 현금유동성 위기에 처할 수 있다.

7 위기요소 분석

창업을 하고 나서 전혀 예측할 수 없었던 위기를 맞게 되면 당황하게 된다. 따라서 창업자에게 요구되는 능력 중의 하나가 위기관리능력이다. 목표를 달성하는 데 장애가 될 수 있는 상황이나 매출의 하락, 경영상의 문제 등을 대표적인 위기 사례로 볼 수 있다. 위기는 불씨와도 같아서 바로 대처하지 못하면 그 세를 점차 키워 감당하기 힘든 시련으로 다가온다.

투자자는 사업계획서를 검토하면서 사업화가 수월하게 잘될 것이라고 낙관적 판단을 하지 않는다. 그리고 그 사업에서 잠재되어 있는 위험에 대해 더욱 집중한다. 따라서 창업자는 위험요소에 대해 미리 조사하고 투자자의 질문이 나오기 전에 이를 거론하며 해결책을 제시해 주어야 한다. 투자자가 찾아낸 위험요소는 사업계획에서 치명적인 약점으로 작용할 수 있다. 이러한 결과가 나타나면 투자를 유치하는 일은 더욱 어려워진다. 따라서 이러한 위험요소를 상정하고 정리하여 어떻게 대처할 것인가에 대해 해결방안을 마련해놓을 필요가 있다.

사업계획서를 검토한 투자가는 다음과 같은 잠재적 위험에 대해 지적할 수 있다.

첫째, 경쟁자의 가격 인하에는 어떻게 대처할 것인가?
둘째, 잠재적인 적대적 시장 환경으로 변화가 일어난다면?
셋째, 설계 및 제조비용이 예상을 초과한다면?
넷째, 판매 예측이 먹히지 않는다면?
다섯째, 제품 개발 일정을 맞추지 못한다면?
여섯째, 원자재를 얻기 어려워지거나 조달기간이 길어진다면?
일곱째, 경쟁력을 유지하기 위한 혁신/개발 비용이 지나치게 커진다면?

– 출처 : 중소기업청·창업진흥원, 창업다이어리(Guide Book for Starting Business)

투자를 유치하기 위해 프레젠테이션을 진행할 때 투자자가 위의 같은 질문을 하면 어떻게 대답할 것인가를 미리 생각해 두어 위기상황에 따른 대처방안을 설득력 있게 준비해야 한다. 투자자에게 자신감 있게 해결방안에 대해 제시해준다면 사업계획서에 대한 신뢰를 얻을 수 있고, 투자자에게는 믿음을 줄 수 있게 된다.

8 의사결정

의사결정(Decision Making)이란 문제와 기회를 인식하고, 그 문제를 해결하기 위한 최적의 대안을 찾아 선택하여 그것을 실행하는 과정이다. 사업 타당성 분석은 이러한 의사결정을 돕기 위해 사업아이템의 선정에서부터 시장성, 기술성, 수익성, 경제성 등을 분석하여 그 결과를 제시하는 것이다. 이러한 분석결과는 창업자 또는 투자의 결정권자에게 의사결정을 하도록 하는 대안을 제시하는 과정이다. 따라서 의사결정은 충분한 시간과 노력의 투입으로 이루어지는 일련의 과정이다. 기업 경영과 관련된 구체적인 의사결정을 사업계획에서 살펴보면 다음과 같은 의사결정의 예를 찾을 수 있다.

첫째, 어떤 제품을 가지고 사업을 할 것인가?

둘째, 어디에서 누구를 상대로 판촉을 벌일 것인가?

셋째, 자본의 조달능력에 따라 사업을 어느 규모로 할 것인가?

셋째, 사업 타당성의 결과를 믿고 당장 창업(투자)을 할 것인가?

1) 의사결정 방법

기업의 경영은 수많은 의사결정으로 이루어진다. 특히 기업이 나아갈 방향을 결정하는 경영자의 의사결정은 기업의 성장과 후퇴의 파급력을 가지고 있기 때문에 매우 신중할 필요가 있다. 그러나 경영자의 신중함도 신속함을 이기지 못할 때가 있다. 이러한 의사결정은 신중함의 합리적 의사결정과 신속함의 직관적 의사결정으로 나누어볼 수 있다.

(1) 신중함의 합리적 의사결정

합리적 의사결정모형은 의사결정에 필요한 모든 정보를 종합적으로 얻을 수 있고, 이를 통해 의사결정 참여자들이 고도의 합의가 가능하다는 것을 전제로 하는 이론이다. 이 모형은 조직의 목표를 달성하기 위한 합리적인 대안을 선택한다는 점에서는 이상적이나 의사결정과정에 개입할 수 있는 여지가 없기 때문에 '폐쇄이론'이라고도 한다.

Flow를 중심으로 한 합리적 의사결정은 탐색, 설계, 선택, 수행의 4단계로 이루어진다. 첫째, 탐색 단계로서 문제를 파악하고 이해하는 단계이다. 이 단계는 문제를 파악하기 위해 조직 내·외부의 상황을 지속적으로 모니터를 하는 단계이다. 둘째, 설계 단계로서 문제를 해결할 수 있는 가능한 대안을 개발하고 분석하는 단계이다. 셋째, 선택 단계로서 선택 가능한 대안 중 한 가지 대안을 선택하는 단계이다. 넷째, 수행 단계로서 선택된 대안을 실행하며, 제대로 효과를 거두고 있는지를 분석한다. 즉, 선택한 안이 예상 수익률을 올리고 있는지, 예상의 목표를 향해 가고 있는지 등을 분석하는 단계이다.

(2) 신속함의 직관적 의사결정

의사결정에서 합리성은 중요한 요소라 할 수 있다. 그러나 오히려 직관을 키움으로써 보다 뛰어난 의사결정을 해내는 경우도 있다. 대부분의 사람들은 의사결정을 할 때, 직관에 크게 의존하는 경향을 보이면서도 그 중요성을 과소평가하고 합리성을 강조한다.

실제로 몇몇 뛰어난 경영자들은 직관과 경험, 과학적 분석기법을 모두 고려해서 신속한 의사결정을 내린다. 예를 들어, 콜린 파월은 의사결정에서 공식 P=40−70을 자주 인용한다. 성공할 가능성이 40~70% 사이에 들 정도로 정보가 모이면 프로젝트를 직감적으로 추진한다는 것이다. 이러한 이유에 대해 그는 100% 확실한 정보를 갖게 될 때까지 기다리다가 최고의 시기를 놓칠 수 있기 때문이라고 설명한다.

(3) 점증모형의 의사결정

점증모형은 여러 대안을 평가하고, 기존의 정책을 부분적이며 순차적으로 탐색하여 의사결정에 이르는 현실적·실증적 이론이다. 이 이론모형은 평등주의적·민주주의적 정치상황을 전제로 하고 있다는 특성이 있으며, 현재 상황을 반영할 수 있는 가능성과 여지를 가지고 있으므로 많은 지지를 얻고 있다. 그러나 이 이론모형은 과거의 결정에 기초하고 있으며, 이로 인해 현대사회의 급격한 변화에는 대응하기 어렵다는 문제를 가지고 있다. 특히, 과거의 선례를 바탕으로 하기 때문에 새로운 문제에 대해서는 해결방안을 찾기 어렵다는 단점이 있다.

(4) 혼합모형의 의사결정

혼합모형은 에치오니(Etzioni)에 의해 합리모형과 점증모형의 장점을 취합하여 만든 이론이다. 이 모형에서는 의사결정에 필요한 모든 정보를 바탕으로 합리적인 대안을 찾을 수 있는 합리모형에 점증모형의 핵심인 평등주의적 상황을 반영하고 있다. 이러한 특징은 단기적이고 합리적인 대안을 빠르게 찾아서 대응할 수 있다는 것과 현재의 상황을 반영할 수 있다는 점이 장점이나 실행 가능성이 적다는 것이 단점이다.

2) 의사결정에 영향을 주는 요인

사업 타당성의 분석은 창업 아이템과 아이디어를 바탕으로 구상한 사업계획이 경제성이 있는지와 투자 가치가 있는지를 판단하는 과정이라고 할 수 있다. 사업 타당성에서 투자가치가 있다고 판단되면, 사업계획에 의해 자금조달을 결정하고, 창업을 시작할 수 있다. 창업자의 의사결정은 이러한 사업계획의 실행을 결정하는 중요한 기로라고 할 수 있다. 즉, 사업을 시작하기 전에 '이 사업이 성공할 수 있을까? 실패하면 어떻게 하지?'라고 생각하며 갈등하고, 고민에 고민을 거듭하는 과정을 거치고, 확신과 믿음이 전제되었을 때, 비로소 의사결정이 이루어지는 것이다.

기업이 투자를 하는 궁극적인 목적은 미래 현금흐름의 창출을 위한 기업가치의 극대화라고 할 수 있다. 따라서 의사결정에서는 보다 체계적이고 합리적인 판단이 필요하다. 올바른 의사결정은 무엇보다 목표가 분명하게 설정되어야 하고, 기업의 목표를 의사결정자 뿐만 아니라 모든 조직구성원이 공유하고 납득하도록 하는 것이다.

8-1 창업탐구 청년창업자의 강점과 약점 알아보기

※ 청년창업자들의 강점과 약점은 체크리스트를 활용하여 파악할 수 있다. 다음의 체크리스트를 활용하여 청년창업자로서 자신의 강점과 약점이 무엇인지 알아보자.

구분	항 목	매우 그렇다 (5점)	비교적 그렇다 (4점)	보통 이다 (3점)	그렇지 않은 편이다 (2점)	전혀 아니다 (1점)
성품	긍정적인 사고를 한다					
	겸손하다					
	기지나 재치가 있다					
	인내와 끈기가 있다					
대인관계	대인관계의 폭이 넓고 깊다					
	활달한 성격이다					
	화술과 표현력이 뛰어나다					
	인상이나 외모가 호감을 준다					
업무습관	업무에 완벽하다					
	일에 대해 집중한다					
	기획 및 분석력이 있다					
	추진력이 있다					
	창의력이 있다					
미래대비	정보 마인드가 있다					
	컴퓨터 실력이 있다					
	어학능력이 있다					
	독서를 많이 한다					
	건강하다					

– 출처 : 중소기업청·소상공인시장진흥원, 창업다이어리(Guide Book for Starting Business)

[결과해석]

체크리스트 점수의 합이 70점을 넘기면 창업자로서의 자질이 어느 정도 충족되었다고 볼 수 있는데, 대체적으로 선천적인 성격과 후천적으로 형성된 능력으로 구성되어 있다. 여기서 나타난 강점은 전략적으로 이용하면 유리하고, 약점은 보완할 수 있는 방법을 찾아보는 것이 바람직하다.

8-2 창업탐구 청년창업자의 자질 알아보기

※ 청년창업자로서 얼마나 자질을 갖추고 있는지 다음의 체크리스트를 활용하여 알아보자.

평 가 사 항	평 가		
	예(4점)	보통 (2.5점)	아니오 (1점)
1. 낙관적인 성격이다			
2. 가족의 동의, 협력 확보가 가능하다			
3. 사람 만나는 것을 좋아한다			
4. 신용을 곧 생명으로 안다			
5. 성취욕구가 높다			
6. 자신의 운명을 개척할 수 있다고 믿는다			
7. 매사에 정열적이다			
8. 한번 결정하면 끝까지 수행한다			
9. 다른 사람을 설득할 수 있는 힘이 있다			
10. 아이디어가 풍부하다			
11. 새로운 방식을 빨리 받아들인다			
12. 건강에 자신이 있다			
13. 무슨 일이나 집념이 강하다			
14. 교제에 능숙하고 친구가 많은 편이다			
15. 많은 과제를 가지고 일하는 것이 즐겁다			
16. 곤란한 일을 당해도 해결의지가 강하다			
17. 남보다 한 발 앞서 가려는 마음이 강하다			
18. 모든 것을 계수화하기 좋아한다			
19. 아랫사람에 대한 사랑이 있다			
20. 신문·잡지 등 정보지 읽기를 좋아한다			
21. 다른 업종 등에도 늘 관심을 두고 있다			
22. 번뜩이는 창의력이 있다			
23. 언제나 장래에 하고 싶은 일이 생각난다			
24. 참을성이 강하다			
25. 보고 듣고 난 후에 메모하는 습관이 있다			

– 출처 : 중소기업청·소상공인시장진흥원, 창업다이어리(Guide Book for Starting Business)

[결과해석]

체크리스트 점수의 합이 60점인 경우를 창업자 자질의 '보통'으로 판단한다. 이를 준거로 청년창업자의 자질이 높고 낮음을 파악해보자.

8-3 창업탐구 청년창업자의 적성 체크리스트

※ 청년창업자가 자신의 적성에 맞는지 다음의 체크리스트를 활용하여 알아보자.

평 가 사 항	평 가		
	예 (2점)	보통 (1점)	아니오 (0점)
1. 창업에 대해 신중히 고려하고 있다			
2. 창업박람회, 사업설명회, 창업 강좌에 참석해본 적이 있다			
3. 기본적인 창업 절차에 대한 지식을 가지고 있다			
4. 대인관계가 원만하다는 소리를 주변에서 듣는다			
5. 물건을 살 때 꼼꼼하게 따지고 구입하는 편이다			
6. 새로운 사람을 만나는 일이 즐겁다			
7. 식당에서 음식이 늦게 나와도 짜증내지 않는다			
8. 처음 본 사람이라도 인상이나 이름을 잘 기억하는 편이다			
9. 환경이 변하면 나 자신을 바꿀 준비가 돼 있다			
10. 인터넷은 게임보다 정보습득에 더 많은 시간을 할애한다			
11. 상대방의 기분을 상하지 않게 부탁을 거절할 수 있다			
12. 가족과 상의하고 판단해서 일을 처리한다			
13. 이해득실에 대한 판단이 빠르다			
14. 건강, 여가 선용을 위해 한 가지 이상 운동을 한다			
15. 사안별로 추진하든 포기하든 의사선택의 결정이 빠르다			
16. 창업한다면 말리는 사람보다 돕겠다는 사람이 더 많다			
17. 한 번 창업에 실패하면 나는 끝장이다			
18. 실패의 경험이 있다(진학, 취업, 사업, 자격시험 등)			
19. 살아오면서 여러 가지 직업을 경험해봤다			
20. 나는 반드시 창업을 할 것이다			

– 출처 : 중소기업청·소상공인시장진흥원, 창업다이어리(Guide Book for Starting Business).

[결과해석]

채점결과를 보고 총점이 40점 중 32점 이상이 나오면 청년창업에 대해 좋은 적성을 가졌다고 할 수 있다. 24점 이하인 경우에는 청년창업을 하기에는 부족한 것으로 추정하고 있는데, 이러한 기준을 가지고 청년창업을 할 수 있는지와 없는지를 판가름하기에는 무리가 있다. 그러나 이러한 자료를 보고 청년창업에의 준비가 덜 되어 있으면, 무엇을 어떻게 더 준비해야 하는지에 대한 기준으로 삼아 청년창업을 준비하는 데 참고한다면 도움이 될 것이다.

Chapter 09

온라인 쇼핑몰은 어떻게 구축하는가?

09 Chapter 온라인 쇼핑몰은 어떻게 구축하는가?

통계청을 비롯한 각종 통계자료를 보면 최근의 우리나라 경제성장에 있어서 전자상거래 분야가 급성장하고 있는 것으로 나타나고 있다. 인터넷 시장조사 분석업체인 이마케터는 2012년에 글로벌 전자상거래 시장규모가 1조 달러를 넘어섰으며, 1조 3천억 달러로 시장의 규모가 커질 것으로 전망하고 있다. 이미 경제 전문가들은 전자상거래 규모의 급격한 성장을 예측하고 있다.

전자상거래의 발달은 생산자와 소비자를 잇는 중간 유통단계를 축소시키고 있다. 이로 인해 소비자들은 물건을 사기 위해 직접 매장을 방문하지 않아도 인터넷과 모바일을 통해 더욱 저렴한 가격으로 구매할 수 있게 되었다. 즉, 유통구조가 오프라인에서 온라인의 방향으로 변화하고 있다. 이러한 추세가 계속된다면 창업과정도 점차 가상공간인 온라인 안에서 이루어지리라고 예측된다.

인터넷 발달에 따른 전자상거래의 발전은 유통구조에 있어서 획기적인 변화를 예고하고 있다. 전자상거래는 상권과 시장의 한계를 넘어서고 있다. 따라서 창업계획에서 이러한 전자상거래(인터넷 쇼핑몰)의 특성을 간과해서는 안 된다. 우리나라의 온라인 쇼핑몰 시장은 아직 성장 중이며, 성숙기까지는 아직도 먼 여정이 남아 있다. 지금의 전자상거래가 모든 상거래 자리를 대신할 수 있다고 생각하는 것은 섣부른 생각이다. 가상의 세계에서 거래가 이루어지더라도 제품의 생산, 유통, 소비는 현실경제의 테두리 안에서 이루어진다는 것은 변하지 않는 사실이다. 이러한 점은 온라인 쇼핑몰이 성장할수록 이와 더불어 금융, 택배, 서비스, 통신 등의 관련 산업이 동반하여 성장하게 된다.

1 전자상거래(온라인 쇼핑몰)의 개념

온라인 쇼핑몰을 계획할 때, 대부분의 사람들은 온라인 쇼핑몰을 가볍게 여기고 전자상거래에 대한 지식도 없이 시작하려 한다. 모든 창업이 대부분 그렇지만 사전에 철저한 조사와 계획 그리고 철저한 점검은 온라인 쇼핑몰에서도 필수이다. 창업에 앞서 최근 들어 급격하게 성장하고 있는 전자상거래와 온라인 쇼핑몰 그리고 모바일 쇼핑 등에 대한 개념을 정리할 필요가 있다. 앞으로의 전자상거래는 급격한 변화와 함께 거대 자본을 가진 기업들의 각축전이 될 가능성이 높기 때문이다. 어쩌면 지금이 거대 자본을 가지고 있지 않은 사람들이 성공할 수 있는 마지막 개척지가 될 것이다.

1) 전자상거래의 정의

전자상거래(EC, Electronic Commerce)의 사전적 의미는 '인터넷 혹은 기타 컴퓨터 망을 통해 제품, 서비스 혹은 정보를 매매하는 새로운 형태의 상거래'이다. 넓은 의미에서 전자상거래는 '기업이나 소비자가 컴퓨터 통신망에서 행하는 광고, 발주, 구매 등 모든 경제활동'을 말한다(최진우, 2006). 최근에는 전자상거래의 개념이 컴퓨터를 이용한 인터넷 쇼핑, 스마트폰 등을 이용한 모바일 쇼핑 등을 모두 포함하는 개념으로 전환되고 있다.

전자상거래라는 용어는 미국의 로렌스 리버모어 국립연구소(LLNL, Lawrence Livermore National Laboratory)가 1989년 미 국방성의 프로젝트를 수행하면서 처음 사용하였다. 이 프로젝트는 물건을 팔려는 데 목적이 있었던 것이 아니라 정보기술(IT, Information Technology)을 이용하여 거래의 전 과정에서 서류를 사용하지 않고도 물건을 거래할 수 있는 기업 환경을 만들려는 데 목적이 있었다. 이러한 전자상거래가 활성화되면서 상업적 수단으로 도입되게 되었다.

좁은 의미로 보는 전자상거래는 인터넷을 통한 e-business를 말하며, 흔히 인터넷 쇼핑몰을 떠올린다. 즉, 인터넷의 가상공간 안에서 일어나는 각종 거래와 대금의 결제 등에 한정하여 생각한다. 그러나 넓은 의미로 전자상거래는 판매자와 소비자와의 거래관계 뿐만 아니라, 거래와 관련된 기관들(공급자, 금융기관, 정부기관, 운송기관, 통신업체 등)은 물론이고 그들과의 관련행위를 모두 포함한다. 즉, 전자상거래는 하나의 성숙된 상업적 문화이다. 정보통신기술과 정보시스템 개발기술이 발전하여 집약됨으로써 생겨난 새로운 사회제도이며, 상업적 문화이다. 이는 인터넷이라는 '가상세계에서 일어나는 현상'만으로 한정지을 수 없으며, 이와 관련된 생산자, 소비자, 운반자 및 중개자들의 업무를 모두 포함한다. 다시 말해, 전자상거래를 이용해 거래가 성사되면 생산, 운반, 설치 및 소비 등은 현실에서 이루어지므로 '실물경제'와 대비되는 개념의 '디지털경제'라고 할 수 있다. 즉, 디지털경제는 실물경제와 함께 경제를 구성하고 있는 하나의 축으로 성장하고 있으며, 인간문화와 사회구조에 급격한 영향을 끼치고 변화를 요구하고 있다.

이러한 변화에 대해 피터 드러커 박사는 전자상거래의 발달로 유통구조가 변혁을 일으키고 있다고 강조한다. 그는 물건을 판매할 때는 전자상거래를 이용하고, 배달은 실제 매장을 이용하는 시스템이 우리 생활에 자리잡고 있다고 강조한다. 즉, 판매자와 소비자가 직거래를 할 수 있는 전자상거래의 발달이 유통질서를 재편하고 있다는 것이다. 산업구조에 있어서 제품의 생산보다는 유통 부문이 더욱 중요해진 것도 이러한 이유이다.

전자상거래는 월드와이드웹(www)의 인터넷 환경이 보급되기 전에도 사용되었던 개념이다. 프로토콜(통신규약)을 사용한 초기의 데이터통신은 기업의 내부에서 업무환경을 구성하기 위한 인트라넷(intranet)의 성격이 강했다. 통신규약은 국가별로 규격이 통일되어 있지 않았기 때문에 제한적으로 사용되어 왔으나, 1990년대 중반부터 인터넷 환경이 급속도로 발전함에 따라 전자상거래도 급격하게 활성화되기 시작했다.

전자상거래는 초기에 전자문서의 교환(EDI, Electronic Data Interchange) 수준으로 이루어지던 개념이 e-Business의 전자상거래 개념으로 진화하게 되었다.

그 원인은 인터넷의 환경적 변화 때문이라고 할 수 있다. 인터넷의 환경은 1990년대부터 큰 전환기를 맞이하게 되었는데, 이는 텍스트 모드에서 GUI (Graphic User Interface)로의 변화와 빠른 속도, 통일된 프로토콜인 TCP/IP, 웹 브라우저의 발달 등을 통해 이루어졌다. 이와 더불어 1993년 월드와이드웹(www)이 출현하고, 인터넷의 환경이 더욱 체계화되면서 전자상거래는 빠른 속도로 확산되었다.

노재범(1998)은 인터넷을 이용한 전자상거래의 특성을 기존의 재래식 거래 방식과의 차이를 들어 설명하고 있다. 그는 전자상거래가 유통채널이 단순하여 소비자에게 더 저렴한 가격으로 상품을 구입할 수 있는 기회를 제공하고, 24시간 접속이 가능하므로 언제 어디서나 전 세계의 상품을 거래할 수 있는 장점이 있다고 하였다. 또한, 온라인을 통해 실시간으로 고객에 대한 정보의 획득과 일대일 커뮤니케이션이 가능하고 소비자와의 상호작용을 통한 마케팅이 가능하며, 비즈니스를 시작하기 위해 토지나 건물 등의 구입을 위한 비용이 필요하지 않으므로 경제적이라고 하였다.

2) 온라인 쇼핑몰의 개념

전자상거래의 형태 중에서 최근에는 가상점포(cyber-mall, online-shoping mall)를 이용한 기업과 소비자 간의 거래가 활발해지고 있다. 온라인 쇼핑으로 불리는 이러한 거래 형태는 인터넷상에서 각종 상품을 거래하는 것으로, 기존의 재래식 시장이나 백화점처럼 고객이 직접 방문할 필요 없이 언제, 어디서나 원하는 상품을 주문할 수 있는 편리성을 장점으로 한다.

쇼핑몰은 매장을 가지고 상업행위를 하는 형태를 말하는데, 다양한 상점들이 입점해 있는 쇼핑센터로서, 통로를 따라 이동하면서 한 지역에서 모든 쇼핑을 할 수 있는 형태의 집합상가를 말한다. 온라인 쇼핑몰은 이러한 쇼핑몰을 가상세계인 사이버 상에 구축하여 거래할 수 있도록 만든 시스템이며, 주로 소비재를 대상으로 한다. 온라인 쇼핑몰은 전자상거래의 한 부분으로 기업과 소비자

간 거래(B2C)와 개인 간의 거래(C2C)가 주를 이루는 소매의 성격을 띠고 있다.

온라인 쇼핑몰은 기업과 소비자들에 대해 개방된 네트워크로서 문화 콘텐츠의 역할을 확대하고 있으며, 전자메일, 멀티미디어 그리고 정보의 전달뿐만 아니라 상품에 대한 정보전달과 결제수단을 제공함으로써 가상공간에서 실시간으로 거래를 가능하게 하는 시장경제의 또 다른 영역으로 자리를 잡게 되었다.

통계청이 2014년 2월 25일에 발표한 '2013년 연간 및 4분기 전자상거래 및 사이버쇼핑 동향 보도자료'에 따르면 전자상거래 총 거래액은 1,204.1조 원으로 전년 대비 5.0% 증가한 것으로 나타났으며, 이 중 4/4분기 전자상거래 총 거래액은 316조 330억 원을 차지하여 전년 대비 5.3%, 전 분기에 비해서는 8.1% 증가했다. 2013년 연간 사이버쇼핑 거래액은 38조 4,940억 원으로 전년 동 분기 대비 13.0% 증가했고, 4/4분기 거래액은 10조 5,910억 원으로 나타나 사이버쇼핑의 거래규모는 빠른 성장속도를 보이고 있다(통계청, 2014). 이는 전자상거래에서 온라인 상거래가 차지하는 비중이 높아지고 있으며, 그중 온라인 쇼핑몰 시장이 가장 빠르게 성장하고 있음을 보여준다. 또한, 2014년도 1/4분기 온라인 쇼핑 종합몰의 규모는 8조 126억 원에 달하고, 전문몰은 2조 4,549억 원의 규모를 차지하고 있다. 온라인 쇼핑의 거래액을 주요 상품군별로 살펴보면 여행 및 예약서비스가 16.7%, 의류·패션 및 관련 상품이 16.3%, 생활·자동차용품 11.1% 가전·전자·통신기기 10.6%, 음·식료품이 8.4%, 컴퓨터 및 주변기기 8.0%, 아동·유아용품이 5.2%, 스포츠·레저용품이 4.4%, 서적이 3.1%를 차지하고 있으며, 각종 서비스가 나머지 1.7%를 차지하고 있다. 이러한 거래규모를 살펴보면 온라인 쇼핑몰은 여행 관련 상품, 의류·패션 관련 상품, 생활·자동차용품 그리고 가전·전자·통신기 순으로 많이 팔리며, 이들이 온라인 쇼핑몰의 주력 업종임을 알 수 있다(통계청, 2014).

3) 모바일 쇼핑몰

모바일 쇼핑은 스마트폰이 보급되기 시작한 2009년부터 시작되었다. 스마트폰의 사용이 포화상태에 가까워지면서 모바일시장도 급격하게 성장하게 되었다. 모바일 쇼핑은 온라인 쇼핑몰의 모바일 확장 개념으로 해석해 왔으나, 최근 모바일시장의 규모가 커지면서 새로운 분야의 시장개념으로 재정립되고 있다.

대한상공회의소의 '2013년 상반기 기준 모바일 쇼핑앱 이용현황'에 따르면, 모바일 쇼핑족은 월 1,500만 명을 넘어섰으며, 이는 2012년 상반기 대비 138.7%, 하반기 대비 44%가 증가한 것이다. 이에 반해 PC 활용 인터넷 쇼핑몰 이용자 수는 월평균 2,940만 명으로 2011년 하반기 3,085만 명을 기록한 이후 하락추세에 있다(대한상공회의소, 2013).

온라인 쇼핑에 비해 모바일 쇼핑 이용자 수는 절반 정도의 비율을 차지하고 있으나, 불과 5년이라는 짧은 기간 동안 시장규모가 급속도로 커지고 있는 추세를 볼 때, 모바일시장이 온라인시장을 상당 부분 잠식할 것으로 예측된다. 항상 휴대하고 다니며, 시간과 장소에 구애받지 않고, 쇼핑몰에 접속할 수 있다는 것은 모바일 휴대폰만의 장점이다. 최근에는 PC를 사용하는 온라인 쇼핑에 비해 모바일 쇼핑몰의 결제가 더욱 간단해지고 편리해진다는 점에서 모바일 쇼핑몰의 지속적인 성장은 계속될 것으로 예측된다.

스마트폰을 이용한 모바일 쇼핑의 매출액은 2009년 30억 원에 불과하던 것이 2012년에는 6천억 원으로 200배 증가하였다(한국온라인 쇼핑협회·KT 경제경영연구소, 2012). 이러한 성장속도는 가볍게 볼 일이 아니다. 급격한 성장세에 힘입어 G마켓, 인터파크, 11번가 등 기존의 온라인 쇼핑몰과 대형 마트, 백화점 등 오프라인 유통업체들도 모바일 쇼핑시장에 적극적인 진입을 서두르고 있다(KIET 산업연구원, 2013).

4) 온라인 쇼핑몰의 장단점

온라인 쇼핑몰의 장점은 소비자들이 세계 각국의 가상 상점에서 언제, 어디서나 원하는 시간에 비교적 저렴한 가격으로 상품을 구입할 수 있다는 점이다. 그뿐만 아니라, 운영자는 운영비가 거의 들지 않고, 상권의 제약을 받지 않으며 소비자의 취향에 맞는 상품정보를 제공할 수 있다는 장점이 있다. 또한, 제품을 구매할 때 제품에 대한 상세한 정보와 가격을 비교하고, 이미 사용해 본 구매자의 후기 등을 살핌으로써 상품에 대한 다양한 정보를 얻을 수 있다는 장점도 있다. 그러나 직접 만져보고 확인할 수 없다는 점은 이들 온라인 쇼핑에 대한 신뢰성을 떨어뜨린다는 단점이 되고 있으며, 개인정보의 유출이나 과대 허위광고, 그리고 상품평에 대한 정보조작 등에 쉽게 현혹될 수 있다는 점도 온라인 쇼핑 방식이 해결해야 할 과제이다.

2 전자상거래 현황과 전망

온라인 쇼핑몰은 그 특성상 거리와 시간의 제한이 없다는 특성을 가지고 있다. 이러한 특성은 전 세계 어느 나라에서도 상품을 구매할 수 있다는 것을 의미한다. 즉, 전자상거래의 기반인 쇼핑몰이 글로벌 환경에 적합한 솔루션을 제공한다면, 온라인을 통해 수출과 수입이 가능하다는 것이다. 이러한 점은 다국적 기업들이 대체적으로 글로벌 환경에 맞춘 솔루션을 구축하고 있다는 점을 보아도 알 수 있다. 미국의 거대 전자상거래업체 이베이와 중국을 제패한 알리바바가 2014년 상반기 한국에 현지법인을 설립하고 상륙하기 위해 몸 풀기를 하고 있으며, 이로 인해 한국 온라인시장은 재편될 상황에 처해 있다. 이들뿐만이 아니다. 글로벌 전자상거래의 공룡들은 이미 국경을 초월해서 급격한 성장이 기대되는 거대시장을 선점하기 위해 활발히 활동하고 있다. 이러한 시점에서 국내의 작고 경쟁이 심한 골목 상권만을 바라본다는 것은 기업의 성장에 있어 제한적일 수밖에 없다.

전 세계의 전자상거래 현황을 살펴보면, 지속적인 성장이 이루어지고 있다는 것을 알 수 있다. 글로벌 전자상거래 시장규모가 2012년에 1조 달러를 넘어섰으며, 2013년에는 1조 3천억 달러로 시장규모가 커질 전망이다. 이는 대부분의 국가에서 전자상거래가 성장세를 지속할 것임을 보여주고 있다. 따라서 전자상거래의 대상을 국내에만 한정시키지 말고 세계적인 시장으로 인식하여야 하며, 글로벌 환경에 적합한 솔루션 개발이 하루 속히 이루어져야 한다.

우리나라 전자상거래의 미래는 외국의 사례를 통해 어느 정도 예측이 가능하다. 따라서 우리나라 경제와 직접적인 상관관계가 있는 다른 나라의 전자상거래를 살펴볼 필요가 있다. 미국, 캐나다, 일본, 중국을 중심으로 그들의 전자상거래 현황을 살펴보면 다음과 같다.

1) 미국의 전자상거래 현황

미국은 세계 최고의 전자상거래 시장임을 부인할 수 없다. 미국의 전자상거래는 스마트폰과 태블릿 PC의 보급에 큰 영향을 받고 있다. 미국의 조사전문기관인 Forrester Research는 미국의 소매분야에서 온라인 쇼핑의 시장규모가 2011년 2,020억 달러에서 2012년에는 2,260억 달러로 성장했으며, 2016년에는 3,270억 달러 규모를 기록할 것으로 예측하고 있다. 또한, 이컨설턴시(Econsultancy)와 인터넷리테일러(Internet Retailer)는 미국의 모바일 전자상거래 시장규모는 2011년 60억 달러에서 2012년에 121억 달러로 101.3% 성장했으며, 이러한 모바일 시장이 2015년에는 310억 달러를 기록할 것으로 예측하고 있다. 시장조사기관인 컴스코어(comScore)는 2013년 1/4분기의 전자상거래 규모가 지난 2012년 4분기에 이어 500억 달러 규모를 넘어섰다고 했으나, 성장속도는 감소하는 추세에 있다고 발표했다. 시장에서 강세를 보인 업종은 디지털 콘텐츠 및 구독, 의류 및 액세서리, 스포츠 피트니스, 가전, 택배 등에서 20%를 넘는 성장세를 보이고 있다. 이는 미국의 전자상거래와 온라인 쇼핑 소매시장의 규모가 빠른 속도로 성장하고 있음을 나타내고 있으며, 온라인 소매업에서 전자기기와 어패럴의 판매에서 크게 성장할 것으로 판단된다.

2) 캐나다의 전자상거래 현황

캐나다 통계청은 '디지털 기술과 인터넷 이용'이라는 보고서에서 캐나다의 전자상거래시장 규모는 2012년을 기준으로 연간 1,220억 달러이었던 것이, 2013년에는 1,360억 달러로 성장했다고 발표했다. 또한 이 보고서에서는 기업들의 13%가 전자상거래로 물건이나 상품을 판매하고 있다고 밝히고 있다. 캐나다의 전자상거래는 기업 간의 거래(B2B)가 64%를 차지하고 있고, 매출의 80%가 내수산업 중심으로 돌아가고 있다. 그 밖에 15%는 미국에서 발생하고 있고, 나머지 5%는 미국이 아닌 다른 외국에서 발생하고 있는 것으로 나타났다.

한편, 캐나다 모바일시장의 기반인 스마트폰이나 태블릿 사용자는 전년도에 비해 7% 늘어났으며, 그 사용자는 전체 인구의 60%를 차지한다. 따라서 모바일시장의 성장잠재력이 매우 높다는 것을 알 수 있다.

3) 중국의 전자상거래 현황

중국의 인터넷 사용 인구는 2012년 기준으로 6억 명 이상으로 추정되고 있으며, 중국 B2B연구소는 중국의 전자상거래 규모가 2013년 기준으로 약 10조 위안(한화 약 1,739조 원)을 돌파했다고 발표한 바 있다(이동훈, 2014; 위키트리 신문). 이는 우리나라의 전자상거래 총 거래규모인 1,204.1조 원에 비해 약간 큰 정도이지만, 43% 정도의 인터넷 보급률을 고려한다면 앞으로 성장잠재력은 지대하다고 볼 수 있다.

또한 중국 상무부의 발표에 따르면 2013년 중국의 인터넷 쇼핑 이용자 수는 2.02억 명이며, 거래액은 1.85조억 위안으로 전자상거래 소매분야에서 미국을 제치고 세계 최대 시장으로 부상했다고 밝혔다. 중국 전자상거래시장이 매년 큰 폭으로 성장하고 있는 추세로 보아 머지않아 세계 전자상거래 시장을 주도할 것으로 예측된다. 미국의 포레스터리서치는 중국의 온라인 소매시장이 연평균

18%씩 성장하여 2018년에는 6,720억 달러로 두 배 이상 성장할 것으로 전망하고 있으며, 중국은 세계 최대의 유통대국의 온라인시장을 형성할 것으로 예측하고 있다.

중국의 시장조사업체 엔포데스크(EnfoDesk)가 발표한 '모바일 인터넷 통계 보고서'에 따르면 2014년 상반기 중국의 모바일 사용자는 6억 8,600만 명에 달한다고 밝혔다(정영옥, 2014; 그린경제신문). 이러한 수치는 세계에서 가장 높은 수치이다. 2012년 중국에서 모바일로만 결제한 금액이 8억 위안을 넘어섰으며, 모바일시장의 증가세로 보아 전자상거래에서 모바일 결제 비중의 급격한 성장을 예상할 수 있다.

거대해진 중국의 소비시장에서 한국의 상품들은 한류의 영향과 더불어 고품질·중저가의 인기를 얻고 있다. 이러한 점으로 볼 때, 국내의 모바일시장에서도 중국인들을 상대로 하는 중국어 버전의 쇼핑몰을 같이 운영한다면 중국시장의 잠재력을 이용하여 빠른 성장이 가능하지 않을까라는 생각이 든다. 글로벌 전자상거래 결제기업인 페이팔은 2013년 중국에서 외국의 상품을 온라인을 통해 구매하고 있는 온라인 쇼핑 사용자가 1,800만 명이며, 거래금액도 352억 달러에 이른다고 추산하고 있다. 2018년에는 온라인을 통해 외국 상품을 직접 구매하는 소비자가 3,600만 명에 이르며, 1,650억 달러 규모의 시장을 이룰 것으로 전망하고 있다.

4) 일본의 전자상거래 현황

노무라연구소의 발표에 의하면 2013년 일본의 전자상거래 시장규모는 11조 5천억 엔(한화 약 123조 6,400억 원)이며, 이는 2012년보다 13% 증가한 수치이다. 이러한 증가세를 보면 2017년에는 17조 3천억 엔(한화 약 186조 원)으로 성장할 것으로 추산된다(박현준, 2014; 아주경제).

한국산업연구원의 '전자상거래 시장현황과 향후과제'라는 보고서에서는 일본의 2013년 온라인 쇼핑 시장현황을 100조 7,340억 원의 규모로 추산하고 있다. 이는 일본의 2013년 GDP의 1.6%에 달하는 규모로, 우리나라의 GDP 대비 0.24%에 비하면 6배 이상 차이가 나고 있다. 일본의 전자상거래 규모는 미국에 이어 세계 2위의 규모를 자랑하고 있으나, 중국 전자상거래시장의 급격한 확장으로 현재는 세계 3위에 머물러 있다.

5) 국내의 전자상거래와 온라인 쇼핑몰 시장 현황

우리나라의 전자상거래는 B2B(기업 간 거래)가 90% 이상을 차지하고 있으며, 온라인 쇼핑몰의 규모는 전체 시장에서 2% 정도를 차지하고 있는 것에 불과하다. 이는 외국의 전자상거래시장 규모나 우리나라 경제 규모를 생각할 때, 차지하고 있는 비율이 작아 IT강국이라는 말을 무색하게 하고 있다.

국내의 전자상거래 규모는 계속 큰 폭으로 상승하다가 2013년에 들어서서 주춤하는 경향을 보이고 있다. 이는 내수시장의 성장이 주춤하고 있는 것과 연관이 있다. 그러나 이에 비해 온라인 쇼핑 거래의 규모는 꾸준하게 상승하고 있는데, 이는 모바일 쇼핑 규모의 성장에 힘입은 바가 크다.

우리나라의 온라인 쇼핑은 외국의 쇼핑몰에 비해 가입과정과 결제과정이 어렵고 복잡하기 때문에 외국의 성장속도를 따라가기에는 무리가 있다. 우리나라의 인터넷 쇼핑은 과정도 복잡하고 시간도 많이 걸리며, 절차가 복잡하다. 외국인들이 우리나라 온라인 쇼핑몰에서 물건을 구매할 경우에는 액티브 X를 설치해야 하며, 또, 공인인증서의 확인을 받아야 하기 때문에 구매에 어려움을 호소하고 있다. 이러한 복잡한 시스템은 우리나라에서만 실행되고 있는 규제사항이며, 국내 전자상거래와 온라인 쇼핑몰의 글로벌화에 장애가 되고 있다. 이러한 문제점을 해결하기 위해 국내 온라인 결제 시스템의 개선과 함께 글로벌화 추진에 주력하고 있어 관련 분야의 시장 확대가 기대되고 있다.

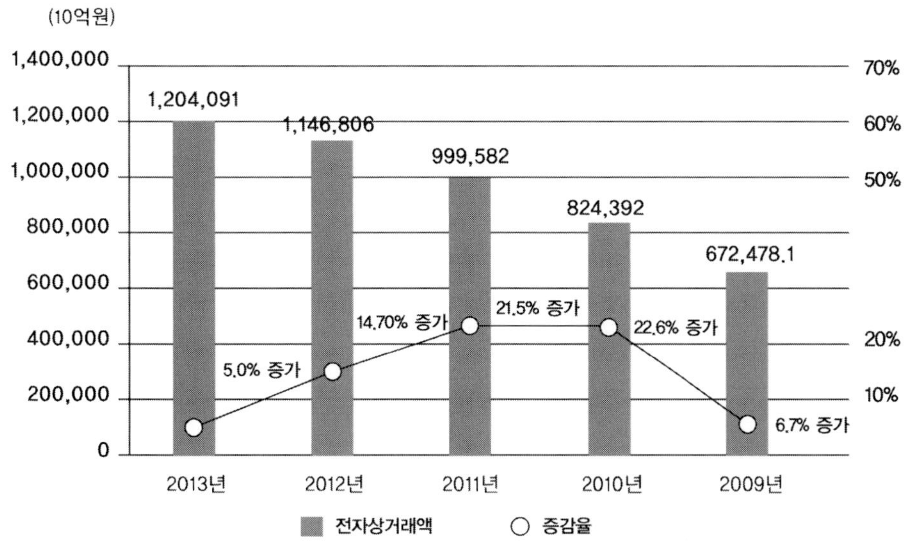

– 출처 : 통계청(2014). 2013년 연간 및 4/4분기 전자상거래 및 사이버쇼핑 동향을 바탕으로 재구성 함

[그림 9-1]_ **전자상거래 규모(2009~2013)**

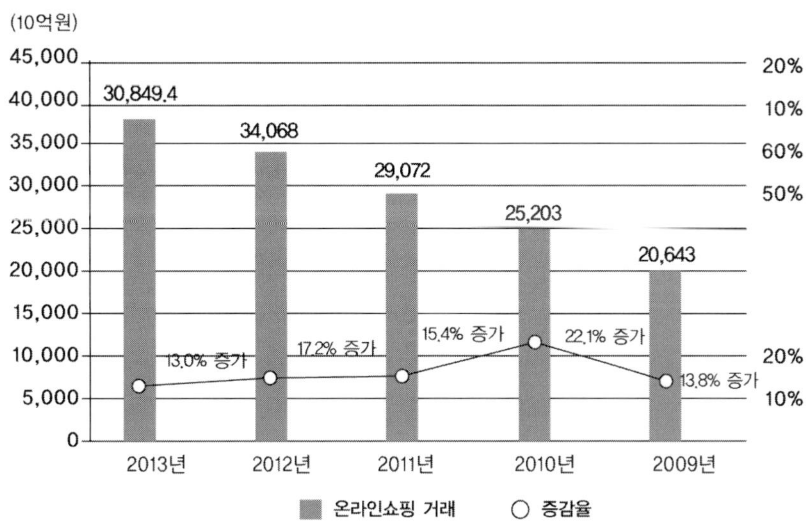

– 출처 : 통계청(2014). 2013년 연간 및 4/4분기 전자상거래 및 사이버쇼핑 동향을 바탕으로 재구성 함

[그림 9-2]_ **온라인 쇼핑 거래 규모(2009~2013)**

위의 두 그래프는 전자상거래와 온라인 쇼핑몰의 거래 규모가 계속해서 큰 폭으로 성장하고 있음을 보여주고 있다. 국내 전자상거래의 성장이 내수 침체로 인해 둔화되어 있음에도 불구하고 온라인 쇼핑은 크게 성장하고 있음을 알 수 있다. 외국의 사례를 보더라도 인터넷 거래에 대한 규제와 복잡한 절차가 폐지되고 간소화되는 과정을 이루고 나면, 앞으로 우리나라 전자상거래의 성장은 가속화될 것이다.

국내의 온라인 쇼핑에서 거래되는 상품별 규모를 살펴보면 <표 9-1>과 같다.

표 9-1 _ **상품군별 거래액**

(단위 : 십억 원, %)

구 분	2013년 거래액			증감률	
	3/4분기	4/4분기	구성비	전분기비	전년 동 분기비
총 거래액	9,654	10,591	100	9.7	13.6
의류·패션 및 관련 상품	1,401	1,893	17.9	35.1	9.7
여행 및 예약 서비스	1,763	1,639	15.5	-7.0	6.7
생활·자동차용품	1,031	1,165	11.0	13.0	16.1
가전·전자·통신기기	1,005	1,147	10.8	14.1	8.3
음·식료품	871	834	7.9	-4.2	18.3
컴퓨터 및 주변기기	710	815	7.7	14.8	7.7
아동·유아용품	468	646	6.1	38.1	38.4
화장품	535	544	5.1	1.6	0.3
스포츠·레저용품	440	511	4.8	16.2	33.9
농수산품	294	300	2.8	2.0	28.0
서적	305	284	2.7	-6.7	-2.7
사무·문구	111	107	1.0	-3.3	-7.7
음반·비디오·악기	37	41	0.4	11.9	7.7
소프트웨어	20	21	0.2	4.2	2.2
꽃	8	11	0.1	36.1	2.9
각종 서비스 및 기타	655	632	6.0	-3.5	46.7

– 출처 : 통계청(2014). 2013년 연간 및 4/4분기 전자상거래 및 사이버쇼핑 동향

통계청은 사이버쇼핑 동향 통계(B2C)에 대한 이용자 요구가 증가됨에 따라 더 정확한 소비형태를 알기 위해 모바일 거래액, 상품군의 세분화 등 여러 가지 내용을 보완하여 지속적으로 제공하고 있다.

3 전사상거래 유형

1) 거래 주체별 전자상거래 유형

전자상거래의 유형을 거래 주체별로 살펴보면 기업 간의 거래(B2B, Business to Business), 기업 내에서의 전자상거래(B2E, Business to Employee), 가상점포를 이용한 기업과 소비자 간의 거래(B2C, Business to Consumer), 소비자 간의 거래(C2C, Consumer to Consumer), 기업과 정부 간(B2G, Business to Government)의 거래, 정부와 소비자 간의 거래(G2C, Government to Customer), 인터넷을 이용하는 불특정 기업 간의 거래 등으로 구분된다.

(1) 기업 간의 거래(B2B : Business to Business)

기업 간의 거래는 흔히 e-business로 인식되고 있으며, 기업 간에 판매와 소비 등의 거래가 가상공간에서 일어나는 것을 말한다. 제품이나 서비스 또는 정보 등의 조달을 직접거래 방식이나 중개방식 등으로 하는 형태를 가진다. 이러한 기업 간의 거래는 불특정 기업들이 공개된 네트워크를 이용하여 이루어지는 마케팅 활동으로 거래 주체에 따라 판매자 중심, 구매자 중심, 중개자 위주 중심의 거래로 구분할 수 있다. 2013년 전자상거래의 총 규모인 1,204조 원 중에서 B2B 거래 규모가 1,095조 원에 이르고 있어 91%의 점유율을 보이고 있다. 이는 2012년에 비해 4.2%가 증가한 수치이다(통계청, 2014). 이러한 사실은 전자상거래에서 기업 간의 거래가 가장 큰 비중을 차지하고 있음을 보여주고 있다.

B2B 거래유형에서 구매자 중심형은 전체 구성에서 50.3%, 판매자 중심형은 45.3% 그리고 중개자 중심형은 4.5%를 차지하고 있다. 이를 사업별로 보면 제조업 71.8%, 도·소매업 15.0%, 건설업 6.8%로 나타났다. 산업별 거래액의 증감에서는 운수업(58.8%), 전기·가스·수도업(25.4%), 제조업(4.8%) 등이 증가했고, 건설업(−10.9%), 출판·영상·방송통신 및 정보서비스업(−5,1%) 등은 감소한 것으로 나타났다(통계청 2014). 이러한 통계자료에서 엿볼 수 있듯이 전자상거래에서는 제조업이 가장 큰 규모를 이루고 있으며, 운수업이 큰 성장세를 보이고 있다. 이러한 전자상거래의 성장은 택배 혹은 물류사업의 성장에 지속적으로 영향을 미치게 될 것이다.

(2) 기업과 소비자 간의 거래(B2C : Business to Consumer)

기업과 소비자 간의 거래는 최근 전자상거래에서 가장 많은 관심을 차지하고 있는 유형의 거래로, 기업이 인터넷 매체를 이용하여 소비자에게 재화나 용역을 거래하는 행위를 말한다. B2C는 유통의 과정에서 기업과 소비자가 직거래를 함으로써 유통과정에서 생기는 가격의 거품을 뺄 수 있어 서로 만족스러운 가격에 24시간 내내 거래할 수 있다는 장점이 있다. 초기에는 전자제품, 의류 및 가구 등의 제품 판매를 위주로 사용되었으나, 최근에는 점차 게임, 동영상, 여행 및 지식정보를 거래하는 데에도 이용하고 있다.

(3) 기업과 정부 간 거래(B2G : Business to Government)

기업과 정부 간 거래는 정부가 조달예정 상품을 인터넷 가상 상점에 공시하면 기업들이 가상 상점을 통해 공급할 상품을 확인하고 주요 거래를 성사하는 과정으로 이루어지는 전자상거래 형태를 말한다. 2013년 기업과 정부 간의 전자상거래 규모는 70조 6,490억 원으로 5.9%를 점유하고 있으며, 전년에 비해 13.1% 증가했다. 이러한 B2G 거래는 주로 재화 및 서비스의 구매(60.6%)와 건설공사 계약(39.4%)의 형태로 이루어지고 있다.

(4) 기업 내에서의 전자상거래(B2E : Business to Employee)

B2E는 기업 내 사원 간의 유대감과 신뢰 향상을 위한 사내 전자우편 및 게시판을 이용한 커뮤니케이션에서 발전한 형태로, 사원들이 업무에 필요하거나 개인적으로 필요한 물건들을 구매할 수 있도록 구축한 시스템이다.

(5) 소비자 간의 거래(C2C : Consumer to Consumer)

소비자 간의 거래는 소비자끼리 서로 인터넷을 이용한 일대일 거래 형태를 말하는데, 주로 경매나 벼룩시장 등을 이용한 중고물품 매매가 일반적이다. 이러한 개인 간의 거래는 전체 규모를 파악하기에 어려움이 있으나, 통계청에서는 2014년 기준으로 13조 414억 원으로 추산하고 있다. 이 규모는 전년 대비 11.7% 증가한 것이다.

(6) 정부와 소비자 간의 거래(G2C : Government to Customer)

정부와 소비자 간의 거래는 정부의 행정서비스를 어느 곳에서나 쉽게 이용할 수 있도록 만든 시스템이다. 각종 증명서나 민원의 발급, 세금 납부, 사회복지급여 지급 업무 등의 내용으로 구축되어 있어 주변에서 쉽게 이용할 수 있다. 최근에는 인터넷을 통한 민원서비스의 내용이 확대되고 있고, 모바일을 통한 민원서비스도 시도되고 있다. 그러나 민원서비스는 그 편리함에 반해 정보의 유출이나 범죄에 악용될 수 있다는 위험성이 내포되어 있다.

2) 수익구조로 본 전자상거래 유형

수익모델은 비즈니스모델 또는 사업모델 등으로도 불리는데, 어떠한 상품을 어떠한 방식으로 소비자에게 제공하고 돈을 벌 것인가에 대한 기준이라 할 수 있다. 전자상거래의 수익모델에서 G마켓과 이베이는 인터넷 경매라는 획기적인 수익모델을 구축하여 전 세계 전자상거래시장에서 성공한 사례가 있다. 이러한 수익구조의 전자상거래 유형으로는 개발모델, 유통모델, 서비스모델 등이 있다.

(1) 개발모델

개발모델은 주로 프로그램이나 애플리케이션을 제작해 납품하는 형태의 사업방식이다. 이 모델은 주로 개발료를 수익으로 삼고 있다. 이러한 사업의 형태에는 모바일 앱 개발, 앱 디자인, 콘텐츠 기획 및 개발, 앱 디자인 등이 있으며, 기업 간의 거래, 기업과 정부 간 거래 등의 형태로 제공된다. 이들 개발모델은 개발의 완료와 납품을 한 후에도 이들 콘텐츠를 운영하는 등의 아웃소싱을 통해 지속적인 수익으로 연결되는 경우가 있다.

(2) 유통모델

유통모델은 주로 쇼핑몰을 구축하여 운영하는 형태의 사업이 여기에 속하는데, 상품의 공급자와 판매자의 매출을 돕는 콘텐츠를 제공하고 매출의 일정 부분을 수수료의 형태로 받아 수익을 창출하는 중계모델이다. 이러한 사업에서는 광고수익, 판매수익, 가입수익, 거래수수료 수익, 제휴에 의한 수익 등이 있다. 유통모델 사업에서는 거래의 안정을 위한 보안과 결제 시스템, 그리고 포인트 적립 등과 같은 사업을 동시에 시도하여 매출과 수익의 극대화를 시도한다. 11번가, G마켓, 인터파크 등의 거대 쇼핑몰이 여기에 속하며, 인터넷 쇼핑몰의 창업은 대체로 유통모델에 몰리고 있다.

(3) 서비스모델

서비스모델은 게임, 방송, 음악, MP3, MP4, 교육프로그램 등의 다양한 애플리케이션이나 프로그램 형태로 제작된 콘텐츠와 이들을 판매 또는 서비스하여 수익을 얻는 형태의 사업을 말한다. 이는 택배를 통한 유통이 아니라 다운로드의 형식으로 상품을 유통하는 사업이라 할 수 있는데, 온라인 쇼핑몰보다 모바일 서비스에서 점차 그 영역을 넓혀가고 있다. 여기에는 앱스토어, 안드로이드 마켓, 윈도 마켓플레이스 등이 있다.

이러한 모바일 앱스토어를 통한 판매는 유료 앱과 무료 앱으로 나누어지는데, 무료 앱의 경우에는 앱의 플랫폼은 무료로 제공하는 형태를 가지고 있지만 실제 콘텐츠 사용은 일부 유료나 부분 유료의 형태로 제공하여 수익을 창출한다. 특히 모바일 커머스의 경우에는 가장 빠르게 성장하는 사업영역으로 그 시장영역이 무한히 크다는 장점을 가지고 있다.

3 인터넷 쇼핑몰 구축 절차

인터넷 쇼핑몰을 개설하려고 계획을 수립했다면, 인터넷 쇼핑몰의 구축 절차에 따라 단계별로 실행해야 한다. 전자상거래 쇼핑몰을 쉽게 구축·유지·관리할 수 있도록 제공하는 소프트웨어를 '솔루션'이라고 하는데, 솔루션의 선택이 전자상거래 쇼핑몰에서 중요한 입지를 형성한다(최진우, 2006). 인터넷 쇼핑몰 구축을 위한 절차는 기존의 오픈마켓으로의 입점이나 독립 쇼핑몰 구축에 따라 달라질 수 있나. 모든 창업이 그러하듯이 온라인 쇼핑몰의 칭업에서도 사전에 충분한 정보를 모으고, 심사숙고해야 한다.

오픈마켓은 G마켓, 인터파크, 11번가 등의 대형 쇼핑몰을 말하는데, 이러한 쇼핑몰에 입점하고자 희망하면 이들 쇼핑몰의 상품별 담당자의 심사를 통해 입점 여부를 결정할 수 있다. 이러한 오픈마켓 입점의 특징은 광고나 브랜드의 가치로 인해 많은 고객이 방문한다는 것이며, 수많은 판매자들 간의 경쟁력은 곧 가격과 직접적인 연관이 있다. 입점비용은 큰 부담이 되지 않지만, 판매금의 일정액을 오픈마켓 측과 배분하는 관계를 형성한다. 이러한 오픈마켓에는 남들과 차별화된 상품이 있다면 초보창업자들도 저렴한 비용으로 입점이 가능하다.

임대형 쇼핑몰 서비스는 서버의 공간뿐 아니라 쇼핑몰 배경화면(Skin), 결제

서비스, 상품등록, 주문, 배송, 관리를 위한 관리자 화면, 메일 기능, SMS 서비스 기능 등 쇼핑몰 운영을 위한 모든 기능이 제공된다. 이러한 쇼핑몰에 입점 시에는 첫째, 시간과 비용의 절약 둘째, 용량별로 서비스 종류의 선택 가능 셋째, 전자지불결제대행사, SMS 서비스, 마케팅 분석 툴 등 부가서비스 이용의 편리성 넷째, 다양한 스킨의 제공 등을 받을 수 있다. 입점 시의 단점은 제공되는 서비스대로 이용해야 하는 것과 마케팅은 직접 해야 한다는 점이 단점이다(강현순, 2005).

독자적인 온라인 창업인 독립 쇼핑몰은 스스로 온라인 쇼핑몰을 구축해야 하는데, 그러기 위해서는 홍보, 마케팅 그리고 결제를 위한 시스템 등의 솔루션 개발이 필요하다. 인터넷 쇼핑몰 구축 절차는 다음과 같다.

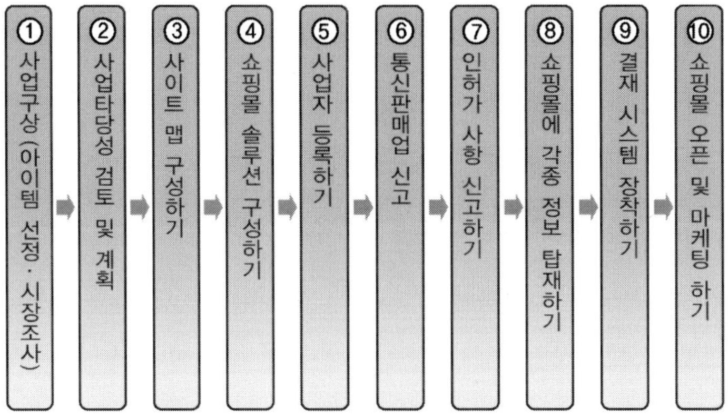

[그림 9-3]_**온라인 쇼핑몰의 구축 절차**

1) 사업 구상

인터넷 창업의 첫 번째 과정은 어떠한 아이템으로 승부할 것인가에 대한 구상이다. 사업의 아이템을 구상하기 위해서는 시장 상황과 구매자들의 성향을 파악해야 하는데, 이러한 과정은 통계청의 자료들을 살펴보면 어느 정도 도움이 된다. 현재 개발 중이거나 미개발 기술에 대한 동향도 살펴볼 필요가 있다. 이러한 과정을 통해 어떠한 사업 아이템이 가능성이 있는지, 준비한 아이템을 판매하기 위해서는 어떤 콘텐츠를 구성해야 하는지에 대한 탐색이 이루어져야 하며, 이를 바탕으로 사업방식을 결정해야 한다.

온라인 쇼핑은 오직 가상공간에만 사업공간을 구축하는 방법과 오프라인 매장을 동시에 운영하는 방식 그리고 종합몰 입점이나 독립몰 구축 등으로 나누어지는데, 각각은 장단점이 있기 때문에 신중히 고려해야 한다. 온라인 쇼핑몰을 구축하는 최근의 경향을 보면 오프라인 매장을 가지고 있는 사업자들도 온라인 매장의 구축에 참여하는 경향이 있다.

온라인 쇼핑몰을 처음 열 때는 욕심을 부려 많은 종류의 물건을 취급하려는 경우가 많다. 지나친 욕심은 쇼핑몰이 운영관리와 마케팅에서 어려움에 직면하게 되는 원인이 될 수 있다. 창업 초기에는 주력 업종의 한두 가지 아이템으로 집중하는 것이 좋다. 그리고 이를 위한 쇼핑몰 사이트의 규모도 창업의 규모에 맞도록 구성하는 것이 도움이 되며, 이러한 모든 과정은 고객의 편의 중심으로 설계해야 한다.

창업의 구상단계에서 중요한 것은 창업 아이템만이 아니라 창업을 위한 자금조달도 중요한 요소이다. 창업 아이템의 선정과 자금조달 방법의 구상은 창업을 위한 예비 타당성 분석의 중요한 구성요소이다.

2) 사업 타당성 분석 및 계획서 작성

온라인 쇼핑몰의 구축에서 사업 타당성 분석의 의미는 수익성을 검토한다는 의미이다. 온라인 창업은 다른 사업에 비해 진입을 위한 장벽이 낮다는 특성을 가지고 있다. 따라서 너무 경쟁이 심한 분야는 피하는 것이 좋다. 사업 타당성의 분석 및 계획서의 작성방법 등은 제8장 타당성 분석에서 다루었기 때문에 여기서는 생략한다.

3) 사이트 맵 구성

잘나가는 온라인 쇼핑몰은 구성이나 마케팅 의도가 솔루션에 반영되어 있으며, 전체적인 짜임새가 조화를 이루도록 잘 만들어져 있다. 이들 쇼핑몰은 겉보기에 그렇게 화려해 보이지는 않지만 수년간 운영하면서 쌓인 노하우가 그대로 반영되어 있다. 쇼핑몰의 구성을 위한 설계를 할 때에는 이러한 우수한 쇼핑몰을 벤치마킹하는 것도 고려해볼 필요가 있다. 온라인 쇼핑몰의 솔루션 구축에서는 자신의 사업 아이템 종류와 규모 그리고 성격에 맞게 구성해야 한다.

사이트 맵은 온라인 쇼핑몰을 어떻게 구성할 것인가에 대한 밑그림이다. 솔루션을 구축하기 전에 이러한 사이트 맵을 미리 작성함으로써 사업의 특성을 효과적으로 적용할 수 있다. 사이트 맵은 쇼핑몰의 카테고리를 기획하는 것을 말하는데, 상품의 진열방법, 카피, 메뉴명, 이미지 배치, 텍스트 구성 등의 기획을 포함한다.

4) 쇼핑몰 솔루션 구성하기

온라인 쇼핑몰 구축에서 너무 고급화에 신경을 써서 자금을 낭비할 필요는 없다. 방문객은 쇼핑몰의 디자인을 구경하기 위해 방문한 것이 아니라 빠른 구매결정을 위해 방문했기 때문에 쇼핑몰은 고객의 입장에서 편리하도록 구축되어야 한다. 쇼핑몰의 사이드 맵을 바딩으로 솔루션을 구축하는데, 디자인 능력에 자신이 있다면 스스로 구성하거나 솔루션 제작 툴을 사용하는 것이 좋다. 제작 툴은 '메이크숍'과 '카페24'의 두 종류가 대표적인데, 메이크숍은 초기에 비용이 들어가며, 카페24는 유지하면서 계속 비용이 들어간다는 단점이 있다.

쇼핑몰 구성에서는 상품의 사진 이미지를 활용하게 되는데, 이러한 상품사진은 제조사가 제공하는 카탈로그나 이미지사진, 스튜디오에 의뢰해서 만드는 사진 그리고 직접 촬영하여 만드는 사진 등을 사용할 수 있다.

쇼핑몰의 구축에 있어서 웹페이지 구성은 다음과 같은 원칙에 의해 진행되어야 한다.

첫 번째, 제품이나 서비스와 연계된 디자인을 구성한다.

두 번째, 친숙한 내비게이션을 사용한다.

세 번째, 디자인보다 제품을 강조한다.

네 번째, 고품질의 이미지를 사용한다.

다섯 번째, 강력한 브랜드를 사용한다.

여섯 번째, 가격과 정보를 분명하게 보여준다.

일곱 번째, 쉽게 접근 가능한 레이아웃을 사용한다.

여덟 번째, 상품에 필요한 모든 내용을 담는다.

아홉 번째, 좋은 콘텍스트를 사용한다.

열 번째, 웹 사이트가 매력적으로 보이도록 구성한다.

열한 번째, 신뢰할 수 있는 정보를 제공한다.

열두 번째, 모든 결제방법을 손쉽게 처리할 수 있도록 만든다.

5) 사업자 등록하기

인터넷 쇼핑몰뿐만 아니라 모든 사업에서는 사업자등록증을 필요로 하는데, 사업자 등록신청 및 폐업신고는 관할 세무서 또는 홈택스를 통해 인터넷으로 신청할 수 있다. 사업자등록은 사업을 시작하고 20일 내에 신청해야 한다. 그러나 통신판매업의 경우에는 사업자등록증을 발급받지 않으면 통신판매업의 신고를 할 수 없기 때문에 사업자등록을 먼저 해야 한다. 사업자등록의 경우 개인사업자와 법인사업자 등록의 방법이 있는데, 이와 관련된 내용은 제3장의 사업절차 부분에서 언급했으므로 여기서는 생략한다.

6) 통신판매업 신고

인터넷을 통한 물건의 판매는 「전자상거래 등에서의 소비자 보호에 관한 법률」 제12조 제1항과 「전자상거래 등에서의 소비자보호에 관한 법률 시행령」 제13조에 의한 법적용을 받으므로 통신판매업 신고를 해야 영업을 할 수 있다. 법을 위반하는 경우에는 15일 이상의 영업정지 및 천만 원 이하의 과태료에 해당하는 처벌을 받는다. 통신판매업의 신고는 방문접수와 민원24를 이용한 온라인 신청방법이 있다. 방문접수는 관할시청(구청) 지역경제과에서 신고서 작성 및 접수를 통해 할 수 있으며, 처리기간은 2~5일 정도 소요된다. 이후 문자통보가 오면 관할 시청(구청)에서 통신판매업 신고필증을 교부받을 수 있다.

통신판매업신고를 위해서는 사업자등록증과 구매안전서비스 이용 확인증(선지급식 통신판매를 하려는 경우만 해당)이 필요한데, 쇼핑몰에 결제시스템을 탑재하기 위해서는 반드시 필요한 절차이다. 구매안전서비스(애스크로)는 인터넷에서 이를 제공하는 기관에 신청하는 경우와 은행 등에서 신청하는 경우가 있는데, 이를 위해서는 공인인증서가 필요하다.

개인 쇼핑몰을 운영하기 위해 은행에서 사업자통장을 받을 때, 구매안전서비스(애스크로)도 같이 받으면 편리하다. 이러한 구매안전서비스는 결제도구로도 사용하지만 쇼핑몰의 인증마크로도 활용되는 부분으로, 이러한 인증마크가 없으면 불법상거래 사이트라고 생각해도 틀리지 않는다. 즉, 이러한 구매안전서비스의 인증마크가 없으면 검색엔진 등록, 키워드마케팅, 각종 브랜드마케팅 등의 온라인 광고를 사용할 수 없다. 또한, 개인 쇼핑몰 운영을 위해 구매안전서비스를 신청할 때에는 사이트의 주소(도메인)가 필요하다. 통신판매업을 신청하는 과정에서 사업자등록증에 기재된 업체명칭과 쇼핑몰 명칭, 홈페이지 주소가 필요하다. 도메인 주소는 8자 이내로 하는 것이 좋으며, 숫자나 기호는 호감을 낮출 수 있으므로 가급적 피해야 한다. 도메인의 끝자리 글자는 익숙하게 느낄 수 있는 .com, .net, co.kr 등의 도메인을 사용하는 것이 좋다.

애스크로(ESCROW)는 "소비자가 지불한 물품대금을 은행 등 공신력 있는 제3자가 맡아 가지고 있다가 배송이 정상적으로 완료되면 판매자 계좌로 입금하는 결제대금 예치제도"를 말한다. 애스크로는 '조건부 날인' 또는 '제3자 위탁'이라는 뜻을 가지고 있는데, 대면하지 않고 온라인상으로 거래하는 특성을 지니고 있다. 애스크로는 전자상거래에서 판매자와 구매자 간의 계약에 의한 상품배송 및 결제과정에서 어느 한쪽이 약속을 어겨 피해를 보는 것을 방지하기 위해 만들어진 결제 시스템으로, 2004년에 공정거래위원회에서 전자상거래의 안정을 위해 도입한 것이다.

애스크로는 전자상거래에서 판매자와 구매자 간에 신뢰가 형성되어 있지 않는 경우가 많으므로 거래에 대해 안정성이 떨어지는 온라인 오픈마켓의 단점을 보완하기 위해 사용하는 제도이다. 애스크로는 「전자상거래소비자보호법 개정안」에 근거를 두고 있는데, 판매자가 소비자피해보상보험이나 자체 공제조합의 공제계약 등의 피해보상 장치를 마련했을 경우에는 결제대금 예치제에서 면제될 수 있다. 즉, 소비자가 판매자에게 물품을 구매하고 애스크로를 통해 결제를 하게 되면, 물품의 배송이 완료될 때까지 판매자에게 판매대금이 지급되지 않으며, 판매자는 결제금이 예치되었음을 확인하고 배송할 수 있으므로 안심하고 거래할 수 있다.

애스크로는 1997년 미국의 아이애스크로라는 업체에서 처음 시작했으며, 우리나라에서는 (주)옥션이 2000년에 가장 먼저 도입하여 서비스를 제공하고 있다.

7) 인 · 허가 사항 신고하기(부가통신사업 신고)

창업자는 업종을 선정하고자 할 때 그 업종이 관련법에 의한 허가 또는 신고가 필요한 업종인지 확인할 필요가 있다. 그리고 인·허가를 받아야 하는 경우에는 인·허가 처리기관 및 절차, 소요기간 및 비용, 시설기준 및 자격요건 그리고 구비서류 등을 파악하여 그 절차에 따라 허가를 취득해야 한다. 물론 인·허가가 필요 없는 업종의 경우에는 이러한 과정이 필요 없다.

허가를 받기 전에 사업자등록을 먼저 하는 경우에는 허가(등록)신청서 사본이나 사업계획서를 제출하고, 추후에 허가(등록)증을 발급받아 그 사본을 제출할 수 있다.

통신판매에서 인·허가를 취득해야 하는 업종은 다음과 같다.

① 출판 및 인쇄업 : 「출판사 및 인쇄소의 등록에 관한 법률」 제3조

② 음반 및 비디오물 제작 및 배급 : 「음반, 비디오물 및 게임물에 관한 법」 제2조(문화관광부)

③ 중고자동차 매매업 : 「자동차관리법」 제53조

④ 건강보조식품 판매업 : 「식품위생법」 제22조

⑤ 통신판매업 : 「방문판매 등에 관한 법률」 제17조

⑥ 다단계 판매업 : 「방문판매업 등에 관한 법률」 제28조

⑦ 부동산중개업 : 「부동산 중개업법」 제4조

⑧ 학원 : 「학원의 설립·운영과 과외 교습에 관한 법」 제6조(지방교육청)

⑨ 만화대여업, 노래연습장법, 일반게임장업, 비디오감상실업 : 「풍속영업의 규제에 관한법률」 제4조(경찰서)

⑩ 숙박업, 목욕장업, 이·미용업, 세탁업 : 「공중위생관리법」 제3조

관할 관청의 허가, 신고, 등록이 필요한 업종인지 확인하는 방법은 민원24 홈페이지에 접속하여 해당업종명으로 검색하면 그 내용을 확인할 수 있다.

8) 쇼핑몰에 각종 정보 탑재하기

사업자등록증번호, 통신판매업신고가 마무리되면 온라인 쇼핑몰의 웹 사이트에 주소와 대표사업자의 이름, 그리고 전화번호 등을 꼼꼼하게 탑재하는 작업을 시작한다. 유명 웹 사이트의 하단부에는 이러한 사항들이 깔끔하게 정리되어 있다. 이러한 정보들은 구매자들로 하여금 신뢰성을 줄 수 있는 요소이며, 이러한 정보를 기재하지 않으면 결제 솔루션을 장착할 수 없어 온라인 마케팅을 하

기가 어려워진다. 이곳에 들어가는 내용은 사업자 정보, 통신판매신고번호, 인·허가와 관련된 사항, 고객센터나 상담전화 등이다.

인터넷 쇼핑몰에 기본으로 장착되어야 하는 것은 표준약관 및 개인정보 보호정책이다. 이들은 회원가입 시에 읽어보도록 과정에 넣는 경우가 대부분이다. 표준약관은 공정거래위원회에서 제정한 사이버몰 이용표준약관을 링크하여 내용을 수정 없이 사용할 수 있으며, 이를 사용할 때에는 「표준약관 마크」를 이용할 수 있다. 개인정보 보호정책은 정보통신부의 「정보통신망 이용 촉진 및 정보보호 등에 관한 법률」에 따라 사용이 의무화되어 있다.

9) 결제 시스템 장착하기

통계청(2014)에 의하면 2013년의 전자상거래 연간 지불결제수단별 구성비는 카드 74.9%, 계좌이체 19.9%, 전자화폐 1.6%로 나타났다. 이는 전년에 비해 카드는 0.8% 증가한 반면, 전자화폐는 0.8% 감소하여 대체로 카드 사용이 대부분의 비율을 차지하고 있다. 이러한 결제 유형을 보면 쇼핑몰에서는 결제 방법으로 카드, 실시간 계좌이체 그리고 전자화폐로 해야 함을 알 수 있다.

온라인 쇼핑몰의 결제 시스템은 '전자지급결제대행'(PG, Payment Gateway)의 개념으로 사용하고 있는데, 고객이 온라인이나 모바일 쇼핑몰에서 상품을 구매할 때, 신용카드나 계좌이체 등의 구입비용을 결제할 수 있도록 도와주는 역할을 한다. 외국 업체와 국내 업체를 망라하여 국내에는 50여 개의 PG사가 업무를 보고 있다. 대표적인 PG사는 KG이니시스, LG유플러스, 한국사이버결제 등이 있으며 이들이 전체 시장의 약 80%가량을 점유하고 있다.

신용카드와 계좌이체 등 PG사를 통해 이루어진 온라인 쇼핑의 거래규모는 2007년 15조 2천억 원 규모에서 2012년에는 43조 5천억 원으로 매년 20% 이상의 성장을 보이고 있다(통계청, 2014).

10) 쇼핑몰 오픈 및 마케팅하기

마케팅의 기본 전략도 일반적인 마케팅과 기본적인 개념은 다르지 않다. 가격, 상품, 유통 및 촉진의 4대 요소를 가지고 있어 4P 이론에서 벗어나지 않는다. 그리고 고객의 니즈를 파악하고 시장을 세분화하여 표적시장을 만들고 이들을 집중 공략해야 하는 것도 마찬가지이다. 개념적으로는 쇼핑몰을 오픈하는 것도 크게 다르지 않다. 홍보하고 마케팅 전략을 세워 고객을 매장으로 끌어들여야 하는 것은 온라인과 오프라인을 구별하지 않고 공통적인 필수요소다. 그러나 일면으로는 다른 점도 있다. 직접 대면하지 않고 홍보해야 하며, 마케팅을 세워야 하는 점에서 차이가 있다. 그뿐만 아니라 판매하는 상품에 대한 관련 정보도 더 많이 올려야 하는 점에서 차이가 있다. 온라인과 오프라인은 정보의 제공방법에서도 차이가 난다. 직접 대면하는 마케팅에서는 이야기를 들어주기라도 하지만, 온라인에서는 한 번 보고 바로 아니다 싶으면 다른 사이트로 이동해버린다는 점에서 다르다. 오프라인에서 인사를 하고 문을 열고 나가야 하는 상황과는 정황적으로 다르며, 다른 사이트로 이동하는 데는 불과 1초 이상을 소모하지 않는다. 따라서 처음 방문하는 방문객이 쇼핑몰의 특성을 파악하고 이동하기까지 걸리는 최소한의 시간인 3초 이내에 호기심을 유발해야 하는 과제를 해결해야 한다. 즉, 매장에 방문하는 것은 동시에 볼 수 있는 여러 개의 정보 중에서 순간적으로 가장 마음에 드는 정보를 위해 매장에 잠깐 들어온 상태이다. 이때 한눈에 들어오는 상품이 없다면 잠깐의 망설임조차 없이 다시 나가버린다. 따라서 방문객이 들어온다면 최대한 이들이 오랜 시간 동안 머물도록 관심을 유도해야 하는 것이 쇼핑몰의 생존에 꼭 필요한 조건이다. 이러한 점은 사람들이 만났을 때, 3초 안에 상대방을 파악하고 느끼는 첫인상과도 다르지 않다.

5 온라인 쇼핑몰 관련법

쇼핑몰 사업과 관련된 제도는 대체로 「전자상거래 등에서의 소비자 보호에 관한 법률」, 「정보통신망 이용 촉진 및 정보보호 등에 관한 법률」 그리고 「전자상거래소비자보호법」 등을 바탕으로 한다. 이와 같은 법령에 따라 온라인 쇼핑몰의 운영자는 다음과 같은 사항을 지켜야 한다.

① 거래기록의 보존(시행령 제6조 1항) : 표시, 광고, 계약내용 및 그 이행 등 거래에 관한 기록을 상당 기간 보존해야 한다. 보존기간은 대통령령으로 정한다.

② 사이버몰 운영자의 표시사항(법 제10조 1항) : 상호 및 대표자 성명, 영업소 소재지 주소, 전화번호, 전자우편주소, 사업자등록번호, 사이버몰의 이용약관, 통신판매업 신고번호 및 신고기관 등

③ 통신판매업자의 신고 등(법 제12조 1항)

④ 통신판매업 변경신고(법 제12조 2항)

⑤ 통신판매업 휴·폐업신고, 영업재개신고(법 제12조 3항)

⑥ 청약확인 등(법 제14조) : 통신판매업자는 소비자로부터 재화 등의 거래에 대한 청약을 받으면 청약 의사표시의 확인 및 판매 가능 여부에 관한 정보를 소비자에게 신속히 알려야 한다.

⑦ 청약철회 등(법 제17조) : 계약이 체결된 경우라도 7일 이내에는 조건 없이 청약철회가 가능함. 그러나 청약철회에서 다음과 같은 경우는 이를 제한할 수 있음. 첫째, 소비자의 책임에 의해 멸실·훼손된 경우 둘째, 소비자의 사용에 의해 가치가 현저히 감소된 경우 셋째, 복제가 가능한 재화의 포장이 훼손된 경우

⑧ 청약철회에 대한 환급금 지급(법 제18조) : 재화 등을 반환받은 날로부터 3영업일 이내에 지급받은 재화 등의 대금을 환급해야 하며, 그 이상의 지연기간에 대해 연 40/100 이내의 범위에서 '지연배상금'을 지급해야 한다.

⑨ 재화 등의 공급 등(법 제15조) : 통신판매업자는 소비자가 청약을 한 날로부터 7일 이내에 재화 등의 공급에 필요한 절차를 해야 하고, '선지급식 통신판매'의 경우에는 결제가 이루어진 날로부터 3영업일 이내에 공급을 위한 필요조치를 해야 함.

⑩ 소비자피해보상보험계약 등(법 제24조) : 선지급식 통신판매업자는 소비자 피해보상보험계약 등을 체결해야 한다.

⑪ 시정조치 및 과징금 부과(법 제31조, 제32조, 제34조) : 공정거래위원회는 사업자가 법을 위반한 경우 시정조치, 영업의 정지, 과징금의 부과 등을 할 수 있다.

6 광고 및 판촉계획

1) 포털 사이트의 디렉토리 서비스

포털 사이트의 디렉토리 서비스는 상업적 목적을 가지고 있으며, 대부분 유료사이트 등록제로 운영된다. 따라서 이 서비스를 이용하려면 비용을 지출해야 한다. 초기 창업자들은 한정된 자금으로 인해 한계와 압박을 받는다. 이러한 이유로 인해 가급적이면 지출을 줄이려고 하는 경향이 있다. 너무 많은 광보비용을 사용하는 것도 좋지 않지만, 전혀 쓰지 않는 것도 문제의 소지가 있다. 광고를 하지 않으면 손님이 찾아오지 않는다는 말과 다르지 않기 때문이다. 모든 포털 사이트에 모두 등록할 수는 없지만 꼭 필요한 사이트에는 등록을 하는 것이 좋은데, 초반에는 3~4곳 정도 범위내에서 포털 사이트와 계약을 맺는 것이 적당하다.

2) 이메일을 활용한 판촉방법

이메일은 일방적인 정보 제공이 가능하다는 점에서 마케팅에서 활용도가 높다. 이메일을 통한 광고는 스팸메일의 냄새가 나지 않고 제목을 읽어볼 수 있도록 작성하는 것이 중요하다. 광고 냄새가 진하게 나는 메일은 열어보지도 않고 삭제되거나 스팸메일로 분류되어 자동으로 걸러지게 된다. 그리고 메일의 작성요령에서 용건은 가급적 간단하고 명확하게 작성하는 것이 좋다. 메일은 건강상식이나 유용한 정보를 담아 끝까지 읽어보도록 하는 것이 중요하다. 친숙하고 유용한 메일의 경우 공감을 끌어낼 수 있으며, 상대방의 감성을 자극하는 좋은 마케팅 기법으로 통용될 수 있다. 즉, 이메일에 담길 내용은 계절인사, 날씨, 그날의 이슈, 해당 판매 아이템과 관련한 제안과 공통의 주제, 관심사 등을 고려하여 공감과 친밀감을 느낄 수 있는 내용을 담아야 한다.

3) 하이브리드 방식의 광고

온라인 마케팅에서 효과가 있는 또 다른 방법은 하이브리드 방식의 광고이다. 이는 포털 사이트의 모든 페이지의 특성을 분석함으로써 광고주의 쇼핑몰과 연관된 사이트들을 찾아 URL 정보를 포함한 배너광고를 노출시키는 전략이다. 이러한 하이브리드 방식의 광고는 연관된 카페나 동호회를 중심으로 이루어지는 것이 일반적인데, 포털 사이트에서 소모되는 자금 규모보다 훨씬 적게 든다는 장점이 있어 많은 쇼핑몰에서 애용하고 있다.

4) 검색키워드 마케팅

인터넷 쇼핑몰과 블로그 등의 마케팅에서 가장 많이 사용하는 광고방법은 검색키워드 광고이다. 이는 시장세분화와 타기팅의 개념에 가장 근접한 마케팅 방법이다. 해당 키워드를 검색하는 고객에게 쇼핑몰 사이트를 직접적으로 홍보할 수 있어 보다 구매력이 높은 잠재고객에게 직접 홍보하는 효과를 얻을 수 있다. 국내의 검색키워드 광고는 두 가지 방식으로 나타나고 있는데, CPC방식 광고와 CPM방식 광고이다.

CPC(cost-per-click)광고 방식은 노출되는 횟수와 상관없이 클릭되었을 때 비용이 지불되는 방식의 광고를 말한다. 이러한 광고에는 오버추어광고와 스폰서링크, 클릭초이스(비즈사이트) 등이 있는데, 대체적으로 포털 사이트의 최상단 노출로 효과를 보려는 광고방식이다. 이들 광고는 검색엔진을 사용했을 때, 첫 페이지 상단에 노출시켜 큰 광고효과를 노린다.

CPM(cost-per-mile)광고 방식은 일정 금액을 지불하고 정해진 기간만큼 진행되는 방식이다. CPM광고방식은 네이버의 파워링크와 플러스프로, 다음의 프리미엄링크 및 스페셜링크, 야후의 비즈링크 및 비즈사이트 등이 이에 해당된다.

5) 판촉계획

판촉은 판매 촉진을 위한 일련의 행위들을 일컫는데, 대표적으로 사용되는 것들로는 다음과 같은 방법이 있다.

(1) 할인 이벤트

할인 이벤트는 가격이 형성되는 일반 상품이 아닌 수공예품, 엑세서리, 식품 등 직접 제조하거나 조달하는 상품들에 적합한 이벤트로서 재고품의 처분이나 초반 사이트를 알리기 위해 많이 사용한다. 할인 이벤트의 경우 잘 알려진 상품 등에 적용할 때에는 사전에 경쟁업체의 실태를 면밀히 파악하고 진행해야 한다. 할인행사를 하는데 상대 경쟁업체가 동일 제품을 더 저렴하게 공급한다면 오히려 역효과를 볼 수 있기 때문이다.

(2) 신상품 출시 이벤트

신상품 출시 이벤트는 매출의 확대보다는 새로운 상품에 대한 홍보를 통해 인지도를 높이는 데 목적을 둔다. 이 경우에는 가격 경쟁보다는 신상품의 기능이나 장점을 부각시키고 무료사용, 이용체험 등의 이벤트를 통해 장기적인 계획으로 접근하는 것이 바람직하다.

(3) 기획전

기획전은 인터넷 쇼핑몰뿐만 아니라 오프라인 매장에서도 효과적인 마케팅 방법으로 이용된다. 상품기획력과 홍보를 통해 고객에게 상품에 대한 인지도와 신뢰를 높여 구매 욕구를 자극할 수 있는 공격적 마케팅 방법이다. 이 마케팅 방식은 고객의 욕구와 트렌드를 파악해 적용함으로써 고객의 니즈를 만족시키면서 동시에 이를 마케팅의 방식으로 활용하는 방식이다.

6) 사용 후기를 이용한 판촉

사용 후기는 소비자의 마음을 움직일 수 있는 유용한 홍보방법이다. 이 방법은 직접적인 광고나 운영자의 설명보다 더욱 객관적인 접근을 할 수 있다는 장점이 있으며, 고객의 구입의도에 긍정적 반응을 이끌어낼 수 있다는 점에서 효과적인 마케팅 방법이다.

사용 후기를 올리는 고객을 추첨하여 소정의 상품을 준다고 게시하여 고객의 사용 후기를 유인하는 방식을 사용하는데, 이 글을 적절하게 관리하지 않으면 오히려 나쁜 결과를 불러올 수도 있는 만큼 자주 점검하고 관리할 필요가 있다.

7) 적립금(point)

적립금은 포인트 제도이다. 포인트 제도는 대부분의 유통업체들이 애용하는 마케팅 방법으로, 고객의 충성도를 높이기 위해 다양한 방식으로 이용하고 있다. 적립금을 이용한 할인, 경품 선정, 그리고 환급이라는 미끼를 사용하여 고객의 재구매율을 높이는 데 목적이 있으며, 고객이 다른 경쟁업체로 이동하는 것을 방지하는 관리기능도 한다.

7 온라인 창업 시 전략 포인트

1) 신규고객 및 재구매고객의 비율에 따른 경영전략

쇼핑몰을 운영하면서 고객의 구매 유형을 살펴보면, 쇼핑몰에서 어느 방향으로 마케팅을 해야 하는지 감을 잡을 수 있다. 고객의 구매유형에 대한 데이터가 모이게 되면 이를 활용하여 DB마케팅 전략을 사용한다. DB 마케팅 전략은 쇼핑몰 가입회원들의 재구매율을 데이터화하고 분석하여 판매촉진에 이용하는 것이다. 온라인 쇼핑몰의 신규고객과 재구매고객의 비율을 살펴보면 다음과 같은 유형으로 분류할 수 있다.

첫째, 신규고객 확보형이다. 고객의 연간 재구매율이 40% 이하로 낮게 나타나는 쇼핑몰이 여기에 속한다. 신규고객 확보형은 신규고객을 위한 쇼핑몰의 고급화에만 집중하고 있다는 것으로 단골고객을 만드는 데는 소홀히 했다는 것을 말해준다. 많은 기업들이 신규고객 창출보다는 가입고객을 관리하는 데 더 많은 노력을 기울인다는 것은 익히 알려진 사실이다. 이는 시간과 비용에서도 유리하지만, 고정고객의 확보로 인해 매출이 안정될 수 있다는 장점이 있다. 신규고객 확보형의 쇼핑몰은 그 성격상 포인트제를 도입하여 구매자가 다른 사람들에게 쇼핑몰을 추천하도록 하는 마케팅 방법이 유리하다.

둘째, 하이브리드 유형이다. 기존고객의 40~60%대를 유지한다면 신규고객과 단골고객의 구매력을 통해 기업이 안정적으로 성장할 수 있는 좋은 구조라고 할 수 있다. 이러한 구매형태를 보이는 쇼핑몰은 신규고객의 창출과 기존고객을 위한 마케팅 방법을 동시에 활용하는 방법을 추진해야 한다.

셋째, 고객충성도 유형이다. 이 유형은 고객의 재구매율이 60% 이상인 경우인데, 고객관리에 있어 우수한 쇼핑몰이라고 할 수 있다. 고객충성도 유형의 쇼핑몰은 브랜드 이미지가 좋은 쪽으로 만들어졌기 때문에 신규고객의 확보에도 유리하며, 지속적인 성장을 기대할 수 있다. 뉴스레터, 포인트제도, 고객등급별 할인혜택 그리고 쿠폰 제공 등으로 고객의 충성도를 올릴 수 있는 계기를 만들어서 더 자주 구매할 수 있는 기회를 만들어주는 것이 효과적이다.

이러한 고객의 재구매율은 쇼핑몰의 성격을 파악할 수 있는 기준이 될 수 있다. 이는 재구매율을 기준으로 고객의 취향을 판단하게 된다면 마케팅 방식, 상품의 종류, 그리고 고객서비스 등의 마케팅 전략에 있어서 방향을 설정하는데 기준이 될 수 있다.

2) 온라인 쇼핑몰의 인수

쇼핑몰을 창업하는 과정에서 너무 부담이 된다면 자신이 창업하고자 하는 업종의 사이트를 인수하는 방법도 사용할 수 있다. 이러한 방법은 창업 초기의 힘든 과정을 건너뛰고, 리스크를 줄일 수 있는 방법이 될 수 있는데, 매출이 지나치게 떨어지거나 폐업 직전의 쇼핑몰을 인수받아서는 안 된다. 가끔 쇼핑몰의 운영자가 기타 사유로 인해 매물로 내놓는 경우가 종종 있는데, 이러한 사이트를 인수 받아 운영하게 된다면 초기의 어려움을 대부분 건너뛰고 기존의 회원들과 광고효과를 승계할 수 있다는 장점이 있다.

쇼핑몰을 인수할 때는 꼼꼼하게 정보를 확인하고 체크해야 하는데, 손해를 보지 않기 위해 중점적으로 살펴야 하는 사항들은 다음과 같다.

첫째, 도매인 주소와 사이트의 소유권을 확인한다. 온라인 쇼핑몰의 소유권한은 매우 중요한 요소이다. 따라서 사이트의 소유권을 명확하게 확인하고 인수하여야 한다.

둘째, 매출과 관련된 사항들을 꼼꼼하게 체크한다. 월매출 등은 결제회사의 정보와 관리자페이지의 정보를 비교하여 파악하고, 방문객 수도 평균적인 방문객 수를 확인할 필요가 있다. 회원 수에 비해 방문객의 비율이 얼마나 되는지를 파악하는 것도 관련 매출을 파악하는 데 도움이 된다.

셋째, 사이트의 제작과정이나 유지보수에 대해 파악해야 한다. 임대형 솔루션인지 유지 보수업체가 있는지에 대한 정보를 확인하여 운영에 도움이 되도록 한다.

넷째, 사이트와 관련된 계약업체들의 계약 조건을 확인한다. 재계약 시 유리한 조건으로 계약하려면 계약과 관련된 조건을 꼼꼼히 체크하는 것이 필요하다.

다섯째, 재고물품, 저작권, 위법사항 등을 확인한다. 재고물품을 확인하여 어느 정도 가치가 있는지 파악하고, 사이트의 운영에서 콘텐츠가 타인의 저작권을 침해하지 않았는지, 저작권이나 위법사항은 없는지 등을 확인해야 한다.

Chapter 10

세무와 회계는 어떻게 해야 하는가?

10 Chapter 세무와 회계는 어떻게 해야 하는가?

세무와 회계는 당장 창업과 직접적인 연관이 있는 것은 아니다. 그러나 막상 창업을 하고 나면 경영과 운영 면에서 매우 중요한 부분이다. 회계는 회사의 재무구조를 관리하기 위해 자금흐름을 일정한 방법으로 기록하고 관리하는 일련의 과정이다. 그리고 이러한 결과를 토대로 세법의 규정에 따라 과세소득을 계산하는 과정을 '세무회계'라고 한다. 사람들은 회계나 세무에 대해 너무 복잡하고 머리가 아픈 일이라며 미리 겁을 먹고 멀리하려는 경향이 있다. 그러나 창업을 하거나 기업을 운영하려면 기초적인 회계와 세무에 대해 알고 있어야 한다.

회계학은 경제학의 한 분야로서 기업경영활동에서 발생하는 경제적 가치의 변화와 경영실태를 파악하고 이를 회계정보 이용자에게 전달하려는 목적을 가진 실천적 사회과학이다. 여기에서 이러한 학문 분야를 논한다는 것은 무리가 있으므로 일반적으로 기업의 실무에 사용되는 재무회계와 세무회계의 부분을 이해하기 쉬운 수준으로 알아보고자 한다. 이 장에서 다루고자 하는 분야는 재무관리와 회계에 대한 기본개념, 그리고 세무회계 부분이다.

1 재무관리와 재무회계의 개념

재무관리(corporate)의 의미는 기업이 필요로 하는 자금을 합리적으로 조달하고, 조달된 자금을 효율적으로 운용하여 관련한 의사결정을 수행하는 과정을 말한다. 흔히 재무관리와 재무회계(accounting)를 혼동할 수 있는데, 재무회계가 재무상태표(대차대조표)를 작성하기 위한 학문이라고 한다면, 재무관리는 작성된 재무상태표를 활용하여 경영을 분석하고 자금을 조달 및 운용하는 것이라

할 수 있다. 즉, 재무관리를 위한 자금 흐름을 분석하는 것이 회계이며, 재무관리는 이를 위한 자금의 투입과 같은 의사결정 과정을 말한다. 재무관리에서 기본적으로 사용되는 것이 재무제표인데, 여기에는 재무상태표, 포괄손익계산서, 현금흐름표 및 손익분기점 분석 등이 있다. 재무상태표는 대차대조표라고도 하며, 기업의 재무상태를 나타내기 위해 모든 자산, 부채 및 자본을 일목요연하게 나타낸 보고서이다. 포괄손익계산서는 기업의 성과를 가늠하는 기준으로 수익을 얼마나 창출하고 있는지를 나타낸다. 현금흐름표는 기업활동에서 현금이 변동하는 내용을 기록하여 보고하는 표로서 영업활동, 투자활동과 재무활동으로 인한 현금의 증가 및 감소의 상황을 파악할 수 있다. 손익분기점은 제품의 출시와 관련하여 언제부터 수익이 발생하는지 예측하기 위한 기준이다.

1) 재무상태표(statement of financial position)

재무상태표(대차대조표)는 기업의 결산일이라는 특정시점을 기준으로 작성되는 기업의 재무제표로 기업의 재정 상태를 나타낸 것이다. 재무상태표는 기업 내부의 재무관리를 위한 보고식 재무상태표와 외부로 보여주는 용도의 계정식 재무상태표로 구분할 수 있는데, 일반적으로 생각하는 재무상태표인 대차대조표는 계정식 재무상태표이다. 계성식 재부상태표는 '자산=부채+자본'의 형식으로 작성하게 되는데, 자산항목은 왼쪽에 표시하고 '차변'이라 하며, 오른쪽에는 부채 및 자본을 표시하고 '대변'이라고 한다. 이러한 차변과 대변의 합은 일치해야 하는데, 이를 '대차평균의 원리'라고 한다.

대차 평균의 원리는 거래의 이중성과 계정기입 법칙에 따라 거래를 계정에 기입하면 어떤 계정의 차변에 기입되는 일정 금액은 반드시 다른 계정의 대변에도 동일한 금액이 기입되어야 한다는 것이다. 즉, 모든 거래는 대차관계로 동일 사실에 양면성이 있다는 것이다. 따라서 기장상으로는 대변과 차변에 동시에 동일 금액이 기재되어야 하며 계정의 잔액이나 합산액을 표시하였을 때 대변과 차변이 같아야 한다는 것을 의미한다.

〈차변〉	〈대변〉
자산 (자원의 운용상태)	부채(은행의 대출금 등)
	자본(주주 출자금 등)
• 자산의 증감 • 비용	• 자본의 증감 • 수익

[그림 10-1]_ **대차대조표의 개념도**

기업회계기준에서는 재무상태표의 작성에 대해 작성기준을 규정하고 있는데 첫째, 구분표시 원칙 둘째, 총액주의 원칙 셋째, 일 년 기준 넷째, 유동성 배열법 다섯째, 잉여금 구분의 원칙 여섯째, 미결산 항목 및 비망계정의 표시 등 여섯 가지의 원리에 따른다.

(1) 구분표시 원칙

구분표시 원칙은 재무상태표를 작성함에 있어 자산, 부채, 자본에 대해 종류별·성격별로 적절하고 일정한 체계로 구분하여 표시함으로써 기업의 재무상태를 일목요연하게 작성하는 것을 말한다.

① 자산 : 유동자산, 비유동자산

② 부채 : 유동부채, 비유동부채

③ 자본 : 자본금, 자본잉여금, 이익잉여금, 자본조정, 기타 포괄손익 누계액

(2) 총액주의 원칙

총액주의 원칙은 자산, 부채, 자본에 대해 각각 총액으로 기재해야 하며, 자산과 부채 또는 자본 등을 상계함으로써 일부만 기재해서는 안 된다는 것이다. 이는 유동자산이 늘어나거나 줄어들게 되어도 이를 부채 등에 상계하지 않고 각각을 명시함으로써 기업의 재무상태 구조를 파악할 수 있도록 해야 한다는 것이다.

(3) 일 년 기준

일 년 기준이라는 것은 자산 및 부채의 유동성을 구분하는 기준인데, 이는 자산 중 일 년 이내에 현금화되는 것은 유동자산, 그렇지 않은 것은 비유동자산으로 분류하고, 부채 중 일 년 이내에 지급하는 것은 유동부채, 그렇지 않은 것은 비유동부채로 구분한다.

(4) 유동성 배열법

유동성 배열법이란 재무상태표에 기재하는 항목에 대해 유동성이 높은 항목을 앞에 표시하고 유동성이 낮은 항목은 뒤쪽에 표시하는 것을 말한다. 즉, 대차대조표 작성시 환금성이 빠른 것부터 기재하는 방법으로 자산의 경우는 유동자산, 투자와 기타자산, 고정자산, 이연자산 등으로 배열된다.

(5) 잉여금 구분의 원칙

잉여금 구분의 원칙이란 자본거래에 의한 자본잉여금과 손익거래에 의한 이익잉여금을 구분 표시하도록 하는 것을 말하며, 이는 기업의 정상적 영업에 의한 이익과 투자 등에 의한 이익을 구분하기 위해 잉여금의 발생원천별로 구분한다.

(6) 미결산 항목 및 비망계정의 표시

재무상태표 상의 가지급금 및 가수금 등의 미결산 항목 등을 자산 또는 부채 항목으로 표시해서는 안 되며, 그 성격에 따라 적절한 과목으로 표시해야 한다. 즉, 미정산된 금액 등은 그 성격에 따라 비용, 대여금, 차입금 등으로 처리하는 것을 말한다. 이들을 재무상태표에 표시하는 형식은 다음과 같다.

(회사명 :   )

자산	부채와 자본
자산	부채
1. 유동 자산	1. 유동 부채
1) 당좌사잔	2. 비유동 부채
2) 재고자산	부채총계
2. 비유동 자산	
1) 투자자산	자본
2) 유형자산	1. 자본금
3) 무형자산	2. 자본잉여금
4) 기타 비유동 자산	3. 이익잉여금
	4. 자본조정
자산총계	5. 기타포괄손익누계액
	자본총계
	부채 및 자본 총계

[그림 10-2] _ **재무상태표 형식**

① 자산

자산 항목에서 유동자산은 당좌자산과 재고자산으로 분류되는데, 당좌자산은 현금 및 현금성 자산, 단기투자자산, 매출채권 및 선급비용 등을 말한다. 재고자산은 판매를 통해 현금화할 수 있는 자산을 말하는데, 판매할 목적을 가진 상품 및 제품, 현재 생산 중인 반제품 및 재공품(在工品, goods in process work in process), 판매할 자산을 생산하는 데 사용될 원재료 및 저장품 등을 말한다.

비유동자산은 판매를 목적으로 소유하고 있는 자산이 아닌 영업활동을 위한 자산을 말하는데, 투자자산, 유형자산, 무형자산 및 기타 비유동자산으로 분류한다. 투자자산은 투자수익을 얻기 위해 기업이 소유하고 있는 자산을 말하는데, 투자목적의 비업무용 토지 및 건물, 장기투자증권, 지분법적용투자주식, 장기성 매출채권, 보증금, 장기금융상품, 장기대여금 등이 이에 속한다. 유형자산은 영업활동에 사용되는 자산으로 토지, 건물, 건설 중인 자산, 구축물 및 기계장치 등의 물리적 형태가 있는 비화폐성 자산을 말한다. 무형자산은 물리적 실체가 없는 비화폐성 자산을 의미하는데, 주로 영업권, 산업재산권, 개발비 등의 권리와 관계된 자산이다.

② 부채

부채에는 유동부채와 비유동부체가 있다. 유동부채는 영업주기인 1년 이내에 소멸이 예상되는 매입채무, 단기차입금, 미지급법인세, 미지급비용 등을 말한다. 매입채무는 외상매입금이나 지급어음을 의미하며, 단기차입금은 금융기관으로부터의 당좌차월액(당좌예금의 잔액보다 당좌예금의 인출이 많을 경우)이나 1년 이내 상환될 차입금을 말한다. 그리고 미지급법인세는 법인세 등의 미지급액으로서 이연처리 한다. 미지급비용은 당기에 발생된 비용이나 지급기일이 도래하지 않아 지급되지 않은 임차료 및 이자 등의 비용을 말한다.

비유동부채는 재무상태표 기준으로 1년이 지난 후에 상환되는 부채 등을 말하는데, 사채, 전환사채, 신주인수권부사채, 장기차입금, 장기성매입채무, 부채성 충당금 등이 비유동부채에 속한다. 사채(회사채)는 주식회사가 확정채무임을 표시하는 증권을 발행하여 다수인으로부터 장기간 거액의 자금을 차입하는 것을 말한다. 전환사채는 주식으로 전환할 수 있는 권리가 부여되어 있는 사채로서, 표면금리가 낮게 책정되어 발행된다. 신주인수권부사채는 일정 기간이 경과한 후 신주를 인수할 수 있는 권리가 부여되어 있는 사채를 의미한다. 장기차입금은 1년 후에 상환되는 차입금이다. 장기성매입채무는 유동부채에 속하지 않는 1년 이상의 외상매입금 및 지급어음 등이다. 부채성 충당금은 장래에 발생할 가능성이 있는 비용에 대해 일정한 기준으로 금액을 추정하여 비용으로 계상한 것으로 평가성 충당금과 부채성 충당금으로 구분된다. 평가성 충당금은 감가상각누계액, 대손충당금과 같은 평가계정을 말하며, 부채성 충당금은 퇴직금 및 판매보증충당금 등이다.

③ 자본

자본은 자본금, 자본잉여금, 자본조정, 기타 포괄손익 누계액, 그리고 이익잉여금 등으로 구성되어 있다. 자본금은 주주의 불입자본 중 상법의 규정에 따라 정관에 자본금으로 확정되어 있는 법정자본금으로, 회사가 발행한 주식의 총수와 액면가 등을 합친 금액을 말한다. 주식회사의 자본금은 채권자 보호를 위해 법적 차원에서 자본확정의 원칙, 자본충실의 원칙, 자본불변의 원칙이라는 3가지 원칙을 규정하고 있다. 주식은 보통주, 우선주, 후배주, 혼합주 등으로 구성된다.

자본잉여금은 증자 및 감자 등의 거래에서 발생하는 자본의 잉여금을 말하며, 주식발행초과금과 감자차익이 있다. 주식발행초과금은 신주발행 시 발행가액이 주식의 액면가액을 초과하는 잉여금을 말한다. 감자차익은 자본감소의 경우 주식의 소각이나 절차에 소요되는 금액과 결손의 보전에 충당한 금액을 초과한 때 그 초과금액을 말한다.

자본조정은 항목의 특성상 소유주지분에서 가감되어야 하거나 자본의 구성항목 중 어느 것에 가감해야 하는지 알 수 없어 회계상 자본총계에 가감하는 형식의 항목을 말한다. 여기에는 자기주식, 주식할인발행차금, 출자전환채무, 주식매수선택권, 감자차손, 자기주식처분손실 등이 있다.

기타 포괄손익 누계액은 일정 기간 동안 주주와 이루어지는 자본거래를 제외한 거래로서 기업의 자산을 변동하는 거래에 해당된다. 기타 포괄손익 누계액은 해외산업환산손익이나 매도가능증권평가손익, 파생상품평가손익 등이 포함된다.

이익잉여금은 회사의 정상적인 영업활동인 손익거래에서 발생한 이익 중에서 현금배당, 주식배당, 무상주 발행 등을 제외한 유보이익을 말한다. 이익잉여금은 상법에 따라 적립하는 이익준비금, 기업합리화적립금, 재무구조개선적립금, 임의적립금 그리고 차기이월이익잉여금 등으로 구성되어 있으며, 이들은 유보이익이라는 공통점을 갖는다.

2) 포괄손익계산서

기업은 이윤 창출을 목적으로 하며, 기업이 이익을 내고 있는지 아닌지를 확인하는 방법은 포괄손익계산서를 통해 확인할 수 있다. 포괄손익계산서는 일정 기간 동안의 경영성과인 이익을 보고하는 회계보고서라고 할 수 있는데, 포괄손익이란 한 회기 동안 벌어들인 모든 수익에서 비용을 차감한 금액이며, 당기순이익에 기타포괄손익을 더한 값이다. 기타포괄손익은 정상적 기업활동에 의한 당기순이익에 포함되지 않는 수익과 비용으로, 매도가능금융자산의 평가손익, 토지재평가 손익, 해외사업장외화환산 차익 등을 말한다. 즉, 포괄손익계산서는 일반 손익계산서에 기타포괄손익을 포함한 것으로 국제기준에 맞춘 손익계산서라고 할 수 있다. 또한, 포괄손익계산서는 법인세 등 세금 결정을 위한 기초자료 및 기업의 배당을 위한 자료를 제공함으로써 기업의 경영성과를 보여주는 역할을 한다.

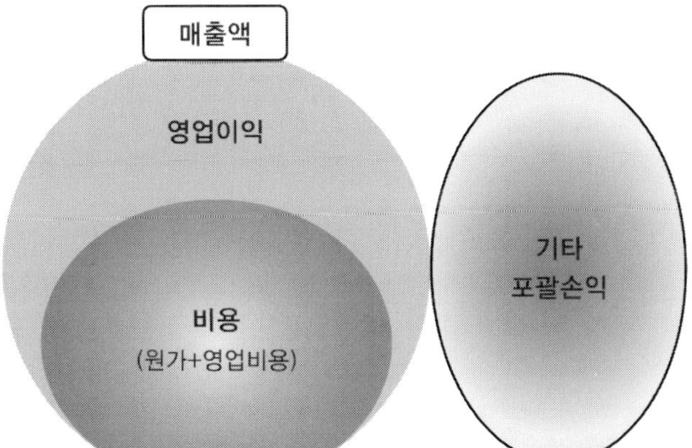

[그림 10-3] _ **포괄손익계산서 개념도**

포괄손익계산서를 이해하기 위해서는 수익과 비용의 구조를 알아야 한다. 수익은 자산을 증가시키거나 부채를 감소시키는 요인으로서 기업의 정상 활동의 일환으로 발생하는 매출액, 수수료 수익, 배당금 수익, 로열티 수익 및 임대료 수익 등의 다양한 수입원과 기업의 정상영업 외의 활동에서 발생하는 차익을 말한다. 비용은 자산이 감소하거나 부채가 증가하는 요소로서 기업의 정상영업활동의 일환으로 발생하는 지출과 차손을 말한다. 비용은 기능별 분류와 성격별 분류를 통해 비용의 구조를 이해할 수 있는데, 비용의 기능별 분류(매출원가법)에는 매출원가, 일반영업비용, 금융원가 등이 포함되어 있고, 성격별 분류에는 감가상각비, 상품의 구입, 운송비, 종업원급여 및 광고비 등이 있다. 이러한 수익과 비용은 동일한 회계기간에 보고되어야 하는'수익·비용 대응원칙'을 준수해야 한다. 다음은 비용을 기능별로 구분한 포괄손익계산서 형식이다.

표 10-1_**포괄손익계산서 형식 및 기업활동 분야**

회계기간 : 20○○년 1월 1일~20○○년 12월 31일

회사명 : (단위 : 천 원)

과 목	금 액		기업활동 분야	
매출액		xxx	상품판매	영업활동
매출원가		(−)xxx		
매출총이익		xxx		
영업비용 :		(−)xxx	영업 및 관리활동	
급여	(−)xxx			
임차료	(−)xxx			
영업이익		xxx		
금융이익		xxx	투자 및 재무활동	
이자수익	xxx			
금융비용		(−)xxx		
이자비용	(−)xxx			
법인세비용차감 전 순이익		xxx		
법인세비용		(−)xxx	법인세	
당기순이익		xxx	경영성과	
기타포괄손익		xxx		
매도가능금융자산평가이익	xxx			
총포괄이익		xxx		
주당순이익		xxx		

포괄손익계산서에서의 이익은 매출수익과 금융수익으로 구분하고, 비용은 매출원가, 영업비용, 금융비용 및 법인세 비용 등의 합으로 볼 수 있다.

(1) 매출액

매출액은 기업의 영업활동에서 상품 및 서비스의 판매로 인한 총매출에서 판촉을 위한 이벤트 등의 할인비용을 차감한 금액이다. 매출액은 업종별로 구분하여 표시한다. 상품의 부산물이나 반제품의 판매 등의 경우에는 주석으로 기재할 수 있다.

(2) 매출원가

매출원가는 판매된 상품에 대한 제조원가 혹은 매입가격으로 매출액에서 가장 큰 비용을 차지한다.

(3) 매출총이익

매출총이익은 매출액에서 매출원가를 차감한 금액을 일컫는데, 이를 '판매마진'이라고도 부르며, 기업의 수익성을 판단하는 가장 기본적인 자료이다.

(4) 영업비용

영업비용은 대체로 물류비용 등을 포함한 판매활동비(급여 등)와 판매시설의 유지와 관리를 위해 발생하는 관리활동비용(임차료 등)을 말하는데, 주로 매출 원가에 속하지 않는 모든 영업비용을 말한다.

(5) 영업이익

영업이익은 매출총이익에서 영업비용을 차감한 금액으로 기업 활동을 통한 순이익을 말한다.

(6) 금융수익

금융수익은 투자활동과 관련하여 금융자산에 의해 발생하는 수익(이자수익, 배당수익 등)을 말하는데, 매도가능증권 평가손익은 기타포괄손익으로 편입된다.

(7) 금융비용

금융비용은 재무활동과 관련하여 발생하는 비용으로 차입금에 대한 이자비용 등이 이에 해당한다.

(8) 법인세비용차감 전 순이익

영업이익에서 금융이익을 가산하고 금융비용을 차감한 이익으로 영업이익과는 구별된다.

(9) 당기순이익

법인세비용차감 전 순이익에서 법인세비용을 차감한 금액으로, 실질적인 순이익이라고도 한다. 당기순이익의 경우 유보금으로 재투자를 하거나 주주에게 배당할 수 있다.

(10) 총포괄이익

총포괄이익은 당기순이익에 기타포괄손익을 적용한 것으로 기업에 대한 경영성과를 나타내는 지표이다.

(11) 주당순이익

주당순이익은 당기순이익을 주식의 총수로 나누어 1주당 금액으로 환산한 이익을 말한다. 이는 특정기업의 경영성과를 다른 기업과 비교할 때와 기업 가치를 평가할 때 유용하다.

3) 현금흐름표(statement of cash flow)

현금흐름표는 기업의 영업활동, 투자활동 및 재무활동과 관련한 현금흐름을 나타낸 표이다. 여기에는 회계기간 내의 현금유입과 유출이 상세히 기록되어 있어 기업의 실제 경영상태 및 재정상태를 살펴볼 수 있다. 현금흐름표는 수입과 지출 간의 균형점을 찾을 수 있고, 기업의 영업능력과 지급능력을 파악하는 근거자료가 된다. 현금흐름표는 왼쪽에는 수입내역을, 오른 쪽에는 지출내역을 기록한다. 현금흐름은 영업활동에 의한 현금흐름, 투자활동에 의한 현금흐름, 재무활동에 의한 현금흐름으로 구분하여 기록한다.

현금흐름표는 기업의 재무제표에서 실제로 현금이 움직인 과정을 상세히 표시하여 기업의 자금이 현재 어떻게 운용되고 있는가를 나타내준다. 즉, 일반 재무제표에서는 파악할 수 없는 부실채권, 매출채권의 회수 등을 일목요연하게 나타냄으로써 자금의 유동성을 살필 수 있다는 장점이 있다. 이를 통해 효과적인 투자계획을 설계할 수 있다. 이는 회계상의 이익이 있는데도 불구하고 매출채권(외상)의 회수와 매입채무(갚아야 할 돈)의 상환에 어려움이 있는지를 살핌으로써 자금을 효과적으로 운영하도록 하는 데 도움이 된다.

(1) 영업활동으로 인한 현금흐름

영업활동으로 인한 현금흐름은 상품의 판매나 용역의 제공에 따른 현금의 유입과 유출로 일어난다. 현금흐름표는 실제로 현금이 오가는 항목에 대해서만 기록하기 때문에 회계 상으로만 수입이 잡히고, 현금의 유동이 일어나지 않는 거래에 대해서는 파악할 수 없다. 따라서 외상매출이나 현금이 들어오지 않은 거래들을 제외한 실질적인 현금흐름은 살피기가 어렵다.

현금 유입은 제품 등의 판매에 따른 현금 유입, 이자수익과 배당금 수익 등에 따른 현금유입이 있으며, 현금 유출은 원재료와 상품의 구입, 종업원의 급여, 법인세 및 이자비용 등에 의해 발생한다. 영업활동으로 인한 현금흐름이 활발할 수록 좋은 기업으로 볼 수 있다.

영업활동으로 인한 현금흐름은 직접법과 간접법으로 표시한다. 직접법은 현금유입액에서 현금 유출액을 차감하는 방식으로 정보이용자에게 편리함을 제공하지만 현금흐름표의 작성과정이 어렵다. 간접법은 당기순이익에서 출발해서 실제로 돈이 나가지 않는 것을 가산하고, 현금 유입이 없는 수익 등을 차감하며, 영업활동으로 인한 자산과 부채의 변동을 가감하여 표시하는 방식으로 직접법보다 많이 사용된다.

(2) 투자활동으로 인한 현금흐름

투자활동은 현금의 대여와 회수, 단기금융상품, 유가증권, 투자자산, 유형자산 및 무형자산의 취득과 처분활동으로 인해 수익을 얻고자하는 일련의 행동을 말한다.

투자활동으로 인한 현금흐름에는 현금유입액과 현금유출액 항목이 있는데, 대여금의 회수, 단기금융상품, 유가증권, 투자자산, 유형자산 및 무형자산의 처분 등으로 인해 현금이 유입되는 것이 투자활동으로 인한 현금유입액이며, 현금의 대여, 단기 금융상품, 유가증권, 투자자산, 유형자산 및 무형자산 등의 취득을 위해 현금이 유출되는 것을 투자활동으로 인한 현금유출액이라고 한다.

(3) 재무활동으로 인한 현금흐름

재무활동은 자본조달을 위한 현금의 차입과 상환활동, 신주발행, 사채의 발행, 주식배당금의 지급 등과 같이 부채 및 자본의 상태를 변화시킬 수 있는 거래를 말한다. 재무활동으로 인한 현금유입액은 단기차입금 및 장기차입금의 차입, 사채 및 주식의 발행 등이 있으며, 재무활동으로 인한 현금유출액은 차입금의 상환, 배당금의 지급, 유상감자, 자기 주식의 취득 등이 있다.

(회사명 :   )

영업활동으로 인한 현금흐름	매출 등 수익활동으로부터 유입액 매입 및 종업원에 대한 유출액 이자수익 유입액 배당금수익 유입액 이자비용 유출액 법인세 등 유출액 기타
투자활동으로 인한 현금흐름	**투자활동으로 인한 현금유입액** 단기 금융상품, 유가증권, 토지 등의 처분 **투자활동으로 인한 현금유출액** 현금 단기대여, 단기금융상품, 유가증권, 토지 등의 취득, 개발비의 지급 등
재무활동으로 인한 현금흐름	**재무활동으로 인한 현금유입액** 단기차입금 차입, 사채 및 보통주의 발행 **재무활동으로 인한 현금 유출액** 단기차입금 상환, 사채 상황 및 유상감자 등
현금의 증감	**기초의 현금** **기말의 현금**

그림 10-4 _ **현금흐름표의 개념도**

2 관리·원가회계

관리회계는 경영자의 경영관리활동의 의사결정을 위해 기업 내부자에게 필요한 회계정보를 관리하는 것을 말하며, 원가회계란 제품의 정확한 원가정보를 생성하는 것을 말한다. 원가회계는 제품생산과 관련한 원가계산과 생산활동의 성과측정 및 평가를 위한 과정으로 원가회계에서 생성된 원가정보는 재무회계와 관리회계에서 제품원가 정보로 활용된다. 따라서 회계정보는 경영자의 의사결정과 생산계획의 바탕이 된다. 기업의 생산 및 영업활동에서 원가의 계산방법은 매출이나 손익계산에서 중요하게 사용되므로 그 개념과 계산방법에 대해 알아둘 필요가 있다.

1) 원가의 개념

원가(cost)는 특정목적을 달성하기 위해 희생된 자원에 대한 경제적 가치를 화폐가치로 측정한 것을 말한다. 즉, 원가는 기업이 수익을 창출하기 위해 특정 상품을 제조하거나 서비스를 구매하는 데 지출되는 금액이다. 이러한 원가를 기업 활동과 연관지어 본다면, 제조원가와 비제조원가로 구분할 수 있다. 제조원가는 직접 제품을 생산하기 위한 재료비, 노무비 및 제반 경비를 포함하는 비용이며, 비제조원가는 생산 이외의 활동에 의한 비용을 말한다. 즉, 비제조원가는 개발, 판매 및 영업 등에 사용되는 수익의 창출을 위한 기회비용을 말하며, 이는 제품의 원가에 포함된다. 일반적으로 제조원가는 직접재료비, 직접노무비 그리고 제조간접비 등을 합한 비용을 말한다(윤관호, 2013).

원가는 조업도[3] 수준에 따라 변동될 수 있으며 원가의 형태에 따라 변동원가(variable costs)와 고정원가(fixed costs)로 분류할 수 있는데, 변동원가는 조업도에 따라 총원가가 직접적으로 비례하여 증감하는 원가를 말하며, 고정원가는 조업도의 변동에 관계없이 총원가가 일정하게 발생하는 것을 말한다.

원가에서 직접원가는 직접재료비, 직접노무비 및 직접제조경비를 합한 비용이며, 제조원가는 직접원가와 간접원가를 포함한다. 그리고 총원가는 제조원가에 판매비와 관리비 등을 포함한 개념으로, 판매가격은 총원가에 판매이익을 더하여 정하게 된다. 즉, 판매가격은 직접제조비, 직접노무비, 제조경비, 간접원가, 판매·관리비 및 판매이익을 모두 포함하고 있다.

2) 원가의 계산방법

원가 계산은 다양한 방법을 사용하고 있다. 생산 형태에 따라 개별원가계산과 종합원가계산으로 구분하고, 측정방법에 따라 실제원가계산, 정상원가계산,

---

3) 조업도(操業度) : 경영설비가 일정 기간 동안 생산에 이용한 정도로 일반적으로 흔히 조업률, 가동률 이라고도 한다.

표준원가계산으로 분류한다. 또한, 범위에 따라서는 전부원가계산, 변동원가계산 등의 방법으로 분류하기도 한다. 일반적으로 원가 계산은 요소별 원가, 부문별 원가 그리고 제품별 원가의 순서로 계산한다.

(1) 개별원가계산

개별원가계산은 다품종 소량생산의 생산형태에 주로 사용되는데, 종류나 규격을 달리하여 주문제작하는 방식으로 생산하는 기업에 적합한 원가계산 방법이다. 이는 독립적이고 개별적인 생산형태인 기계제조업, 항공산업, 조선업, 건축업 등의 업종이 주를 이룬다. 이 원가계산 방법은 '제조지령서별 원가계산'이라고도 하며, 제품의 생산량 단위별로 발생 원가를 각기 계산한다.

(2) 종합원가계산

종합원가계산은 종류나 성격이 동일한 한 제품을 대량으로 생산하는 형태에 적합하며, 화학, 방직, 제지, 제분, 철강업 등의 대량생산체제에서 주로 이용된다. 종합원가계산은 일정 기간 동안 발생한 총 원가를 산정하고, 그것을 생산량으로 나누어 제품 단위당 원가를 구하는 방법이다.

3 세무회계

창업을 하게 되면 세무에 대해 어느 정도 관련된 내용을 알아야 한다. 그러나 일반적으로 창업자들은 세무와 관련된 내용을 잘 모르는 경우가 많아 심심치 않게 세금폭탄에 노출되는 경우를 볼 수 있다. 세무와 관련해서는 국세청의 홈페이지에서 대체적인 정보를 제공하고 있으며, 세금 절감방안까지 상세히 기록되어 있다. 세금과 관련된 업무를 알게 되면, 법이 정한 범위 내에서 합법적으로 세금 비용을 아낄 수 있다.

세금과 관련해서는 대한민국 국민이라면 누구나 소득이 있는 곳에는 소득세를 내야 하고, 소비를 하면 소비세를 내야 하는 것이 일반적이다. 또한, 생산과 판매 등의 영업활동에는 부가가치세가 있으며, 그 외에도 주민세, 특별소비세, 원천세, 인지세, 취득세, 등록세, 교육세, 면허세 등 국민으로서 의무적으로 부담해야 할 세금이 있다. 기업활동과 관련하여 소득세, 법인세, 부가가치세에 대해 개략적으로 살펴보면 다음과 같다.

1) 소득세

소득세는 개인이 벌어들인 소득에 대해 부과되는 강제적 성격을 가진 세금이다. 소득세는 개인별 이자소득, 배당소득, 사업소득, 근로소득, 연금소득, 기타소득 등의 합계액을 기준으로 과세를 한다. 소득 종류별 과세방법 및 적용기준은 다음과 같다.

표 10-2_**소득 종류별 과세방법 및 적용기준**

과세방법	소득종류	적용기준
종합과세	이자·배당소득	합산 소득이 2천만 원을 초과해야 종합과세
	근로·사업소득	무조건 종합과세
	연금소득	공적연금소득(무조건 종합과세) 사적연금소득(1,200만 원을 초과해야 종합과세)
	기타소득	300만 원을 초과해야 종합과세(기타소득금액)
분류과세	양도소득	양도차익에 대해 별도 과세
	퇴직소득	퇴직소득에 대해서도 별도 과세

- 출처 : 국세청(2014). 절세가이드 I (소득세법 제14조)

소득금액을 계산하는 방법에는 사업자가 비치·기장한 장부에 의해 계산하는 방법과 정부에서 정한 방법에 의해 소득금액을 추산하여 계산하는 방법(추계과세)이 있다(국세청, 2014).

기장이라 함은 영수증 등의 증빙서류를 근거로 장부를 작성하는 것을 말하는데, 기장은 직전년도 수입금액이 4,800만 원 이상인 사업자의 경우 작성하지 않으면 산출세액의 20%에 해당하는 무기장 가산세가 부과된다. 기장은 사업자의 규모에 따라 간편장부대상자와 복식부기의무자로 나뉘게 된다. 복식부기의무자가 기장하지 않고 추계로 신고한 경우에는 신고를 하지 않은 것으로 인정돼 산출세액의 20%(또는 40%)와 수입금액의 0.07%(또는 0.14%) 중 큰 금액의 신고불성실가산세를 물어야 한다(국세청, 2014). 또한 복식부기의무자가 기준경비율에 의한 추계신고를 할 경우 기타경비에 대해 기준경비율의 1/2을 적용하여 필요경비를 계산하게 되는 불이익을 받을 수 있다. 복식기장이란 대차대조표와 같은 형식으로 기장하는 것을 말한다.

직전년도 수입금액이 4,800만 원 이하인 사업자가 추계에 의한 소득금액 계산을 할 경우 '기준경비율'에 의해 소득금액을 정하게 된다. 기준경비율 제도는 매입경비, 인건비, 임차료 등의 기본적 경비는 증빙서류에 근거하여 필요경비로 인정을 해주고, 그 외의 나머지 경비는 정부에서 정한 기준경비율에 의해 필요경비를 인정받는 제도이다. 이러한 기준경비율에 의한 소득금액의 계산보다는 기장에 의한 소득금액이 세금을 덜 내게 되어 있다. 특히, 세금신고를 하지 않았을 경우, 가산세 등의 세금폭탄을 맞을 수 있으므로 세금을 낼 돈이 없더라도 소득세 신고를 해놓는 것이 현명하다.

(1) 종합소득세의 계산

종합소득세는 사업소득 외 다른 소득을 합산하여 소득의 총합에 대하여 과세하는 제도이다. 종합소득세 계산방법을 절차에 따라 그림으로 나타내면 다음과 같이 나타낼 수 있다.

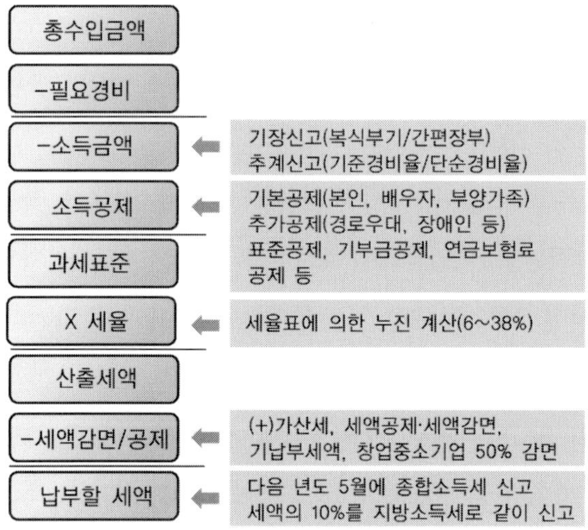

– 출처 : 국세청 홈페이지(http://www.hometax.go.kr)의 내용을 재구성함

[그림 10-5] _ **소득세 계산방법**

장부를 비치·기록하고 있는 사업자는 총수입금액에서 필요경비를 공제하여 종합소득세를 계산한다. 장부를 비치·기장하지 않은 사업자의 소득금액은 다음과 같이 계산한다.

기준경비율 적용대상자(①, ② 중 작은 금액)

① 소득금액＝수입금액－주요 경비－(수입금액×기준경비율)

② 소득금액＝{수입금액－(수입금액×단순경비율)}×배율

※ 복식부기의무자의 경우 추계과세 시 기준경비율의 1/2을 적용하여 계산

※ 2013년 귀속배율 : 간편장부대상자 2.4배, 복식의무자 3.0배

단순경비율 적용 대상자

소득금액＝수입금액－(수입금액×단순경비율)

위와 같은 절차에 따라 산출하면 납부할 세액은 다음과 같이 계산된다.

납부할 세액＝소득금액×세율(세율은 다음 표에 의해 적용한다)

표 10-3 _ **종합소득세 세율(2012, 2013년 귀속)**

(단위 : 원)

과세표준	세율	누진공제
1,200만 원 이하	6%	–
1,200만 원 초과 4,600만 원 이하	15%	1,080,000
4,600만 원 초과 8,800만 원 이하	24%	5,220,000
8,800만 원 초과 3억 원 이하	35%	14,900,000
3억 원 초과	38%	23,900,000

– 출처 : 국세청 홈페이지(http://www.hometax.go.kr)

국세청의 홈택스(http://www.hometax.go.kr)를 이용하면 세무서를 방문하지 않고 종합소득세를 신고할 수 있다. 홈택스를 이용하기 위해서는 먼저 홈택스에 가입해야 하는데, 가입을 위해서는 공인인증서가 필요하다. 또한, 홈택스에서는 민원서류 등도 발급받을 수 있는데, 납세증명서, 사업자등록증명, 휴업사실증명, 폐업사실증명, 소득금액증명, 납세사실증명, 부가가치세 과세표준증명, 부가가치세 면세사업자 수입금액증명원, 표준재무제표증명(개인/법인), 연금소득자 등의 소득공제 내역서 등이 여기에 해당된다.

(2) 소득공제

소득공제는 소득세법상 과세표준을 계산하기 위해 소득금액에서 일정액을 공제해주는 것으로, 일률적으로 공제해주는 기초공제와 일정요건을 구비했을 때 공제해 주는 소득공제가 있다(소득세법 제47조~제54조). 이러한 소득공제제도는 최저생활수준의 유지 및 소득계층 간의 소득 재분배 기능을 담당하고 있다.

소득공제에는 근로소득공제, 인적공제(본인공제, 배우자공제, 부양가족공제, 경로우대자공제, 장애인공제, 부녀자공제, 6세이하자녀공제, 출산입양자공제, 한부모공제), 다자녀 추가공제, 연금보험료공제, 특별공제 등이 있다.

(3) 간편장부 대상자

해당 과세기간에 신규로 사업을 시작했거나 직전 과세기간의 수입금액의 합계액이 아래에 해당되는 사업자를 간편장부 대상자라고 한다. 간편장부 대상자에게는 신고절차를 간소화하여 과세신고를 할 수 있도록 하고 있다.

표 10-4 _ **간편장부 대상자**

업 종	직전연도 수입금액
① 농업·임업 및 어업, 광업, 도매업 및 소매업, 부동산매매업, 그 밖에 ②, ③에 해당되지 아니하는 사업	3억 원 미만
② 제조업, 숙박 및 음식점업, 전기·가스·증기 및 수도사업, 건설업, 운수업, 방송통신 및 정보서비스업, 금융 및 보험업 등	1억 5천만 원 미만
③ 부동산임대업, 기술서비스업, 사업지원서비스업, 교육서비스업, 보건 및 사회복지서비스업, 예술–스포츠 및 여가관련 서비스업, 협회 및 단체, 수리 및 기타 개인서비스업, 가구 내 고용활용 등	7,500만 원 미만

– 출처 : 국세청 홈페이지(http://www.hometax.go.kr)

(4) 복식부기 의무자

간편장부대상자 이외의 모든 사업자는 재산상태와 손익거래 내용의 변동을 빠짐없이 거래 시마다 차변과 대변으로 나누어 기록한 장부를 기록·보관해야 하며, 이를 기초로 작성된 재무제표를 신고서와 함께 제출하는 것을 의무화하고 있다(국세청, 2014).

표 10-5 _ **복식부기 의무자**

업 종	직전연도 수입금액
농업·임업 및 어업, 광업, 도매업 및 소매업, 부동산매매업, 그 밖에 '나'목 및 '다'목에 해당되지 아니하는 사업	3억 원
제조업, 숙박 및 음식점업, 전기·가스·증기 및 수도사업, 하수·폐기물처리·원료재생 및 환경복원업, 건설업(주거용 건물 개발 및 공급업을 포함한다), 운수업, 출판·영상·방송통신 및 정보서비스업, 금융 및 보험업	1억 5천만 원
부동산임대업, 전문·과학 및 기술서비스업, 사업시설관리 및 사업지원서비스업, 교육서비스업, 보건업 및 사회복지서비스업, 예술·스포츠 및 여가관련 서비스업, 협회 및 단체, 수리 및 기타 개인서비스업, 가구 내 고용활동	7,500만 원

◦ 단, 전문직 사업자는 2007년부터 수입금액과 상관없이 복식부기 의무가 부여되었다.

– 출처 : 국세청 홈페이지(http://www.hometax.go.kr)

2) 법인세

법인세는 법인 형태로 사업을 하는 경우 그 사업에서 생긴 소득에 대해 부과되는 형태의 세금을 말하는데, 다음과 같은 신고기한 내에 신고를 하도록 의무화하고 있다.

표 10-6 _ **2014년 법인세 신고기한**

구분	법정 신고기한	제출대상서류	비 고
12월 결산법인	3월 31일	1. 법인세과세표준 및 세액신고서 2. 재무상태표 3. 포괄손익계산서 4. 이익잉여금처분계산서 (결손금처리계산서) 5. 세무조정계산서 6. 세무조정계산서 부속서류 및 현금흐름표	※ 신고기한이 공휴일이나 토요일인 경우 공휴일, 토요일의 다음날을 신고기한으로 한다.
3월 결산법인	6월 30일		
6월 결산법인	9월 30일		
9월 결산법인	12월 31일		

– 출처 : 국세청 홈페이지(http://www.hometax.go.kr)

기업은 보통 12월 31일에 결산을 하고, 법인세 신고는 익년 3월 31일까지 완료해야 한다. 법인세를 신고할 때에는, 관련 기관에서 요구하는 서류를 반드시 제출해야 한다. 이를 첨부하지 않은 법인세 신고서는 인정되지 않으므로 유의해야 한다.

표 10-7 _ **법인세 세율(2013년)**

소득종류	각 사업연도 소득			청산소득		
법인종류	과세표준	세율	누진공제	과세표준	세율	누진공제
영리법인	2억 원 이하	10%	–	2억 원 이하	10%	–
	2억 원 초과 200억 원 이하	20%	2천만 원	2억 원 초과 200억 원 이하	20%	2천만 원
	200억 원 초과	22%	4억 2천만 원	200억 원 초과	22%	4억 2천만 원
비영리법인	2억 원 이하	10%	–			
	2억 원 초과 200억 원 이하	20%	2천만 원			
	200억 원 초과	22%	4억 2천만 원			
조합법인	9%			9%		

– 출처 : 국세청 홈페이지(http://www.hometax.go.kr)

소득세(6~33%)와 법인세(10~22%)는 과세표준이 소액(2,160만 원 미만)인 경우에는 개인기업이 유리하다고 할 수 있으나, 그 밖의 경우에는 대체로 법인기업이 더 낮은 이율을 부담하게 된다.

내국법인은 소득의 원천에 관계없이 모든 소득에 대해 법인세의 납세의무가 있다. 그러나 기존의 기업들과는 달리 창업 중소기업의 경우에는 법인세에서 감면 혜택이 있다. 창업한 중소기업은 창업 후 4년간 매년 법인세의 50%를 감면받을 수 있는데, 2013년 1월 1일 이후에 창업한 중소기업은 창업 후 5년간 법인세 감면 혜택을 받을 수 있다. 이는 창업 후 최초로 소득이 발생한 연도(사업개시 후 5년이 되는 날까지 소득이 발생하지 않는 경우 5년이 되는 날이 속해 있는 과세연도)를 기준으로 이후의 4년(2012.12.31 이전에 창업한 중소기업은 3년) 동안 과세 혜택을 받을 수 있는 것으로, 조세특례제한법 제6조에서 규정하고 있다. 창업기업의 법인세 신고 절차는 다음과 같다.

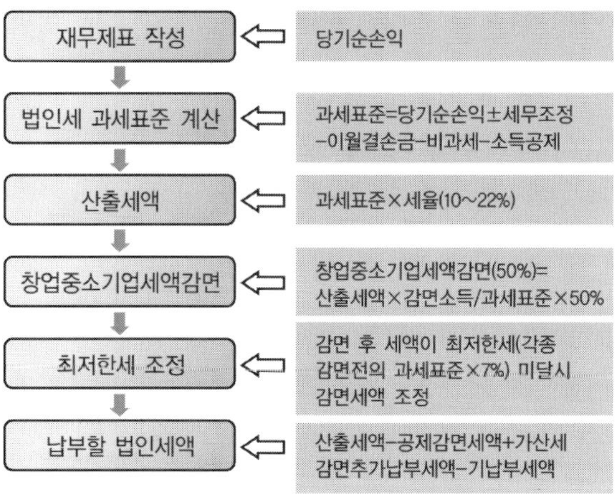

– 출처 : 국세청 홈페이지(http://www.hometax.go.kr)의 내용을 재구성함

[그림 10-6]_ **창업 중소기업의 법인세 신고 절차**

창업 중소기업은 창업 후 최초로 소득이 발생한 연도와 그 후 4년간 법인세 또는 소득세의 50%를 감면받게 되는데, 창업 후 3년 이내에 창업벤처중소기업으로 확인받은 경우에는 벤처기업으로 확인받은 날 이후 최초로 소득이 발생한 과세연도와 그 후의 4년간 법인세를 감면받게 된다. 그렇지만, 수도권과밀억제권역으로 이전하여 사업을 영위하거나 수도권과밀억제권역에 지점을 설치한 경우 감면의 적용에서 제외된다. 최저한세는 세금을 감면하는 경우에 세 부담의 형평성 및 재정확보의 측면에서 소득이 있으면 누구나 내야 하는 최소한의 세금을 말한다. 이는 각종 감면 후 세액이 감면 전 과세표준×7%에 미달하는 경우 미달금액에 대해서는 감면을 배제한다.

3) 부가가치세

부가가치세는 상품이나 재화의 거래나 서비스·용역의 제공과정에서 얻어지는 부가가치나 이윤에 대해 과세하는 세금이다. 부가가치세 과세대상 사업자는 상품을 판매하거나 서비스를 제공할 때, 거래금액에 대한 일정 금액의 부가가치세를 징수하여 납부해야 하는데, 부가가치는 최종 소비자가 부담하는 세액의 일종이다. 그러나 면세사업자의 경우에는 부가가치세를 징수할 수 없으며, 이의 신고에 대한 의무는 없다. 일반 과세사는 분기마다 신고하며, 간이 과세자는 일년에 한 번 신고하게 되는데, 이에 대한 구체적인 내용은 다음과 같다.

표 10-8_**부가가치세 신고납부 기한 및 제출 서류**

<table>
<tr><th>사업자 구분</th><th>기분</th><th>법정 신고기한</th><th>제출대상서류</th></tr>
<tr><td rowspan="4">일반 과세자</td><td>1기 예정</td><td>4.1~ 4.25</td><td rowspan="4">1. 부가가치세(예정 또는 확정)신고서
2. 매출처별세금계산서합계표
3. 매입처별세금계산서합계표

[아래 항목은 해당하는 경우에만 제출]
4. 영세율 첨부서류
5. 대손세액공제신고서
6. 매입세액 불공제분 계산근거
7. 매출처별계산서합계표
8. 매입처별계산서합계표
9. 신용카드매출전표등수령명세서
10. 전자화폐결제명세서(전산작성분 첨부 가능)
11. 부동산임대공급가액명세서
12. 건물관리명세서
13. 현금매출명세서
14. 주사업장 총괄납부를 하는 경우 사업장별부가가치세과세표준 및 납부세액(환급세액)신고명세서
15. 사업자단위과세를 적용받는 사업자의 경우, 사업자단위과세의 사업장별부가가치세과세표준 및 납부세액(환급세액)신고명세서
16. 건물등감가상각자산취득명세서
17. 의제매입세액공제신고서
18. 그 밖의 필요한 증빙서류</td></tr>
<tr><td>1기 확정</td><td>7.1~ 7.25</td></tr>
<tr><td>2기 예정</td><td>10.1~ 10.25</td></tr>
<tr><td>2기 확정</td><td>1.1~ 1.25</td></tr>
<tr><td>간이 과세자</td><td>1.1~ 12.31 (1년)</td><td>다음해 1.1~ 1.25</td><td>1. 부가가치세(예정 또는 확정)신고서
2. 매입처별세금계산서합계표

[아래 항목은 해당하는 경우에만 제출]
3. 매입자발행세금계산서 합계표
4. 영세율 첨부서류(영세율 해당자)
5. 부동산임대공급가액명세서(부동산임대업자)
6. 사업장현황명세서(음식, 숙박, 기타 서비스 사업자가 확정신고 시)
7. 의제매입세액공제신고서
8. 그 밖에 필요한 서류</td></tr>
</table>

일반 부가가치세의 산출은 매출세액과 매입세액을 근거로 납부 및 환급세액을 산출한다. 최종적으로 차가감 납부 및 환급세액을 산출하기 위해서는 경감공제세액, 예정 신고 미환급세액, 예정고지세액, 가산 세액 등이 산출되어야 하며 구체적인 부가가치세 신고의 흐름도는 다음과 같다.

구분		내용
가. 매출세액		가 = (1) + (2) + (3) + (4)
(1)	과세분	세금계산서 교부분 + 기타 매출분
(2)	영세율(수출)	세금계산서 교부분 - 기타 매출분
(3)	예정신고 누락분	
(4)	대손세액 가감	
나. 매입세액		나 = (5) + (6) + (7) + (8)
(5)	세금계산서 수취분	일반 매입분 + 고정자산 매입분
(6)	예정신고 누락분	
(7)	기타공제매입세액	신용카드 매출전표 등+의제매입세액+재활용 폐자원 등 매입세액 + 고급의제매입세액 + 과세사업 전환매입세액 + 재고매입세액+변제대손세액 등
(8)	공제받지 못하는 매입세액	
다. 납부(환급)세액		다 = 가 - 나
라. 경감 공제세액		라 = (9) + (10)
(9)	신용카드 매출전표 발행공제 등	일반매입분 + 고정자산 매입분
(10)	공제받지 못하는 매입세액	전자신고세액공제 + 전자세금계산서 발급세액공제 + 택시운송사업자 경감세액 + 현금영수증사업자 세액공제 + 원산지확인서 발급세액 공제
마. 예정신고 미환급세액		마
바. 예정고지세액		바
사. 가산세액		사
아. 차가감 납부(환급)세액		아 = 다 - 가 - 마- 바 + 사

- 출처 : 국세청 홈페이지(http://www.hometax.go.kr)의 내용을 재구성함

[그림 10-7] _ **일반과세자의 부가가치세 신고 흐름도**

부가가치 세율은 일반과세자나 간이과세자나 모두 10%의 세율을 가지고 있다. 부가가치세를 제대로 신고하지 않으면 가산세를 물어야 한다. 가산세의 종류와 가산세액의 계산 방법을 정리하면 다음과 같다.

(1) 미등록 및 허위등록 가산세 : 사업개시일로부터 20일 이내에 사업자등록을 하지 않거나 타인명의로 등록한 경우−공급가액×1%(간이과세자 0.5%)

(2) 세금계산서(전자세금계산서 포함) 부실기재 가산세 : 공급가액×1%

(3) 세금계산서(전자세금계산서 포함) 지연발급 및 발급불성실 가산세 : 공급가액×1%

(4) 세금계산서(전자세금계산서 포함) 미발급 및 위장·가공세금계산서 발급(수취) 가산세 : 공급가액×1%

(5) 타인명의 세금계산서(전자세금계산서 포함) 발급(수취) 가산세 : 공급가액×2%

(6) 매출처별세금계산서 합계표 불성실 가산세

① 미제출·부실기재 : 공급가액×1%

② 지연제출 : 공급가액×0.5%

(7) 매입처별세금계산서 합계표 불성실 가산세

① 매입세금계산서 지연수취

② 합계표의 미제출·부실기재로 경정 시 세금계산서 등에 의해 매입세액을 공제받는 경우

③ 합계표의 공급가액을 과다 기재하여 매입세액을 공제받는 경우

(8) 신고불성실가산세

① 무신고(일반 무신고 해당세액×20%, 부당 무신고 40%)

② 과소신고(해당세액×10%, 부당 과소신고 40%)

③ 초과환급신고(해당세액×10%, 부당 초과환급 40%)

(9) 납부불성실 가산세 : 미달납부(초과환급 받은) 세액−해당세액×(3/10000)×일수

(10) 현금매출명세서 미제출 등

① 현금매출명세서 미제출 가산세

② 부동산임대공급가액명세서 미제출 가산세－미제출 또는 부실기재 금액×1%

(11) 영세율 과세표준신고 불성실 가산세

① 과세표준의 무신고·과소신고

② 영세율첨부서류 미제출－공급가액×0.5%

(12) 대리납부 불성실 가산세 : 대리납부의 불이행－미납세액×(3/1000)×일수 (한도 : 10%)

(13) 전자세금계산서 발급명세 지연전송 가산세 : 전자세금계산서 발급의무 사업자가 전자세금계산서 발급일의 다음날(토요일 또는 공휴일인 경우 그 다음날)이 경과한 후 공급시기가 속하는 과세기간 말의 다음달 11일까지 발급명세서를 전송한 경우－공급가액×0.1%

(14) 전자세금계산서 발급명세 미전송 가산세 : 전자세금계산서 발급의무 사업자가 전자세금계산서 발급일의 다음날(토요일 또는 공휴일인 경우 그 다음날)이 경과한 후 공급시기가 속하는 과세기간 말의 다음달 11일까지 발급명세서를 미전송한 경우－공급가액×0.3%(국세청 홈페이지, http:// www.nts.go.kr)

이렇듯 부가가치세를 불성실 신고하게 되면 가산세가 붙는다. 이러한 가산세 등을 물지 않도록 주의하는 것도 세금을 절약하는 방법이다. 특히 신고불성실가산세는 다른 가산세보다 금액이 크기 때문에 더욱 주의를 기울여야 한다. 신고불성실 가산세는 신고를 하지 않으면 20%의 가산세를 추가로 내야 하지만 납부불성실 가산세는 납부지연에 대한 이자 성격으로 1년 후에 납부해도 10.95%만 더 부담하면 된다(김수현 외, 2014).

4 세금을 절약하는 방법

절세와 탈세는 세금 부담을 줄이고자 하는 목적에 의해 행해진다는 점에서는 같으나 절세는 세법이 허용되는 한도 범위 내에 있으므로 합법이고, 탈세는 세법의 허용범위를 넘어서서 불법으로 조세범처벌법에 의한 처벌 대상이 된다. 절세를 위한 특별한 비결은 따로 존재하지 않으나, 세법을 충분히 이해하고 세법의 범위 안에서 세금을 줄일 수 있는 방도를 찾는 것이 유일한 절세 방법이다.

사업과 관련된 세금을 절세하는 방법에 대해 국세청은 다음과 같은 절세 방법을 제시하고 있다(국세청, 2014).

첫째, 평소 증빙자료를 철저히 수집하고 장부정리를 꼼꼼하게 하여 안내도 될 세금은 최대한 내지 않도록 한다.

둘째, 세법에서 인정하고 있는 각종 소득공제·세액공제·준비금·충당금 등의 조세지원 제도를 충분히 활용한다.

셋째, 세법이 정하고 있는 각종 의무사항을 성실히 이행함으로써 매입세액 불공제나 가산세 등의 불이익 처분을 받지 않도록 한다.

1) 기장을 하면 소득세를 줄일 수 있다

기장을 하면 소득세를 줄일 수 있다. 결손이 발생할 경우 이후 10년 내에 발생한 소득에 대해 공제를 받을 수 있으며, 감가상각비나 준비금 등을 필요 경비로 인정받을 수 있다. 간편 장부는 거래가 발생한 날짜 순서로 기록만 하면 된다. 간편 장부 양식은 국세청 홈페이지에서 다운 받거나, 문구점 등에서 구입할 수 있고, 전산프로그램을 구입하여 사용할 수도 있다.

2) 기장세액 공제

간편 장부 대상자가 복식부기로 기장하여 신고할 경우 추가로 산출세액의 20%를 공제받을 수 있다. 기장이란 영수증 등의 증빙자료에 근거하여 거래사실을 장부에 기록하는 것이다. 따라서 증빙서류를 꼼꼼하게 챙겨야 하며, 이러한 증빙서류를 제시하지 못하면 장부기장을 인정받지 못한다. 그렇게 되면 지출된 비용을 인정받지 못하는 것은 물론이고 경우에 따라서는 가산금도 물 수 있다는 점에 유의해야 한다. 특히, 거래 시 받는 세금계산서 등은 잃어버리지 않도록 주의해야 한다.

3) 적격 증빙서류

사업자는 사업활동과 관련한 거래로 재화를 지급하는 경우 세금계산서, 현금영수증, 신용카드 및 매출전표 등의 증빙서류를 받아야 한다. 복식부기의무자의 경우 적격 증빙서류를 받아놓지 않은 경우에는 받지 않은 금액의 2%에 해당하는 증빙불비가산세를 물어야 한다. 다만 3만 원 이하의 금액인 경우, 간이영수증으로도 대체가 가능하며, 증빙불비가산세도 부과하지 않는다(국세청, 2014). 단, 적격 증빙서류는 확정신고기간 종료일부터 5년간 보관해야 한다.

4) 비용으로 인정되는 부가가치세

부가가치세 매입세액은 매출세액에서 차감하는 것이므로 비용이 인정되지 않는 것이 원칙이다. 그러나 최종소비자의 지위에서 부담하는 부가가치세와 매출세액에서 공제 받지 못한 매입세액은 비용으로 인정받을 수 있다. 인정받을 수 있는 구체적인 내용은 다음과 같다.

첫째, 부가가치세가 면제되는 사업자가 부담하는 매입세액

둘째, 부가가치세 간이과세자가 납부한 부가가치세액

셋째, 비영업용소형승용차의 유지에 관한 매입세액

넷째, 영수증을 발급받은 거래분에 포함된 매입세액으로 공제대상이 아닌 금액

다섯째, 접대비 및 이와 유사한 비용의 지출에 관련된 매입세액

여섯째, 부동산 임차인이 부담한 전세금 및 임차보증금의 간주임대료에 대한 매입세액

위에 해당하는 내용의 비용이라고 하더라도 이를 인정받기 위해서는 반드시 증명할 수 있는 증빙서류가 있어야 한다.

5) 충당금 규정의 활용

충당금이란 해당 연도에 확정되지 않았지만 이미 발생했거나 장래에 지출될 것이 확실한 비용에 대해서는 일정한 기준에 따라 추정하여 비용으로 반영할 수 있다. 충당금을 설정하면 설정 연도에는 설정금액에 세율을 곱하여 계산한 금액만큼의 세금을 절감할 수 있다. 충당금에는 감가상각충당금, 퇴직급여충당금, 대손충당금 등이 있다.

6) 소득공제의 활용

소득세 신고 시에 소득공제를 받을 수 있는 모든 사항을 꼼꼼히 챙기면 세금을 절약할 수 있다. 본인과 본인의 가족 수에 1인당 150만 원을 곱한 금액을 인적공제라고 해서 소득액에서 공제받을 수 있으며, 종합소득이 있는 거주자는 누구나 연간 7만 원을 표준세액으로 공제한다.

Chapter 11

산업재산권에는 무엇이 있는가?

11 Chapter 산업재산권에는 무엇이 있는가?

지적재산권은 인간의 정신적 산물로 보호되어야 한다. 특히 학문이나 예술 분야의 창작물은 눈에 보이지는 않지만 창작자에게 권리가 있는 중요한 재산적 가치를 지니고 있다. 이러한 지적재산권은 크게 지식재산권과 산업재산권으로 분류하고, 이 중 산업재산권은 다시 특허권, 실용신안권, 의장(디자인)권, 상표권으로 구분한다. 여기서는 이러한 지적재산권은 어떤 목적에서 만들어졌으며, 어떤 의미를 지니고 있는지 구체적인 내용을 살펴보기로 하자.

1 지식재산권과 산업재산권

오늘날의 사회를 흔히 지식기반사회(Knowledge-Based Society, 知識基盤社會)라고 한다. 지식기반사회는 지식과 정보가 가치의 중심이 되는 사회로 지식의 가치가 정치, 경제, 사회 전반에 걸쳐 영향력이 커진 사회를 말한다. 따라서 지식기반사회에서는 지식을 창출하고 활용할 줄 아는 능력이 매우 중요시되며, 이러한 능력 없이는 개인이든 기업이든 생존의 가치를 찾기 어렵고 경쟁력을 갖지 못한다.

지식기반사회에서는 지식을 창출하고 활용하는 능력이 중시됨에 따라 이에 대한 권리부여와 보호 대책이 절실하다. 지식을 지식 그 자체로 인정하고 보호해주는 것만이 아니라 산업적 응용에 대해서도 보호해 줄 수 있는 대책이 필요하다. 일반적으로 지식 그 자체로 인정해주기 위한 재산권을 '지식재산권(知識

財産權)'이라 하고, 산업적 응용에 관한 재산권을 인정하고 보호해 주기 위한 재산권을 '산업재산권(産業財産權)'이라고 한다.

지적재산권(intellectual property)은 지식재산권과 산업재산권을 총괄하는 개념으로, 인간의 지적활동 결과 형성된 새로운 창작물인 정신적·지능적 재화를 독점적으로 이용하는 것을 내용으로 하는 권리를 말한다. 지적재산권은 그 보호에 있어 산업상의 기여를 보호의 본질로 하는 특허권, 실용신안권, 의장권, 상표권 등과 같은 산업재산권(industrial property)과 산업의 영역이 아닌 문화의 영역에 있어서 정신적 기여를 보호의 본질로 하는 저작권으로 구분한다.

표 11-1 _ **지적재산권의 분류**

구분		보호대상	비고
지식재산권	저작권	문학, 학술 또는 예술적 활동을 통해 탄생한 창작물	※ 프로그램저작권, 영업비밀보호권 등으로 지식재산권의 범위가 확대되고 있음
산업재산권 (특허제도)	특허	자연법칙을 이용한 기술적(技術的) 사상(思想)의 창작물로서 고도하면서 신규성, 진보성, 산업적 이용 가능성이 있는 것	
	실용신안	자연법칙을 이용한 기술적(技術的) 사상(思想)의 창의적 고안물로서 신규성, 진보성, 산업적 이용 가능성이 있는 것	
	의장 (디자인)	물품의 형상, 모양, 색채 또는 이들을 결합한 것으로서 시각을 통해 미감을 일으키게 하는 것	※ 의장권은 디자인에 대한 독점적 권리보호를 위한 것으로 '디자인권'이라고도 함
	상표	기호, 문자, 도형, 입체적 형상 또는 이들을 결합한 것, 혹은 위의 각각에 색채를 결합한 것	

지식재산권(intellectual property rights)은 예술이나 문화영역에서 창의적인 저작활동이나 저작물을 본질로 하는 저작권을 말한다. 최근에는 저작권 이외에도 지식재산권의 범위가 확대되어 창의적인 컴퓨터 프로그램을 보호하기 위한 프로그램저작권, 영업상 비밀로 유지되는 생산방법이나 판매방법 등과 같은 기

술상·경영상 노하우나 정보를 보호하기 위한 영업비밀보호권 등도 지식재산권에 포함하기도 한다.

이 밖에도 기존의 지식재산권이나 산업재산권으로는 급속하게 발전하는 정보기술이나 첨단기술에 의한 창작물을 보호하기 어렵다는 문제점을 해결하기 위해 최근에는 '신지식재산권'이라는 용어가 등장했다. 신지식재산권에는 컴퓨터 소프트웨어권, 반도체 보호권, 영업비밀 데이터베이스(data base)보호권, 첨단산업재산권, 산업저작권, 정보산업재산권 등이 있다. 신지식재산권을 침해하는 행위로는 컴퓨터 게임을 자기 컴퓨터에 복사해서 사용한다거나 한 개의 프로그램을 여러 대의 컴퓨터에 동시에 설치하는 행위, 자기가 근무하던 회사의 비밀을 복제하거나 인터넷을 활용하여 다른 회사로 빼돌리는 행위 등이 이에 해당한다.

그렇다면 지식재산권의 가치는 얼마나 될까? 물론 경우에 따라 차이가 있고 시대에 따라 그 가치 또한 변한다. 그러나 중요한 것은 지식재산권의 가치는 우리의 상상을 초월하는 어마어마한 가치를 창출해낸다는 점이다.

2009년 미국 영화 「아바타」는 세계적으로 흥행을 일으키면서 대단한 수익을 창출해냈다. 2009년 한 해에 올린 수익만 해도 약 27억 8천만 달러이다. 이 금액은 우리나라가 자동차를 생산해서 판매한 금액으로 환산하면 미국시장에서 2009년에 쏘나타 승용차 16만 대를 판매한 금액과 맞먹는 액수이다. 이는 우리나라가 2009년 미국시장에서 판매한 승용차의 1.3배에 해당하는 어마어마한 금액을 영화 한 편을 통해 벌어들인 것이다. 특히, 우리가 유념해야 할 점은 자동차는 한 번 팔고 나면 추가적인 수익을 올릴 것이 거의 없지만, 영화는 지속적으로 부가적인 수익을 가져다준다는 것이다. 영화 「아바타」는 감독이 죽고 나서도 앞으로 70년간 지속적인 수익을 만들어낸다.

우리에게 잘 알려진 소설 『해리포터』는 10년 동안(1997~2006) 책, 영화, 캐릭터로 매출액 약 308조 원을 올렸다. 우리나라 4대강 공사비에 22조 원이 투입되었다고 하는데, 흔히 천문학적인 숫자라고 말한다. 어느 인터넷 라디오 방송에서 22조 원이라는 금액은 예수가 태어난 날로부터 매일 3천만 원씩 쓸 수 있는 돈이라는 우스갯소리를 한 적이 있다. 그런데 소설 『해리포터』로 벌어들인 금액은 4대강 공사를 14번 할 수 있는 금액이다(김종균, 2013: 55). 천문학적인 숫자가 어떤 것인지 가히 짐작이 가는 금액이다.

지식재산권은 헌법으로 보장된다. 우리나라 헌법 제22조에는 학문과 예술의 자유에 관한 조항에 "저작자, 발명가, 과학기술자와 예술가의 권리는 법률로써 보호한다."고 명시하고 있다. 우리나라 지식재산기본법에는 "인간의 창조적 활동 또는 경험 등에 의해 창출되거나 발견된 지식 · 정보 · 기술, 사상이나 감정의 표현, 영업이나 물건의 표시, 생물의 품종이나 유전자원, 그 밖에 무형적인 것으로서 재산적 가치가 실현될 수 있는 것"이라고 정의하고 있다. 즉, 지식재산이란 말 그대로 개인의 지식이나 아이디어에 대해 재산으로 인정한다는 뜻이다(김종균, 2013: 59). 지식재산권은 지식재산을 개인의 재산으로 삼을 수 있는 법적 권리이다. 지식재산권은 앞에서도 설명한 바와 같이 어마어마한 수익을 창출해낼 수 있는 잠재력을 가지고 있기 때문에 눈에는 보이지 않지만 집이나 자동차처럼 양도나 담보가 가능하고, '배타적 독점권'도 인정한다. 대표적인 예로 저작권은 저작자만이 저작물에 대한 소유권을 인정받을 수 있다. 지식재산권의 대상과 관련 보호법을 살펴보면 다음과 같다.

표 11-2_ **지식재산권의 대상과 법률**

구분	관련 내용	보호 법률
저작권의 대상	창작도서, 번역도서, 편집도서, 어문저작물, 건축저작물, 사진저작물, 영상저작물, 도형저작물 등	저작권법
프로그램 저작물	컴퓨터 프로그램의 언어, 규약, 해법 등	컴퓨터 프로그램보호법
영업비밀보호권	다른 사업자의 영업적·기술적 노하우를 부정한 경쟁방법으로 취하는 행위	부정경쟁방지 및 영업비밀보호에 관한 법률

지식재산이란 개인이 기술적 문제를 해결하거나 자신의 개성 또는 인격을 드러내기 위해 지적노고를 들여 만든 것이다. 이것이 공동체에 유·무형의 기여

를 했다면 일반적인 사유재산과 마찬가지로 마땅히 창작 주체가 법적 권리를 소유해야 한다. 더 나아가 국가가 이런 지적 창작물에 대한 권리를 보장한다면 사회 전반에 건전한 분위기가 고양되어 공동체의 성장과 발전을 촉진할 수 있는 계기가 된다(김지훈 외, 2013: 20). 지적노력의 산물인 지식재산권을 국가는 국민의 기본적 권리로 인식하고 보호해주어야 할 의무가 있다.

2 산업재산권의 유형과 특징

산업재산권(industrial property)은 기술의 발달·장려를 위해 공업에 관한 지능적 작업이나 방법에 대해 일정 기간 독점적·배타적으로 이용할 수 있는 권리이다. 따라서 산업재산권은 기술적 창작에 대해 하나의 독점적인 권리를 인정함으로써 성립되는 무형재산권이다. 동산이나 부동산은 유형재산권인데 반해 산업재산권은 일반적으로 잘 알려지지 않은 특별한 발명이나 고안들을 산업발전에 이용하여 많은 경제적 가치를 창출하는 무형재산권이다(강성수, 1997: 155). 산업재산권은 창작자에게 일정기간 독점적·배타적 권리를 부여하는 대신 일정기간이 지나면 누구나 이용할 수 있도록 개방한다. 그 이유는 기술진보와 산업발전을 동시에 추구하고자 하기 때문이다.

산업발전을 목적으로 하는 산업재산권은 4가지 기술영역으로 분류한다. 즉, 특허권, 실용신안권, 의장권, 상표권이다. 이 중에서도 특허권은 취득하기가 가장 어려운 것으로 우리나라의 경우 연간 전체 출원 건 중에서 10% 미만이 특허권을 취득하는 것으로 알려져 있다. 산업재산권의 유형별 특징과 관련 내용을 요약하면 다음과 같다.

표 11-3 _ **산업재산권의 유형과 특징**

유형	의미	구체적 사례	존속기간	보호법률
특허	자연법칙을 이용한 기술적(技術的) 사상(思想)의 창작물로서 고도한 것(대발명)	**전화기의 발명** : 발명특허를 받은 전화기에 대한 권리	특허등록일로부터 특허출원 후 20년	특허법
실용신안	자연법칙을 이용한 기술적(技術的) 사상(思想)의 창의적 고안물(소발명)	**실용적 전화기의 고안** : 송수화기를 연결한 실용적 고안의 전화기에 대한 권리	실용신안등록일로부터 실용신안 출원 후 10년	실용신안법
의장	물품의 형상, 모양, 색채 또는 이들을 결합한 것으로서 시각을 통해 미감을 일으키게 하는 것	**전화기 디자인의 구안** : 동그랗고 빨간 디자인의 전화기에 대한 권리	등록일로부터 15년	의장법 (디자인법)
상표	타인의 상품과 구분하기 위해 사용하는 기호, 문자, 도형, 입체적 형상 또는 이들을 결합한 것, 혹은 위의 각각에 색채를 결합한 것	**전화기 생산업체의 상징** : 전화기를 생산하는 기업의 심벌(symbol)에 대한 권리	등록일로부터 10년, 단 갱신등록 시 반영구적	상표법

3 특허권

1) 특허와 발명

특허(patent, 特許)란 어떤 사람이 산업적·공업적 발명에 대해 특허청에 출원하여 적법한 심사를 거쳐 독점적인 권리를 부여받는 행위를 말한다. 따라서 특허권이라고 하면 특허 발명품에 대해 발명자만이 독점적으로 그 물건을 생산·사용·판매 등에 관한 권리를 갖도록 해주는 것으로 특허를 받는다는 것은 특허권을 받는다는 의미이다.

발명은 자연법칙을 이용한 기술적 사상의 창작으로서 우수한(또는 고도의) 물건 및 물질을 말한다. 자연법칙은 자연을 대상으로 하여 전개되는 과학법칙이다. 자연법칙과 과학법칙도 시대에 따라 발전하고 변천하는 것이므로 그 시대성을 반영하고 있다. 자연법칙과 과학법칙을 이용하는 기술 중에서도 고도로 체계적이고 논리적인 것은 기술적 사상(技術的思想)이 된다. 기술적 사상의 창작물 중에서도 고도한 물건과 물질이 발명이다. 발명이 기술적 사상을 배경으로 하여 창작한 물건이나 물질이라고 한다면, 정신적 사상을 배경으로 하여 창작한 물건이나 물질은 발명이라고 할 수 없다. 발명은 그 시대의 과학이나 기술로서 체계적으로 설명될 수 있어야 한다(최용규 외, 2004: 25). 어떤 경우에는 발명한 물건이나 물질이 기술적 사상과 정신적 사상의 경계선상에 위치하는 경우가 있다. 그러한 경우에는 그것이 과학적·기술적으로 해명되기 전에는 발명으로 인정받을 수 없다. 즉, 그 시대의 사대적 관점보다 앞서가는 발명품은 특허를 받기가 어렵다는 것이다. 이러한 경우에는 특허보다는 저작권이나 프로그램저작권 또는 영업비밀보호권 등의 지식재산권으로 보호받아야 한다. 이 밖에도 발명의 종류에는 물건발명,[4] 물질발명,[5] 생물발명,[6] 방법발명,[7] 용도발명[8] 등이 있다.

2) 특허제도의 목적

특허제도는 발명을 독점적으로 이용할 수 있는 권리인 특허권(Patent right)을 부여하는 제도를 말한다. 산업현장에 이와 같은 특허제도가 도입된 것은 발명을 보호·장려하고, 그 이용을 도모함으로써 기술의 발전을 촉진하여 산업 발전에 이바지함을 목적으로 하고 있다. 특허제도는 어디까지나 발명자를 보호하기 위한 제도로 발명자에게 특허권이라는 독점적이고 배타적인 재산권을 부여하여 보호하고, 이를 통해 산업발전에 기여하도록 하는 데 그 목적이 있다.

4) 새로운 기능을 지닌 물건의 발명
5) 새로운 물질의 발명, 의약품의 발명 등
6) 미생물의 발명, 동물의 발명, 식물의 발명 등
7) 각종 프로세스(process)의 발명, 비즈니스 모델(business model)의 발명 등
8) 물질의 이용방법의 발트웨어(software)의 발명 등

3) 특허의 요건

특허를 얻기 위해서는 자신이 발명한 물건이 산업적으로 이용 가능한 발명품이어야 하고, 신규성과 진보성을 지니고 있어야 한다. 그뿐만 아니라 특허 출원 시기에 있어서도 남보다 먼저 출원한 발명품이어야 하며, 무엇보다 발명품이 반사회성을 지니고 있지 않아야 한다. 특허를 출원한다고 하더라도 다음과 같은 경우에는 특허를 받을 수 없다.

첫째, 신규성이 없다고 판단될 때 : 출원하기 전에 이미 유사한 것이 나와 있거나 그 기술 분야에서 널리 알려진 것으로 판단될 경우 또는 이미 선진국에서 특허가 난 것과 동일한 경우에는 특허를 받을 수 없다. 즉, 특허는 기존의 출원이 없는 새로운 것이어야 한다.

둘째, 진보성이 없다고 판단될 때 : 비록 선행기술과 다른 것이라 하더라도 그 선행기술로부터 쉽게 생각해낼 수 없는 것이어야 한다. 신규성이 있어서 새롭기는 하지만 너무나 간단해서 누구라도 생각해낼 수 있는 것이라고 판단되는 경우에는 진보성이 없다고 판단한다. 진보성은 발명의 목적·구성·효과의 측면에서 얼마나 용이하게 발명할 수 있는가와 관련된 판단준거로 특허출원에서 가장 많은 탈락률을 보이는 부분이 바로 진보성이다.

셋째, 선원(先願)이 아닌 것으로 판명될 때 : 특허 출원한 발명이 다른 사람에 의해 먼저 출원된 것으로 판명될 때 특허를 받을 수 없다. 이것을 선원주의(先願主義) 또는 선출원주의(先出願主義)라고 하는데, 동일한 내용의 출원품일 경우 가장 먼저 출원한 것만 특허로 인정한다.

넷째, 산업적으로 이용할 가능성이 없다고 판단될 때 : 출원한 발명품은 산업분야에서 이용이 가능한 것이어야 한다. 출원한 발명품이 아무리 새로운 것이고, 진보한 것이라고 하더라도 산업적으로 이용할 가능성이 없다고 한다면 그것은 특허를 받을 수 없다. 즉, 산업적으로 이용 가능성이 있어야 특허를 받을 수 있다.

4) 특허등록 과정

특허를 출원한다고 해서 반드시 샘플이 있어야 하는 것은 아니다. 특허는 어디까지나 기술적인 아이디어를 전제로 하는 것이기 때문에 치수, 크기 등은 큰 의미가 없다. 따라서 특허를 받기 위한 별도의 샘플이 없어도 특허는 출원할 수 있다. 다만 특허를 출원하기 위해서는 관련 기술의 도면, 샘플, 시험표, 물품 사진, 출원인의 인장이 필요하지만, 도면이나 샘플이 없다면 직접 해당기술의 내용을 설명해서 이해시켜도 무관하다. 하지만 특허가 심사를 거친다는 점에서 가급적이면 많은 자료를 구비하여 충실하게 발명품을 설명하는 것이 좋다. 출원할 경우에 반드시 기재해야 할 사항으로는 기존의 기술에 대한 설명, 출원 기술의 장점, 구체적인 구성 내용, 작동의 원리, 특별히 중요한 기술부분 등이 있다. 필요에 따라 변리사를 이용할 경우에는 위임장을 제출해야 한다. 특허권을 등록하기 위해서는 다음과 같은 절차를 거쳐야 한다.[9)]

(1) 심사청구

특허 출원과 동시에 심사청구를 선택적으로 할 수 있다. 심사업무를 경감하기 위해 모든 출원을 심사하는 대신 출원인이 심사를 청구한 출원에 대해서만 심사할 수 있도록 하고 있다. 출원만 해놓고 5년 이내(실용신안은 3년 이내)에는 언제라도 심사청구를 할 수 있다. 심사청구는 출원인이 아닌 제3자가 신청해도 가능하고, 특허출원에 대해 출원 후 5년간(실용신안은 3년) 심사청구를 하지 않으면 출원이 없었던 것으로 인정되어 취하(取下)한 것으로 간주한다. 이러한 제도의 특성을 이용하여 방어출원 하는 경우도 종종 있다. 방어출원이라 함은 특허권을 얻기보다는 타인의 권리 획득을 막기 위해 의도적으로 출원해놓는 경우를 말한다.

9) 특허청(www.kipo.go.kr)의 특허권 등록에 관한 안내 자료에서 요약한 것임.

(2) 출원공개

출원공개제도는 출원 후 1년 6개월이 경과하면 그 기술내용을 특허청이 공보의 형태로 일반인에게 공개하는 제도이다. 이 제도는 심사가 지연될 경우 출원기술의 공개가 늦어지는 것을 방지하기 위해 도입한 제도이다. 만약에 출원공개 후, 제3자가 공개된 기술내용을 실시하는 경우 출원인은 그 발명이 출원된 발명임을 서면으로 경고할 수 있고, 경고일로부터 특허권 설정 등록일까지의 실시에 대한 보상금을 권리획득 후 청구할 수 있다. 이를 '가보호권리'라고 한다.

(3) 실체심사

특허요건, 즉 산업 상 이용 가능성, 신규성 및 진보성 등을 판단하는 심사가 이루어지는 과정이다. 이 과정에서는 특허를 획득하게 되었을 경우 일반인이 쉽게 실시할 수 있도록 기재되어 있는가에 대한 내용도 동시에 심사한다.

(4) 특허출원의 거절이유

심사관은 심사에 착수하여 거절이유를 발견하면 최초거절 이유를 통지한다. 거절이유에 대한 보정이 이루어지면 재심사에 착수하게 되는데, 보정서가 제출되어 다시 심사한 결과 보정에 의해 발생한 거절이유를 또 다시 발견하면 최후거절 이유를 통지한다.

(5) 특허결정

해당 출원이 특허요건을 충족하여 심사결과 합격판정이 나면 심사관이 특허를 부여하는 처분을 내린다.

(6) 설정등록과 등록공고

특허결정이 되면 출원인은 등록료를 납부하고 특허권을 설정하여 등록한다.

이때부터 특허에 대한 권리가 발생하고, 설정 등록된 특허출원 내용은 등록공고를 발행하여 일반인에게 공표해야 한다.

(7) 거절결정

출원인이 제출한 의견서 및 보정서(補正書)에 의해서도 거절이유가 해소되지 않은 경우에 특허를 부여하지 않는 처분을 내리는 것을 거절결정이라고 한다.

(8) 거절결정불복심판

거절결정을 받은 자가 특허심판원에 거절결정이 잘못되었음을 주장하면서 그 거절결정의 취소를 요구하는 심판절차를 말한다.

(9) 무효심판

심사관 또는 이해관계인(다만, 특허권의 설정등록이 있는 날부터 등록공고일 후 3월 이내에는 누구든지)이 특허에 대해 무효사유(특허요건, 기재불비, 모인출원 등)가 있음을 이유로 그 특허권을 무효화시켜줄 것을 요구하는 심판절차를 무효심판이라고 한다. 무효심판에 의해 무효심결이 확정되면 그 특허권은 처음부터 없었던 것으로 간주된다.

5) 특허권의 매매

특허권은 지식재산권의 하나로 매매, 양도, 상속이 가능하다. 특허권은 일종의 무형고정저산으로, 부동산과 마찬가지로 등록원부가 있어 특허권의 보유나 변동 상황이 기록되어 관리된다. 특허권은 실시권 설정이 가능하다. 실시권이란 특허권자가 아닌 사람이 특허권자와 약정 또는 특허권자의 허락을 받아 특허권의 소유권 변동이 없는 특허권의 사용을 말한다. 즉, 특허실용검색, 특허발명 실시 등에 대한 권리를 말한다.

실시권의 종류에는 그 효력에 따라 전용실시권과 통상실시권으로 구분한다. 전용실시권이란 특허권자가 그 특허발명에 대해 일정 요건을 근거로 다른 사람에게 독점적으로 사용할 수 있도록 허락한 실시권을 말한다. 따라서 전용실시권은 일정 범위 내에서 타인의 특허발명을 독점 실시할 수 있는 권리로서 전용실시권이 설정된 범위 내에서는 특허권자도 전용실시권자의 허락 없이는 특허발명을 실시할 수 없다. 즉, 전용실시권은 계약에 의해 사용하는 권리로서 특허권자와 동일한 권리를 갖는다.

통상실시권은 타인의 특허발명을 일정 조건에서 직업으로 실시할 수 있는 권리로서 전용실시권과는 달리 독점력이 배제된 채권이다. 따라서 통상실시권은 사용자가 그 기술을 사용하여 생산, 판매는 할 수 있지만 제3자의 사용까지 금지시키지는 못하는 경우이다. 따라서 통상실시권의 사용자는 동시에 여러 명이 존재할 수 있다. 흔히 우리가 보는 유명브랜드 사용 업체들이 바로 통상실시권에 해당되는 경우이다.

4 실용신안권

실용신안제도는 실용적인 고안(考案)을 보호하기 위한 제도이며, 고안이란 자연법칙을 이용한 기술적 사상의 창작 또는 창작물을 말한다. 등록실용신안이란 실용신안을 등록받은 고안을 말하는데, 일반적으로 실용신안이라 함은 저차원적 발명(低次元的發明)에 관한 특허로 인식하고 있다. 국가마다 특허법에 차이가 있어 실용신안의 운영 방식에도 차이가 있는데, 몇몇 나라에서는 실용신안권을 특허법에 포함시켜 운영하기도 하고, 일부 국가에서는 국내 산업을 보호할 목적으로 독립적으로 시행하기도 한다.

1) 실용신안의 의미

실용신안은 자연법칙을 이용한 기술적 창작으로 특허보다 낮은 개량발명에 해당하는 간단한 기술 개량이나 개선, 응용에 관한 것을 대상으로 한다. 그래서 실용신안을 소특허 또는 소발명이라고 부른다. 실용신안은 자연법칙을 이용한 기술적 사상의 창작을 의미하는 고안으로 물품의 형상·구조·조합에 관한 발명을 보호하는데 역점을 두고 있다. 이와 같이 실용신안은 고안이나 유용한 기술을 대상으로 한다는 점에서는 특허와 다르지 않지만, 특허는 물건의 발명과 방법의 발명이 모두 가능한 데 반해 실용신안은 반드시 물건의 발명으로 제한한다는 점에서 차이가 있다. 특허의 보호대상이 발명이라고 한다면 실용신안의 보호대상은 고안이 되는 것이다. 즉, 실용신안은 산업에서 이용할 수 있는 물품과 형상에 관한 고안으로 미생물이나 에너지 등은 실용신안의 대상이 될 수 없다.

우리나라 실용신안법에 따르면, 실용신안은 이미 발명된 것을 개량해서 물품을 보다 편리하고 유용하게 만든 고안 그 자체를 말하며, 소발명이나 소특허 또는 개량발명으로 생각한다. 이와 같이 생각하는 데는 여러 가지 이유가 있지만, 행정적 업무처리 내용을 살펴보아도 쉽게 알 수 있다. 실용신안은 상당한 부분이 특허법에 준용하여 실시된다. 따라서 기술적으로 낮은 수준의 발명품은 특허로 출원해서 등록이 거절되면 실용신안으로 변경해서 등록해도 가능하도록 되어 있다. 그러다보니 사람들의 인식이 특허보다는 낮은 실용신안에 소특허, 소발명, 개량발명이라는 용어를 자연스럽게 사용하게 된 것이다.

실용신안은 '발명'이라는 고도 기술의 특허권에 가려 사장되기 쉬운 실용적 기술 사상인 '고안'을 보호하기 위해 마련된 제도로 우리나라를 비롯하여 일본, 독일 등 일부 국가에서 운영되고 있으며, 대부분 국가들이 국내산업의 보호를 목적으로 실시하고 있다.

실용신안권의 존속기간은 실용신안으로 출원된 날로부터 10년이다. 특허권의 존속기간이 설정등록 후 출원일로부터 20년인 데 비하면 존속기간이 절반에 해당되어 이것만 보아도 소발명이라고 하는 이유를 알 수 있다. 실용신안권도 특허권과 마찬가지로 등록실용신안을 실시할 수 있는 권한을 독점하고, 전용실시권과 통상실시권을 설정할 수 있다. 타인에게 실용신안 권리를 행사할 경우에는 기술평가를 받고 등록유지 결정을 받은 후에 권리행사가 가능하다.

2) 실용신안 제도의 목적

대부분의 국가에서는 기술적 사상의 창작을 특허법만으로 보호하고 있다. 그러나 우리나라를 비롯한 몇몇 나라에서는 특허법 외에 산업재산권으로 별도의 실용신안권을 제정하여 운영하고 있다.

우리나라는 1908년 특허제도를 도입하여 운영해오다가, 1946년 실용신안법을 제정했다. 우리나라의 실용신안 제도는 선진국의 기본발명제도를 도입하여 적용하는 과정에서 개량발명이나 소발명을 받아들여 실용신안으로 출원하여 등록하도록 함으로써 독점적이고 배타적인 권리를 부여하기 위한 목적으로 만들어진 제도이다.

3) 실용신안의 요건

실용신안의 요건은 대부분 특허법에 기반을 두고 있다. 따라서 실용신안으로 등록하기 위해서는 특허가 갖추어야 할 요건과 마찬가지로 신규성이 있어야 하고, 진보성이 있어야 하며, 선원(先願)이 없고, 산업적으로 이용 가능한 것이어야 한다. 특히 특허와는 달리 실용신안에서의 진보성은 출원 시에 그것이 기술진보 속도에 들어 있는 정도면 가능하도록 하고 있다는 점에 유의할 필요가 있다. 이것은 실용신안에서는 선행기술에 대비하여 고도의 기술을 지녀야 할 필요가 없다고 판단하기 때문이다. 그럼에도 불구하고 다음의 경우에는 실용신안을 받을 수 없다.

첫째, 산업에서 이용할 수 없는 고안일 경우이다. 앞에서도 기술한 바와 같이 실용신안은 산업에서 이용할 수 있는 것을 대상으로 하기 때문에 산업에서 활용 가능성이 없는 경우에는 실용신안을 받을 수 없다.

둘째, 출원 전에 이미 국내·외에 공지되었거나 공용되고 있는 경우 또는 국내·외에서 발간된 간행물에 이미 기재된 고안은 실용신안을 받을 수 없다.

셋째, 동일한 업종의 분야에 통상의 지식을 가진 자가 국내·외에서 공용되는 간행물에 기재된 고안에 의거해서 극히 용이하게 변경 가능하도록 고안한 경우에는 실용신안을 받을 수 없다.

넷째, 국기나 훈장과 동일하거나 유사한 고안은 실용신안을 받을 수 없다.

다섯째, 공공질서나 선량한 풍속을 문란하게 하거나 공중위생에 유해할 염려가 있는 고안은 실용신안을 받을 수 없다.

4) 실용신안 등록 과정

(1) 선행기술의 조사

실용신안으로 등록하기 위해서는 출원 전에 국내·외에서 이미 공지되었거나 공연히 실시된 고안, 간행물에 게재되거나 전기통신회선을 통해 발표한 고안인지를 살펴보아야 한다. 선행기술의 확인을 위해서는 특허청 특허전자도서관, 특허청 서울사무소, 지역지식재산센터에서 확인할 수 있으며, 한국특허정보원에서 선행기술을 제공하고 있다. 실용신안법에서는 선원주의를 따르고 있기 때문에 먼저 출원한 사람이 실용신안등록을 받을 수 있도록 하고 있다. 만약에 같은 날짜에 둘 이상의 사람이 출원했을 경우에는 출원인들끼리 합의하도록 되어 있어 이에 대한 사전확인이 필요하다.[10] 실용신안 등록 출원된 고안과 특허 출원된 발명이 동일한 경우에는 본인들의 판단에 따라 결정하되, 본인이 실용신안 등록 출원을 우선적으로 희망할 경우에만 실용신안 등록을 받는다. 따라서 실용신안

10) 동일한 날짜에 둘 이상의 출원인이 있어 합의를 해야 할 경우임에도 불구하고 서로 합의가 이루어지지 않을 경우에는 어느 쪽의 실용신안 등록도 받지 않도록 규정하고 있음.

을 출원하려고 할 때에는 먼저 선행기술을 조사하여 자신의 고안물보다 먼저 출원이나 등록된 고안물이 있는지 여부를 확인해야 한다.

(2) 출원서 작성 및 제출

실용신안 등록을 하기 위해서는 접수에 필요한 서류를 출원서와 함께 작성한다. 출원서에는 요약서, 명세서, 도면 등이 포함되어 있으므로 빠뜨리지 않도록 유념한다. 특히 관련서류는 일반인도 고안 내용을 알 수 있을 정도로 충실하고 상세하게 기재하여 실용신안 특허청에 제출한다.

(3) 수수료 납부

실용신안서류를 접수할 때에는 수수료를 납부해야 한다. 우편으로 접수할 때에는 수수료를 통상환으로 교환하여 출원서류와 동봉해서 제출하고, 방문접수나 온라인으로 출원할 경우에는 접수증의 접수번호를 특허청 수수료 용지에 기재하여 접수하고 접수한 다음날까지 수수료를 납부해야 한다. 수수료는 인터넷을 통해 온라인으로 납부해도 무방하다.

(4) 출원번호 통지

출원번호 통지는 출원 후에 접수방법이 우편이면 접수일로부터 10일 이내에 우편으로 통지해주고, 방문접수인 경우에는 실시간으로 출원번호를 통지해준다. 인터넷을 이용한 온라인 접수인 경우에는 접수 후 제출결과를 조회를 통해 인터넷상으로 즉시 확인할 수 있도록 해준다. 부여받은 출원번호는 출원절차가 끝날 때까지 보관하고 있어야 한다.

(5) 방식 심사 및 등록 결정

실용신안 등록 출원을 하면 출원한 순서에 따라 방식 및 기초적 요건을 심사하여 등록여부를 결정해주는데, 이 기간이 대략 3개월 정도 소요된다. 자신이 부여받은 실용신안권을 타인에게 양도하거나 권리를 행사하기 위해서는 반드시 기술평가청구를 하여 등록유지결정을 받아야 한다. 기술평가청구는 누구든지 등록실용신안에 대해 특허청장에게 기술평가를 청구할 수 있으며, 청구결과를 받는 데는 청구 후 약 7개월이 소요된다.

(6) 출원공개

출원공개는 특허법 제64조에 의거하여 출원일로부터 18개월이 지나면 자동으로 공개하게 되어 있다. 예외적으로 본인이 조기 출원공개를 신청하면 신청일로부터 약 20일이 경과된 후에 공개된다.

(7) 심사청구 및 심사

심사관은 출원인의 심사청구가 있으면 심사를 통해 등록 여부를 결정해야 한다. 만약에 심사청구에 대한 거절이유가 있을 경우에는 거절이유에 대한 출원인에게 의견제출 통지서를 보내야 한다.

(8) 등록료 납부

출원인은 특허법시행규칙 제214조 5항에 의거하여 등록료를 납부하여야 한다. 출원인은 등록결정서를 송달 받은 날로부터 3개월 내[11]에 설정된 등록료를 국고수납은행에 납부해야 한다.

5) 실용신안과 특허의 차이점

앞에서도 기술한 바와 같이 실용신안의 요건은 대부분 특허법에 기반을 두

11) 3개월이 지난 이후의 추가납부기간은 6개월이며, 3개월 이후 추가기간에 납부할 때에는 가산금을 포함하여 등록료의 2배를 납부해야 함.

고 있다는 점에서 실용신안과 특허는 유사한 점이 많다. 하지만 특허는 물건의 발명과 방법의 발명이 모두 가능한 데 비해 실용신안은 반드시 물건의 발명으로 제한한다는 점이나, 특허의 보호대상은 발명이고 실용신안의 보호대상은 고안이라는 점 등에는 차이가 있다. 또한 존속기간도 실용신안은 출원된 날로부터 10년인 데 반해 특허는 출원일로부터 20년이라는 점에도 차이가 있다. 이 밖에도 실용신안과 특허의 차이점을 구체화하여 표로 나타내면 다음과 같다.

표 11-4 _ **실용신안과 특허의 차이점**

구 분	실용신안	특 허
대상	물품의 형상, 구조 또는 조합만을 대상으로 한다.	대상을 제한하지 않는다.
기술적 창작의 보호	물품으로 보지 않는 분말이나 칩, 액체, 기체, 빛, 소리, 에너지, 전자파 등의 자체에 관한 기술적 창작은 보호가 어렵다.	보호가 가능하다.
물품의 유무	물품을 통해 고안이 이루어진다.	반드시 물품이 전제가 되지 않는 방법 발명이나 식물에 관한 발명도 포함한다.
발명의 고도성	개량발명인 실용신안은 반드시 높은 수준의 고안이 요구되지 않는다.	발명의 고도성이 필수적으로 요구된다.
도면의 유무	물품의 형상이나 구조 또는 결합의 상태이므로 반드시 도면이 요구된다.	필요한 경우에 한해 첨부된다.
존속기간	실용신안으로 출원된 날로부터 10년	설정등록 후 출원일로부터 20년

– 출처 : 강성수(1997). 발명노트 특허노트. 서울: 도서출판 새로운 제안. p.172의 내용을 재구성함

5 의장(디자인)권

의장은 물품의 외관에 해당하는 형상에 관한 것으로, 물품의 형상이나 모양 또는 색채를 결합해서 시각을 통해 미감을 일으키게 하는 것이다. 즉, 의장은 디자인(design)을 의미하는 것이다. 의장에서 말하는 물품은 운반이 가능한 것을 말하며, 형상은 외관적 형태로 평면적·입체적 형태를 모두 포함된다.

1) 의장의 의미

의장은 한자 '의(意 : 뜻 의)'와 '장(匠 : 장인 장)'의 합성어로 '장인의 뜻'이라는 의미를 담고 있다. 일본인들은 20세기 초에 '디자인(design)'이라고 하는 단어를 번역하면서 한자어에서 '의장'이라는 글자를 빌려 '의장(意匠)'이라고 했다. 이것이 근원이 되어 오늘날 디자인과 관련된 산업재산권을 가리켜 '의장권(意匠權)'이라고 부르고 있다. 굳이 그 의미를 해석해보자면 '장인의 뜻으로 만들어진'이라는 의미를 담고 있다고 할 수 있다.

디자인은 협의의 의미로 보면 의장(意匠)이 되지만, 광의의 의미로 보면 엔지니어링(engineering)이 되므로 기획에서 설계에 이르기까지 광범위한 의미를 담고 있다. 따라서 디자인과 관련한 지적재산권은 공업적으로 이용할 수 있는 디자인에 대한 권리로 '의장권'이 있어 산업재산권에 포함되고, 미술적 또는 예술적으로 이용하는 경우에는 '저작권'에 해당되어 지식재산권에 포함된다.

의장권은 산업재산권으로 상당 부분 특허법에 준해 준용되고 있고, '1의장 1출원' 원칙[12]을 지키고 있다. 특히 의장권은 유행에 민감한 상품으로 대부분 출원 이후 불과 1년 이내에 등록된다. 따라서 유행성과 디자인 특성이 강한 상품은 의장출원이 유리하다. 의장은 반드시 그 의장이 구현되는 물품이 있어야 하고, 형상과 모양을 가져야 한다. 또한 유사한 의장에 대해서는 하나의 모양을 기본으로 하여 변형 가능한 여러 가지 모양을 하나의 범주에서 보는 유사의장제도[13]도 있다. 실용신안이나 특허는 아이디어에 관한 것이기 때문에 샘플이 없어도 출원이 가능하지만 의장의 경우에는 외관의 형성, 모양이기 때문에 샘플이나 완성설계도면이 있어야만 출원이 가능하다(이규금 외, 2012: 164). 의장권

12) 하나의 의장출원은 하나의 물품에 대해 하나의 의장을 표현하는 원칙을 말한다. 따라서 같은 디자인이라고 하더라도 그것이 표현되는 물품이 다르면 물품의 수만큼 출원을 해야 한다는 원칙이다.

13) 자신이 출원한 의장등록을 명확히 하고 확고한 권리를 보장받기 위한 처방으로 비슷한 의장을 첨가하여 출원하는 안전조치 제도로, 모방품이 많이 유통될 가능성이 있는 의장에서 활용되는 제도이다.

의 존속기간은 등록일로부터 15년이고 보호범위는 의장등록출원서의 기재사항에 의해 정해진다. 실용신안이나 특허처럼 의장권에 대해서도 전용실시권이나 통상실시권의 설정이 가능하다. 특히 의장권은 의장권을 포기할 수 있고, 등록 후 판매 개시 전까지 제품 제작에 상당한 시간이 걸리는 경우 미리 3년 이내의 기간에서 그 의장을 비밀로 하도록 청구할 수도 있다.[14] 따라서 이 제도를 이용하면 미리 출원인이 설정 등록일로부터 3년 이내의 범위에서 기간을 늦추어 공고할 것을 요구할 수도 있다.

2) 의장(디자인)권의 목적

의장은 디자인을 말한다. 우리나라의 의장에 관한 법률, 즉 디자인법 제2조 제1호에서는 디자인에 대한 개념을 정의해 놓았는데, 디자인이란 "물품의 형상, 모양이나 색채 또는 이들을 결합한 것으로서 시각을 통해 미감을 일으키게 하는 것을 말한다."라고 규정하고 있다. 의장(디자인)권은 이러한 디자인의 보호 및 이용을 도모함으로써 디자인의 창작활동을 권장하고 장려하며 디자인 산업의 발전에 기여할 수 있도록 하는 데 목적을 두고 제정되었다.

3) 의장 등록의 요건

의장을 보호받기 위해서는 일정한 요건이 필요하다. 의장법 제5조에서는 의장등록의 요건으로 산업에서의 이용 가능성(산업성), 신규성, 창작성의 3요소를 요구하고 있다.

14) 이것을 '비밀의장제도'라고 하며 이는 자신의 등록된 의장이 제3자에게 침해를 받지 않도록 안전하게 조치하는 예방책 구실을 한다.

(1) 산업에서의 이용 가능성

의장 창작이 의장등록을 받기 위해서는 산업에서의 이용 가능성이 있어야 하는데, 이를 산업성이라고 한다. 산업성의 내용은 특허, 실용에서와 대체로 동일하다.

(2) 신규성

의장의 신규성은 특허나 실용신안에서와 유사하다. 즉, 이미 국내 또는 해외에서 공개된 디자인과 동일하거나 비슷한 경우라면 등록할 수 없다. 의장에 있어서도 특허나 실용신안에서처럼 일정한 경우 신규성을 보는 규정을 두고 있으며, 그 내용은 특허와 유사하다.

(3) 창작성

국내에서 널리 알려진 형상, 모양, 색채 또는 이들의 결합에 의해 용이하게 창작할 수 있는 의장은 비록 신규성이 인정되어도 창작성 결여로 등록할 수 없다. 이는 특허 또는 실용에서의 진보성과 유사한 개념으로 이미 널리 알려져 있는 디자인을 보고 당해 디자인 분야의 통상의 지식수준을 가진 자가 쉽게 생각해낼 수 있는 것이라면 산업발전을 위해 등록을 불허하고 있다.

4) 의장등록을 받을 수 없는 의장

의장 등록요건에서 요구한 산업에서의 이용 가능성, 신규성, 창작성 이외에도 다음의 경우에는 의장등록을 받을 수 없다.

첫째, 일반인에게 널리 알려진 형상이나 단순한 상업적 변형에 불과한 의장의 경우에는 창작성 규정에도 미달되지만 산업재산권이라고 하는 규정에도 합당하지 않으므로 등록할 수 없다. 예를 들면 특정업체 자동차 모형이나 특정 빌딩을 모방한 의장, 유명한 자연의 절경을 모방한 의장 등은 등록이 불가능하다.

둘째, 태극기나 군기, 훈·포장, 공공기관의 표장, 외국의 국기, 국장 또는 국제기관 등의 문자나 표지와 동일하거나 유사한 의장은 등록할 수 없다.

셋째, 사회 공공의 질서나 선량한 풍속을 문란하게 할 염려가 있는 의장은 등록할 수 없다.

넷째, 타인의 저명한 상표 또는 다른 개인이나 기업의 업무에 관계되는 물품과 혼동을 가져올 염려가 있는 의장은 등록할 수 없다.

다섯째, 물품의 기능을 가져오는 데 불가결한 형상만으로 되어 있는 의장은 등록할 수 없다.

5) 의장권의 심사와 등록

우리나라의 의장권은 선출원주의(先出願主義)를 채택하고 있다. 의장권은 출원에 의해 심사가 요청되고 일정한 심사과정을 거쳐 등록이 결정된다. 의장권으로 등록되면 등록인은 산업재산권을 인정받게 되고, 상당 부분 특허법의 관련 조항에 준용하여 적용을 받게 된다. 일반적으로 의장의 심사는 시각성과 심미성을 중시하며, 다음과 같은 절차를 거쳐 등록이 이루어진다(최용규 외, 2004: 219- 220).

(1) 심사절차

출원에 의한 의장권 심사는 다음과 같은 절차를 거쳐 이루어진다.

첫째, 의장등록 출원이 있으면 특허청장은 심사관에게 그 의장등록 출원을 심사하도록 한다.

둘째, 의장등록 출원의 심사절차는 심시청구제도와 출원공개제도 및 이의신청제도가 없는 것 이외에는 특허법의 규정과 거의 같다.

셋째, 의장권 심사제도에 대한 의장법에서도 특허권심사제도에 대한 특허법 규정을 상당 부분 준용하고 있다.

(2) 거절결정

출원내용이 거절에 해당될 때에는 다음과 같은 절차에 의해 거절을 결정한다.

첫째, 의장등록 출원이 의장법상 거절이유에 해당되는 경우에는 거절을 결정하고, 거절이유를 통지하며, 그에 대한 의견서를 제출하도록 출원인에게 요구한다.

둘째, 의장등록을 받을 수 있는 권리를 가지지 아니하는 경우와 의장등록을 받을 수 없는 경우 및 조약의 규정에 위반되는 경우 등에는 거절을 결정한다.

셋째, 거절결정에 대한 의견서 제출기간은 원칙적으로 2개월 이내로 하고 있으나, 내국인에게는 그 기간을 1개월 이내로 하고 있다. 하지만 그 기간을 연장할 수도 있다.

(3) 등록 결정

출원인의 의장권 심사결과 거절이유가 없을 경우에는 다음과 같은 절차에 따라 등록을 결정한다.

첫째, 심사관은 의장등록 출원에 대한 거절이유가 없는 경우에는 의장등록 결정을 해야 한다.

둘째, 의장등록 여부 결정은 서면으로 해야 하고, 그 이유를 붙여야 하며, 등본을 송부해야 한다.

셋째, 의장등록 결정은 송달과 동시에 그 효력이 발생한다.

넷째, 의장등록 결정 등본의 송달일로부터 3개월 이내에 처음 3년분의 등록료를 납부해야 한다.

다섯째, 의장권자는 4년분부터 매년 1년분씩의 등록료를 등록료 납부기간의 경과 전까지 납부해야 한다.

여섯째, 등록료가 납부된 의장에 대해 의장권 설정등록이 되고, 의장공보(意匠公報)에 게재된다.

일곱째, 의장권자가 타인에게 그 의장권의 전용실시권을 설정할 수 있고, 전용실시권자는 업으로서 그 의장을 실시할 권리를 독점한다.

여덟째, 의장권자는 타인에게 그 의장권의 통상실시권을 허락할 수 있다. 통상실시권자는 업으로서 그 의장을 실시할 권리를 가진다.

6 상표

상표(trade mark)는 문자, 도형, 기호, 색채 등의 결합에 의해 표장(emblem)된 것으로, 제품에 부착하여 사용한다. 상표는 특정 명칭으로 영업하는 서비스표와 구분되며, 소비자와 밀접한 일상용품을 제조하는 회사의 상징이기도 하다. 따라서 기업에서는 자신들이 만들어낸 제품을 인식시키거나 자신들의 회사를 각인시키기 위해 우량상표를 제작하여 소비자에게 지속적으로 인식시키고자 노력하고 있다. 상표를 출원할 때에는 반드시 사용하고자 하는 상품을 지정하도록 하고 있다. 이는 상표의 관리를 위해서도 필요하지만, 상표의 등록이 제한적이기 때문이기도 하다. 즉, 모든 상표가 등록될 수 있는 것은 아니다. 일반적으로 상표는 한 번 등록하면 10 년 단위로 갱신등록을 하도록 하고 있으며, 필요에 따라서는 지속적인 갱신과정을 통해 영구히 사용할 수도 있다.

1) 상표의 의미

상표는 상품을 생산, 가공, 증명 또는 판매하는 것을 업으로 하는 판매업자가 자기의 상품을 타 업자의 상품과 식별하기 위해 상품에 직접 표시 사용하는 기호·문자·도형 또는 결합이 특별하고 현저한 것으로 사용하는 표장을 말한다. 상표에는 문자상표, 도형상표, 기호상표, 입체상표, 색채상표, 결합상표 등이 있으며, 소리나 냄새 등은 아직 상표등록의 요소로 인정하지 않고 있다.

상표의 사용이라 함은 첫째, 상품 또는 상품의 포장에 상표를 표시하는 행위 둘째, 상품 또는 상품의 포장에 상표를 표시한 것을 양도 또는 인도하거나 그 목적으로 전시·수출 또는 수입하는 행위 셋째, 상품에 관한 광고·정가표·거래서류·간판 또는 표절에 상표를 표시하고 전시 또는 배포하는 행위를 말한다. 따라서 타인의 등록상표와 동일·유사한 상표를 등록상표의 지정상품과 동일·유사한 상품에 붙이거나 그 상품의 포장에 붙여야 상표권침해가 성립되는 것이지, 타인의 등록상표를 동일·유사한 상표를 사용했다 하더라도 그 지정상품과 동일·유사한 상품에 붙이지 않은 경우에는 상표권 침해가 성립되지 않는다(강동세, 2003: 132). 이와 같이 상표권이란 동종의 타인상품과 구별하기 위해 특정상품에 문자, 도형, 기호, 색채 등에 의해 표상하는 상표의 전용권(專用權)을 말하며, 상표법에 의해 등록상표·서비스표·단체표장 및 업무표장에 관해 이를 일정 기간 독점적·배타적으로 이용할 수 있는 권리이다. 일반적으로 상표권의 법적 성질은 산업재산권의 일종으로 양도 또는 상속할 수 있으며 저당권 설정도 가능하다. 상표권은 상표법에 의해 등록되어 이를 일정 기간 독점적·배타적으로 이용할 수 있는 권리로 산업재산권으로 인정하도록 규정하고 있다.

2) 상표법의 목적

상표법은 상표의 등록과 상표권의 보호에 관한 법률로 상표의 보호, 상표사용자의 업무상의 신용 유지, 부정경쟁 방지, 산업발전에 대한 이바지, 수요자의 이익보호 등을 목적으로 제정된 법률이다. 구체적으로 상표법 제1조에서는 상표법의 목적에 대해 “상표를 보호함으로써 상표 사용자의 업무상 신용유지를 도모하여 산업발전에 이바지함과 아울러 수요자의 이익을 보호함을 목적으로 한다.”고 규정하고 있다.

3) 상표의 선정

상표는 기업이나 제품의 얼굴이다. 그만큼 상표가 중요하므로 새로운 상표를 선정할 때에는 다음의 몇 가지 원칙을 지켜 선정하여야 한다(김명신, 2011: 127-130).

첫째, 새로운 상표를 선정할 때에는 단순히 육안으로 보는 상표에서 귀로 듣는 상표로, 다시 보고 듣고 느끼는 상표를 고려해서 선정해야 한다. 이를 위해서는 어떤 상표명이 발음하기 쉽고, 뇌리에 오래 기억되며, 좋은 느낌을 주는지 고려해야 한다. 이는 결코 쉬운 문제가 아니다. 왜냐하면 발음하기 쉬운 단어는 기억에 오래 남지 않는 경우가 있고, 좋은 느낌을 유발하는 단어는 때로 식별력이 낮아 상표 등록 대상이 되지 않으며, 오래 기억되는 단어는 보통명사로 누구나 사용할 수 있는 단어인 경우가 많지 않기 때문이다. 다시 말해 수요자들에게 어필하면서 상표 등록 대상이 되어 독점적으로 사용할 수 있어야 한다.

둘째, 새로운 상표를 선정할 때에는 어떤 상표가 수요자들에게 어필할 수 있느냐가 중요하다. 따라서 새로운 상표를 선정할 때에는 반드시 수요자의 반응을 점검하고 시장조사를 실시해야 한다. 우리나라 S식품이 인도에 마가린을 수출했는데, 그 때 상표가 '소머리' 도형이었다고 한다. 인도가 어떤 나라인가? 인구의 대부분이 힌두교이고 소를 신성시하는 나라가 아닌가? 그런 나라에 마가린을 수출하면서 제품에 붙인 상표가 소의 머리였으니 잘 팔리지 않는 것은 당연한 일이었다. 이러한 경우에서 볼 수 있듯이 상표를 선정하는 일에 있어서 소비자들의 종교와 철학, 관습 등을 파악하여 고려하는 것은 대단히 중요한 일이다.

셋째, 새로운 상표를 등록할 때에는 반드시 그 회사만이 독점·배타적으로 사용할 수 있는 것이어야 한다. 상표를 붙여서 수출할 경우에 우리나라의 상표법에는 아무런 문제가 없었다고 하더라도 그 상표가 붙은 제품을 수출했을 때, 그 대상국에서 사용할 수 없는 경우도 있다. 따라서 반드시 상표 사용에 앞서서 상대국에 어떤 법적인 문제가 있는 것은 아닌지에 대한 여부를 조사해야 한다. 경우에 따라서는 수출 대상국에서 소정의 로열티를 내고 사용권을 얻어 자사의 상표로 사용할 수도 있기 때문이다.

좋은 상표를 선정함에 있어서 일반적인 조건으로는 상표의 명칭이 쓰기 쉽고 발음하기 쉬울 것, 부르기 쉽고 이해하기 쉬울 것, 어감이 좋고 기억하기 쉬울 것, 이름이 상품과 기업 이미지에 어울릴 것, 친근감과 고급스러움이 느껴질 것, 오랫동안 사용해도 지루하지 않을 것, 경쟁사가 모방하기 어려울 것, 긍정적 이미지를 명확하게 전달할 수 있을 것 등을 들 수 있다.

4) 상표의 분류

상표는 사용 주체가 누구냐에 따라 제조표, 판매표, 증명표로 구분한다. 제조표는 상품의 제조자가 자신이 생산하는 상품을 표시하는 상품 표장을 말한다. 이런 경우의 상표는 대부분이 제조 표장이다. 판매표는 판매업자가 자신이 판매하는 상품임을 표시하는 상품의 표장을 말하는데, 이런 경우는 제조와 판매를 달리하는 경우가 대부분이다. 증명표는 상품의 품질검사를 시행하는 영업자가 자신이 취급한 상품의 품질이나 성분 등을 보증하기 위해 사용하는 상품의 표장을 말한다. 이 밖에도 상표는 법적 특성에 따라 상표, 서비스표, 단체표장, 업무표장으로 분류되며 그 내용은 다음과 같다.

표 11-5 _ **상표의 법적 분류**

구 분	내 용	구체적인 사용의 예
상표 (trade mark)	• 상표는 상품의 얼굴로 작용하는 표지이며, 출처의 동일성을 나타내고, 상품을 다른 것과 식별하게 하며, 품질과 성능을 나타내는 표장임	상품마다 붙어 있는 표장
서비스표 (service mark)	• 서비스업을 영위하는 자가 자신의 서비스업을 타인의 서비스업과 식별되도록 하기 위해 사용하는 표장 • 상표와 서비스표의 차이는 표장을 상품에 사용할 것인가 아니면 서비스업에 사용할 것인가에 의해 구별될 뿐 근본적인 차이는 없음	금융업, 보험업, 수선업, 통신업, 방송업 등에서 사용하는 표장
단체표장	• 동종업자 또는 동종업자와 밀접한 관련이 있는 업자가 설립한 법인이 그 감독 하에 있는 단체원의 영업에 관한 상품 또는 서비스업에 사용하기 위한 표장	기관이나 단체의 조합 또는 협회 등의 각종 단체가 사용하는 표장
업무표장	• 영리를 목적으로 하지 않는 업무를 영위하는 자가 그 업무를 표상하기 위해 사용하는 표장	각종 시민·환경단체, 연구기관, 종친회, 동문·동호회 등과 같은 비영리단체에서 사용하는 표장

5) 상표 등록의 요건

상표는 상품의 얼굴이라고 하지만, 해당 상품의 의미를 직접적으로 표출해서는 등록을 받을 수 없다. 따라서 상표 등록을 출원하기에 앞서 상표 등록을 위한 요건을 바르게 이해할 필요가 있다. 상표 등록에 있어서 다음의 내용에 해당하는 상표는 상표 등록을 받을 수 없다.

(1) 그 상품의 보통 명칭을 보통으로 사용하는 방법으로 표시한 표장만으로 된 상표(예 : 하이타이, 비행기, 컴퓨터 등)
(2) 그 상품에 대해 관용하는 상표
(3) 그 상품에 산지, 품질, 원재료, 효능, 용도, 수량, 형상(포장의 형상 포함), 가격, 생산방법, 가공방법, 사용방법 또는 시기를 보통으로 사용하는 방법으로 표시한 표장만으로 된 상표(예 : 뛰어난, 신상품, 다이어트, Super, Good, New 등)
(4) 현저한 지리적 명칭, 그 약어 또는 지도만으로 된 상표(예 : 서울, 부산, 런던, 도쿄 등)
(5) 흔히 있는 성 또는 명칭을 보통으로 사용하는 방법으로 표시한 표장만으로 된 상표(예 : 황시, 사장주식회사, 과장 등)
(6) 긴단하고 흔히 있는 표장반으로 된 상표
(7) 수요자가 누구의 업무에 관련된 상품을 표시하는 것인가를 식별할 수 없는 상표

6) 상표로 등록의 규제 대상

상표는 등록을 통해 독점적인 사용권한을 부여받기 때문에 등록 허가에 신중을 기해야 한다. 따라서 아무리 상표로서의 가치가 높다고 하더라도 그 사회의 일반적인 인식이나 공공의식에 반하는 경우에는 등록을 받을 수 없게 된다. 상표로서 등록이 불허되는 규제 대상에는 다음과 같은 것이 있다.

(1) 대한민국의 국기, 국장, 군기, 훈장, 포장, 외국의 국기, 국장, 파리협약동맹과 세계무역기구 회원국 또는 상표법조약 체약국의 훈장, 포장, 기장, 적십자와 올림픽 혹은 저명한 국제기구 등의 명칭이나 훈장과 동일하거나 이와 유사한 상표, 대한민국과 파리협약 동맹국 및 세계무역기구 회원국 혹은 상표법조약 체약국 그리고 그 국가의 공공기관이 사용하는 감독용이나 증명용 인장 또는 기호와 동일하거나 이와 유사한 상표

(2) 국가, 인종, 민족, 공공단체, 종교 또는 저명한 고인과의 관계를 허위로 표시하거나, 이들을 비방 또는 모욕하거나, 이들에 대해 나쁜 평판을 받게 할 염려가 있는 상표

(3) 국가, 공공단체 또는 이들의 기관과 공공법인의 영리를 목적으로 하지 아니하는 업무 또는 영리를 목적으로 하지 아니하는 공익사업을 표시하는 표장으로서 저명한 것과 동일하거나 유사한 상표

(4) 공공의 질서 또는 선량한 풍속을 문란하게 할 염려가 있는 상표

(5) 정부가 개최하거나 정부의 승인을 얻어 개최하는 박람회의 상패나 상장 또는 포장과 동일하거나 유사한 표장이 있는 상표

(6) 저명한 타인의 성명, 명칭, 상호, 초상, 서명, 인장, 아호, 예명, 필명 또는 이들의 약칭을 포함하는 상표

(7) 선출원에 의한 타인의 등록상표와 동일하거나 유사한 상표로서, 그 등록상표의 지정상품과 동일하거나 유사한 상품에 사용하는 상표

(8) 상표권이 소멸한 날부터 1년을 경과하지 아니한 타인의 등록상표와 동일하거나 유사한 상표로서, 그 지정상품과 동일하거나 유사한 상품에 사용하는 상표

(9) 타인의 상품을 표시하는 것이라고 수요자 간에 현저하게 인식되어 있는 상표와 동일하거나 유사한 상표로서, 그 타인의 상품과 동일하거나 유사한 상품에 사용하는 상표

(10) 수요자 간에 현저하게 인식되어 있는 타인의 상품이나 영업과 혼동을 일으키게 할 염려가 있는 상표

(11) 상품의 품질을 오인하게 하거나 수요자를 기만할 염려가 있는 상표

(12) 국내 또는 외국의 수요자 간에 특정인의 상품을 표시하는 것이라고 현저하게 인식되어 있는 상표와 동일하거나 유사한 상표로서, 부당한 이익을 얻으려 하거나 그 특정인에게 손해를 가하려고 하는 등 부정한 목적을 가지고 사용하는 상표

(13) 상표 등록을 받고자 하는 상품 또는 그 상품의 포장의 기능을 확보하는 데 불가결한 입체적 형상만으로 된 상표

(14) 세계무역기구 회원국 내의 포도주 및 증류주의 산지에 관한 지리적 표시로서 구성되거나 동 표시를 포함하는 상표로서, 포도주나 증류주 또는 이와 유사한 상품에 사용하고자 하는 상표

7) 상표의 이의 신청과 존속기간

상표 등록에 의해 출원공고 된 상표는 누구든지 출원공고일로부터 30일 이내에 이의가 있을 경우에는 이의를 신청할 수 있다. 이의를 신청할 때에는 소정의 양식에 의거하여 이의 내용과 함께 관련 내용을 증명할 수 있는 증빙자료를 첨부하여 제출하면 된다. 필요에 따라서는 이미 제출한 이의 신청에 대해 보정할 수도 있는데, 이런 경우에는 이의 신청 기산 경과 후 30일 이내에 해야만 가능하다.

상표의 존속기간은 10년이다. 하지만 존속기간이 만료되더라도 법적으로 정해진 기간 안에 갱신하면 반영구적으로 사용할 수 있다. 상표의 등록이 특허와 다른 점은 등록된 상표가 사용기간이 초과해도 갱신하지 않아 상표등록이 소멸될 경우에 상표는 일정한 기간이 지나면 그와 똑같은 상표라고 하더라도 다른 사람이 등록할 수 있다는 점에 유념해야 한다.

11-1 창업탐구 [좋은 상표의 이름 정하기]

※ 자신이 창업하여 신상품을 출시한다고 가정하고 신상품에 대한 제품의 이름을 정해 등록해보자.

1. 사용하고자 하는 상품명 정하기

상품의 업종	사용할 지역	주요 사용하는 고객의 연령대

2. 상품명을 정한 까닭

상품명	
상품명이 지닌 의미	
그렇게 정한 까닭	

3. 다음은 좋은 상품명이 갖추어야 할 조건이다. 자신이 정한 상품명이 조건에 적합한지 점검해보자 (해당란에 ∨표 하기).

	전혀 그렇지 않다	그렇지 않다	보통	그렇다	매우 그렇다
1. 명칭이 쓰기 쉽고 발음하기 쉽다					
2. 부르기 쉽고 이해하기 쉽다					
3. 어감이 좋고 기억하기 쉽다					
4. 듣기 좋고 갖고 싶어진다					
5. 친근감과 고급스러움이 느껴진다					
6. 오랫동안 사용해도 지루하지 않다					
7. 경쟁사가 모방하기 어렵다					
8. 긍정적 이미지를 명확하게 전달할 수 있다					
9. 독특한 모습으로 판별하기 쉽다					
10. 이름이 상품과 기업 이미지에 어울린다					

4. 상품명을 등록하는 절차에 대해 생각해보자.

신청 분야	
신청 절차	
얻을 수 있는 권리 획득증	

11-2 창업탐구 [특허제도 분류 및 비교표 만들기]

※ 다음은 여러 가지 특허제도에 대한 내용을 요약하여 정리한 것이다. 빈칸에 적합한 내용을 아래의 <보기>에서 찾아 빈칸에 그 번호를 써 넣어라.

구분	특허	실용신안	의장	상표
의미	자연법칙을 이용한 기술적 사상의 창작이 고도화한 것	자연법칙을 이용한 기술적 창작	물품의 형상, 모양, 색채 또는 이를 결합하여 미적인 감각을 유발한 것	도형, 기호, 문자, 색채, 입체로 타인의 상품과 구별하기 위한 것
신규성	있음	있음	있음	없음 (특별 현저성)
출원서 제출 시 특성	도면 필수(단, 방법발명일 경우는 도면이 없어도 무방)	도면 필수	도면 필수	상표견본 필수
출원공개제도	있음	있음	없음	없음
출원공고제도	없음	없음	없음	있음
심사청구제도	있음	있음	없음	없음
심사청구기간	있음	있음	없음	없음
권리대상	물건, 방법에 관한 발명	물건의 형상과 구조 고안에 관한 발명	물품 외형인 의장	서비스표를 포함한 상표
권리존속기간	출원일로부터 20년	출원일로부터 15년	등록일로부터 10년	등록일로부터 10년
이의 신청제도	있음	있음	없음	있음
권리획득증	특허증	실용신안등록	의장등록증	상표등록증

– 출처 : 강성수(1997). p.194

〈보기〉

① 있음 ② 없음 ③ 도면 필수 ④ 상표 견본 필수 ⑤ 물품 외형 ⑥ 서비스표 포함
⑦ 출원일로부터 15년 ⑧ 출원일로부터 20년 ⑨ 등록일로부터 10년 ⑩ 등록일로부터 15년
⑪ 실용신안등록 ⑫ 의장등록증 ⑬ 상표등록증 ⑭ 자연법칙을 이용한 기술적 창작
⑮ 자연법칙을 이용한 기술적 사상의 창작이 고도화한 것

Chapter 12

청년창업의 성공전략

12 Chapter 청년창업의 성공전략

최근 중소기업 육성 및 중소기업의 경쟁력 강화를 위해 정부에서는 창업이나 벤처기업 육성을 위한 다양한 지원정책을 마련하고 있다. 그뿐만 아니라 청년창업을 지원하기 위한 다양한 교육방안도 마련하고 있어 창업을 위한 창업선도대학, 창업사업화지원교육, 청년창업사관학교, 글로벌 청년창업활성화교육 등 다양한 교육도 실시하고 있다. 그러나 창업은 자기만의 준비와 전략 없이는 성공하기 어렵다. 특히 사회경험이 부족한 청년창업의 경우에는 더욱 그렇다. 따라서 여기서는 청년창업자들이 실패하는 요인은 무엇이고 성공한 사람들의 전략은 무엇인지에 대해 알아보자.

1 창업자의 실패요인과 대처

취업환경이 나빠지면서 최근에는 젊은이들을 중심으로 튀는 아이디어와 열정 하나만으로 '창업'이라고 하는 새로운 도전을 꿈꾸는 청년들이 늘고 있다. '창업'은 자신의 능력과 역량을 발휘하여 대박에 이르게 하는 최고의 기회가 되기도 하지만, 흔히 말하는 쪽박을 차게 되어 고난의 어려움으로 빠져드는 위기를 맞게 하기도 한다. 따라서 철저한 준비 없이 무턱대고 뛰어드는 창업은 실패할 위험이 높다. 사전에 철저하게 준비된 창업을 통해 내 손으로 기업을 이끌어 가면서 또 다른 삶의 재미를 느낄 수 있는 '창업'이 되어야 한다.

창업의 실태를 분석해보면 마치 제로섬 게임처럼 창업에도 승자가 있으면 반드시 패자가 있다. 철저한 준비로 창업을 맞이한 사람과 그렇지 않은 사람과의 차이일 수도 있겠지만, 어떠한 경영 방침과 운영 형태를 도입하느냐 하는 것에도 영향을 받는다. 따라서 창업에서의 실패원인이 무엇인지에 대한 고찰을 통해 창업에서의 성공전략을 찾아보자. 성공적인 창업을 쫓기보다는 실패하는 창업을 피해가는 것이 우선이다.

1) 창업자의 유형

경제 불황이 계속되면서 창업을 시도하는 사람들은 점점 늘어나고 있고, 창업을 꿈꾸는 사람들은 유망 창업을 찾아 도전하고 있다. 다양한 아이템으로 창업을 시도하는 사람들은 늘고 있지만, 업종 간 경쟁률이 높아 원하는 결과를 내기는 쉽지 않다. 이러한 상황 때문에 창업을 준비하는 사람들은 더 새로운 것, 더 기발한 것, 더 특별한 것을 찾기 위해 노력하고 있다. 수많은 경쟁자 속에서 살아남으려면 남들에게는 없는 특별한 아이템을 지니고 있어야 한다.

창업을 해서 우연히 대박을 터뜨리는 경우도 있지만, 대중성이 떨어지거나 홍보나 매장 관리가 잘되지 않아 사업에 실패하는 경우가 많다. 유망창업이라고 하는 것은 대중적이면서 유행을 타지 않는 아이템이어야 하는데, 그렇게 새로운 것을 찾아내는 것이 쉽지는 않다. 가장 대중적인 창업의 아이템이 음식점이라고 하지만, 대중적인 만큼 흔해서 창업한 사람들 중에 가장 많은 사람이 폐업을 하게 되는 것도 음식점이다. 창업사 중 약 90% 정도의 사람들이 레드오션이라는 점을 유념해야 한다. 창업을 시도하는 창업자들의 유형을 보면 일반적으로 다음과 같이 구분된다(송이재, 2013: 264-265).

(1) 전문가형 창업

전문가형 창업은 창업분야에 대한 오랜 근무경력과 업계 전반에 대한 전문가로 활동하다가 심사숙고 끝에 오랫동안 준비하여 창업하는 형태로 전문적 지식을 갖추고 창업에 전념하는 전형적인 창업가이다. 이들은 대부분 창업을 하여 기업을 키워보고 싶은 욕망과 사업에 대한 많은 지식과 준비로 창업을 한 경우이다. 예를 들어 법관으로 오래 근무하다가 변호사 개업을 하는 경우라든가, 대학병원에서 의사로 근무하다가 개인병원을 개업하게 되는 경우 등의 형태로 창업 후 성공할 확률이 가장 높다.

(2) 시니어형 창업

이 유형은 오랫동안 직장생활을 하다가 상당히 나이가 들어 명예퇴직 혹은 어쩔 수 없는 사정으로 퇴직하여 생계를 위해 창업하는 경우이다. 그동안 종사해오던 직업과는 다른 새로운 분야에서 인생 후반전을 준비하는 시니어 은퇴자의 창업으로 그동안 쌓아온 지식과 기술, 그리고 자본 등을 활용하여 보람을 찾고자 하는 은퇴자들이 주로 참여하는 유형이라서 '시니어 창업'이라고도 한다. 시니어 창업자들은 주로 프랜차이즈(franchise) 같은 분야에 관심이 많다. 따라서 이들은 대부분 조그만 자영업을 중심으로 창업하는데, 실질적으로는 현상유지를 하기도 쉽지 않은 것이 현실이다.

(3) 도전형 창업

도전형 창업은 젊은 학생들이나 연구원 혹은 엔지니어 등이 자신만의 어떤 특화된 기술이나 아이템을 들고 창업 전선에 뛰어드는 경우이다. 이들도 대부분 창업에 전념한다. 그러나 대부분 단 하나의 아이템이나 어떤 하나의 기술만으로 창업을 시도하다보니, 처음에는 많은 경우가 실패하게 된다. 대부분의 벤치창업이 이 경우에 해당되는데, 한두 번의 작은 실패를 경험한 후 커다란 성공을 거두는 경우가 종종 있다. 젊은 창업가들의 이러한 성공적인 창업을 활성화시키기 위해서는 젊은이들이 도전에서 실패를 하더라도 재기할 수 있는 기회를 마련해주는 등의 방안이 국가 차원에서 모색되어야 할 것이다.

(4) 직장인형 창업

직장인형 창업은 현재 직장생활을 하고 있는 사람들이 창업에 뛰어드는 경우이다. 이들은 주로 돈을 벌 욕심으로 창업에 뛰어들지만, 자신만의 오래된 준비나 특화된 기술과 같은 노하우가 있어서 창업하는 것은 아니다. 이들은 아주 적은 자본으로 창업을 시도하고, 창업에만 전념할 수도 없는 상황의 사람들이다. 사업이 잘되면 다니는 회사를 그만둘 생각으로 창업을 하기 때문에 두 가지를 병행하여 일하는 사람들로 대부분 쉽지 않은 상황에 놓여 있다. 주로 인터넷이나 부업을 활용한 창업이 대부분이고, 쉽게 창업하고 쉽게 실패하기를 반복하는 경우가 많다. 직장인 창업은 진정성 있는 창업가라고 하기에는 무리가 있다.

2) 창업 실패의 유형

창업은 누구나 성공을 목표로 도전한다. 하지만 많은 창업자들이 성공을 경험하기 보다는 실패를 경험하는 경우가 많다. 물론 실패한 요인을 분석해보면 나름대로 다 실패의 원인과 요인이 있지만, 창업자가 자기관리를 잘못하여 실패로 이어지는 경우도 흔히 볼 수 있다. 여기서 자기관리라고 하는 것은 창업자의 성격이나 행동특성, 의사결정 유형 등을 대상이나 상황에 따라 적절하게 응대하는 것을 말하는데, 이러한 창업자의 개인적 특성이 창업의 성패와 깊은 관련이 있다는 점에 유념할 필요가 있다. 개인적 특성에 따른 창업 실패 유형을 몇 가지로 구분하여 제시하면 다음과 같다.

(1) 대충대충형

창업의 준비과정에서 계획적이고 의도적으로 사업을 추진해나가는 것이 아니라 계획적이지 못하거나, 아니면 계획의 실행에 있어서 철저하지 못한 경우의 유형이다. 이 유형의 창업은 창업자가 지나치게 나태한 경우에 나타난다. 이 유형에 해당되는 창업자는 창업을 일로부터 도피하려는 수단으로 활용하는 경우가 많고 어떤 것에 대해서도 의욕을 상실한 채 고객의 반응이나 시장의 변화에도 관심을 두지 않는다. 시장의 변화나 고객의 반응이 상당히 중요한 요소인데,

창업자가 나태해서 그러한 변인들을 전혀 읽지 못한다면 고객관리나 매장 운영 등에서 상당히 큰 타격을 받게 되고, 그러한 타격은 실패로 이어질 가능성이 매우 높다. 이 유형의 창업자가 성공하기 위해서는 고객의 반응이나 시장 변화를 제대로 읽지 못하는 등 위험 관리 능력이 다소 떨어지므로 영업결과에 대해 구체적인 수치와 데이터를 활용하고 매출 및 자금관리를 매일매일 하는 등의 습관을 들이도록 변화해야 한다.

(2) 우유부단형

이 유형의 창업자는 자신의 주관이 뚜렷하지 못한 채 다른 사람들의 의견에 쉽게 휘둘리는 스타일의 사람이다. 흔히 '귀가 얇다'고 하는데, 이 유형의 사람이 바로 그런 특징을 지니고 있다. 즉, 창업자가 정해진 규율이나 관습에 따르지 않고 원칙에서 벗어나 다른 사람의 말에 쉽게 흔들리는 사람이다. 그렇게 되면 업종의 유형 선택이나 창업 시기, 사업장 운영 방식 등에 있어서 혼란을 겪게 되고, 경우에 따라서는 중요한 시기를 놓쳐서 막대한 피해를 입게 되는 경우도 발생한다. 중요한 시기에 중요한 의사결정을 하는 것에 있어서나 물건을 사거나 파는 시기의 선택에 있어서 기회를 놓치는 경우가 발생하여 결국 실패를 보게 되는 유형이다. 이 유형의 창업자가 성공하기 위해서는 원칙을 정해놓고 원칙 중심의 일관성 있는 경영을 위해 노력해야 하고, 주변 사람들의 말에 우왕좌왕하기보다는 주변의 전문가를 최대한 활용하여 신중한 판단을 내리도록 하는 변화가 있어야 한다.

(3) 조급형

"성질이 조급한 사람은 불길과 같아서 무엇이고 만나기만 하면 태워버리고, 인정이 없는 사람은 얼음처럼 쌀쌀해서 만나는 것마다 얼려 죽인다."는 말이 있다. 조급하다는 것은 무언가를 이룰 목적이 있고 소망이 있다는 것을 의미한다. 즉 상황에 지배당한다는 것을 의미한다. 그렇게 조급해한다고 해서 안 될 일이 되는 것은 아니다. 조급한 사람은 오로지 빨리 성공해서 부자가 되겠다는 일념으로 정의롭지 못하고, 정직하지 않으며, 남에게 피해를 주는 악한 일을 가리지 않고 하게 된다. 그래서 조급한 사람은 겉으로 보기에는 굉장히 바쁘고 일을 많이 하는 것처럼 보여도 사실은 아무 실속이 없고 헛되게 수고만 하다가 궁핍한 처지가 되는 경우가 대부분이다. 마음의 여유를 갖고 창업자로서 장기적인 설계를 해야 하는데 당장의 매출이 나오지 않는다고, 결과물이 마음에 안 든다고, 현재의 상황에만 조급해하는 경우가 이 유형의 사람이다. 조급해한다는 것은 내일과 과거를 걱정하거나 연연해하면서 주어진 오늘, 현재를 살지 못한다는 것을 말한다. 그렇게 현재를 상실하게 되면 하루하루의 매출결과에 따라 심리 변화가 크고, 장기적인 운영능력이 부족하여 신상품 개발이나 업종의 차별화에 소홀하게 되어 창업에서도 실패할 수밖에 없다. 이 유형의 창업자가 성공하기 위해서는 항상 목표와 계획을 세워놓고 단계별로 행동을 실천하는 습관을 들이도록 변화해야 한다.

(4) 구두쇠형

과학적이고 합리적인 분석을 바탕으로 경영비용을 줄이는 것은 합리적인 경영방식이다. 하지만 지나치게 경영비용을 줄이다 보면 적절한 투자 기회를 놓치게 된다. 창업을 하고 나면 초기에 해놓은 투자 못지않게 재투자의 요구가 발생한다. 적절한 홍보나 마케팅, 매출로 인해 발생한 이익금의 재투자 등 기업 경영에서 시기를 놓쳐서는 안 되는 비용이 계속적으로 발생하게 된다. 구두쇠형은 이러한 기업의 투자에 있어서 비용에 지나치게 집착한 나머지 재투자의 기회를 놓쳐서 고객을 놓치거나 투자비용이 오히려 증가하여 창업경영에 실패하게 되는 유형을 말한다. 이 유형의 창업자가 성공하기 위해서는 비용에 집착하기보다는 투자시기에 관심을 갖고 경영의 효율성을 높이기 위해 아침부터 저녁까지 계획을 세워 실천에 옮기도록 하는 변화가 있어야 한다.

(5) 다혈질형

감정의 변화가 빨라 외부 자극에 민감하고, 흥분하기 쉬우며, 참을성이 부족한 기질을 다혈질이라고 한다. 다혈질형은 순간의 감정에 따라 사업이 망할 수도 있는 유형이다. 이 유형의 창업자는 경영 방식이나 종업원 관리에서도 문제가 발생할 수 있으며, 결정적인 순간에 감정에 의해 결정이 좌우되므로 상권 선정이나 점포 선정 등에서 실패할 확률이 높은 유형이다. 그뿐만 아니라 결정적인 순간에 합리적인 판단을 하지 못하고 감정에 좌우되어 접객 서비스에 실패할 가능성도 높다. 이 유형의 창업자가 성공하기 위해서는 인내심을 키우고 스스로 자신의 감정을 조절해나가는 변화가 있어야 한다.

3) 창업자의 실패요인과 시사점

창업을 위한 좋은 아이디어의 발견은 본인이 직면하고 있는 문제를 해결하려고 하는 데서 시작해야 한다. 성공한 많은 기업가들 중에는 자신이 현재 당면하고 있는 문제를 해결하기 위해 창업했던 사람들이다. 우리는 흔히 '젊음과 패기'만이 성공적인 창업의 밑거름이요, 창업 도전의 발로라고 생각하지만, 사실은 그렇지 않다. 통계를 보면 창업에 성공한 사람들 중에는 50세 이상의 창업자가 25세 이하의 창업자보다 그 수가 두 배 정도 많다. '젊음과 패기'보다 더 중요한 '연륜과 경험'이 있다는 사실을 간과해서는 안 된다.

그동안 우리나라의 창업자들이 실패하게 된 원인을 분석한 여러 가지 자료를 바탕으로 창업자들의 실패원인을 요약하여 정리하면 다음과 같다.

(1) 열악한 청년창업 환경

창업에 관심 있는 청년을 대상으로 조사한 결과에 의하면 우리나라 청년창업자 10명 중 5~6명은 '우리나라 청년창업 환경이 열악하다'라고 생각하는 것으로 나타났다. 그러한 환경임에도 불구하고 청년 10명 중에서 3명은 자신이 창업에서 '반드시 성공할 것'으로 생각하고 창업에 도전하는 것으로 나타났다.[15] 따라서 창업 환경이 열악한 만큼 실패에 대한 경계심을 늦추어서는 안 된다. 지원제도나 교육시스템 등에서 과거보다는 많이 좋아졌지만, 아직도 창업하기에는 열악한 환경이 실패 원인이 되고 있다는 점에 유념하여 다양한 해결책을 마련해야 한다.

한국직업능력개발원[16]의 조사에 의하면 정부 청년창업 지원정책 참가자 501명을 대상으로 창업인식을 조사한 결과, 조사자의 약 32%가 자신의 창업에 대해 성공 가능성이 있다고 보고 있었다. 이에 반해 자신의 창업에 대해 부정적인 생각을 가지고 있는 사람은 약 25%로 나타났다. 청년창업 지원정책에 참여한 사람 중 약 70%는 현재 창업을 계획 중이며, 창업을 결심하는 데 가장 직접적 요인은 창업정신(47%)이라고 하였다.

창업환경에 대해서도 매우 부정적인 의견을 제시했다. 전체 응답자의 약 59%가 청년창업 환경이 열악하다고 인식하고 있었으며, 국가의 적극적인 지원이 필요하다고 생각하고 있었다. 지난해 세계은행이 조사한 창업환경 순위에서 우리나라는 189개국 중에서 34위로 나타나 매우 열악한 환경은 아니지만, 청년창업에 있어서는 이보다 더 열악한 것으로 생각된다. 청년창업이 활성화되지 못하는 이유 중 하나는 '실패 후 재기의 어려움(26%)'이 가장 큰 요인으로 지적되고 있다. 우리나라 청년창업의 대부분은 융자와 가족자금을 기반으로 하기 때문에 창업이 실패하게 되면 많은 부채에 시달리게 되는 것이 가장 큰 문제이다. 그뿐만 아니라 국가의 재정적 지원도 원활히 이루어지지 않기 때문에 초기 창업자금조달에도 어려움이 많다. 따라서 창업을 통해 실패한다고 하더라도 실패에 대한 책임이 개인에게 귀착되지 않도록 사회안전망을 구축해 청년들이 보다 적극적으로 자신의 창업 아이디어를 구현할 수 있게 지원하는 제도가 마련되어야 한다.

또한 청년창업이 이루어진 후에도 실패하지 않고 성공의 길로 안착할 수 있

15) 아시아경제(2014.6.28) 기사 내용
16) 박천수(2013). 청년창업 지원정책의 효과성 제고 방안. 한국직업능력개발원.

도록 청년창업자들에게 창업 후 운영단계에 대한 지원을 강화할 필요가 있다. 이러한 환경이 안착되지 않으면 청년창업으로 인한 실패 사례가 우리 주변에서 급증하게 될 것이다.

청년창업의 성공과 실패가 개인의 책무만으로 이어질 것이 아니라 사회적 자산으로 여겨질 수 있도록 청년창업에 대한 제도적 지원책이 마련되어야 하고, 창업자금도 지원 방향을 융자에서 투자로 전환해야 할 것이다.

(2) 창업에 대한 준비 부족

창업은 충분하고 철저한 준비로부터 시작되어야 한다. 창업에 실패한 사람들의 공통적인 특징이 창업에 대한 준비가 부족하다는 점이다. 중소기업중앙회가 소상공인 컨설팅전문가 197명을 대상으로 실시한 조사에 따르면 창업자들의 실패요인으로 응답자의 29.5%가 ‘철저한 준비기간 부족’이 원인이라고 말하고 있다. 철저한 준비 없이 우선 일을 벌여놓고 보자는 식의 창업은 성공할 가능성이 매우 낮다. 만약에 그러한 창업이 성공한다고 하더라도 그러기까지는 많은 돈과 시간을 지불해야 가능하다.

창업의 준비기간은 최소한 5~6개월은 확보되어야 한다. 준비기간 중에 해야 할 중요한 과제는 ‘창업하려는 업종에서 일정 기간 근무하면서 관련 업무를 배우는 것’이다. 그렇게 함으로써 창업분야와 관련된 고객의 소비습관, 거래처 등을 이해할 수 있다. 이 밖에도 창업에 대한 성공률을 높이기 위해서는 장기적인 경쟁력을 확보하기 위한 치밀한 사업계획을 작성하고, 창업전문 교육프로그램을 통해 사전에 창업관련 교육을 이수하고, 유동인구나 입지 등에 대한 세밀한 시장조사를 실시하는 것 등이 준비기간에 해두어야 할 일이다. 창업은 준비한 만큼 실패율이 낮아진다는 점에 유념하여 창업 준비에 충분한 시간을 가지고 철저히 준비해야 한다.

(3) 창업 분야에 대한 무지(無知)

창업은 자신이 잘 아는 분야의 업종으로 선택해야 한다. '주먹구구식' 창업이나 '대충대충', '얼렁뚱땅'과 같은 방식의 창업은 실패할 확률이 높다. 창업자가 창업 아이템을 선정할 때 최우선적으로 고려해야 할 것은 유행이나 인기가 아니라 창업자의 적성과 전문적 지식이다. 창업자와 적성이 맞을 때 관련 분야에 열정을 쏟을 수 있고, 열정을 쏟아내야 창업을 성공으로 이끌 수 있기 때문이다.

대부분의 사람들은 창업에서 자신이 그동안 경험했던 분야의 경력을 활용하여 창업하는 경우가 많다. 이러한 현상은 자신이 잘 아는 분야의 업종을 선택하기 때문에 나타난 결과이다. 특히 유념할 것은 창업은 자신이 좋아하는 취미를 즐기기 위한 것이 아니라 자신의 돈과 시간, 명예를 걸고 하는 실전이라는 점에 유념해야 한다. 관련분야의 전문적 지식이 절실한 것도 이러한 실전에서 이기기 위해서 반드시 필요하기 때문이다. 창업에서는 가급적 직업적인 경력사항이 있는 분야를 선택하여 자신이 지니고 있는 탁월한 지식과 경험을 활용하는 것이 좋다. 다양하고 폭넓은 전문적 지식을 수집하여 창업에 활용하도록 하고, 이때의 전문적 지식은 관련분야의 동종 업종만이 아니라 유사업종의 경쟁자에 대한 정보도 포함된다. 국내는 물론이고 가능하다면 해외 정보까지도 습득하여 충분한 전문적 지식을 지니고 있어야 실패로부터 멀어진다. 창업에 대한 전문적 지식의 부족이 실패 원인이 되기 때문이다.

(4) 잘못 선택한 업종(아이템)

창업에서 업종(아이템)의 선택은 매우 중요하다. 동일한 상권이라고 하더라도 창업자가 어떤 업종(아이템)을 가지고 접근하느냐에 따라 좋은 점포와 상권이 되기도 하고, 그렇지 않은 상권이 되기도 한다. 업종을 선택할 때에는 가급적 경쟁점포를 줄이고, 상점이 너무 적은 곳을 피해야 한다. 만약 주변에 큰 규모의 같은 업종이 있다면 반드시 그 상권은 피하는 것이 좋다. 같은 업종이 있으면 동일한 아이템에 대한 진입장벽이 낮아 경쟁이 치열하고, 이에 따른 수익도 낮아질 수밖에 없다. 흔히 볼 수 있는 PC방이나 노래방, 한식집, 주점, 제과점, 커피전문점 등은 창업 아이템으로 선택하기가 어렵다. 이런 흔한 업종으로 창업을 하면 서로 경쟁이 심해지고 수익률이 떨어져 창업에 실패하기 쉽다. 가급적이면 이색적인 나만의 창업 아이템을 가지고 철저한 시장조사를 통해 미래를 내다보고 창업하는 것이 바람직하다.

업종을 선택할 때에는 우선적으로 안정성과 수익성을 고려해야 한다. 안정성과 수익성이 좋은 업종을 찾는 것이 성공적인 창업과 관련이 깊다. 안정성과 수익성이 고려되지 않은 잘못된 아이템으로 창업에 접근하게 된다면 실패할 확률은 그만큼 높아진다. 그렇다고 해서 안정성과 수익성이 보장된 유망 업종(아이템)이 창업자를 위해 별도로 존재하는 것은 아니다. 창업자가 초기의 정보습득 단계에서부터 시작하여 지속적으로 준비하고 관리하면서 창업을 할 때 바로 성공에 이를 수 있고, 그랬을 때 그 업종이 나에게 유망 업종이 되는 것이다.

(5) 상권의 부재

상권의 부재가 창업자들에게는 실패의 원인이 된다. 상권이라 함은 상업상의 세력이 미치는 범위를 말하는데, 창업을 생각하는 사람이라면 반드시 고려해야 할 중요한 요소이다. 상권을 지배하는 요소들을 알게 되면 상권의 본질을 알게 되고, 상권의 본질을 알게 되면 이것이 바로 돈이라는 사실을 이해하게 된다.

상권은 일반적으로 도심과 부도심, 그리고 지역지구로 구분한다. 도시의 중앙부에 해당하는 지역이 도심이 되고, 차례대로 부도심, 지역지구로 구분된다. 그러나 상권은 언제나 고정되어 있는 것은 아니다. 상권이 지배하는 요소들에 의해 상권은 수시로 변화하고 움직인다. 한 번 상권이 움직이기 시작하면 그보다 3배가 넘는 요소가 작용해야 겨우 현상유지를 할 수 있을 정도라고 하니 상권 변화의 힘을 짐작할 만하다. 상권의 변화를 읽어내는 것은 매우 어렵고 복잡해서 읽어내는 일이 쉽지 않다. 설령 읽어낸다고 하더라도 많은 시간을 필요로 한다.

상권을 잘못 선택하여 창업자들이 실패하는 경우가 많다는 점에 유념하여 상권을 고려하여 사업지를 선정해야 한다. 중소기업중앙회가 소상공인 컨설팅 전문가 197명을 대상으로 실시한 조사에 따르면 창업자들이 입지선택 시 고려해야 할 사항으로 '주변 상권과의 조화'(40.6%), '유동인구'(32.5%), '소득 및 소비수준'(15.7%), '경쟁심 및 경쟁 가맹점의 출현 가능성'(7.6%) 등으로 나타났다. 창업에 있어서는 무엇보다 상권에 대한 이해와 고려가 필요하다.

(6) 자기관리의 실패

자기관리의 실패로 창업에서 실패하는 경우를 흔히 볼 수 있다. 창업자는 철저한 자기관리가 필요하다. 창업자는 자신이 기업가이면서, 영업사원이면서, 고객 상담자이다. 무엇보다도 중요한 것은 고객에 대한 신뢰와 친절을 바탕으로 고객을 대해야 한다. 고객에 대한 서비스 마인드를 갖추지 못한 채 고객을 대하게 되면 하나, 둘씩 기업에 대한 충성고객을 보내는 것이나 다를 바가 없다. 자기 멋대로 고객과의 약속을 어기고, 고객을 대하는 태도에서 서비스 정신이 사라지게 되면 그 기업은 실패할 수밖에 없다. 자기관리를 철저히 해서 기업의 정신을 바르게 고객에게 알리고, 자신의 건강도 챙겨나갈 때 성공하는 창업자가 될 수 있다.

4) 창업 필패(必敗) 10계명

'성공 함정(success trap)'이라는 말이 있다. 이 말은 미국 하버드대학의 심리학자 랭거(Elen Langer)가 제시한 개념으로 과거의 성공전략이나 경험에 사로잡혀 급변하는 시장의 요구에 부응하지 못하고 몰락해가는 현상을 일컫는 말이다. 일반적으로 이 말은 경제현상을 설명하는 용어로 사용되지만, 개개인의 사람에게도 적용된다.

기업이 성공의 함정에 빠지는 이유는 여러 가지가 있지만, 대체로 다음과 같은 요인 때문에 발생한다. 첫째, 기업이 성장을 거듭하던 과거의 경험에 집착해 시장의 변화를 제대로 파악하지 못할 때이다. 둘째, 파악했다 하더라도 과거의 전략으로 충분히 극복할 수 있다고 믿어 의도적으로 변화를 외면하고 준비하지 않을 때이다. 셋째, 과거 기업의 성공에 주도적 역할을 한 조직 구성원들이 새로운 전략을 알면서도 스스로의 힘과 지위를 유지하기 위해 과거의 전략만을 고수할 때 등이다.

기업이 이러한 성공 함정에 빠졌을 때 극복하는 방법에 대해 경제학자들은 시장 환경의 변화와 경쟁 기업들의 움직임에 대해 끊임없이 연구하고 분석해야 한다고 말한다. 또한 조직 구성원들이 과거의 성공 경험에서 벗어나 항상 위기의식을 가지고 지속적으로 혁신을 추구해야 하며, 자사 제품에 대한 맹신에서 벗어나 새로운 기술이나 제품도 있을 수 있다는 것을 인식하고 과감히 자사의 핵심 역량을 포기할 수 있는 창조적 파괴가 이루어져야 한다고 지적하고 있다(네이버지식백과, 2014). 이러한 지적은 성공적인 기업 경영을 위해서는 객관적인 시각으로 다양한 변화에 적응해나가야 한다는 것을 강조한 것으로 생각된다.

창업에 있어서도 마찬가지이다. 객관적인 시각에서 전문성을 가지고 변화하는 흐름에 적응하고 대처해나가지 않으면 창업으로 성공하기 어렵다. 일반적으로 창업에서는 다음에 기술한 경우처럼 의식하고 행동하면 반드시 실패한다는 조건을 10가지로 정리하여 십계명이라고 한다. 성공하기 위한 행동보다 실패할 경우를 피해나가는 전략의 수행을 위해 창업 필패 십계명을 이해하고 의도적으로 예방하는 행동과 대응을 실천해나가야 한다.

- 1계명 : 조급한 마음을 가져라. 그러면 반드시 실패한다.

창업을 할 때에는 빨리 시작해서 이익금을 만들어야겠다는 생각으로 서두르게 되는데, 그렇게 서두른다고 해서 되는 것만은 아니다. 심리적으로 급하면 자신이 원하는 대로 되지도 않고 그렇다고 해서 빨리 되는 것도 아니다. 조급한 마음을 버리고 순서대로 차근차근 순리에 따라 해나갈 때 소기의 성과를 얻을 수 있다.

• 2계명 : 자신의 경험과 적성을 무시하라. 그래야 반드시 실패한다.

창업은 자신의 경험과 적성을 고려하여 선정해야 한다. 그래야 자신의 적성에 맞는 일이므로 거기에 열정을 쏟게 된다. 그뿐만 아니라 전문성도 생겨 그 분야에 대한 이해력이 높아진다. 자신이 경험했던 분야, 그리고 적성에 맞고 관심이 있는 분야를 선택하여 창업을 하는 것이 유리하다.

• 3계명 : 무리하게 시작하라. 그러면 반드시 실패한다.

초기의 창업은 여러 가지로 경험도 부족하고 경제적으로도 어려움이 많다. 그럼에도 불구하고 대출이나 융자를 받아 무리하게 추진하다 보면 외관상으로는 기업이 잘되고 이익이 나는 것처럼 보여도 실질적으로는 경비로 빠져나가고 남는 것이 없는 경우가 발생한다. 무리하게 창업을 시작하는 것은 실패로 가는 지름길이다. 이길 수 있는 만큼의 시작으로 실속 있는 창업이 중요하다.

• 4계명 : 자사제품에 대해 맹신하라. 그래야 반드시 실패한다.

제품은 자기 회사직원들이 가치를 판단하는 것이 아니라 객관적인 시각에서 보아야 한다. 즉, 생산자의 입장에서 제품을 보는 것이 아니라 고객의 입장에서 제품을 볼 때 올바르게 판단할 수 있다. 그리하여 고객의 입장에서 잘못된 것, 원하는 것 등의 개선점을 발견하여 문제점을 고쳐나갈 때 기업이 변모하고 발전하는 것이다.

• 5계명 : 경영자는 경영만 해야 한다. 그렇게 해야 반드시 실패한다.

창업자가 경영자라는 입장에서 경영만 해서는 높은 매출을 만들어낼 수 없다. 초기의 창업은 대기업화된 시스템 구조를 갖고 있지 않기 때문에 창업자는 경영자만이 아니라 영업에도 참여하고 고객 응대도 하는 등 기업 전반에 걸쳐 참여해야 한다. 창업 전반에 걸친 참여가 창업에 대한 이해도를 높여주고 인건비의 수요를 줄여주는 역할을 하기 때문에 궁극적으로는 창업 경영에 도움을 준다.

• 6계명 : 트렌드를 무시하라. 그러면 반드시 실패한다.

창업에도 업종마다 차이는 있지만 변화의 트렌드가 있다. 이러한 변화의 흐름을 맞추지 않고서는 창업에서 성공할 수 없다. 변화의 흐름을 따라가지 못하면 창업에서 뒷북을 치는 격이 되어 유행에 뒤지게 되고 그렇게 되면 매출을 올릴 수 없다. 유행에 민감하게 반응하여 준비하고 이에 대처하는 방향으로 창업이 이루어져야 한다.

• 7계명 : 가장 가까운 사람을 신뢰하고 그 사람하고만 일을 하라. 그러면 반드시 실패한다.

짧은 순간에 돈을 벌기를 원하는 창업자들은 대부분 창업 실패의 원인이 가장 가까운 사람에게 있다고 보면 된다. "등잔 밑이 어둡다"는 속담처럼 가까운 사람하고 이야기를 나누고 그 사람하고만 일을 하다 보면 자신도 모르게 제한된 시각으로 기업을 바라보게 된다. 다양한 사람들과 다양한 이야기를 나누면서 다양한 목소리를 창업에 반영할 때 기업은 변모하고 발전하는 것이다.

• 8계명 : 다른 사람의 점포에서 다른 사람의 아이디어와 인테리어를 모방해서 써라. 그러면 반드시 실패한다.

다른 사람의 아이디어와 인테리어를 모방해서 쓰면 소비자들은 그것을 '짝퉁'이라고 부른다. 이러한 짝퉁형 창업은 '제 얼굴에 침 뱉기'이다. 다른 사람을 모방하기 보다는 자신의 특화된 사업전략으로 자신만의 색깔로 창업이 이루어져야 성공할 수 있다.

• 9계명 : 사업계획 없이도 잘할 수 있으니 계획을 세우지 마라. 그러면 반드시 실패한다.

사업계획을 철저하게 수립하여 실천해나가야 한다. 창업은 기업 경영이다. 기업을 대충대충, 주먹구구식으로 경영해서는 안 된다. 미래를 향해 단계적으로, 발전해가는 과정을 순차적으로 진행해 나가는 것이 궁극적으로 기업경영에 도움이 된다. 성공적인 기업경영에는 철저한 계획과 실천이 필수적이다.

• 10계명 : 항간의 소문을 그대로 믿어라. 그러면 반드시 실패한다.

항간의 소문에 흔들리지 말라. 소문은 어디까지나 소문이다. 소문은 항상 사실보다 확대되고 왜곡되어 오해의 소지를 지니고 있다. 그러한 항간의 소문에 귀를 기울이면 의사결정에 있어서 오판할 가능성이 높고, 그러다 보면 창업 경영에 실패를 가져올 가능성이 높아진다. 소신과 신뢰를 갖고 창업 경영에 매진해나갈 필요가 있다.

2 창업자의 성공요인과 대처

창업은 돈이 많이 들고, 위험하고, 망하면 끝장나는 것이 아니다. 오늘날과 같은 지식서비스사회에서 일생을 거치면서 누구나 한 번쯤은 창업을 생각해 보고, 시도해 보는 시대가 왔다. 창업은 특별한 사람이나 자본을 가진 사람만이 하는 것이 아니다.

창업에서 성공하려면 위험부담을 낮추는 창업의 선택이 중요하다. 그리기 위해서는 개인의 능력을 서비스로 제공하는 것과 같은 분야의 창업을 하는 것이 좋다. 또한 최근에 활성화되어 있는 다양한 디지털 매체를 활용하는 창업도 권장할 만하다. 과거의 유인물이나 신문광고 등과 같은 방법에서 벗어나 이제는 스마트폰의 앱을 활용한다든지 온라인을 이용한 판매 유통을 활용한다든지 하는 등의 방법으로 디지털화를 추진하는 창업도 고려해 볼 만하다.

1) 창업자의 모델

성공하는 창업을 위해서는 자신의 전문성을 살리는 것이 중요하다. 자신이 잘할 수 있는 분야를 특화해서 창업으로 연계한다면 그 사업은 성공할 가능성이 매우 높다. 또한 아이템이나 제품보다 더 중요한 것은 자기 자신이 최고의 경쟁력을 갖추는 것이다. 자기 자신에 대한 높은 경쟁력은 그 어떤 문제도 열정적으로 해결해나가는데 부족함이 없기 때문이다.

성공적인 창업을 위해서는 아이템도 중요하다. 가급적이면 오래 성장할 수 있는 아이템을 갖는 것이 중요하다. 우수 아이템은 다른 사람들과 달리 차별성을 지니고 있고, 정체성과 수익성이 높은 것이다.

일반적으로 창업자의 모델은 창업의 아이템 선정과 관련된 것으로 창업자의 창업 전 경험과 창업의 아이템과의 연관성에 초점을 두어 다음과 같이 구분한다.

(1) 경력개발

경력개발은 재직 중의 경력이나 지금까지의 직업적 경험을 활용하여 창업모델을 구축하는 경우를 말한다. 경력개발을 활용한 창업의 경우에는 관련 분야의 전반적인 내용에 대한 이해도가 높아 기업을 경영하고 관리하는 데 있어서 많은 도움이 된다. 뿐만 아니라, 경험을 바탕으로 한 전문성이 확보되어 있어서 창업에 있어 성공할 가능성이 높다.

(2) 경력 전환

경력 전환은 기존의 경험이나 경력과는 달리 새로운 분야에서 전문성을 구축하여 창업하는 경우를 말한다. 경력 전환의 경우에는 새로운 변화의 흐름에 맞춰 선택할 수 있다는 장점은 있으나, 관련 분야에 대한 전문성이 떨어지므로 창업에 앞서 단기간이나마 관련 분야에 대해 경험을 한 후 창업하는 것이 바람직하다.

(3) 취미개발

취미개발은 자신이 즐기는 취미를 전문화하여 사업 모델로 개발하는 경우이다. 이런 경우에는 창업이 즐기기 위한 것이 아니라는 점을 분명히 해야 한다. 창업하기 전에는 관련분야의 업종에서 취미생활을 해왔지만 막상 창업을 하고 나면 이 분야의 일이 자신의 일생은 물론이거니와 가족과 자신의 미래에까지 영향을 미친다는 점에서 신중하게 접근해 나가야 한다.

2) 성공적인 창업을 위한 필수요소

성공적인 창업을 위해서는 4가지 필수요소가 조화를 이루어야 하는데 그것은 바로 창업자의 마인드, 창업자금, 창업 아이템, 사업장 위치이다. 그중에서도 가장 중요한 것은 창업자의 마인드이다. 창업자의 마인드는 사업장의 위치나 사업자금보다 더 중요하다. 창업자의 마인드는 기업가 정신(entrepreneurship)을 말하는 데, 이는 기업인으로서 마땅히 갖추어야 할 자세나 정신을 의미한다. 기업가 정신은 혁신과 창의성을 바탕으로 한 생산 활동을 통해 기업을 성장시키려는 도전 정신으로, 기업의 본질적인 이윤추구와 사회적 책임의 수행을 위해 기업가가 갖추어야 할 기본 정신이나 자세이다. 시장경제에서 기업이 살아남기 위해서는 지속적으로 이윤을 내며 발전해야 하는 것처럼 기업이 살아남기 위해서는 기업가 정신이 살아 있어야 한다. 기업가 정신이 가장 중요하다고 하는 것은 성공한 기업가들의 공통점을 보면 모두가 '열정'이라고 하는 정신이 실천되고 있다는 점이다. 열정이야말로 스스로 하고 싶고, 하려고 하는 마음이 우러나오게 하는 것이기 때문이다.

(1) 창업자의 마인드

창업자의 마인드는 기업가 정신과 깊은 관련이 있다. 창업을 준비하면서 어떤 생각으로 창업을 하느냐와 관련이 있는데, 일반적으로 실패하는 창업 마인드와 성공하는 창업 마인드로 구분한다. 실패하는 창업 마인드로는 안일함, 시선의식, 특권의식의 3가지를 들고, 성공하는 창업 마인드로는 전문가 마인드, 신용제일주의, 고객만족정신의 3가지를 들고 있다. 창업을 하면서 '몇 년 후 권리금을 챙겨 발을 빼자.'라고 하는 안일함에서 벗어나 주인의식을 가지고 장기적인 안목에서 창업요소를 체계적으로 준비해나간다면 실패하는 창업 마인드에서 벗어날 수 있을 것이다. 창업자의 마인드는 무엇보다 지금까지 자신의 과거를 버리고 다시 시작한다는 마음가짐으로 준비해나가야 한다.

(2) 창업자금

창업을 위해 반드시 필요한 것이 창업자금이다. 요즘에는 창업 아이템이 다양해져서 소자본으로 창업이 가능한 업종도 등장했다. 하지만 아무리 소자본이라고 하더라도 어떻게 자금을 조달하고 운영할 것인지는 사업의 성패와 직결된다. 창업자금을 마련하면서 단지 수익성만 생각하고 수익성이 크다고 해서 무리하게 창업자금을 투자하게 되면 그 만큼 리스크가 커진다. 리스크가 커지면 기업 경영에 부담이 되고, 이를 감당하지 못하게 되면 빚으로 남아 회사의 자본을 감소시키는 역할을 하기 때문에 신중하게 판단해야 한다.

일반적으로 창업 전 자본금은 사전 개업 준비자금, 고정자금, 운전자금으로 구분하여 운용하는데, 자금의 운용계획을 수립할 때 일시에 전체 자금을 투입하는 것이 아니라 총 창업자금 중에서 20%는 예비비로 남겨두어야 창업의 리스크를 줄일 수 있다. 혹시 창업을 위한 자금이 부족하여 창업자금을 대출이나 지원받게 될 경우에는 대출금이 총 창업자금의 30%를 넘지 않도록 구성하는 것이 바람직하다.

(3) 창업 아이템

창업의 성패는 창업 아이템에 달려 있다고 해도 과언이 아니다. 창업의 성공 여부는 창업 아이템이 창업자에게 얼마나 적합한 것인가와 관련이 있다. 창업자의 적성을 고려하지 않고 창업을 했다면 그 아이템은 실패할 가능성 높다. 무엇보다 창업 아이템은 창업자의 적성과 흥미를 우선적으로 고려하여 선정하는 것이 좋다. 창업자의 적성에 맞는 아이템을 선정하게 되면 창업자의 관련 업종에 대한 넓은 지식과 지속적인 열정이 발휘되게 되어 성공적인 경영이 될 가능성이 높다. 특히, 창업 업종에 대한 전문성을 살리게 되면 외부 인력의 사용을 줄일 수 있다는 장점이 있으며, 그것은 곧 창업과 경영에도 도움이 된다. 창업 아이템을 분석함에 있어서는 무엇보다 창업 아이템 선정기준으로 안정성, 수익성, 지속성이 준거가 된다.

(4) 사업장의 위치

창업자는 사업장 위치 선정에 있어서 신중을 기해야 한다. 사업장은 한 번 위치가 정해지면 쉽게 변경하기가 어려울 뿐만 아니라, 변경한다고 하더라도 사업장 변경으로 기존의 고객이 끊어질 가능성이 있기 때문에 처음부터 신중한 결정이 요구된다.

사업장을 선정할 때에는 상권의 위치, 주요 업종, 유동인구 등을 종합적으로 고려해야 한다. 사업장을 선정할 때에는 다른 사람으로부터 의견을 듣는 것도 중요하지만 반드시 창업자가 직접 현장을 방문하여 보고, 듣고, 느낀 후에 최종적으로 결정하는 것이 바람직하다. 필요하다면 주변의 전문가나 선점한 상인들의 의견을 들어 결정에 참고하는 것도 바람직하다.

지식사업의 경우에는 상대적으로 사업장 위치가 중요하지 않다고 생각할 수 있으나 그렇지만은 않다. 지식사업의 경우에도 관련 제휴업체나 거래기업들이 모여 있는 곳을 우선적으로 고려하는 것이 좋다. 거래업체와 가까운 곳에 위치하게 되면 그만큼 물류비용이나 운반에 소요되는 시간을 줄일 수 있다는 장점이 있다.

성공적인 창업을 위해서는 정확하고 체계적인 입지분석과 창업 아이템의 선정, 창업자에게 알맞은 사업장의 선정이 중요한 요인으로 작용한다.

3) 창업자의 성공요인과 시사점

"창업은 누구나 할 수 있지만 아무나 성공할 수 있는 것은 아니다." 이 말은 창업에서의 성공이 어렵다는 것을 나타내는 말이다. 창업에서의 성공을 위해서는 무엇보다 철저한 사전조사와 정량적이고 냉철한 수치 분석, 원활한 창업자금 만들기가 이루어져야 한다. 그뿐만 아니라 창업에 필요한 상권이나 입지 선택에서도 성공해야 한다. 좋은 상권과 사업장의 위치가 그 만큼 중요하기 때문이다. 여기에 유효고객을 감동시킬 수 있는 나만의 차별화된 전략이 마련되지 않으면 성공하는 창업이 될 수 없다. 고객으로 하여금 차별화된 나만의 전략을 통해 감동을 받을 수 있도록 하고, 이를 통해 충성고객을 확대시켜나갈 때 성공적인 창업을 이룰 수 있다. 그동안 우리나라 창업자들이 성공하게 된 요인을 분석하여 그 내용을 요약하면 다음과 같다.

(1) 위기는 기회다

위기는 '어떤 일이 진행되는 과정에서 급작스럽게 악화된 상황이나 파국을 맞을 만큼 위험한 고비'를 가리키는 말이다. '위기(危機, crisis)'라는 단어는 '위험(危險)'과 '기회(機會)'가 공존하는 현상으로, 위기를 통해 새로운 기회를 모색한다는 뜻이 있다. 즉, '위험한 시기에 또한 새로운 기회가 있다.'는 뜻으로 위기를 잘 넘기면 새로운 기회를 맞이할 수 있다는 의미이다. 창업에 성공한 사람들은 바로 이 위기를 기회로 삼아 재도전한 경우가 많다. 성공한 창업자가 되기 위해서는 위기를 기회로 만드는 생각의 전환이 필요하다.

(2) 대중적인 아이템으로 승부하라

창업에 있어서 어떠한 아이템을 선택하느냐는 매우 중요한 문제이다. 아이템을 선정할 때 가급적 대중적인 아이템을 선택하는 것이 좋다. 대중성이 다소 떨어진다고 하더라도 자신만의 차별화된 전략으로 접근한다면 그리 나쁘지는 않지만, 그렇게 될 경우에는 그만큼 리스크(risk)가 크다는 점에 유의해야 한다. 대중적인 아이템을 선정하게 되면 제품의 구매주기가 짧아져서 제품의 참신성이 높아지고, 자금이 빠르게 회전되어 투자의 효율성도 높아질 수 있다. 가급적이면 대중적인 아이템과 함께 합리적인 가격으로 경쟁하는 것이 바람직하다.

(3) 전문점보다 업종 간에 통합한 복합 업종으로 승부하라

일반적으로 경기가 호황일 때에는 전문점이 돈이 되지만, 경기가 불황일 때에는 전문점보다는 서로 같은 업종과의 통합이나 서로 다른 업종과의 통합을 이룬 복합 업종이 수익성을 높여준다.

우리나라 제과업의 변화를 보면 1902년 한국 최초 호텔인 정동구락부에서 러시아 양과자를 제조해 판매하면서 '빵집'이라는 이름으로 시작되었다. 그 후 1970년대 분식장려정책과 함께 전문점으로 크게 확산되어 1953년 명동에 '태극당', '고려당', '뉴욕제과', '독일빵집' 등이 생겨나면서 활황을 이루었다. 그러나 최근에 와서는 프랜차이즈 제과점들이 번성하면서 제과업 전문점은 크게 줄었고, 일부 제과점들은 휴게음식점, 즉 피자, 도닛, 햄버거 업종과 빵을 접목하여 복합 업종으로 운영되고 있고, 일부 커피전문점들까지 빵과 복합 업종으로 영업을 하고 있다. 이러한 복합 업종은 점포의 효율성을 높일 수 있고, 다양한 분야의 사람들이 동시에 접근할 수 있다는 점에서 전문점보다 효율적이고 수익성이 높다.

(4) 소형 매장으로 경쟁력을 높여라

창업에 있어서는 무엇보다 고정된 지출을 줄이는 것이 수익성을 높이는 데 도움이 된다. 그렇기 때문에 가급적 인건비도 줄이기 위해 경영자도 함께 직접 참여하는 것이 좋다. 특히, 고정된 지출경비로 가장 높은 비율을 차지하는 매장의 크기를 줄이는 것은 수익률을 높이는 데 큰 도움이 된다. 따라서 업종에 맞지 않게 지나치게 넓은 공간을 임대한다거나 매장의 크기만 넓히는 것은 바람직하지 않다. 혹시 필요에 따라 매장의 크기를 확대해야 할 경우에는 중형 매장으로 전환하기보다는 오히려 대형 매장으로 전환하는 것이 유리하다. 대형 매장을 이용하여 인테리어를 고급화하고 휴식공간을 확대하는 등의 방법으로 차별화된 고급화 전략을 사용하는 것이 바람직하다.

창업을 하면서 매장의 선정은 가급적 소형 매장을 이용하여 매장의 활용도를 높이고, 이를 통해 창업의 수익성을 높여나가는 것이 성공으로 가는 지름길이다.

(5) 리모델링, 업종전환의 창업을 활용하라

창업에서 성공하기 위해서는 투자 대비 수익성을 높이고, 차별화된 매장 운영 전략으로 충성고객을 많이 확보해야 한다. 하지만 고정된 아이템으로 일정 기간 경영하다 보면 언젠가부터 충성고객의 방문이 뜸해지고, 그렇게 되면 매출이 떨어져 투자 대비 수익성이 떨어지면서 폐업에 이르게 된다. 투자 대비 수익성을 높이는 방법으로는 새로운 창업보다 기존의 업종을 인수·인계하여 이미 만들어진 인테리어나 시설물을 재활용함으로써 투자비를 최소화 하는 일이다. 이렇게 되면 투자 대비 수익성이 높아져 경영의 효율화를 기할 수 있고, 투자에서 줄어든 경비를 차별적 매장 운영 전략에 재투자할 수 있게 되어 충성고객을 확대시킬 수 있는 절호의 기회를 만들 수 있게 된다. 따라서 창업에 앞서 우수한 리모델링 사업장이나 업종전환을 필요로 하는 사업장에 대한 분석을 통해 수익성을 극대화할 수 있는 방안을 모색해보는 것도 바람직한 일이다.

(6) 창업의 키워드는 '건강', '환경', '녹색', '정보', '여성', '복지', '어린이'이다.

지식정보화사회의 도래로 우리 사회는 이미 정보를 최고의 가치로 여기는 인식이 확산되고 있다. 좁은 골목마다 스마트폰 대리점이 활황을 누리고 대규모 전자제품 판매점들이 늘어나는 것은 이러한 사회변화와 무관하지 않다. 그렇다면 앞으로 우리 사회 변화의 키워드는 무엇일까? 그것은 바로 '건강', '환경', '녹색', '정보', '여성', '복지', '어린이'이다. 페미니즘의 사회를 맞아 여성의 사회진출이 확대되고, 저출산율의 확산에 따라 대부분의 가족이 '일(一) 가족 일(一) 자녀'로 어린이에 대한 투자비가 증가하며, 노인인구의 증가로 복지가 사회문제의 화두가 되는 등 사회를 주도해나가는 변인들이 달라지고 있다. 따라서 창업에 있어서도 이러한 사회변화에 맞추어 업종 선택에 신중을 기해야 한다.

(7) 아이템에 대한 정보지식과 현장 노하우를 갖추어라

창업을 할 때에는 자신이 선정한 아이템에 대해 전문지식을 갖추고 있어야 한다. 주변사람들의 이야기를 통해 얇은 귀로 얻은 지식은 기업 경영에 별로 도움이 되지 않는다. 얇은 귀로 얻은 지식은 잘못된 정보로 오히려 경영에 해를 끼칠 수 있다. 창업에 앞서 충분한 시간을 가지고 관련 업종에 대한 전문성을 높이는 데 주력해야 한다. 필요하다면 창업에 앞서 관련 분야에 직접 뛰어들어 현장 노하우를 익히는 것이 좋다. 그렇게 되면 창업자 본인도 경영에 직접 참여할 수 있을 뿐만 아니라, 직원들로부터 관련 업종의 업무에 대해 신뢰를 받을 수 있게 된다. 창업자가 직접 참여한 만큼 인건비를 줄일 수 있고, 직원들로부터 경영에 대한 신뢰도 높이고, 이로 인해 경영의 수익성도 높여주는 일석삼조의 효과를 얻을 수 있게 된다.

4) 창업 성공 10계명

창업에 성공한 사람들의 공통점은 '열정'이다. 열정은 '어떤 일에 열렬한 애정을 가지고 열중하는 것'으로 열정이 있는 사람은 늘 열정으로 자기 스스로를 격려하고 마음속에 간직한 꿈을 현실로 만들어줄 것이라 굳게 믿어 의심치 않는다. 불타는 열정이 가슴 속에 지펴지면 인생이 달라진다. 열정은 사람을 아름답게 한다. 독일의 철학자 괴테는 "열정이 다하기 전에 내가 나아가야 할 방향을 세우고 나아가라. 절대로 초라한 목적에 열정을 쏟지 마라."고 했다. 열정은 주변 사람들을 변하게 한다. 정신적 에너지가 강한 사람은 열정이 넘쳐흐른다. 열정은 습관성이다. 쉼 없이 노력하는 끈질긴 열정은 창업자들이 몸소 익혀야 할 기본 습관이다. 창업을 성공으로 이끌기 위한 전략에 있어서 반드시 지켜야 할 행동 방식을 계명으로 제시하면 다음과 같다.

• 1계명 : 무리한 투자는 금물이다.

누구나 창업을 시작할 때에는 자금이 넉넉하지 않다. 더구나 넉넉하지 않은 자금마저도 자신의 돈이 아니라 대출을 받았거나 주변의 지인 또는 부모로부터 도움을 받은 경우가 대부분이다. 그러다 보니 수익이 나지 않으면 대출된 돈으로부터 이자가 늘어나 자금압박에 시달리게 된다.

처음의 시작은 작게 출발하는 것이 좋다. 작게 출발한다고 해서 성공할 창업이 실패로 전환되지는 않는다. 오히려 경험이 없어서 불확실한 미래를 담보로 무리한 투자를 하는 것이 실패로 가는 지름길이다. 주변 사람들의 이야기를 들으면 창업으로 금방 대박날 것처럼 보이지만 현실은 그렇지 않다. 작은 것에서부터 시작하여 조금씩 자신의 경험과 노하우를 만들어가는 것이 중요하다.

• 2계명 : 업종과 사업장 위치를 신중히 선택하라.

초보 창업자들이 가장 많이 저지르는 실수가 '위치가 좋지 않더라도 인테리어가 뛰어나면 잘될 것이다'라는 판단이다. 하지만 그렇지 않다. 인테리어에 치중하기보다는 위치가 좋은 곳을 선택하는 것이 성공할 가능성이 높다. 사업장의 위치가 그 만큼 중요하다. 어디에 사업장을 마련하느냐 하는 문제는 상당히 신중해야 한다. 한 번 사업장을 정하면 변경하기도 쉽지 않고, 변경한다고 하더라도 많은 고객을 잃고 가야 하기 때문이다. 경우에 따라서는 반드시 사업장이 있어야 창업하는 것은 아니다. 최근에는 무점포창업이나 인터넷창업도 활발히 이루어지고 있다. 무점포창업이나 인터넷창업을 하면 인건비, 세금, 임대료와 같은 경상비를 줄일 수 있어 수익을 극대화할 수 있다는 장점이 있다. 업종에 따라서는 이러한 무점포창업이나 인터넷창업도 고려해볼만하다.

• 3계명 : 안전한 아이템을 선택하라.

아이템을 선정할 때에는 안정성과 수익성이 고려되어야 한다. 특히 초보 창업자들은 수익성만을 따져서 아이템을 선정함으로써 매출이 감소하여 자신이 생각한 수익을 내기도 전에 매출감소로 인해 폐업에 이르게 되는 경우를 흔히 볼 수 있다. 따라서 초보 창업자의 경우에는 수익성보다 안정성을 우선적으로 고려하여 가급적 안전하게 꾸준히 성장하고 그 명성을 유지해온 관련 전문업체의 아이템을 활용하는 것이 좋다. 경우에 따라서는 대기업의 아이템을 선택하는 것도 좋은 방법이다.

• 4계명 : 멀티플레이어가 되어라.

수익성을 높이는 경영은 질 높은 서비스나 좋은 원재료의 사용보다는 수익성의 저해요인으로 작용하는 경상비의 감소가 가장 큰 요인이다. 그만큼 경영에서 인건비나 임대료와 같은 고정 지출이 차지하는 비율이 매우 크다는 것을 의미한다. 이러한 고정 지출을 줄이기 위해서는 많은 사람들이 하는 일을 창업자인 내가 다 할 수 있어야 한다. 그래야 인건비를 줄일 수 있다. 필요에 따라서는 영업도 하고, 생산에도 참여하고, 직접 운전을 하면서 운송에도 참여하는 등 멀티플레이어가 되어야 한다. 그렇게 할 때 고정비를 줄이고 수익을 극대화할 수 있다.

• 5계명 : 가능하면 자신이 잘 아는 분야를 선택하라.

창업을 할 때에는 자신이 잘 아는 분야를 선택하는 것이 좋다. 간혹 창업을 하면서 자신이 전혀 해보지 않았던 새로운 분야에 도전하여 참신한 생각으로 창의적으로 경영해보겠다고 하는 경우가 있는데, 이것은 아주 잘못된 생각이다. 창업은 일 년에 수십만의 업종이 생기고, 수십만의 업종이 사라지는 삶의 전쟁터와 같은 곳이다. 이러한 곳에서 전문적 지식 없이 창업에 성공하겠다고 하는 것은 어리석은 일이다. 최소한 자신이 경험해보지 않은 분야라고 한다면 사전에 전문가 못지않은 철저한 준비를 전제로 창업이 이루어져야 한다. 자신의 경험이나 전문적 지식을 바탕으로 선택하게 되면 기존에 자신이 알고 있던 인맥을 활용할 수 있는 장점도 있고, 경영을 하면서 예기치 못한 상황이 발생하더라도 경험에서 우러나오는 대처능력이 생기기 때문에 매우 합리적이다.

• 6계명 : 프랜차이즈 창업 시 부가비용 발생을 고려하라.

초보 창업자들이 쉽게 선택하는 분야가 프랜차이즈 창업이다. 특별한 아이템이나 노하우가 없는 경우에는 프랜차이즈 창업이 크게 도움이 되기 때문이다. 프랜차이즈는 전문화된 사회에서 브랜드를 바탕으로 상품의 판매와 서비스를 할 수 있다는 정점이 있다. 그러나 프랜차이즈는 본부와 가맹사업자가 서로 협력하는 형태로 계약된 범위 내에서 서로를 통제할 수 있도록 되어 있다. 본사는 가맹점에 대해 일정 지역 내에서 독점적 영업권을 갖게 하는 대신 가맹점으로부터의 일정한 비율의 수수료를 지불하도록 되어 있다.

프랜차이즈 창업은 실패 확률이 낮고, 대량구입으로 원가가 절감되고, 가맹점의 광고 효과를 얻을 수 있으며, 경영과 교육을 동시에 지원받을 수 있다는 장점이 있다. 그러나 프랜차이즈 창업은 본사의 일방적인 경영방식이 가맹점에 영향을 줄 수 있고, 이에 따라 본사가 가지고 있는 일정한 틀의 경영방식을 가맹점이 고스란히 강요받게 되고, 통제가 이루어진다는 점에 유의해야 한다. 따라서 본사에서 요구하는 경영방식에 따라 창업 시에도 별도의 부가비용이 발생할 수 있다는 점에서 사전에 꼼꼼하게 체크할 필요가 있다.

• 7계명 : 정부와 지자체의 창업지원 사업에 도움을 청하라.

창업에 필요한 자금은 일정한 자격요건을 갖추게 되면 정부나 지방자치단체로부터 지원을 받을 수 있다. 현재 소상공인의 자금지원은 크게 정부의 중소기업청이나 지방자치단체에서 지원하는 소상공인 정책자금, 지역신용보증재단의 보증지원을 통해 대출을 받을 수 있다. 중소기업청 소상공인 정책자금은 사업자

등록증을 가지고 있으면서 관련분야의 교육과 컨설팅을 받으면 우선적으로 소상공인에게 지원해주고 있고, 지역신용보증재단의 경우에는 보증을 통한 은행대출자금을 지원받을 수 있다. 또한, 저소득 자영업자의 경우에는 금융위원회에서 저신용 영세영업자에게 무담보·무보증으로 소액대출도 해주고 있으므로 자신에게 유리한 창업지원자금을 이용하는 것이 좋다. 이 밖에도 창업과 관련한 지원을 원할 경우에는 창업진흥원의 창업넷(www.changupnet.go.kr)이나 소상공인 시장진흥공단의 소상공인지원포털(www.seda.or.kr), (재)여성기업종합지원센터(www. wesc.or.kr) 등을 이용하면 도움을 받을 수 있다.

• 8계명 : 자금에 비해 지출이 심한 업종은 피하라.

창업에 대한 관심이 높아지면서 창업분야는 점점 확대되고 있고, 다양성이 커짐에 따라 정보의 양도 방대하게 증가하고 있다. 창업에서 가장 중요한 것은 경쟁력과 그에 따른 매출력이다. 경쟁력을 높이기 위해서는 순이익의 비율을 높여나가야 하고, 그렇게 하기 위해서는 경상비의 지출과 환원이 불가능한 부분의 투자를 줄여야 한다. 초보 창업자들의 자본금 투자를 살펴보면 대부분 창업에 필요한 가맹비나 물품보증금, 교육비, 인테리어, 냉난방설비 등이 대부분을 차지한다. 이러한 투자 방식으로는 창업시장에서 살아남기 어렵다. 특히 소자본으로 창업할 때에는 인테리어나 설비구입, 임대료, 인건비와 같은 지출을 축소해야 한다. 이러한 부분에 대한 투자는 창업이 실패했을 경우 원금을 돌려받을 수 없기 때문에 무리하게 투자하는 것은 바람직하지 않다. 투자자금에서 환원이 불가능한 부분에 대한 지출 비율을 줄여야 한다. 업종으로 보아 어쩔 수 없이 이러한 부분에 대한 투자가 지속적으로 이루어져야 하는 업종이라고 한다면 그러한 업종 선택은 피하는 것이 좋다.

• 9계명 : 인건비를 최소화해야 수익을 극대화할 수 있다.

인건비는 경상비에 해당한다. 인건비는 사업장이 문을 여는 한 지속적으로 지출되어야 하는 부분이다. 수익을 극대화하기 위해서는 앞에서도 진술한 바와 같이 이러한 고정적인 지출을 줄이는 것이 필수적이다. 따라서 창업자가 직접 경영활동에 참여하여 가급적 직원 수를 감축시킴으로써 인건비를 줄이는 것이 바람직하다. 인건비를 줄이는 것이 곧 수익을 극대화할 수 있는 방법이다. 이 밖에도 창업자가 직접 경영에 참여하게 되면 인건비를 줄이는 것 이외에도 사업장에서 일어나는 모든 일을 알 수 있고, 문제 사태에 대해 의사결정이 빠르게 이루어져 즉각적으로 대처해나갈 수 있으며, 시장의 흐름이나 변화에 대한 이해를 통해 트렌드의 변화를 수용할 수 있는 등 여러 가지 장점이 있다.

- **10계명 : 동업자와 창업을 할 때는 같이 투자하고 함께 일하라.**

창업을 할 때 여러 가지 요인에 의해 불가피하게 동업을 하는 경우가 있다. 동업의 원인으로는 자금부족, 업종에 대한 이해부족, 자격기준 미달 등 여러 가지 요인이 있으나 동업은 신중하게 판단해야 한다. 우선 동업으로 투자를 할 때에는 자금을 한 사람이 일방적으로 부담하지 말고 쌍방이 비슷한 규모의 투자를 동시에 하는 것이 바람직하다. 그래야 서로 동일한 책임감을 느끼고 문제가 발생하게 될 경우에도 일방적인 책임전가를 피할 수 있게 된다. 가능하다면 동업을 하더라도 두 사람이 함께 일할 수 있는 상황을 만드는 것이 바람직하다. 창업 현장에서 동일한 경험을 통해 상호간에 이해도를 높이고, 문제 발생에 대한 해결책도 함께 세워나가는 것이 바람직하다.

3 창업자의 성공사례 분석

청년창업가들은 대부분 성공적인 창업을 통해 미래의 자기 모습이 지금보다 물질적·정신적으로 여유롭고 자유로운 생활을 이룰 수 있을 것이라는 꿈을 꾼다. 하지만 창업이 곧 성공을 의미하는 것은 아니다. 청년창업가들이 성공하기 위해서는 창업을 위한 환경적 요인이 잘 갖추어져야 한다. 창업을 위한 아이템,

창업가의 자질, 자본, 인적·물적 자원 등 여러 가지 필수적인 공통 환경이 잘 갖추어져 있어야 효과를 발휘할 수 있다. 이 중에서 어느 한 가지만 부족하더라도 그것이 곧 성공으로 가는 길에 장애요인이 된다.

다음은 창업을 통해 장애요인을 이겨내고 성공한 창업가들의 성공사례이다. 사례를 통해 이 사람들이 성공하게 된 요인이 무엇인지 생각해보고, 청년창업가로서 본받아야 할 점이 무엇인지 살펴보자.

〈사례 1〉

국내 최대 의자 전문업체 신화창조

동성사무기기 이강종 사장

(1) 열흘 간 46명이 4억 7천만 원 모아 창업

인천 ○○아파트 앞에 있는 조그만 카페에 작업복 차림의 남녀 7명이 속속 들어섰다. 굳은 표정의 이들은 곧 머리를 맞대고 회의를 시작했다.

참석자들은 모두 의자업계의 전문가들로 한 회사에서 근무해온 사람들이다. 이날 모임을 갖게 된 것은 자기들이 모시고 있던 전문 경영인인 이강종 사장이 사주의 간섭에 못 이겨 사표를 던진 데 따른 대책을 마련하기 위한 것이었다. 이날 회의의 결론은 이강종 씨를 중심으로 뭉쳐 회사를 새로 만드는 것으로 모아졌다. 이들은 곧바로 행동에 옮기기로 했다. 하지만 문제에 봉착했다. 돈 때문이었다. 중소기업에서 월급쟁이 생활을 해온 이들 가운데 누구 하나 든든한 재력을 가진 사람은 없었다. 이때 주방 일을 맡아 보던 K씨가 회사 설립을 위해 틈틈이 모은 200만 원을 내놓겠다고 제의했다. 그러자 너도나도 수백만 원에서 천여 만 원까지 출연하겠다고 나섰다. 이들은 한솥밥을 먹던 종업원 중 뜻을 함께하는 사람을 모아 회사 설립에 박차를 가하기로 했다. 동조하는 사람이 부쩍 늘어 불과 열흘 남짓 동안 46명으로부터 4억 7천만 원이라는 거금을 모았다.

이들 중엔 적금을 해지해 투자한 사람이 있는가 하면 전세를 월세로 옮겨 동참한 사람도 있었다. 회의 후 13일 만에 인천 석남동에 간판이 내걸렸다. 동성사무기기, 대표는 이강종. 이들은 530평의 공장을 임대하여 시설을 설치하고 사무용 의자를 만들기 시작했다. 생산에 나선 지 하루 만에 한 트럭분의 의자를 ○○자동차회사에 납품했다. 한 달 뒤에는 한 컨테이너분의 의자를 홍콩에 핸더슨사에 선적했다. 동성사무기기는 2년 뒤인 1996년에는 수출 100만 달러를 포함, 매출 80억 원을 기록해 국내 최대 의자 전문업체로 떠올랐다. 수십 개의 업체가 치열한 다툼을 벌이는 시장에서 동성의 기록은 하나의 신화라고 할 수 있다. 이는 종업원 모두 내가 사장이라는 의식을 갖고 있기에 가능했다.

(2) 중국, 홍콩, 중동, 러시아 등에 수출

검게 그을린 얼굴에 느린 경상도 사투리를 쓰는 이강종 사장은 엔지니어 출신의 기업인이다. 1969년 동국대 상업학과를 나온 그는 자신의 전공과는 거리가 멀게 국방부 조병창에 기술직 사무관으로 임관하면서 사회생활을 시작했다. 소총을 만드는 조병창이 이후 D정밀로 민영화된 뒤에도 줄곧 몸담아 17년 동안 기계분야에서 기름밥을 먹었다. 이곳은 한 치의 오차도 허용하지 않는 곳이다. 정밀 기술을 바탕으로 한 인체공학적 사무용 의자 생산의 초석은 여기에서 다져졌다. 이 사장이 사무용 의자 생산에 뛰어든 것은 1989년 모 사무기기업체의 전문경영인으로 영입되면서부터이다. 기계공업분야의 생산현장 관리만큼은 누구보다 자신이 있던 이 사장은 철제 사무용 의자의 주된 소재가 철강임을 알고 자신감을 가졌다. 정밀하다는 표현도 부족해 정교한 예술품으로까지 칭송받는 M16 소총을 만들던 그에게 철제 사무용 의자를 만드는 것은 일도 아니었다. 특히 목제 사무용 가구가 판을 치는 국내시장과는 달리 일본, 미국 등 선진국은 철제 사무용 가구가 주류를 이루고 있는 것을 확인한 그는 여기에 인생의 승부를 걸기에 충분하다고 판단, 혼신의 힘을 다해 신제품개발과 매출확대에 나섰다. 순풍에 돛을 단 듯 일이 잘 풀려나갔다.

하지만 인생과 마찬가지로 사업도 좋은 일이라는 날줄과 궂은 일이라는 씨줄로 이뤄지는 법이다. 그에겐 사주(社主, 회사의 주인)와의 마찰이라는 암초가 기다리고 있었다. 기업경영 방식에 따른 갈등을 극복하지 못하자, "절이 싫으면 중이 떠나야 한다"며 사표를 냈다. 충격을 받은 것은 종업원들이었다. 이 씨를 사장이기에 앞서 형님으로 믿고 따르던 종업원들이 동요하기 시작했고, 이윽고 줄줄이 사표를 내며 새 회사 설립에 나섰던 것이다. 그 역시 갖고 있던 돈을 털어 자본금의 15%를 출자했다. 회사를 창업하자마자 곧바로 생산을 시작할 수 있었던 것은 자신을 비롯한 종업원들이 의자 분야에 충분한 경험이 있기 때문이기도 했지만, 이 사장이 소총을 만들 때 적용했던 시간단축 기법인 PERT를 응용한 것도 큰 도움이 됐다. 창업 당시는 대만 업체를 비롯하여 일본 업체들이 한국시장을 본격적으로 공략하기 시작하던 시기였다. 대만은 세계에서 의자를 가장 많이 수출하는 나라 중의 하나로 중저가 부문에 뛰어난 경쟁력을 갖추고 있었고, 일본은 고급품으로 명성을 날리고 있었다. 이들의 집중공세를 막자면 하루 빨리 생산에 나서는 게 급선무라고 판단했다. 결국 외제품의 공세로부터 국내시장을 지키는 데 일익을 담당할 수 있었다. 이 사장은 경영이 본궤도에 오르자 새로운 디자인과 기능을 가진 제품의 개발에 온 힘을 쏟았다. 그동안 국내 의자업체들은 외국의 디자인을 베끼는 수준에 머물렀으나 한국인은 이들과 체형이 다른 만큼 한국인의 척추곡선에 맞는 고유의 제품생산에 심혈을 기울인 것이다. 특히 의자는 인체와 직접 맞닿는 제품이고 사무직원들이 장시간 사용하는 제품이어서 무엇보다 인체공학적 디자인 개발에 주력했다.

(3) 여타 업체의 무분별한 모방 근절돼야

슬라이딩메커니즘과 글라이딩메커니즘 등 새로운 기능을 채택한 의자들이 속속 선을 보였다. 이 중 글라이딩메커니즘은 사용자가 의자 등받이를 8~15도 각도에서 자유자재로 젖힐 수 있고, 이때 좌판이 약간 뜨면서 사뿐히 앞으로 밀려나가게 설계된 제품이다. 신제품이 출하되자 굴지의 가구업체들이 줄지어 주문을 냈다. 국내 유수의 업체들이 동성의 제품을 받아서 사용했고 중국, 홍콩, 중동, 러시아 등지로 수출되기 시작했다.

이 사장이 기업을 경영하면서 가장 애를 먹은 것은 여타 업체들의 부분별한 모방이었다. 제품을 내놓기가 무섭게 비슷한 모양의 제품이 줄지어 시장에 나오는 것이다. 가격은 동성의 제품보다 10~20% 싸다. 이를 막기 위해 의장등록과 실용신안특허를 출원하는 등 갖가지 방법을 동원해도 카피 제품은 그칠 줄을 몰랐다. 의자 한 제품을 개발하려면 설계시제품 생산, 금형제작, 원부자재 구매에 이르기까지 적게는 수천만 원에서 수억 원이 투입된다. 이런 고생 끝에 개발한 제품들인데 무분별한 복제품을 만드는 것은 참을 수 없는 일이었다. 하지만 같은 가구장이 길을 가는 중소 기업인들을 잡아넣은들 마음이 편할 리 없었다. 그래서 지금도 하루에도 몇 번씩 갈등하곤 한다. 외관을 비슷하게 만든다고 제품의 성능이 제대로 나올 리 없다. 장기적으로는 소비자가 판단해주겠지만, 소비자가 제품에 대한 전문지식이 있을 리 없고 더군다나 내용물이 제대로 된 것으로 썼는지 알 도리가 없다. 이는 싸구려 경쟁만을 촉발시켜 국산품을 불신하게 만드는 요인이 된다는 게 그의 생각이다.

이런 까닭에 아무리 경영환경이 어렵더라도 스스로 제품을 개발해 정정당당하게 겨루자고 이 사장은 호소한다. 이 사장의 꿈은 오직 하나. 이제는 국내에서 쌓은 명성과 실력을 토대로 해외시장에서 본격적인 승부를 거는 것이다. 우리라고 대만만큼 수출하지 못하란 법은 없다고 말하는 그는 오늘도 기름에 범벅이 된 작업복을 입고 현장과 납품업체를 누비고 있다.

— 출처 : 김낙훈(1997). pp.321-325.

〈사례 2〉

향기산업 싹쓸이한 신데렐라

에코미스트코리아 최영신 사장

(1) 향기산업 싹쓸이한 신데렐라

비행기가 아름다운 초원의 나라 뉴질랜드 오클랜드공항에 내릴 때 그의 마음은 착잡했다. 트랩을 내려서자 먼지 한 점 없는 신선한 공기가 코를 찔렀다. 하지만 신이 주신 아름다운 자연에 감탄만 하고 있을 시간적 여유가 없었다. 이곳에 여행을 온 게 아니었기 때문이다. 이제 몇 달 후면 아내와 자식들을 데리고 이민을 와서 살아야 할 나라이기에 머릿속은 앞으로 먹고 살 일을 찾아야 한다는 생각으로 가득 찼다. 또 자녀교육이나 집 문제 등도 해결해야 할 과제이다.

지난 몇 년간의 굴곡진 생활이 주마등처럼 스쳐 갔다. 부천에서 자동차부품사업을 시작한 일, 사업이 승승장구해 남동공단으로 대규모로 확장 이전한 일, 1백여 명의 종업원을 데리고 밀려드는 수출과 내수주문을 감당하느라 불철주야 뛰던 날들, 그리고 건설업을 하시던 형님의 사업 실패와 이로 인해 어쩔 수 없이 공장을 매각해 도와줄 수밖에 없었던 일, 좌절과 체념, 뉴질랜드 이민 결심 등 복잡한 상황들이 순식간에 주마등처럼 지나갔다.

남달리 자존심이 강했던 그는 사업가의 꿈을 중도에 포기해야 했던 충격에서 쉽게 헤어나질 못했다. 더 이상 한국에서 빌빌거리느니 차라리 이민을 떠나 신천지에서 새 삶을 꾸려가기로 마음먹었던 것이다. 이민지를 뉴질랜드로 결정한 것은 사업차 한 번 방문했을 때 너무나도 마음에 들어서였다. 뉴질랜드는 지상의 낙원이라는 표현이 조금도 어색하지 않을 정도로 수려한 자연풍광을 지니고 있었다. 게다가 친한 친구인 안 박사(원자력공학 박사)가 이곳에 이민와 자리를 잡고 있었기 때문이다.

(2) 뉴질랜드 에코미스트 이사로 파워 과시

그는 공항에 마중 나온 안 박사의 차에 몸을 실으면서 가족과 함께 곧 이민을 와야 하는데 무엇을 해서 먹고 살아야 할지를 물었다. 안 박사는 이곳은 취직자리 얻기가 매우 어렵고 인구도 350만 명밖에 안 돼 사업도 힘들다고 했다. 일단 자기 집에서 며칠간 쉬면서 얘기를 나누자고 했다. 그러면서 혹시 뉴질랜드에서 지난 몇 년 동안 선풍적인 인기를 모은 업체가 있는데 한번 가보지 않겠느냐고 물었다. 에코미스트란 그 업체는 향기를 캔에 담아 자동 분사하는 시스템을 파는데, 자기도 그 향기를 맡아보니 기가 막힐 정도로 좋더라고 했다. 그는 향기나 향수 하면 으레 오래 맡으면 머리가 아픈 방향제를 연상해 별로 마음이 내키지 않았다. 향기에 대해 아는 것도 전혀 없었다. 하지만 안 박사의 강력한 권유에 이끌려 한 번 방문한 게 그의 인생을 180도 바꿔놓았다.

에코미스트의 사장은 친절히 자기 제품과 사업에 대해 설명했다. 무엇보다 그는 향기에 매료됐다. 천연향이어서 아무리 맡아도 싫증이 나지 않을 뿐 아니라 100여 가지에 달하는 수많은 천연향이 용도에 따라 과학적으로 제조 판매되는 게 신기하기까지 했다. 사업을 해본 사람은 사업에 대한 감각이 발달하게 마련이다. 직감적으로 한국에서 이 사업을 하면 성공할 것 같은 예감이 들었다.

우연히 읽은 서적에서 소득 1만 달러 시대의 유망사업 가운데 향기 관련 사업이 있다는 글귀도 떠올랐다. 더욱이 에코미스트 측은 많은 과학적인 문헌과 논문을 근거로 향기가 질병치료에까지 이용될 수 있고 상품판매를 촉진하는 기능도 있다며 향기사업의 무궁무진한 가능성을 알려줬다. 예컨대 커피 향은 빵을 먹고 싶은 욕망을 일으켜 제과점에 뿌리기만 하면 빵을 안 사고는 못 배기게 만든다는 것이었다. 또 인테리어 향은 매장의 품격을 한껏 높여주고, 페퍼민트 향은 정신을 맑게 해줘 사무직원의 생산성 향상에 그만이라는 것이었다. 인삼 향 등 한국 고유의 향도 팔고 있었다.

가능성을 엿본 그는 며칠간 뉴질랜드에 머물면서 직접 에코미스트 고객을 찾아다니며 그들의 반응을 조사했다. 호텔, 의류상점, 제과점, 사무실 등을 둘러봤는데, 모두가 넘버원이라고 에코미스트 제품을 칭찬했다.

샘플을 들고 국내로 돌아온 최 사장은 이민 생각은 잊어버린 채 서울 강남 일대를 다니며 치밀한 시장조사에 들어갔다. 호텔, 사무실, 제과점, 의류매장 등을 다니며 무료로 샘플을 써 보라고 돌렸다. 반응은 아주 좋았다. 그는 즉각 에코미스트사에 5천만 원어치의 주문을 냈다.

하지만 사업은 곧 벽에 부딪혔다. 무료로 써보라고 할 때는 모두가 좋다고 하더니 사 달라니까 머리를 저었다. 꼭 필요한 제품도 아닌데 구태여 돈을 들여가면서까지 쓸 필요가 있느냐는 게 이들의 반응이었다. 갑자기 눈에서 별이 보였다. 산더미같이 수입해 창고에 쌓인 제품들을 폐기 처분해야 할 지경이었다. 가뜩이나 자금 여유도 없는데 이젠 이민 길마저도 어려워지는 게 아닌가 생각하니 한숨만 나왔다. 발로 뛴다고 팔리는 게 아니라는 판단을 내리고 신문광고를 내기로 했다. 몇몇 신문에 "마케팅 향기를 팝니다."라는 광고를 조그맣게 냈다. 반응은 거의 없었다. 불과 10여 통의 전화만 왔을 뿐이다. 그나마 제품을 사겠다는 내용도 아니고, 마케팅 향기가 뭐냐는 문의 전화가 전부였다. 자금력이 풍부하면 지속적인 광고를 하겠지만 그럴 형편도 아니었다.

절망감에 빠져 있을 때 뜻밖의 전화가 한 통 걸려왔다. 이 모 씨라는 여성이었다. 방송에 출연해 신상품을 소개하는 프리랜서인데, 신문광고를 보고 흥미가 있어 전화했노라고 했다. 그를 통해 소개된 내용은 사업을 반전시키는 계기가 되었다. 제품을 보내 달라, 대리점을 하겠다는 요청이 들어오기 시작했다. 이후 신문, 방송, 잡지사 기자들이 밀려들었다. 도대체 마케팅 향기가 뭐냐며 집중 취재를 시작했다. 매스컴의 위력이 어느 정도인지 그만큼 실감한 사람도 드물 것이다. 보도가 나가기 시작하면서 어느 날 갑자기 유명한 업체로 떠올랐고, 향기 마케팅은 신종사업으로 뿌리를 탄탄히 내리게 됐다. 사업을 시작한 지 1년 만에 전국 100여 곳에 대리점 망을 구축했다. 전국적인 유통망을 쉽게 만들 수 있었던 것은 제품 자체가 천연향이어서 유사제품과는 금방 차별화되는데다 개설비용이 저렴한 데도 원인이 있는 것으로 생각된다.

뉴질랜드 산 100여 종의 향기뿐 아니라 국산향도 상당수 개발해 국내외에 공급하기 시작했다. 여기에는 임업연구원을 통해 개발한 삼림욕 향을 비롯하여, 아카시아 향, 인삼 향 등 한국 고유의 향들이 포함돼 있다. 자동차용 향기, 천연살충제 등 신제품도 속속 선을 보였다.

최근에는 에코미스트 본사의 주식 3분의 1을 인수해 뉴질랜드 본사의 이사를 겸하고 있으며, 동남아시장 영업권도 확보했다. 본사와 에코미스트코리아는 이제 동반자 관계로 발전한 것이다. 올해 들어서서는 엄청난 잠재력을 가진 중국시장에서 향기 마케팅사업을 본격적으로 펼치기 시작했다.

– 출처 : 김낙훈(1997). pp.310-314.

12-1 창업탐구

※ 성공한 기업인의 <사례 1>를 읽고 우리가 얻을 수 있는 교훈이 무엇인지 생각해보자.

1. 창업을 하게 된 원인은 무엇이라고 생각하는가?

2. 성공하게 된 요인은 무엇이라고 생각하는가?

3. 의자산업을 창업하게 된 과정에서 우리가 받아들일 수 있는 장점이 있다면 무엇이라고 생각하는가?

4. 이 회사를 경영하는 사장의 생각으로부터 우리가 배울 점은 무엇이라고 생각하는지 정리해서 써보자.

12-2 창업탐구

※ 성공한 기업인의 <사례 2>를 읽고 우리가 얻을 수 있는 교훈이 무엇인지 생각해보자.

1. 창업을 하게 된 원인은 무엇이라고 생각하는가?

2. 궁극적으로 향기산업이 성공할 수 있었던 것은 무엇 때문이라고 생각하는가?

3. 향기산업이 과도기에 어려움을 겪게 된 원인은 무엇인가?

4. 향기산업이 지속적으로 번창하기 위해 앞으로 꼭 해야 할 과제가 있다면 무엇이라고 생각하는가?

5. 이 회사를 경영하는 사장의 마케팅 전략으로부터 배울 점이 있다면 무엇이라고 생각하는지 정리해서 써보자.

●참고문헌

강동세(2003). 지적재산권의 형사적 이해. 서울: 세창출판사.

강성수(1997). 발명노트 특허노트. 서울: 도서출판 새로운 제안.

강유리(2014). 스타트업 육성 프로그램 성과 정보 제공 현황과 과제—엑셀러레이터를 중심으로—. 정보통신정책연구. 초점, 제26권 9호 통권 577호.

강익희(2009). 1인 창조기업 지원정책의 해외사례 분석과 시사점. 한국콘텐츠진흥원 포커스, 09-06(통권 6호).

강현순(2005). 인터넷 쇼핑몰 창업가이드, 중소기업청·중앙소상공인지원센터. 소상공인지원센터 상담자료.

강희선(2013). 창업 아이템 시장성 분석과 지원과제 연구. 배재대학교 박사논문.

국세청 홈페이지, http://www.nts.go.kr

국세청(2014). 2014 세금절약 가이드 Ⅰ. 국세청 세정홍보과.

국세청(2014). 세금절약 가이드Ⅰ. 국세청.

(사)한국엔젤투자협회, http://home.kban.or.kr

권영호(2009). 소매업태의 상권분석 및 입지선정에 관한 연구—드럭스토어 점포 개발사례 중심으로—. 한성대학교 석사논문.

기업마당, http://bizinfo.go.kr

기업마당, http://bizinfo.go.kr (2014.4.30)

김낙훈(1997). 누구나 할 수 있는 창업 아무나 할 수 없는 성공. 서울: 대산출판사.

김명신(2011). 이제는 지식재산이다. 서울: 매일경제신문사.

김수현 외(2014). 성공창업과 창조경영—창업사관학교 멘토 교수들의 실천창업「노하우」—. 서울: 도서출판 예스 폼.

김수현 외(2014). 성공창업과 창조경영. 도서출판 예스폼.

김영배·하성욱(2003). 학술발표 및 토론 : 중소기업의 기술학습과 기업성과. 2003 정기총회 및 춘계학술대회－새 정부의 바람직한 중소기업 정책방향, pp.19-34.

김용구(2004). 부채를 통한 기업의 자금조달에 영향을 미치는 요인. 명지대학교 석사논문.

김종관·이용탁(2001). 벤처기업의 성과에 영향을 미치는 요인에 관한 연구. 경영·경제연구, 20(1). pp.1-18.

김종균(2013). 디자인 전쟁. 서울: 우진비엔피.

김지훈·이정민·안혜신(2013). 디자인 지식재산권. 파주: (주)안그라픽스.

김춘화(2013). 점포창업자의 창업 전 창업교육 및 현장체험이 점포성과에 미치는 영향에 관한 실증연구. 중앙대학교 석사논문.

김호곤(2012). 디자인 창업과 경영에 대한 모든 것. 서울: 시그마북스.

네이버 백과사전

노재범(1998). 전자상거래의 대두와 기업의 대응. 삼성경제연구소 연구보고서.

노준석(2013). 콘텐츠 비즈니스 환경변화와 성공적 콘텐츠 제작 유통전략. KT경제경영연구소.

다우리 경영 포럼, cafe.daum.net/dowlee. 대표 이동욱. 경영학 박사.

대한상공회의소(2013). 모바일·인터넷쇼핑 소비자 동향조사. 유통산업정책실.

데이브 그레이, 토머스 밴더 월(2013). 커넥티드 컴퍼니(THE CONNECTED COMPANY). 구세희 옮김. 한빛비즈.

문수영(2010). 청년창업가의 창업기회원천 분석 및 기회탐색에 관한 실증연구—서울시 「청년창업 1000프로젝트」 참가자를 중심으로—, 호서대학교 글로벌창업대학원 석사논문.

미소금융중앙재단, http://www.smilemicrobank.or.kr

박동 외(2010). 청년 지식기술 창업 연구. 한국직업능력개발원.

박동·김수진·이동선(2013). 대학 창업동아리를 통한 지식창업 촉진 방안, 한국직업능력개발원.

박동수(2000). 소상공인경영의 연구명제 탐색. 영남대학교 경영대학원 논총, 제17집 pp.26.

박선영(2012). 청년창업에 대한 정부지원 시책의 개선방안에 관한 연구. 공주대학교 석사논문.

박선형(2003). 변혁적 지도성에 대한 비판적 고찰. 분산적 지도성을 중심으로. 교육행정학 연구, Vol.21 No.4 pp.182.

박윤희(2003). 성인을 위한 창업교육 프로그램 개발 모형 구안. 한국직업능력개발연구, 6(1). pp.141-171.

박천수(2013). 청년창업 지원정책의 효과성 제고 방안. 한국직업능력개발원.

박춘엽·박영배(1998). 중소기업경영론. 서울: 학문사.

박현준(2014). <온라인 쇼핑몰, 수출 주역되다-3> 일본시장, 제품 경쟁력으로 '꼼꼼한' 소비자 신뢰 얻어야. 아주경제, 2014.1.15.

백연경(2005). 스캠퍼 기법을 활용한 발상지도가 디자인 수업에서 중학생들의 학습동기와 표현력에 미치는 효과, 이화여자대학교 석사논문.

(사)한국엔젤투자협회, http://home.kban.or.kr

상권정보시스템, http://sg.kmdc.or.kr

서나경(2007). 상권분석에 관한 연구—명동·강남역 일대 상권을 중심으로—. 광운대학교 석사논문.

소상공인시장진흥공단, http://kmdc.or.kr

소상공인진흥공단, http://www.seda.or.kr (2014.7.8)

송이재(2013). 청년창업과 성공전략. 경성대학교 출판부.

에그몽(shdpdnjs91), 네이버 블로그, 에그몽의 몽몽블러그.

엔젤투자지원센터, http://www.kban.or.kr

유재필 · 강원명 · 안인회 · 손문희(2013). 창업국가, 이스라엘의 창업환경 분석. 인터넷 · 정보보호 정책연구.

윤관호(2013). 창업실무. 서울: 범한.

이계윤(2014). 엑셀러레이터 육성 위해 미래부 중기청과 손잡는다. 한국상공인신문 2014.3.10. 자금/정책뉴스/주요뉴스.

이규금 · 윤덕병 · 장정근 · 조준희(2012). 창업과 경영. 대전: 도서출판 대경.

이동훈(2014). 중국 전자상거래 10조 위안대 돌파. 신문기사, wikitree. 2014.3.10.

이성복(2013). 이스라엘의 요즈마펀드에 대한 고찰 및 시사점. 자본시장연구원.

전용환(2010). 교육 리더십. 서울: 동문사.

정승영(gas1235), 네이버 블로그 가스기술사.

정영옥(2014). 중국 상반기모바일 인터넷 사용자 6억 8,600만 명. 그린경제신문, 2014.7.6.

중소기업 지식나눔터, http://www.digitalsme.com

중소기업 지식나눔터, http://www.digitalsme.com (2014.6.10)

중소기업정보은행, http://digitalisme.com (2014.6.5)

중소기업진흥공단, http://www.sbc.or.kr

중소기업청(2010). 중소기업 역량강화, 다 같이 발전하는 대한민국. 2011년도 중소기업청 업무보고. 정책총괄과.

중소기업청(2011). 아이디어가 현실로! 당당히 도전하십시오. 2012년 창업지원 사업 안내. 중소기업청장, 공고문.

중소기업청(2013). 보도자료. 대학가 청년창업, 트렌드가 변하고 있다…. 창업진흥과, 이형철.

중소기업청(2014). 2014년 창업지원 사업 안내—창업을 통해 창조경제에 생기를 불어넣겠습니다!—

중소기업청(2014). 공고 제2014-190호, 2014.5.20. 중소기업청장 입법예고.

중소기업청·소상공인진흥원(2014). 창업다이어리, Guide Book for Stating Business

중소기업청·창업넷, http:www.changupnet.go.kr

중소기업청·창업넷, http:www.changupnet.go.kr (2014.5.22)

중소기업청·창업진흥원, http://kised.or.kr (2014.5.18)

중소기업청·창업진흥원. 기술창업보육론. 3 사업계획서 편,

창업넷, http://www.changupnet.go.kr

최용규·하동준·김관조(2004). 산업재산권. 서울: 홍문관.

최유정(2013). 점포창업자의 점포 운영성과에 영향을 미치는 요인에 관한 실증연구 : 프랜차이즈 가맹점포와 독립점포의 비교. 중앙대학교 석사논문.

최진우(2006). 전자상거래 창업가이드. 중소기업청·소상공인진흥원, 소상공인지원센터 상담자료.

통계청(2014). 2013년 연간 및 4/4분기 전자상거래 및 사이버쇼핑 동향. 통계청. 보도자료.

한국벤처캐피탈(2014). 벤처캐피탈. Newsletter, 2014 1분기 Vol.85.

한국벤처캐피탈협회, http://www.kvca.or.kr

한국벤처투자(주)(2014). 엔젤투자매칭펀드 설명자료.

한국정책자금기술평가관리원장(2014). 2014년 제24차 정책자금 스타기업 R&D 활용 코칭 지원사업 계획 공고, 한국정책자금기술평가관리원 공고 제2014-036호.

현근종(2008). 중소기업의 사업계획 구성요소가 경영성과에 미치는 영향에 관한 연구. 강남대학교 석사논문.

Baron, R. A. (2012). *Entrepreneurship: An evidence-based guide*. UK: Cheltenham: Edward Elgar Publishing Limited.

Bass, B. M. (1985). *Leadership and Performance Beyond Expectation*. N.Y: Free Press. P.21.

Bird, B. (1988). Implementing entrepreneurial ideas : The case for intention. *Academy of Management Review, 13*, pp.442-454.

Bissola, R. & Imperatori, B. (2011). Organizing individual and collective creativity: Flying in the face of creativity chiche's. *Creativity and Innovation Management Vol.20* No.2 Pp.77-89.

Burns, J. M. (1978). *Leadership*. N.Y: Happer & Row, P.18.

Gronn, P. C. (1995). Greatness revisited : The current obsession with transformational leadership. *Leading & Managing, 1*(1), pp.14-27.

Kazanjian, Robert. K. (1988). Relation of Dominant Problems to Stage of Growth in Technology-Based New Ventures. *Academy of Management Journal, 31*(2), 257-279.

KIET 산업연구원(2013). 전자상거래 시장현황과 향후과제. 물가관계부처 회의, 지식경제부 보도자료.

Lippit, G. L. and Schmidt, W. H. (1967). Crises in a Developing Organization. *Harvard Business Review, Vol.45* No.6 pp.102-112.

Parjanen, S. (2012). Experiencing Creativity in the Organization: From Individual Creativity to Collective Creativity. *Interdisciplinary Journal of Information, Knowledge, and Management Vol.7.*

Schumpeter, J. E. (1934). *The Theory of Economic Development*. Cambridge: Harversity Press.

Smith, K. G. T. R. Mitcheli, and C. E. Summer (1985). Top-Level Management Priorities in Different Stages of the Organization Life Cycle. *Academy of management Journal, 28*, 799-820.

Tichy, J. Devanna, M. A. (1986). *The Transformational Leader*. New York: John Willey & Sons.

TMD 인재개발원, 블로그 http://blog.naver.com/PostView.nhn?blogId=cong0277&logNo=150147020047

Van de Ven, A. H. R. Hudson and D. M. Schroeder (1984). Designing New Business Stat-Ups: Entrepreneurial, Organizational, and Ecological Considerations. *Journal of Management, 10*, 87-107.

Wall, B. (2006). *Coaching for Emotional Intelligence: the secret to developing the star potential in your employees*. New York: Amacom.

저자약력

이영선

상명대학교 교육학 박사

현, 계원예술대학교 리빙디자인과 교수

저서 : 『직업기초능력의 이해와 개발』, 『비교교육학』 외 다수

E-mail : mtherap@kaywon.ac.kr

이규은

고려대학교 교육학 석사

인하대학교 교육학 박사

현, 동서울대학교 교양과 교수

저서 : 『자기계발과 직업』, 『직업기초능력의 이해와 개발』, 『인간관계론』 외 다수

E-mail : ky555@dsc.ac.kr

청년창업,

도전에서 성공까지

초판 1쇄 발행 / 2014년 8월 30일

초판 2쇄 발행 / 2015년 10월 10일

•

공저자 / 이영선·이규은

발행인 / 이 중 수

발행처 / **동 문 사**

•

서울특별시 서대문구 홍제원 1길 12(홍제동 137-8)

Tel : 02)736-3718(대), 736-3710, 3720

Fax : 02)736-3719

등록번호 : 제9-17호

등록일자 : 1974년 4월 27일

가격 : 19,000원

•

ISBN : 978-89-8251-673-3(93190)

E-mail : dong736@naver.com

Homepage : www.dongmunsa.com